高等学校土木工程专业规划教材
隧道与地下工程系列教材

公路隧道设计 CAD

王亚琼 赖金星 等 编 著
蒋树屏 涂忠仁 主 审

人民交通出版社股份有限公司
China Communications Press Co.,Ltd.

内 容 提 要

本书是高等学校土木工程专业规划教材隧道与地下工程系列教材之一，全书分为四个部分。第一部分含第一章，主要介绍隧道CAD的基本概念、研究及应用现状等内容。第二部分含第二～五章、第十二章，主要介绍隧道CAD基础知识、国际通用绘图软件AutoCAD 2007的二维绘图和编辑、三维建模的命令及方法，大部分绘图命令都配有例题，供学生练习使用。学生在学习制图、计算机基础后，或在学习制图课程的同时，学习该部分内容，重点掌握计算机绘图的基础知识和方法。第三部分含第六～十一章，主要介绍隧道主体结构、细部构造、机电设计等专业图形的设计绘制。第四部分含第十三～十五章，主要介绍AutoCAD与Windows其他应用程序的格式及数据交换、隧道CAD二次开发技术。

本书可作为高等学校隧道工程、公路与城市道路工程、土木工程等专业的教材或教学参考书。此外，还可供从事公路工程和市政工程的技术人员参考使用。

图书在版编目(CIP)数据

公路隧道设计CAD／王亚琼等编著. — 北京：人民交通出版社股份有限公司，2014.8

ISBN 978-7-114-11512-7

Ⅰ. ①公… Ⅱ. ①王… Ⅲ. ①公路隧道—隧道工程—计算机辅助设计—AutoCAD软件 Ⅳ. ①U459.2-39

中国版本图书馆CIP数据核字(2014)第144998号

高等学校土木工程专业规划教材
隧道与地下工程系列教材

书　　名：**公路隧道设计CAD**
编　　著：王亚琼　赖金星　等
责任编辑：曲　乐　李　喆
出版发行：人民交通出版社股份有限公司
地　　址：(100011)北京市朝阳区安定门外外馆斜街3号
网　　址：http://www.ccpress.com.cn
销售电话：(010)59757973
总 经 销：人民交通出版社股份有限公司发行部
经　　销：各地新华书店
印　　刷：北京虎彩文化传播有限公司
开　　本：787×1092　1/16
印　　张：19
字　　数：430千
版　　次：2014年8月　第1版
印　　次：2022年12月　第3次印刷
书　　号：ISBN 978-7-114-11512-7
定　　价：40.00元

前言
PREFACE

随着计算机软、硬件的快速发展，计算机技术日新月异，隧道工程计算机辅助设计已进入了一个快速发展的阶段。设计成果实现逐步优化，设计速度显著提高，设计手段更加完善。国内工程CAD方面的书籍很多，但关于隧道工程CAD方面的教材却较少。在校生不能系统地学习隧道工程计算机辅助设计的知识和技术，限制了计算机在隧道工程应用方面的发展和推广。特别是近几年，随着CAD应用技术的普及推广，在掌握计算机绘图基本方法的基础上，提高学生对专业CAD软件的应用能力，加强对AutoCAD二次开发技术的培养是CAD应用技术的发展趋势，本书以较大的篇幅讲述了定制隧道CAD系统的方法、ObjectARX技术及开发隧道图形函数的方法。学生通过学习本书可以较系统地掌握隧道工程CAD的基本知识和技术、隧道结构和附属设施的设计、隧道CAD二次开发技术及编程基础，为将来从事隧道工程设计、施工和监理等工作打下良好的基础。

本书在内容上突出实用易学、深入浅出、实例教学、提高技能的特点。全书分为四个部分。第一部分含第一章，主要介绍隧道CAD的基本概念、研究及应用现状等内容。第二部分含第二~五章、第十二章，主要介绍隧道CAD基础知识、国际通用绘图软件AutoCAD 2007的二维绘图和编辑、三维建模的命令及方法，大部分绘图命令都配有例题，供学生练习使用。学生在学习制图、计算机基础后，或在学习制图课程的同时，学习该部分内容，重点掌握计算机绘图的基础知识和方法。第三部分含第六~十一章，主要介绍隧道主体结构、细部构造、机电设计等专业图形的设计绘制。第四部分含第十三～十五章，主要介绍AutoCAD与Windows其他应用程序的格式及数据交换、隧道CAD二次开发技术。对第三、第四部分内容，学生必须在学完常用文字处理软件、隧道工程相关专业课程后，或在学习这些课程的同时学习该部分内容。为了方便学生学习，在大部分章节后都布置了复习思考题，可以加深对隧道工程CAD知识及技能的理解和巩固。本书如果结合隧道课程设计、毕业设计进行操作训练效果会更好。

本书由王亚琼、赖金星等编著。其中，赖金星编写第四、五、八章；刘生编写第二、三、六、七章；彭挺编写第十二、十五章；李杰编写第十三、十四章；王亚琼编写其余章节并统稿。中交第一公路勘察设计研究院有限公司的王万平、曹校勇，陕西省交通规划设计研究院的张国庆、徐磊为本书的编写给予了支持和帮助；全书由招商局重庆交通科研设计院有限公司蒋树屏、重庆交通大学涂忠仁主审，在此表示衷心的感谢。

书中引用了部分国内外已有的专著、文章、规范等成果，在此向相关作者一并表示感谢。虽然我们尽了很大努力，但由于水平有限，难免存在错误和疏漏，敬请批评指正，如有问题或建议请反馈给编者（E-mail：ys08@gl.chd.edu.cn）。

编　者

2014年7月于长安大学公路学院

目录
CONTENTS

第一章
隧道 CAD 概述

一、隧道 CAD 软件技术发展现状

1. 国外隧道 CAD 软件技术发展现状

CAD 技术起步于 20 世纪 50 年代后期，进入 20 世纪 60 年代，CAD 技术随着在计算机屏幕上绘图变为可行而迅速发展。CAD 软件发展初期，CAD 的含义仅仅是图板的替代品，即 Computer Aided Drawing，而非现在我们经常讨论的 Computer Aided Design 所包含的全部内容。

CAD 技术发展到现在，主要经历了曲面造型、实体造型、参数化技术和变量化技术几个重要阶段，其中，变量化技术是 20 世纪 90 年代以后才提出来的新技术。

随着人类改造自然活动向地下空间的延伸，各国的地下工程有了迅猛的发展。地下工程由于不确定性因素较多，信息化设计及施工是必然的趋势。将 CAD 技术应用于地下工程的勘测、设计与施工，无疑会大大提高劳动生产率及设计质量，缩短地下工程的建设周期。隧道 CAD 技术源于 CAD 技术，与 CAD 技术的发展历程又有所差别，CAD 技术引入隧道工程的最初目的并不是为了实现绘图功能，而是计算机辅助工程分析（CAE）及产品数据和文档管理（PDMS），直到 20 世纪 80 年代后期，在通用 CAD 的图形处理功能变得较强的情况下，计算机辅助绘图 CAD 才开始提上日程，由于隧道工程是一门边缘学科，其发展历史较短，因此隧道 CAD 技术发展历史也自然较短，同时，隧道 CAD 技术是地下理论与计算机软件科学的交叉学科，其发展受限于地下理论与计算机硬件及软件科学的发展水平。

隧道CAD技术发展到现在,按地下理论和计算机软件科学的结合程度大致可分为以下4个阶段:第一阶段:20世纪70年代末以前,该阶段的主要特征是隧道工程和计算机软件科学结合程度较低;第二阶段:20世纪70年代末到20世纪90年代初期,隧道工程理论与计算机软件科学的结合产生了计算机辅助分析和产品数据及文档管理(PDMS);第三阶段:20世纪90年代以后,计算机辅助绘图引入隧道CAD,逐渐形成了智能化、系统化的隧道CAD体系;第四阶段:21世纪以后,在CAD技术中植入了互联网技术,参数化技术的应用使得隧道CAD的智能性和协同性得到了进一步的拓展。

2. 国内隧道CAD软件技术发展现状

我国隧道CAD的研究始于20世纪80年代中后期,主要研制针对隧道结构分析和设计的专用软件。在未引入计算机辅助分析(CAE)之前,科研及设计人员采用手算法或套标准图法进行工程设计及分析。在引入计算机辅助分析(CAE)之后,隧道力学数值方法有了较大程度的发展。通用的有限元技术不能对岩体开挖过程中的力学行为进行描述,不能考虑岩体中的节理裂隙,不能处理先期固结沉降等,甚至有些通用软件中连土体的本构关系都很少提供。在此期间,许多学者进行了数值方法的研究,编制了一系列适用于隧道工程分析的有限元程序,以用来进行隧道工程的二维或三维的弹性、弹塑性、弹黏性及弹黏塑性的分析。

20世纪90年代以后,计算机性能的飞速提高,使在微型计算机上开发可视化的隧道CAD软件成为可能。科研及设计人员还利用数据库技术及相关知识编制了许多设计及计算的程序模块,如通风设计、照明设计、参数查询及管理程序,来进行隧道工程的设计与分析。数据库技术能有效地管理大量数据,提高查询效率。在许多的软件开发过程中采用了数据库技术进行参数的选择、处理和存储。与此同时,隧道智能CAD技术成为一个重要的科研方向,很多高校中开设了“计算机在地下工程中的应用”、“工程CAD”等相关课程。

国家科学技术委员会于1992年组织实施了CAD应用工程方面的课题,从而使隧道CAD技术进入了蓬勃发展时期。各科研所、设计院、高等院校和软件公司开发了功能不同的隧道CAD应用软件,在生产和科研中取得了较好的效益。隧道CAD技术所取得的主要成果可概括如下:①系统地研制并开发了适用于铁路及公路工程的隧道CAD软件,形成了较为成熟的系统化隧道CAD理论;②隧道CAD软件功能囊括了计算机结构设计、工程图绘制、有限元分析、数据库管理、反演分析、施工组织及监测和事故预报及处理等多方面内容,基本上使隧道CAD技术渗透到了隧道建设的每一个环节;③目前隧道CAD系统开发的主导思想,已经从传统的套标准图法转化为参数化技术;④形成了具有代表性的隧道CAD软件。代表性的隧道CAD软件及主要功能如下。

(1)杰图隧道AutoCAD设计软件

隧道软件是一套基于AutoDesk公司AutoCAD平台的计算机辅助设计软件,集设计、施工图绘制、配筋、工程量统计等为一体的CAD集成软件,它包含了隧道结构中的大部分常规构件。

(2)纬地公路与铁路隧道设计系统HintSD

最新开发的纬地隧道CAD系统适用于各等级公路和铁路项目。与纬地三维道路CAD系统集成,直接共享路线设计数据,完成隧道的平纵布设,自动根据围岩地质情况进行衬砌分段,完成衬砌设计,自动统计隧道工程量,其主要功能如下:

①隧道内轮廓设计:支持标准内轮廓(新规范)、单心圆、三心圆。

②隧道动态分段:支持单洞、连拱形式的隧道。

③隧道衬砌设计:支持整体式、复合式衬砌。

④隧道洞门设计:削竹式、端墙式洞门。

⑤生成洞口三维模型:直观浏览洞门与地形的配合情况,便于优化洞门设计。

二、现行隧道 CAD 软件技术的局限性

隧道 CAD 软件在提高设计效率、优化设计结果、提高图纸质量等方面取得的成效是显著的,但由于隧道类型的多样性、结构的复杂性,加之计算机软硬件技术在应用过程中的局限性等因素,隧道 CAD 系统的研究开发工作严重滞后于计算机硬件基础、人工智能技术、新兴软件技术的发展。具体表现在以下几方面:

(1)隧道 CAD 开发力量不足。很多企业只是把 CAD 作为绘图工具,研发力量投入不足,参数化技术应用程度不够深入,标准的参数化绘图模块库不完善,软件适用范围较窄。

(2)系统建模方法亟待改进。目前隧道 CAD 软件大多采用结构化的建模方法,不能满足用户越来越多的业务需求和隧道 CAD 系统本身发展的需要,使得软件维护困难,复用性差,不易扩展,开发效率低。

(3)缺乏核心数据库的支持。大多数隧道 CAD 软件采用数据文件来传输和处理数据,数据传输速度慢,程序与数据高度耦合,各模块或软件之间数据不能共享,比如受力分析软件得出的内力分析数据不能直接被配筋设计软件所采用,而工程图绘制所需的数据又不能直接从配筋结果得到。

(4)缺乏强有力的图形支撑系统。国内现有的许多隧道 CAD 软件采用自主开发的图形平台,自主图形平台需要耗费许多人力、物力去维护、升级,使有限的人力和技术资源不能全部用于系统的研究与开发上面。

(5)CAD 系统的集成程度不高。没有系统集成各个软件的功能和信息,实现各系统之间经济有效的优化。

三、隧道 CAD 软件技术的发展趋势

针对当前隧道软件存在的一些缺陷,隧道 CAD 软件技术正朝以下几个方面发展:

(1)隧道 CAD 技术在软件、系统方面的发展集中在可视化、集成化、智能化与网络化技术方面。其具体内容包括:图形仿真、多维空间显示模型、多媒体技术、CAD 虚拟环境、图形支撑系统(CAD、CAM 和 CAE)、一体化信息集成、工程数据库、专家系统、遗传算法、人工神经网络模型和网络技术等。

(2)核心数据库技术的进步和核心数据模型的建立将带动 CAD/CAE/CAM 的大范围系统级别集成,面向工程全生命周期、支持并行工程的核心信息平台将逐步建立。

(3)隧道 CAD 软件构件化。在隧道 CAD 软件的开发中使用构件化技术,有助于构筑起一个由多方提供构件、构件独立进化、构件间协同工作的开放式软件开发体系。它可以充分发挥现有的隧道 CAD 软件开发力量,避免资源浪费,从而尽快提高我国的隧道 CAD 软件水平。构件化技术同网络技术结合起来可以实现构件的网络共享。

(4)知识系统和各种智能化技术的应用。在初步设计阶段,智能辅助决策系统将是科学

决策更好的平台;在并行设计中,性能优越的智能人机交互系统将丰富工程师的创造力,结合网络化智能技术将实现群体智能的集成。

(5)隧道 CAD 软件在内容上全方位扩展。目前隧道 CAD 软件主要集中在隧道结构布置、隧道结构分析、隧道施工图设计、隧道工程造价分析等几个方面。从隧道建设的全过程来看,未来的隧道 CAD 系统除了应该实现整个工程生命期的信息共享和反映工程全面信息的模型的建立外,还应该包括隧道位置选择、隧道优化设计、隧道施工控制及网络技术和隧道信息管理专家等子系统。

第二章

AutoCAD 基础知识

第一节　AutoCAD 2007 的用户界面

启动 AutoCAD 2007 后,将看到如图 2-1 所示的用户界面,这就是您的绘图环境——AutoCAD 2007应用程序窗口。

用户界面主要分为标题栏、菜单栏、工具栏、绘图区、命令窗口和状态栏 6 个区域。

一、标题栏和菜单栏

标题栏位于屏幕的最顶部,它显示了软件的名称和图形文件的名称。标题栏的右侧,有一个“缩小窗口按钮”、一个“还原窗口按钮”和一个“关闭应用程序按钮”。标题栏的下面是菜单栏,AutoCAD 2007 提供了 11 项下拉菜单,下拉菜单涵盖 AutoCAD 中大多数命令功能。

二、标准工具栏和其他工具栏

使用工具栏进行操作是 AutoCAD 2007 的另一种重要的操作方法。工具栏中包含了最常用的 AutoCAD 2007 命令,如图 2-2 所示。

标准工具栏内包含两类 AutoCAD 的命令:第一类用于 AutoCAD 与 Windows 系统之间的传递和共享数据,如创建、打开、保存和打印图形等;第二类命令是用户经常要用到的操作命令,如缩放、平移、捕捉等。

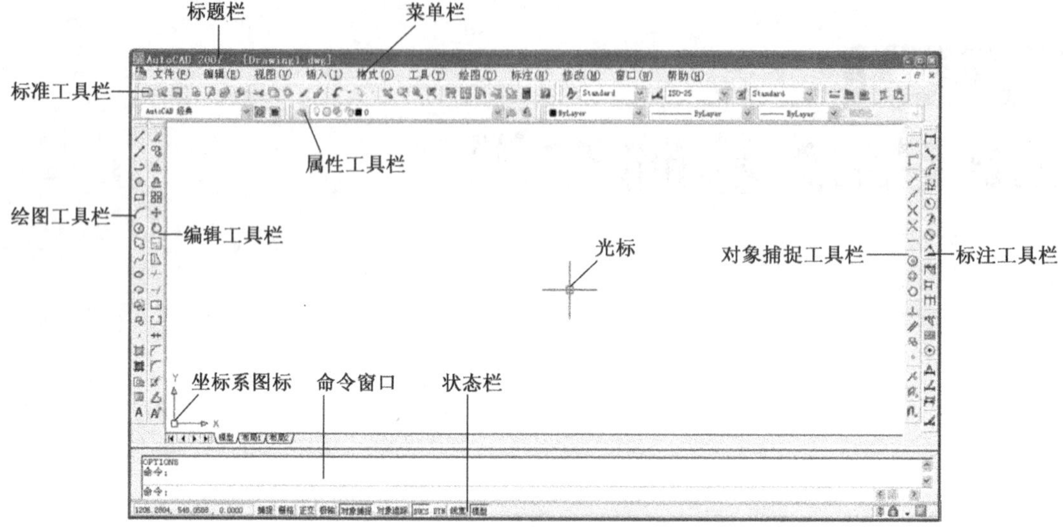

图 2-1　AutoCAD 2007 用户界面

图 2-2　标准工具栏

除标准工具栏之外,AutoCAD 2007 的初始界面上还有位于标准工具栏下面的属性工具栏(图 2-3)。利用该工具栏可以设置线型、线宽、颜色等属性。

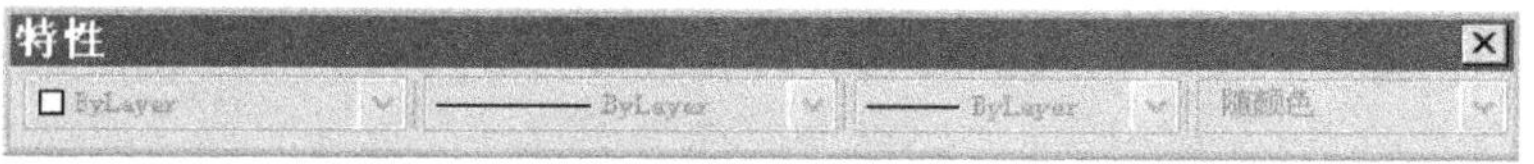

图 2-3　属性工具栏

在 AutoCAD 2007 初始界面的左、右两侧分别是绘图工具栏和图形编辑工具栏,利用这两个工具栏可以绘制和编辑图形,如图 2-4 所示。

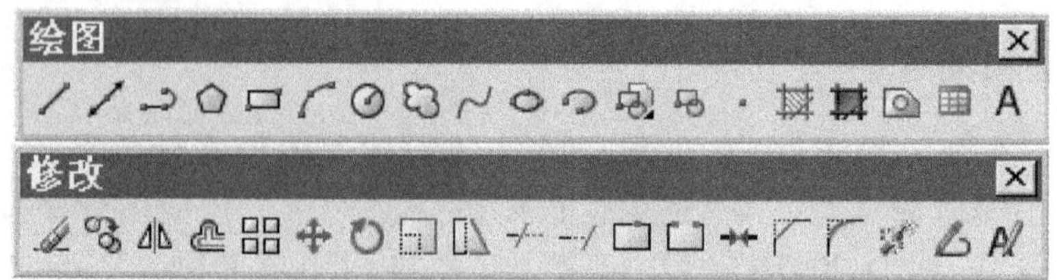

图 2-4　绘图工具栏和图形编辑工具栏

三、绘图区

绘图区也称视图窗口,它是用户绘图的工作区域。绘图区的右边和下边分别是两个滚动条,可使窗口上下或左右移动,便于观看绘图区中的图形。

绘图区的左下角,有两个互相垂直的箭头图形,它是 AutoCAD 2007 坐标系的图标。

四、命令窗口(信息栏)

在绘图区的下方是命令窗口或文本窗口,用户可以通过鼠标对该窗口进行放大或缩小。用户从键盘上输入的命令及提示信息全部在该窗口内,可用滚动条上下翻看。命令窗口是用户和 AutoCAD 进行对话的窗口,用户可以在此窗口内发出任何绘图命令,与菜单和图标的操作完全等效。当出现错误操作时,此窗口内会及时发出错误信息,提示用户,用户使用时应注意 AutoCAD 发出的信息。按 F2 键将命令窗口放大成充满屏幕的文本窗口,通过该窗口,用户可以查看前面操作过的命令和执行过程。F2 键也是文本窗口与图形窗口的切换键。

五、状态栏

界面的最底部是状态栏,状态栏的左侧显示了当前十字光标的三维坐标,右侧显示了绘图辅助工具的运行状态,如捕捉(SNAP)、栅格(GRID)、正交(ORTHO)、极轴(POLAR)、对象捕捉(OSNAP)、对象追踪(OTRACK)、线宽(LWT)和模型(MODEL)等。显示区域即是开关切换按钮,单击这些按钮可以切换成打开(ON)或关闭(OFF)的状态,如图 2-5 所示。

967.3666, 340.1214 , 0.0000 捕捉 栅格 正交 极轴 对象捕捉 对象追踪 DUCS DYN 线宽 模型

图 2-5 状态栏

第二节 AutoCAD 的文件操作

一、新建图形文件

对 AutoCAD 2007 的绘图环境有了基本的了解之后,就可以开始绘图准备工作。计算机绘图与手工作图一样,绘图前要准备好纸张和绘图工具,这项工作叫作新建图形文件。

在 AutoCAD 2007 中,创建新图有三种途径。

(1)下拉菜单:【文件】|【新建】。

(2)单击标准工具栏中的□图标。

(3)命令行:New。

操作完毕后,屏幕上会弹出如图 2-6 所示的窗口。在 AutoCAD 中,总是选用某个样板文件作为新文件的绘图环境。在【选择样板】窗口中的列表文本框中,系统列出了 50 多个样板文件供用户选择。列表框右边的白色区域是样板文件的预览区。系统默认的模板是“Acadiso. dwt”,用户也可以选择其他的图形模板。选完图形模板后单击【打开】按钮进入该模板绘图环境。

二、打开已有图形文件

打开已有图形文件可采用如下 3 种方法之一。

(1)下拉菜单:【文件】|【打开】。

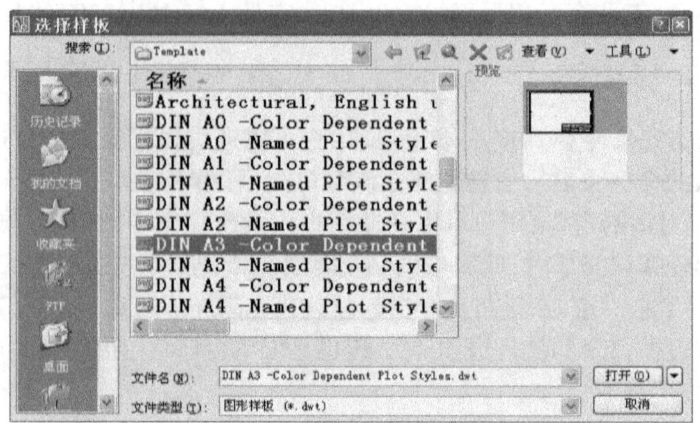

图 2-6 【选择样板】对话框

(2)单击标准工具栏上的图标。

(3)命令行:Open。

进行以上操作后,会弹出如图 2-7 所示的对话框。在该对话框内,用户可以在【文件名(N):】文本框中直接输入已存在的文件名,单击【打开】按钮打开已有文件,也可在选择框中双击需要打开的文件。

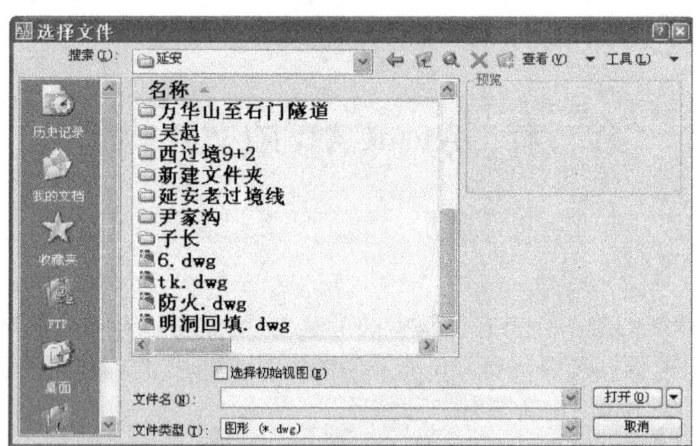

图 2-7 【选择文件】对话框

图 2-7 中【搜索(I)】下拉文本框用于手工搜寻其他文件夹下的图形文件。右边是【预览】区,用户可以对准备要打开的图形文件进行预览,找到所需要的文件。

三、保存图形文件

用户在绘图结束后,或在绘图过程中,需要将当前的图形文件存盘,可以采用如下 3 种方法之一。

(1)下拉菜单:【文件】|【保存】。

(2)单击标准工具栏上的图标。

(3)命令行:Save。

如果当前图形文件尚未命名,在您执行存盘命令后,会弹出【图形另存为】对话框,如

图2-8所示。在该对话框中选择存盘的文件夹和图形文件名,然后单击【保存(S)】按钮存盘。如果当前的文件已被命名,则 AutoCAD 会以此名存盘,并不弹出此对话框,图形文件类型的后缀名为.dwg。通过【文件类型(T)】选项,可以将文件保存为后缀名为“.dwg”、“.dwt”、“.dxf”的文件,其中“.dwg”文件是 AutoCAD 的图形文件,允许是 AutoCADR13/R14/2000/2004/2007 等类型,如图2-9所示。

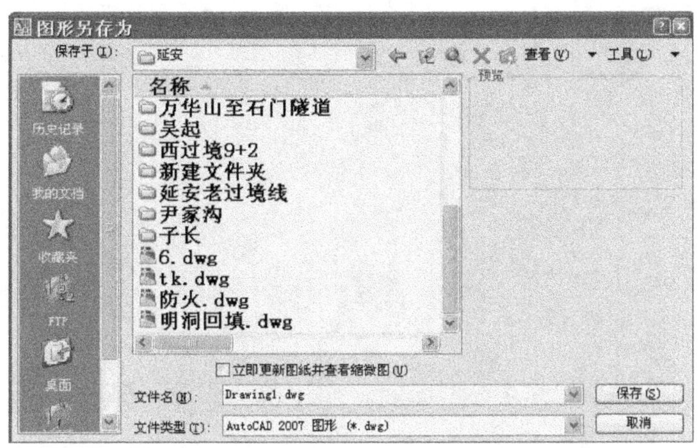

图2-8 【图形另存为】对话框

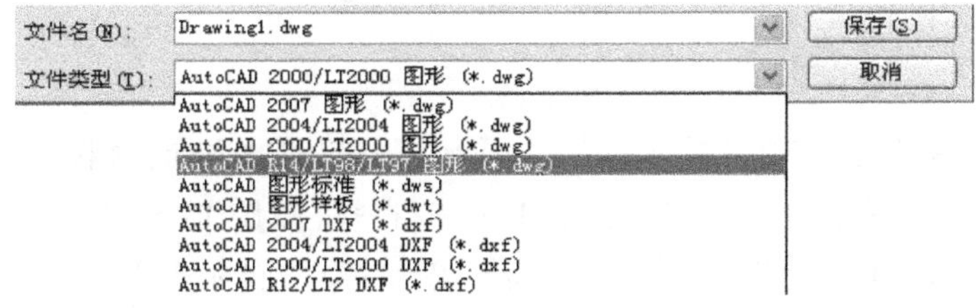

图2-9 文件类型

第三节 AutoCAD坐标系及其坐标

一、AutoCAD的坐标系

在 AutoCAD 中,用户是用坐标来确定图形中各点的位置,因此用户必须首先了解 AutoCAD 的坐标系统。AutoCAD 有两个坐标系:默认坐标系是世界坐标系,用 WCS 表示;除此之外,用户也可以定义自己的坐标系,即用户坐标系,用 UCS 来表示。

1. 世界坐标系

世界坐标系由3个互相垂直的坐标轴 *X*、*Y* 和 *Z* 组成。坐标原点在绘图区的左下角,*X* 轴的正方向水平向右,*Y* 轴的正方向垂直向上,*Z* 轴的正方向垂直屏幕向外,指向用户。图纸上的任意一点都可以用从原点的位移来表示。比如某点的坐标是(2,3,0)表示该点距离原点在 *X* 方向上2个单位,在 *Y* 方向上3个单位,在 *Z* 方向上0个单位。用户在绘制二维图形时,只

需输入 X 轴和 Y 轴坐标，Z 轴坐标由 AutoCAD 2007 自动赋值为 0。为了使用户能够方便地区分位于何种坐标系下，AutoCAD 在图形窗口左下角处显示出世界坐标系 WCS 的图标，如图 2-10所示。此图标除了表明 X 轴和 Y 轴的正方向外，还有一个明显的“□”图标。

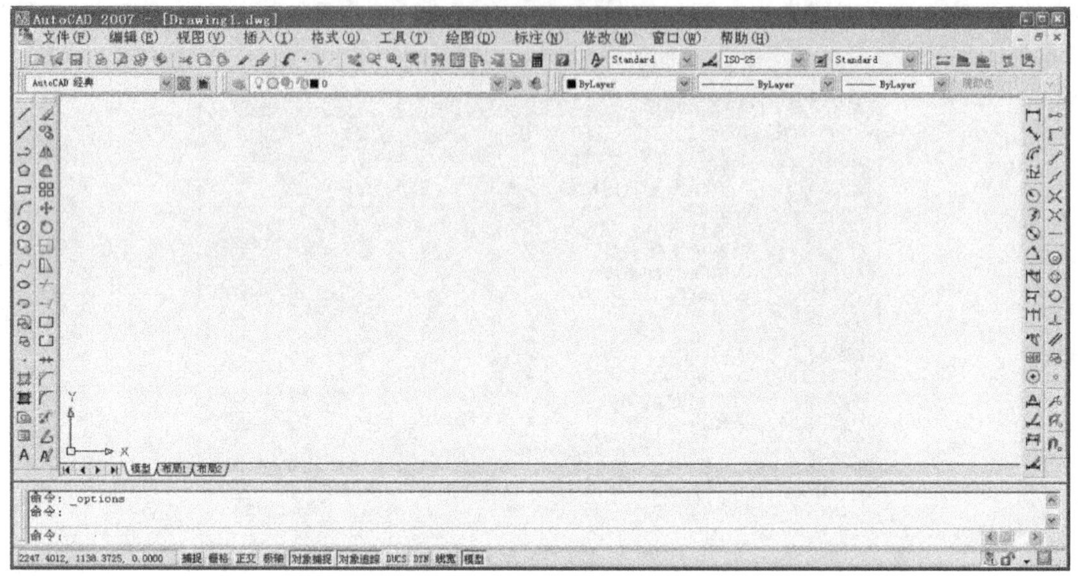

图 2-10 世界坐标系图标

2. 用户坐标系

为了更方便绘图，经常需要变换坐标系的原点和坐标轴的方向，这种用户自定义的坐标系称为用户坐标系，用 UCS 来表示。在 AutoCAD 中，用户可以用 UCS 命令来定义用户坐标系。用户坐标系的 3 个轴之间是相互垂直的，3 个轴之间的关系服从右手规则（即伸出右手，大拇指与食指相互垂直，中指与手掌垂直，大拇指指向 X 方向，食指指向 Y 方向，中指指向 Z 方向）。但坐标轴的原点和方向由用户根据需要来确定，具有较大的灵活性。用户坐标系 UCS 的图标和 WCS 的图标基本相同，只是少了“□”图标。图 2-11 为坐标原点和坐标轴变化后的用户坐标系。

二、坐标的选取

用户在绘制工程图时，需要输入图形中各点的坐标来确定图形的位置。AutoCAD 中有 4 种表示坐标的方法，它们是绝对坐标、相对坐标、绝对极坐标、相对极坐标。

1. 绝对坐标

绝对坐标是以原点(0,0,0)为基点来定位所有的点。AutoCAD 默认的坐标原点在绘图区的左下角。在绝对坐标中，X 轴和 Y 轴在原点(0,0,0)处相交。任意一点的位置都可以用(X,Y,Z)来表示，二维点用(X,Y)来表示。

2. 相对坐标

相对坐标是用相对于某点的相对位置来定位所有的点，比如 A 点相对于 B 点的位置在 X 方向上为 3 个绘图单位，在 Y 方向上为 4 个绘图单位，用户可以用(@3,4)来表示，通式为(@

X,Y)。在大多数的情况下用相对坐标来绘图比用绝对坐标要方便得多。

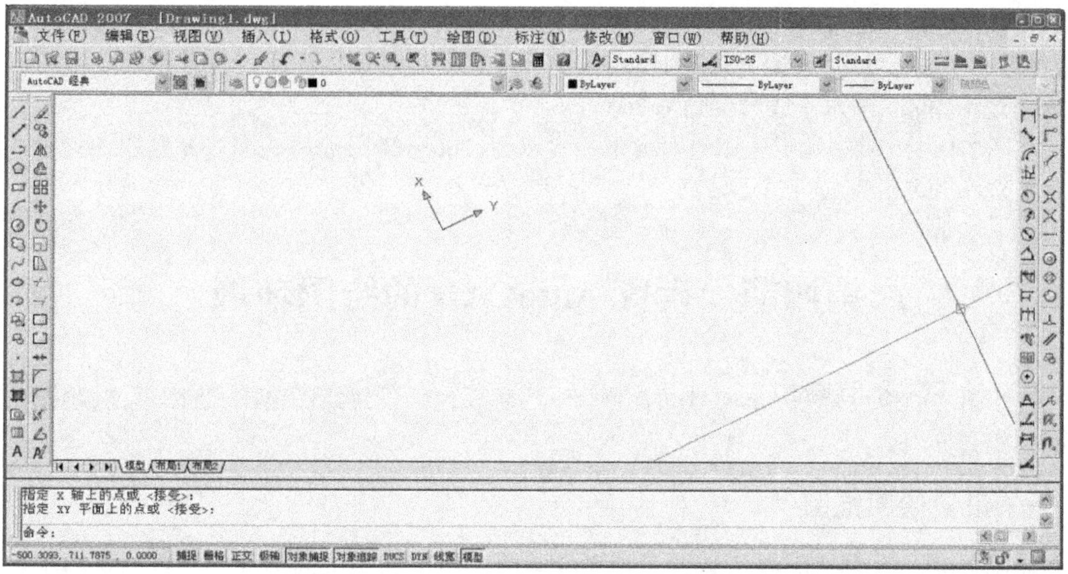

图 2-11 用户坐标系

上述两种坐标都是以直角坐标来度量坐标点的，因此只要知道点的位置在 X 轴和 Y 轴方向上的绝对距离或相对距离就可以很方便地确定出点的位置。

绝对坐标与相对坐标的关系如图 2-12 所示。图中，直线端点 A 点的绝对坐标为(200，150,0)，另一端点 B 点的绝对坐标为(350，250，0)，而 B 点相对 A 点的相对坐标为(@150,100)。

3. 绝对极坐标

绝对极坐标是通过相对于坐标原点的距离和角度来定义任意一点位置的。AutoCAD 2007 默认以逆时针来测量角度。水平向右为0°(或360°)，垂直向上为90°，水平向左为180°，垂直向下为270°。用户也可以通过 AutoCAD 的系统变量设置来定义角度的方向。绝对极坐标用一个极长距离后跟一个"<"符号和一个角度值来表明点的位置。比如 200<30，表示该点离原点的极长距离为 200 个绘图单位，而该点的连线与0°方向之间的夹角为 30°，如图 2-13 所示。

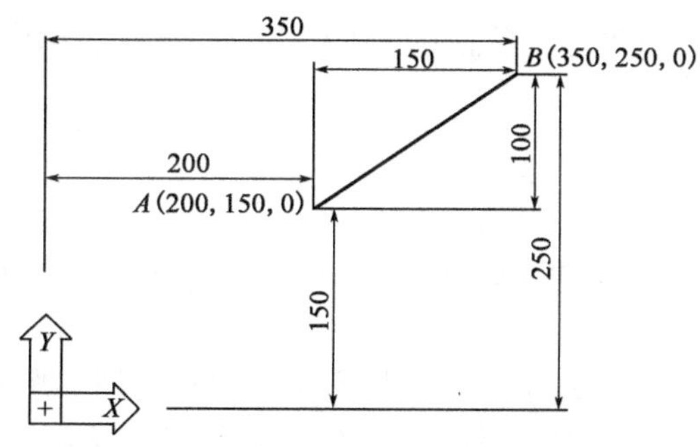

图 2-12 绝对坐标与相对坐标的关系

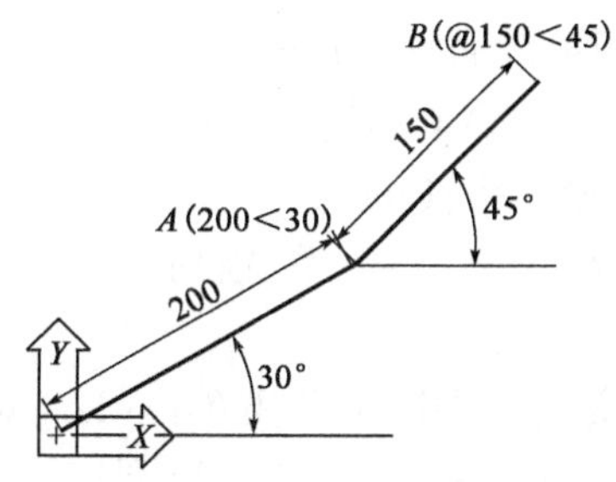

图 2-13 绝对极坐标和相对极坐标

4. 相对极坐标

相对极坐标是通过相对于某一点的极长距离和偏移角度来定义点的位置，通常是以上一点为极点。例如，可用“@20<30”的形式来表示某点的相对极坐标。其意思是某点距离极点为20个绘图单位，与水平线的夹角为30°。

在图2-13中，直线端点A用绝对极坐标表示为(200<30)，而另一端点B则用相对于A的相对极坐标来表示为(@150<45)。

第四节　设置AutoCAD的绘图环境

在绘图之前应设置好AutoCAD的绘图环境，主要包括设置绘图范围、绘图单位、绘图比例和捕捉模式等内容。

一、设置绘图范围

绘图范围也称绘图界限，它限定了用户的绘图工作区和图纸的边界。其目的是为了避免用户所绘制的图形超出绘图边界。

用户可以用下面两种方法之一设置绘图范围。

(1)下拉菜单:【格式】|【图形界限】。

(2)命令行:Limits。

执行如上操作后，在命令行出现如下提示:

重新设置模型空间界限:

指定左下角点或【开(ON)/关(OFF)】<0.0000,0.0000>:

该提示请用户设置绘图范围的左下角，尖扩号中的坐标值为系统默认值。如果用户接受此默认值，按Enter键来响应，或输入新值再按Enter键。

系统会继续提示用户设置绘图范围的右上角的位置:

指定右上角点<420.0000,297.0000>:

用户可以按Enter键来响应接受默认值，或输入一个新值。

二、设置绘图单位

同手工绘图一样，在AutoCAD中需要设置绘图单位，其默认的绘图单位是十进制单位。设置绘图单位的方法有如下两种。

(1)下拉菜单:【格式】|【单位】。

(2)命令行:Units。

执行上述操作后，系统将打开如图2-14所示的【图形单位】对话框，设置单位类型和数据精度。

在该对话框中，有长度单位(Length)和角度单位(Angle)两个数据区可供用户选择。用户单击【长度】区的【类型】下拉列表框，将显示长度单位的5种类型(Type)供用户选择，如图2-15所示。它们分别是:

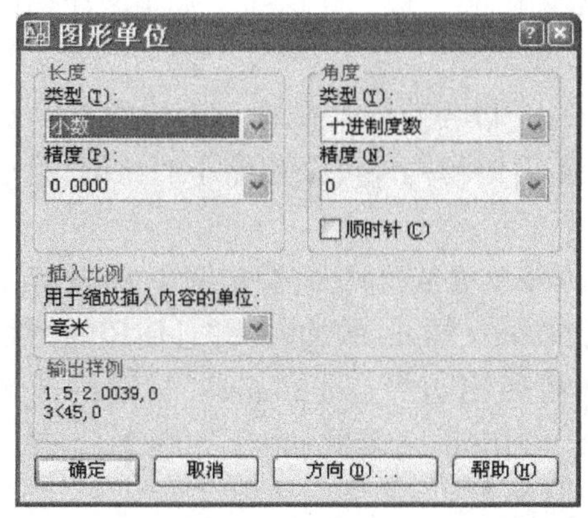

图 2-14 【图形单位】对话框

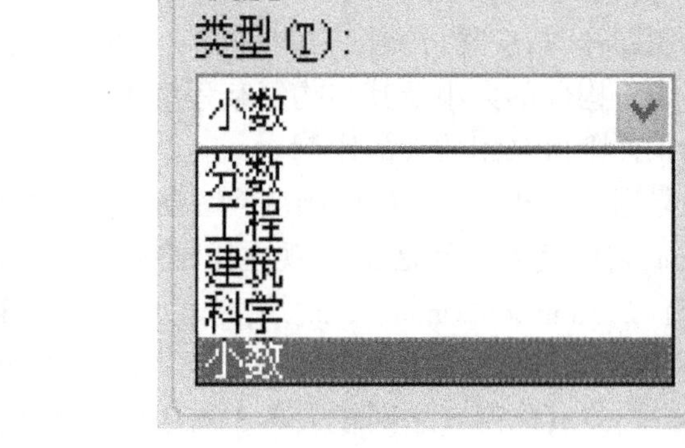

图 2-15 长度单位类型

(1)分数(Fractional),小数部分用分数表示。

(2)工程(Engineering),数值单位为英尺、英寸,英寸用小数表示。

(3)建筑(Architectural),数值单位为英尺、英寸,英寸用分数表示。

(4)科学(Scientific)。

(5)小数(Decimal)。

在【精度】下拉列表框中,用户可以根据需要选择长度精度和角度精度。

在【角度】区的【类型】下拉列表框中有如下 5 种角度单位可供用户选择:

(1)百分度(Decimal Degrees),十进制角度,默认单位。

(2)度/分/秒(Deg/Min/Sec),按 60 进制划分。

(3)梯度(Grads)。

(4)弧度(Radians),180°为 π。

(5)勘测单位(Surveyor's Units),角度从北南线开始量测。

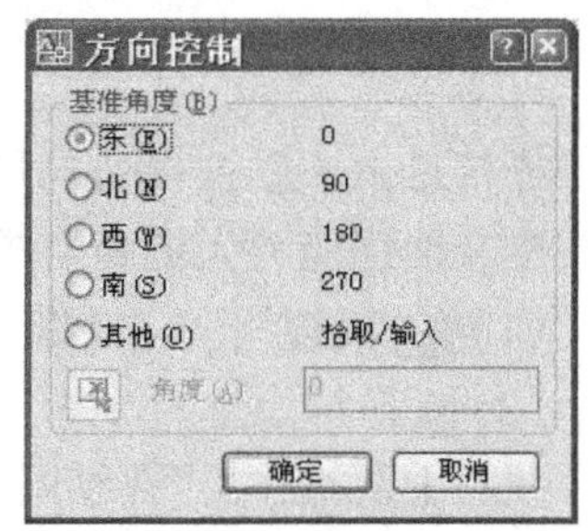

图 2-16 【方向控制】对话框

单击【方向】按钮将弹出【方向控制】对话框,如图 2-16 所示。该对话框用于设置角度测量的起始位置和方向。系统默认水平向右为角度测量的起始位置,逆时针方向为正值,顺时针方向为负值。

三、绘图比例

图样中构件要素的线性尺寸与实际构件相应要素的线性尺寸之比称为比例。国标规定绘制图样时一般应采用表 2-1 中规定的比例。

绘 图 比 例 表 表 2-1

与实物相同	1:1
放大的比例	2:1, 2.5:1, 4:1, $(10\times n)$:1
缩小的比例	1:1.5, 1:2, 1:2.5, 1:3, 1:4, 1:5, 1:10n, 1:1.5×10n, 1:2×10n, 1:2.5×10n, 1:5×10n

注:n 为正整数。

不论图样是被放大还是缩小,在标注尺寸时,应按构件的实际尺寸标注。每张图样均应在标题栏的"比例"一栏填写比例,如"1:1"或"2:1"。

绘制图样时,应尽可能按构件的实际大小(1:1)画出,以便直接从图样上看出构件的真实大小。由于构件的大小及其结构复杂程度不同,对大而简单的构件可采用缩小的比例,对小而复杂的构件则可采用放大的比例。

如果用户希望按1:n的比例变换图形,那么比例因子就是n。例如,假定图中1mm等于实际50mm,则比例因子就是50。现在假定我们要绘制50cm×80cm的构件,并且使用的图纸为A3幅面(297mm×420mm)。此外,考虑到绘图时还要留出边界(约25mm),标题栏区域为56mm×180mm,则图纸上实际可用的区域为216mm×215mm。因此,由于500/216 = 2.32,800/215 = 3.72,取两者之间较大者3.72,则比例因子应为4。

四、正交方式

用户在绘图中经常要绘制水平线和垂直线,用坐标来控制固然可行,但需要输入坐标。用肉眼去观察和掌握,实非易事。为解决这个问题,AutoCAD提供了一个正交功能,利用此功能绘制水平线和垂直线就会变得简单快捷。用户可以选择下面任一方式来打开正交功能,也可以切换正交功能。

(1)在状态栏上单击【正交】按钮。

(2)按下F8键。(建议用此方法,比较方便)

五、栅格显示与捕捉

栅格是由一系列排列规则的点组成,它类似于方格纸上的交叉点,帮助用户定位。栅格与捕捉配合使用能大大提高绘图的效率。用户可以采用以下任一操作来显示栅格。

(1)在状态栏上单击【栅格】按钮。(此按钮为切换按钮)

(2)按下F7键。

执行上面操作后,在绘图区将显示出如图2-17所示的栅格。图中栅格点按一定间隔均匀排列在绘图界限内。

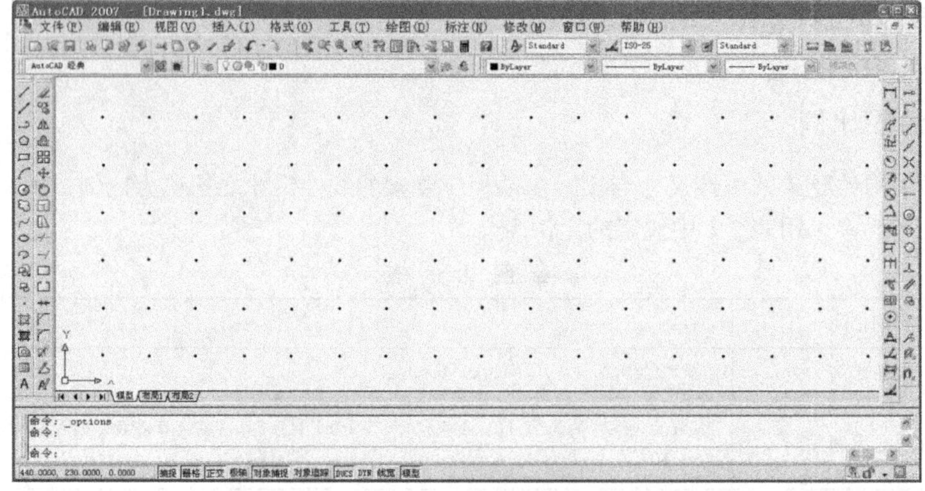

图2-17　显示栅格

栅格只是定位图形的一种辅助工具,不是图形文件的一部分,因而不能被打印输出。

栅格捕捉是AutoCAD中用鼠标绘图的一种快速工具。打开栅格捕捉功能后,鼠标在栅格区内移动能够自动捕捉到各个栅格点,利用此功能,用户可以实现输入点的准确定位。栅格点的密度可以设置。用户可以在状态栏上单击【捕捉】按钮来打开和关闭栅格捕捉功能。栅格捕捉只能在栅格的范围内有效,栅格捕捉功能在显示栅格和未显示栅格两种状态下同样有效。

第五节 图层、线型、线宽及颜色控制

一、图层控制

1. 图层的基本概念

在AutoCAD中图形是绘制在被称为图层的某一层面上的,一个图层就像一张透明的图片,可以在不同的图层上绘制不同的实体,然后将这些透明图片叠加起来,就得到最终的图形,也可以抽掉其中一些透明图片,组成另外一幅图形。AutoCAD理论上允许有无限多个图层,用户根据需要建立若干个图层,并为每一个图层取不同的名称、线型和颜色以示区别。熟练地应用图层技术可以大大提高绘图效率和图形的清晰度。在AutoCAD中,把当前正在使用的图层称为当前层。AutoCAD默认的图层为“0”层,用户可以用图层命令建立其他图层,也可以删除用户建立的图层,但不能删除“0”层。

2. 新建图层

用户可以采用下面两种方法之一打开【图层特性管理器】对话框。

(1)单击属性工具栏上图标。

(2)命令行:Layer。

打开的【图层特性管理器】对话框如图2-18所示。

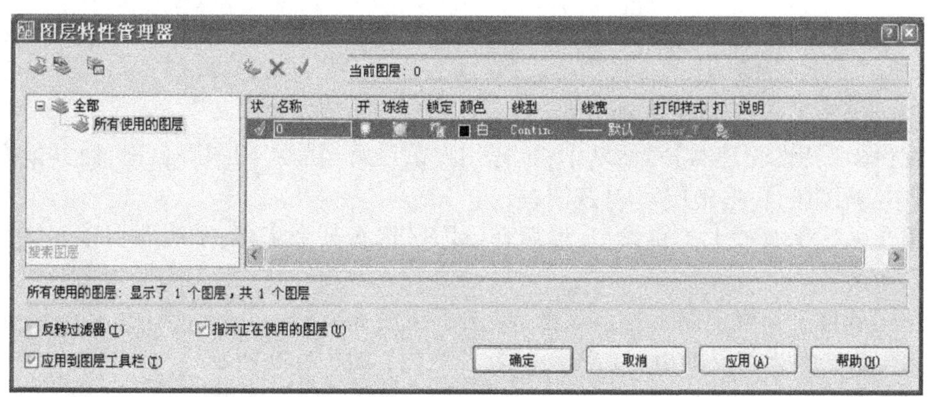

图2-18 【图层特性管理器】对话框

用户可以用此对话框创建新图层,操作步骤如下:

(1)单击该对话框中按钮,系统会自动生成一个名叫“图层1”的图层,以后每按一下便会依次自动生成“图层2”、“图层3”等。用户也可以根据自己的需要更改图层名称,如将“图层4”改名为“结构”，如图2-19所示。在图2-19中，已经创建了4个新图层，其中当前层为“图层0”。

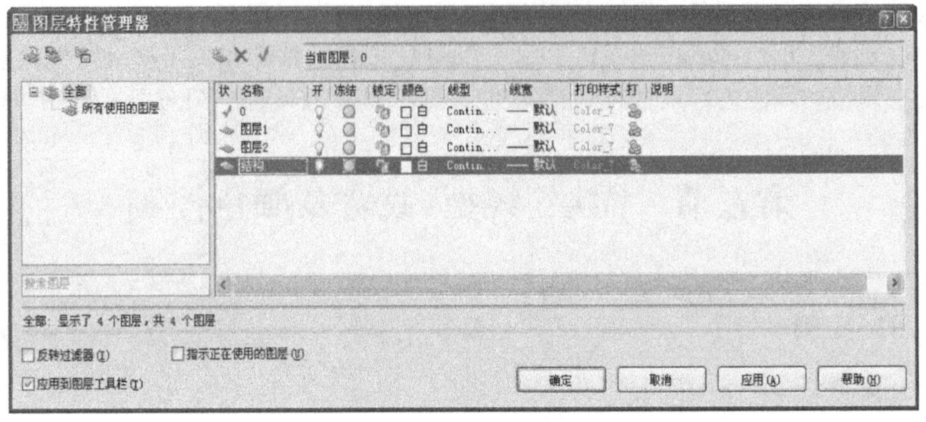

图2-19　创建了4个新图层

(2)在该对话框中任一空白处单击鼠标左键，或按Enter键可结束此操作。

图层名必须是独一无二的，不能有重名，否则系统不予承认。图层名最长可达31个字符，可以是数字、字母、$(美元符号)、“—”或“_”，但不允许出现空格和逗号。

3. 删除图层

在AutoCAD中，对一些不用的图层应及时删除。用户可以用【图层特性管理器】对话框来达到此目的。操作步骤如下：

(1)在【图层特性管理器】对话框中，单击要删除的图层，选中的图层名称呈高亮度显示。

(2)单击按钮，再单击【应用】按钮，即可删除刚才被选中的图层。

注意：下列图层不能删除：0层和定义点层(Defpoints)；当前层和含有实体的图层；外部应用依赖层(Xref-Dependent Layers)。

4. 设置当前层

所谓当前层就是用户当前使用的图层，绘图只能在当前层上进行。当前层的层名和属性状态都显示在属性工具栏上。

设置当前层可以采用以下4种方法之一：

(1)在【图层特性管理器】对话框中，选择用户欲设为当前层的图层名称，使其呈高亮度显示，然后单击✓按钮，再单击【确认】按钮。

(2)单击属性工具栏上的按钮，然后在绘图区选择某个实体，系统即将该实体所在的图层设置为当前层。

(3)单击属性工具栏上的下拉列表框，单击下拉箭头，选择某一图层(呈高亮度显示)，单击鼠标左键，新选的当前层即出现在图层工具栏区内，如图2-20所示。

(4)在“命令：”提示符下，输入Clayer并按Enter键，出现下列提示：

输入Clayer的新值<“结构”>：(输入新选的图层名，并按Enter键)

尖括号中“结构”是设置之前的当前图层名。

5. 图层状态控制

在AutoCAD中图层状态由状态开关来控制。状态开关有：

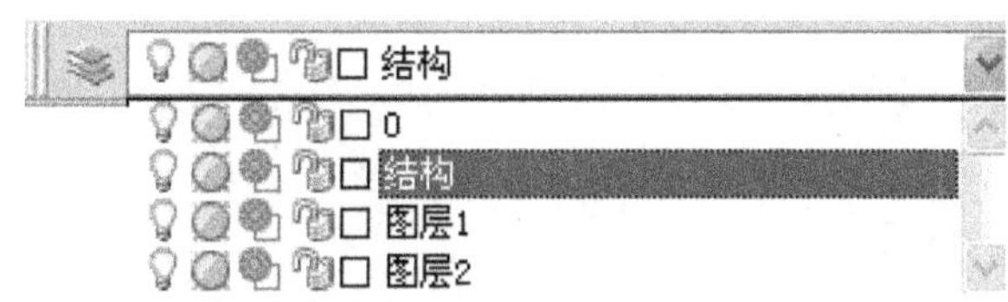

图 2-20 当前层为“图层 2”

(1)打开/关闭(ON/OFF)——图层关闭后,该层上的实体不能在屏幕上显示,也不能由打印机输出,层上的实体可以被重生成。

(2)冻结/解冻(Freeze/Thaw)——图层被冻结后,该层上的实体不能在屏幕上显示,也不能由打印机输出,层上的实体不能被重生成。

(3)锁住/解锁(Lock/Unlock)——图层被锁住后,用户只能看见该层上的实体,而不能对这些实体进行编辑和修改,但实体可以显示和打印。

图层状态是相互切换的,用户在【图层特性管理器】对话框中选择图层,单击相应的图像按钮,然后按【确定】按钮,如图 2-21 所示。

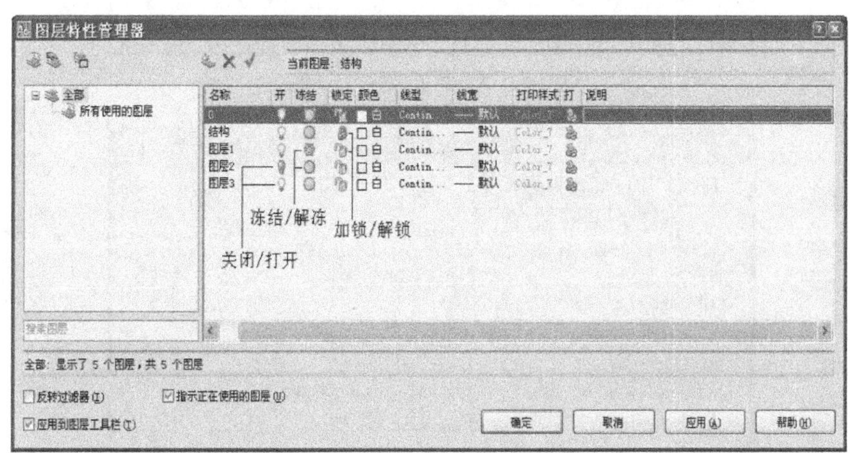

图 2-21 图层被关闭、冻结、加锁

此外,【图层特性管理器】对话框中的每层是可以关闭打印的,关闭后显示为 ,该层内绘制的所有对象能够显示,但是不会打印出来。定义点层(Defpoints)内的对象也是能够显示,但是不会打印出来。

二、图层线型控制

在 AutoCAD 中有多种线型供用户选用,但每一个图层只能有一种线型,在默认的情况下为实线(Continuous)。用户可以根据需要为不同的图层设置不同的线型。

1. 加载线型

AutoCAD 的所有线型都放在 ACAD. LIN 和 ACADISO. LIN 线型文件库中。在设置线型之前,必须把它加载到当前图形中。用户可以通过以下方法之一来加载线型。

(1)单击属性工具栏中的 ByLayer 线型控制下拉列表中的“其他”。

(2)下拉菜单:【格式】|【线型】。

(3)命令行:Line type。

执行上面操作后会打开【线型管理器】对话框,如图 2-22 所示。在该对话框中显示了当前层的线型名称,单击【加载(L)】按钮后,将打开【加载或重载线型】对话框,如图 2-23 所示,然后按以下操作步骤来装载线型:

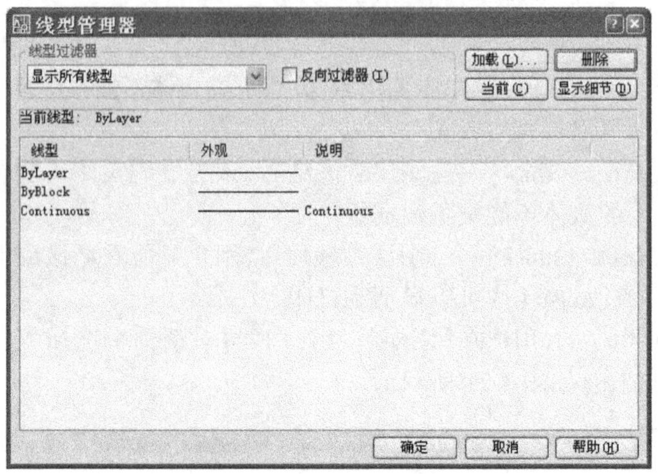

图 2-22 【线型管理器】对话框

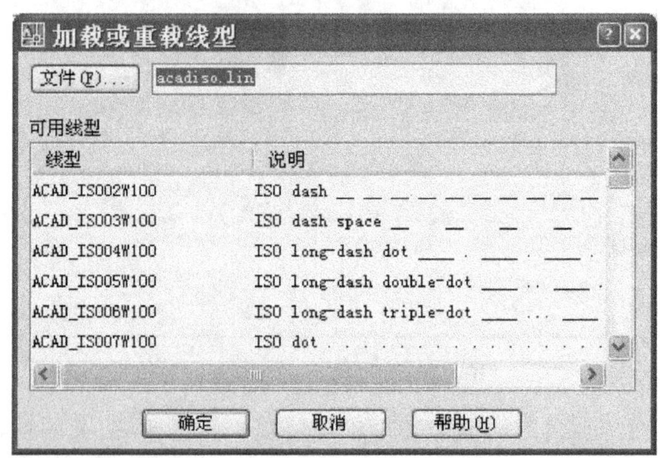

图 2-23 【加载或重载线型】对话框

①在【可用线型】列表框中用鼠标选择要装载的线型,选中的线型呈高亮度显示,每种线型都有一个线型名称,【说明】栏内列出了该种线型的点线状态,再单击【确定】按钮,返回【线型管理器】对话框,在该对话框中就可以看到刚才被加载的所有线型。

②单击【确定】按钮,退出该对话框,结束装载线型。

2. 设置线型

装载了线型后,就可以将某一线型赋给某个图层。具体操作步骤如下:

在【图层特性管理器】对话框中,选中某个图层,单击线型栏内某一线型名称(如 Continuous),系统将弹出如图 2-24 所示的【加载或重载线型】对话框。在该对话框内列出了所有已加载的线型,选择需要的线型后,单击【确定】按钮,返回前面对话框,此时就会发现线型已被重新设置。图 2-24 中选择了 CENTER2 线型。

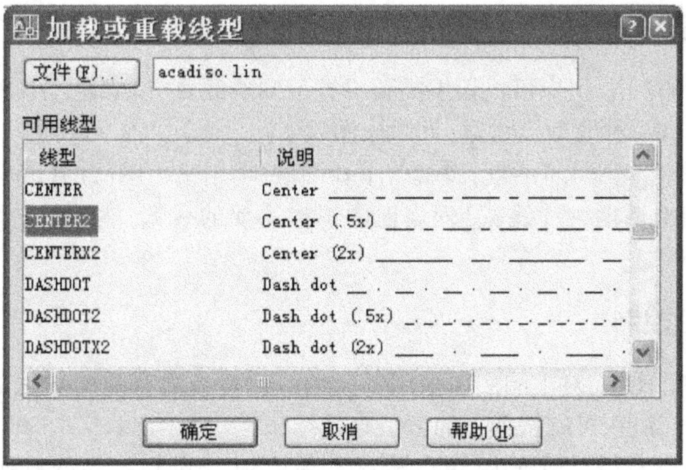

图 2-24 【选择线型】对话框

3. 设置线型比例(Ltscale)

在众多的线型中,除连续实线外,其余线型均由一系列不同长度的短线、空格和点组成。可以用 Ltscale 命令来调试线型的比例。线型比例的默认值为 1:1。

线型比例是一个全局的系统变量值,它的改变将会影响到全部的线型比例。用户在设置线型比例时应考虑比例因子的影响,选择正确的线型比例值,使图形的线条符合专业制图的规范是我们要达到的目标。

用户可以在"命令:"提示符下输入 Ltscale(或 Lts)并按 Enter 键,出现提示:

LTSCALE 输入新线型比例因子 <1.0000>:(请用户输入新的线型比例)

改变线型比例后,系统会重新生成图形。

用户也可以在【线型管理器】对话框中点击显示细节按钮,修改全局比例因子。

【当前对象缩放比例】设置新建对象的线型比例,前面绘制的图线显示不受影响。生成的比例是全局比例因子与该对象的比例因子的乘积,如图 2-25 所示。

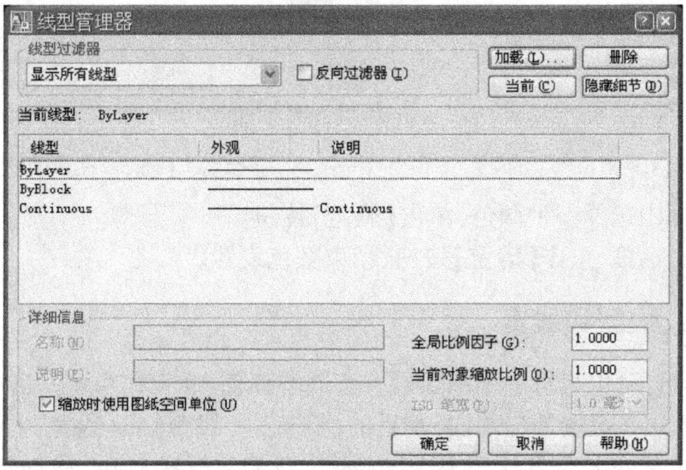

图 2-25 【线型管理器】对话框

三、图层线宽控制

在 AutoCAD 2007 中，用户可以根据需要设置不同的线宽，以满足工程制图的要求。系统规定一个图层只能有一种线型及线宽，具体操作如下：

打开【图层特性管理器】对话框，设置若干新图层；单击某一图层的【线宽】栏，将弹出如图 2-26 所示的【线宽】对话框，在【线宽】列表框内选择需要的线宽，然后单击【确定】按钮，返回前面对话框。

四、图层颜色控制

为了区分不同的图层，对不同图层采用不同的颜色是行之有效的方法之一。在 AutoCAD 中，有 256 种不同的颜色，可以按如下的方法来选择。

在【图层特性管理器】对话框中，单击某一图层下的【颜色】栏，系统将弹出如图 2-27 所示的【选择颜色】对话框。

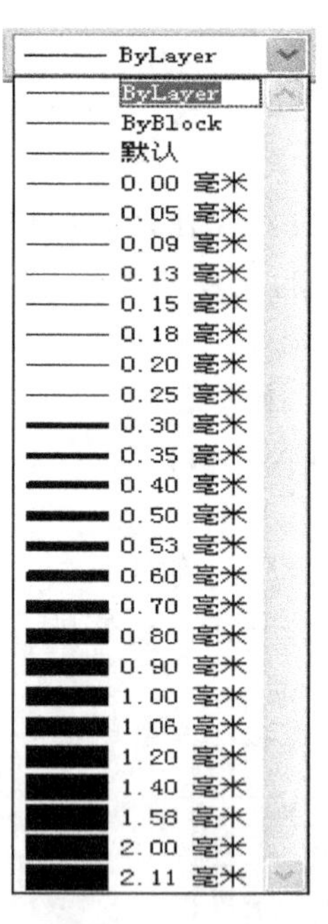

图 2-26 【线宽】对话框

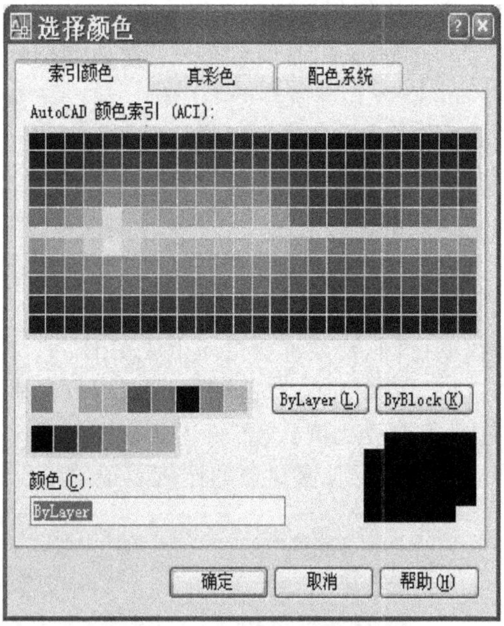

图 2-27 【选择颜色】对话框

(1)在该对话框中选择一种颜色，单击【确定】按钮。

(2)返回前面对话框，单击【确定】按钮，结束颜色设置。

五、随层颜色、线型和线宽

经过前面的学习，可以为每一个图层设置不同的颜色、线型和线宽。当用属性工具栏改变当前层时，比如将图层 2 设置为当前层，其后的(颜色)、(线型)和(线宽)栏内容也随之改变，但是颜色、线型和线宽的名称默认还是“Bylayer”，我们将这种颜色、线型和线宽称为随层颜色、随层线型和随层线宽。在图 2-28 中，已经设置了“图层 1”“图层 2”和“图层 3”，并为每个图层设置了不同的颜色、线型和线宽。当前层分别为“图层 1”、“图层 2”和“图层 3”时，它们所对应的颜色、线型和线宽的名称均为“Bylayer”。但当前层为“图层 1”时的颜色为蓝色，线型为“Border2”，线宽为“0.35mm”；当前层为“图层 3”时的颜色为红色，线型为“Center”，线宽为“0.4mm”。由此可见，“Bylayer”是随图层而变化的。

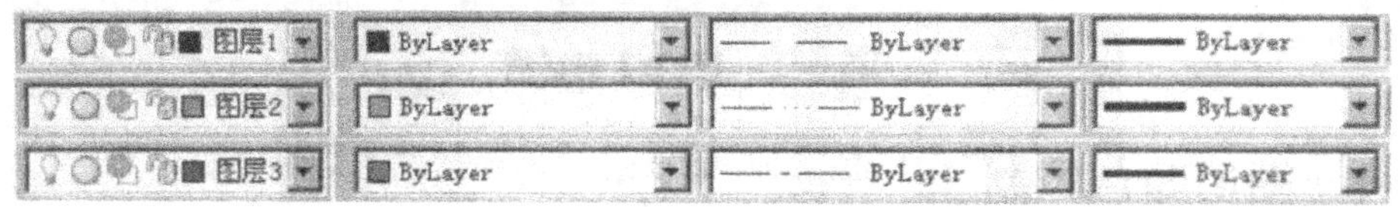

图 2-28 不同图层下的“随层”

六、使用帮助

AutoCAD 2007 提供了强大的帮助功能，用户可以随时获得任何项目的帮助信息。按 F1 键或选择【帮助(H)】菜单命令，都可打开【帮助】窗口，获得所需帮助信息。

查看帮助目录和帮助索引。如果用户需要快速查到 AutoCAD 特定的操作步骤，或者需要大致浏览 AutoCAD 的使用方法，可执行如下操作获得所需帮助。

(1)下拉菜单：【帮助(H)】|【AutoCAD 帮助(H)】。

(2)单击标准工具栏中的?图标。

(3)按 F1 功能键。

以上任何一种操作，都会打开【AutoCAD 2007 帮助】窗口，如图 2-29 所示。窗口中有【目录(C)】、【索引(N)】、【搜寻(S)】和【书签(I)】4 个选项卡。

选择【目录】选项卡，窗口中显示 AutoCAD 2007 的专题目录和命令目录名。用户双击需要的目录名，即可扩展该选中目录，有些目录下还含有子目录，用户可以顺着子目录继续查找下去，直至查到所需要的项目，双击项目名，即可进入相应的帮助窗口。

【目录】选项卡的使用如图 2-30 所示。

①选择【目录】选项卡。

②单击【命令参考】专题目录，则系统打开命令参考专题下的相关子专题。

③单击【3D】子专题，则系统打开该子专题下的相关命令选项。

④选择【3DFACE】选项，窗口右区将显示出 3DFACE 命令的功能和使用帮助。

另外，系统还允许用户直接查找帮助主题。单击【索引】标签，将出现索引窗口，如图 2-31 所示。

用户可以用两种方法查找专题，即可以用滚动条拉动列表框并单击某一项，也可以在文本框中键入一个单词，系统会快速显示与键入单词相似的主题。用户在列表框中选取某一相关的主题后，单击【显示】按钮，或双击该主题，系统会显示该主题的帮助页。如果该主题之下还含有多个主题，则系统会弹出【已找到的主题】窗口，如图 2-32 所示。在该窗口中用户选择其中一个主题后，单击【显示】按钮，则显示该主题的帮助内容。

选择【搜索】选项卡，系统将显示搜索窗口，用户可以在文本框中键入要查找的单词，按【列出主题】按钮，系统则会在【选择主题】文本框中搜索出与该单词相关的主题。再单击要查找的主题后，按【显示】按钮，系统会显示该主题的帮助页。系统允许用户选择下面 3 个复选框进行搜索：【搜索上一次结果】、【匹配相似的单词】和【仅搜索标题】。

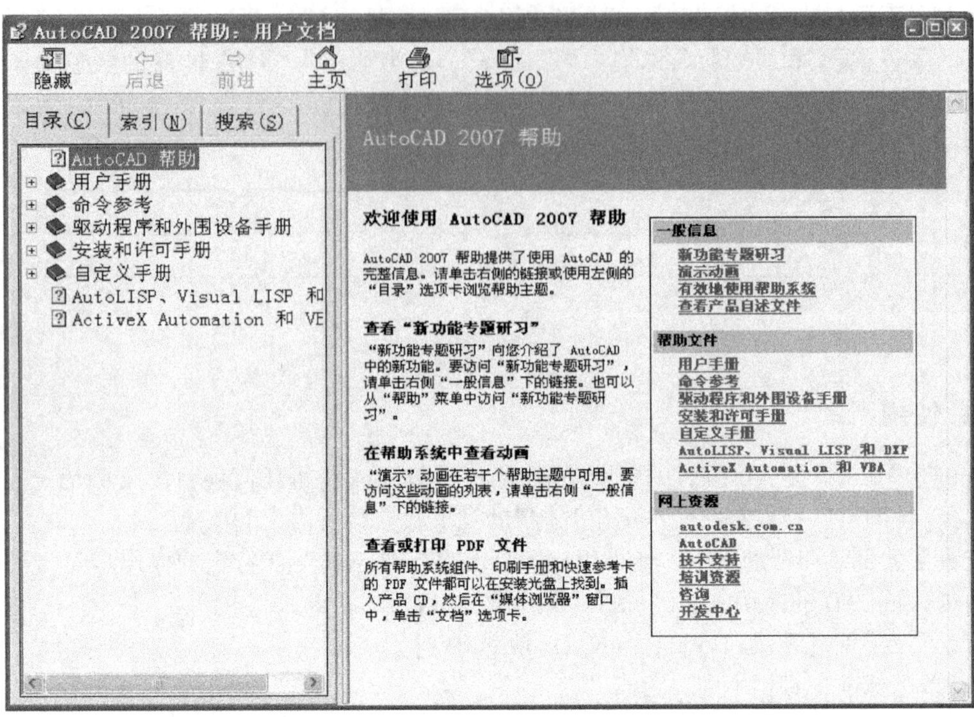

图 2-29 【AutoCAD 2007 帮助】窗口

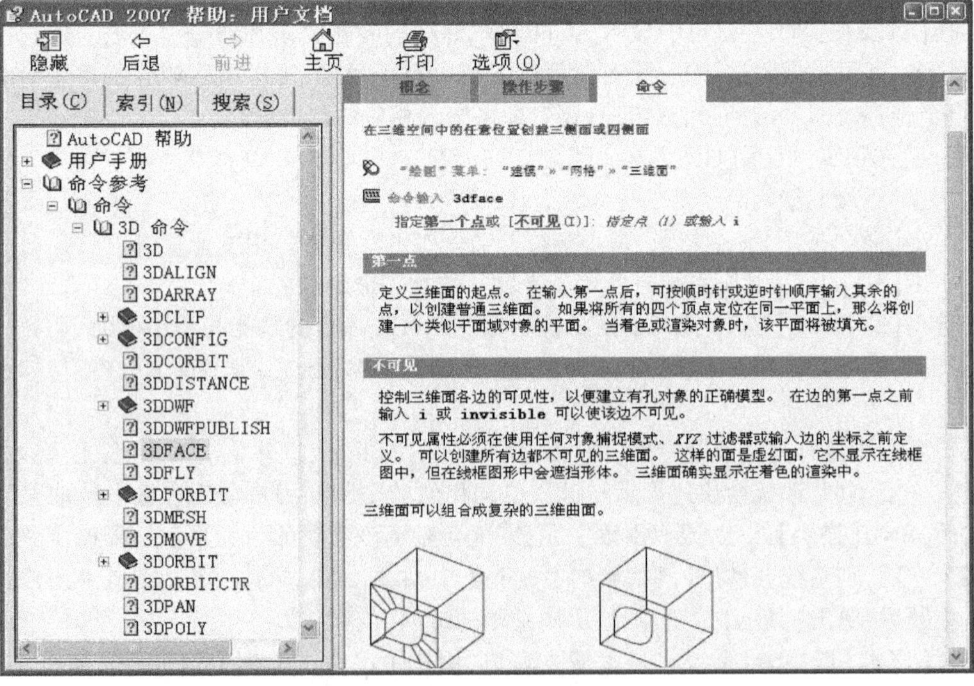

图 2-30 3DFACE 帮助窗口

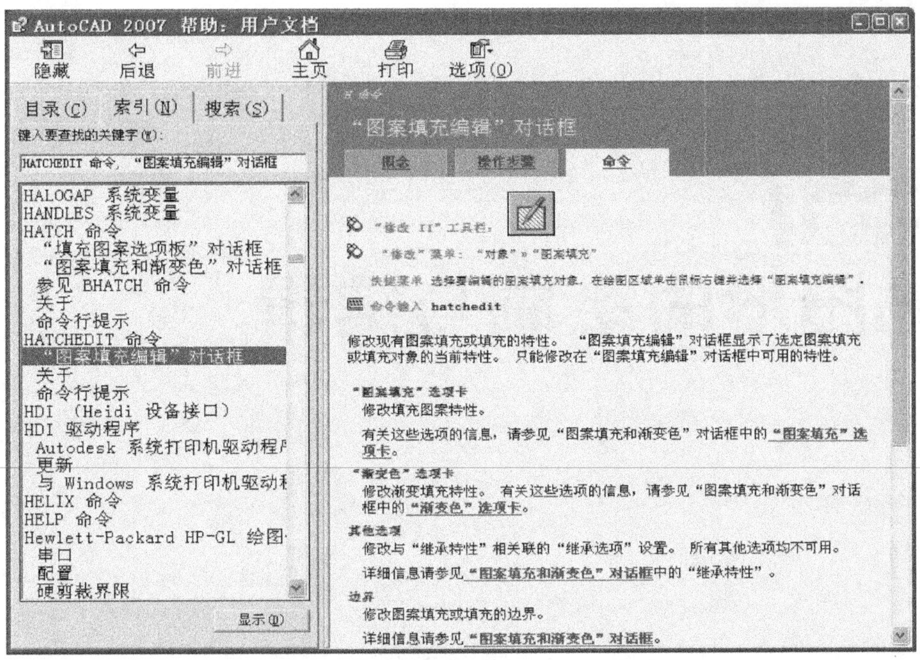

图 2-31 索引窗口

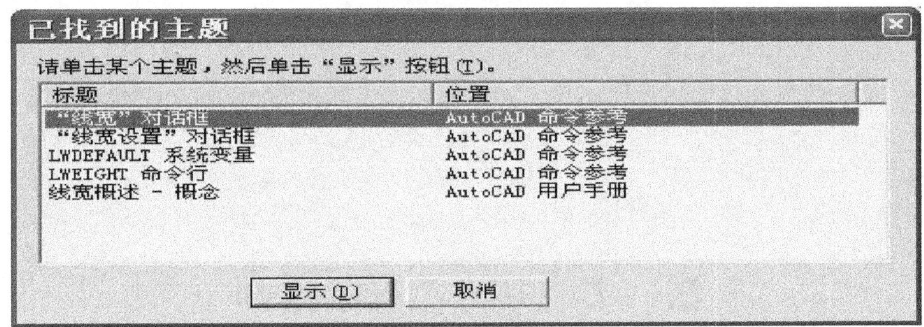

图 2-32 【已找到的主题】窗口

【复习思考题】

1. 怎样新建一个图形文件？模板文件有何作用？

2. 怎样加载工具栏？从工具栏启动 AutoCAD 命令与从菜单栏启动该命令的效果是一样的吗？

3. AutoCAD 中的坐标系统是如何定义的，AutoCAD 中有哪几种表示坐标的方法？

4. 在"绘图比例"这个概念上，计算机绘图与手工绘图有什么不同？在计算机绘图中，如何正确选用绘图比例？

5. 新建 3 个图层"jg"、"Center"和"Dashed"，它们的颜色依次为"黑"、"绿"、"红"，线型依次为"ISO02w100"、"Center2"和"Dashed2"。

6. 图层"关闭"、"冻结"和"锁定"三者之间有何不同？

7. 在工程图中对图层控制有何作用？

8. 线型比例（Ltscale）的作用是什么？

第三章

二维图形的绘制与编辑

第一节 基本图形的绘制

任何一幅图形都是由一些最基本的元素组成,如点、圆、直线、多边形、椭圆、多段线和图案填充等。因此,只要熟练掌握各种基本图形的绘制方法,就可以轻松有效地绘制出各种各样复杂的图形。

一、绘制直线

1. 绘制直线段

在 AutoCAD 中绘制直线段是最常见、最简单的操作。绘制直线段的命令是 Line。执行一次 Line 命令画一条线段,也可以连续画多条线段,但每一条线段都彼此相互独立。直线段是由起点和终点来确定的。用户可以通过鼠标或键盘来确定其起点或终点坐标。

用户可以采用下列 3 种方法之一来启动直线命令。

(1)在绘图工具栏上,选择直线工具按钮 ╱。

(2)命令行:Line 或 L。

(3)下拉菜单:【绘图】|【直线】。

操作步骤如下：

命令：Line(或 L)

Line 指定第一点：(利用光标在绘图窗口中指定线段的起始点位置)

指定下一点或［放弃(U)］：(指定线段的另一端点位置［放弃］)

指定下一点或［放弃(U)］：(指定线段的另一端点位置［放弃］)

指定下一点或［闭合(C)/放弃(U)］：(按 Enter 键或按 Esc 键退出画直线状态)

注意：

①结束画线操作，也可在下次出现“指定下一点或［放弃(U)］：”时单击鼠标右键，在出现的光标菜单中选择“确定”，即可结束画线操作。若还想画多条线段，可在“指定下一点或［闭合(C)/放弃(U)］：”提示下继续输入端点。如果想使所画图形为一个闭和折线形，可键入 Close 或 C。

②在直线绘制过程中，有时可能出现错误，需要删除这些线段并重新绘制。这时不必退出 Line 命令，可在“指定下一点或［闭合(C)/放弃(U)］：”提示下键入 Undo 或 U，可取消上次确定的端点或起点。

③输入线段起点和终点有两种方法，一种是在命令中使用键盘输入坐标值，另一种是用光标在屏幕上直接点取。在使用 AutoCAD 作图中，几乎所有点的输入都可采用这两种方式。

【例 3-1】 用 Line 命令绘制六边形。

在绘图工具栏上单击直线工具按钮启动 Line 命令，然后执行如下操作。

①Line 指定第一点：(在绘图区用光标确定一点 A)

②指定下一点或［放弃(U)］：@10,0(输入下一点 B)

③指定下一点或［放弃(U)］：@5，-5(输入下一点 C)

④指定下一点或［闭合(C)/放弃(U)］：@ -5，-5(输入下一点 D)

⑤指定下一点或［闭合(C)/放弃(U)］：@ -10,0(输入下一点 E)

⑥指定下一点或［闭合(C)/放弃(U)］：@ -5,5(输入下一点 F)

⑦指定下一点或［闭合(C)/放弃(U)］：C(使其与 A 点闭合)

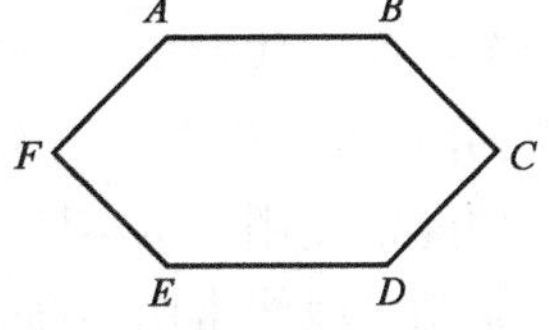

图 3-1 用 Line 命令绘制六边形

此时，在绘图区将看到如图 3-1 所示的六边形。

2. 绘制射线

射线是指从发射点开始的无限长的直线。绘制射线的命令是 Ray，使用该命令可以绘制以指定点为起点，单方向无限延长的直线。一般射线主要用作辅助线。

一般可以采用下列方法激活 Ray 命令。

(1)下拉菜单：【绘图】|【射线】。

(2)命令行：Ray。

操作步骤如下。

命令：Ray(输入 Ray 命令后按 Enter 键或鼠标右键)

指定起点：(指定射线的起始点)

指定通过点：(指定射线的通过点)

指定通过点：(继续指定射线的通过点或按 Enter 键结束命令)

3. 绘制构造线

构造线是指两端都无限延长的直线,也称无限长直线。其命令为 Xline,主要用作绘图辅助线。可以采用下列 3 种方法之一来激活 Xline 命令。

(1)在绘图浮动工具栏上,选择构造线工具按钮 。

(2)下拉菜单:【绘图】|【构造线】。

(3)命令行:Xline 或 XL。

操作步骤如下。

命令:Xline(或 XL,按 Enter 键或鼠标右键)

_Xline 指定点或[水平(H)/垂直(V)/角度(A)/二等分(B)/偏移(O)]:

在上述提示下,各选项的含义介绍如下。

(1)【指定点】:该选项是系统的默认选项。选择该选项后,系统以该指定点作为构造线通过的指定通过点。

(2)【水平(H)】:该选项用来绘制通过指定点的水平构造线。

(3)【垂直(V)】:该选项用来绘制通过指定点的垂直构造线。

(4)【角度(A)】:该选项用来绘制与 X 轴正方向成指定角度的构造线。

(5)【二等分(B)】:该选项用来绘制平分指定角度的构造线。

(6)【偏移(O)】:选择该选项后,系统以一个已有的对象为基准,以指定的距离为偏移距离,绘制与已有对象方向相同,与该对象的距离为偏移距离的构造线;或者以已有对象为方向,以指定点为通过点绘制构造线。系统可以绘制出与指定线相距指定距离的无限长平行线。

二、绘制多段线

AutoCAD 提供了一种非常有用的线段对象——多段线,它是由各种直线段或者圆弧段组成的单一的实体对象,该实体对象可以由不同宽度、不同线形的线段或圆弧构成,是一个整体对象,并且可以作为一个实体,既可以一起编辑,也可以分别编辑。在绘制复杂图形中,多段线是一种经常使用的基本图形。

绘制多段线常用的命令是 Pline。它可以利用指定的参数绘制不同形式的多段线。除了可以用通用的编辑命令对多段线进行修改外,还可以用专用的编辑命令 Pedit 进行编辑和修改。启动 Pline 命令有下面 3 种方法。

(1)下拉菜单:【绘图】|【多段线】。

(2)在绘图工具栏上选择 Pline 按钮 。

(3)命令行:Pline 或 PL。

操作步骤如下。

命令:Pline

指定起点:(可用鼠标在绘图窗口指定多段线的起点)

当前线宽为 0.0

指定下一个点或[圆弧(A)/半宽(H)/长度(L)/放弃(U)/宽度(W)]:(鼠标移动指定下一个点)

指定下一点或[圆弧(A)/闭合(C)/半宽(H)/长度(L)/放弃(U)/宽度(W)]:

下面说明各选项的含义和功能。

1.【指定下一个点】

这是默认选项，指定多段线另一个端点的位置。指定了另一个端点后，AutoCAD 会以当前的多段线设置，绘制出一条从起点到终点的多段线，然后又重复出现前面的提示。

在指定了另一个端点以后，系统提示：

指定下一点或[圆弧(A)/闭合(C)/半宽(H)/长度(L)/放弃(U)/宽度(W)]：

这里多了【闭合】(Close)选项，允许键入 C，以封闭多段线并结束命令。

2.【圆弧】(Arc)

选择该选项，可使 Pline 命令由绘制直线方式改为绘制圆弧方式。绘制的圆弧以直线的终点为起点。

指定下一个点或[圆弧(A)/半宽(H)/长度(L)/放弃(U)/宽度(W)]：A

选择该选项后，系统接着提示：

指定圆弧的端点或[角度(A)/圆心(CE)/闭合(CL)/方向(D)/半宽(H)/直线(L)/半径(R)/第二个点(S)/放弃(U)/宽度(W)]：

如果在上述提示中执行默认选项，即直接指定圆弧的端点，AutoCAD 将以前一点和该点作为两个端点，以上一次所绘制的直线方向或者圆弧的终点切线方向作为起始方向，绘制一个圆弧。响应默认选项后，AutoCAD 返回到前面的提示：

指定圆弧的端点或[角度(A)/圆心(CE)/闭合(CL)/方向(D)/半宽(H)/直线(L)/半径(R)/第二个点(S)/放弃(U)/宽度(W)]：

至此，又可以接着绘制圆弧。提示中其他各选项的含义和功能如下。

(1)【角度】(Angle)：该选项将根据指定的圆弧中心角绘制圆弧。选择该选项后，系统会接着提示：

指定包含角：

这时，需要在该提示下输入圆弧的包含角。圆弧的方向与角度的正负值有关，同时也与当前角度的测量方向有关。确定了包含角度后，系统会接着提示：

指定圆弧的端点或[圆心(CE)/半径(R)]：

在该提示下，可以通过指定圆弧的另一个端点输入圆心坐标或圆弧半径值来绘制圆弧。

(2)【圆心】(CEnter)：该选项用于根据给出的圆弧中心绘制圆弧。选择该选项后，系统接着提示：

指定圆弧的圆心：

需要在该提示下指定圆弧的圆心。确定圆弧的圆心后，系统会接着提示：

指定圆弧的端点或[角度(A)/长度(L)]：

在该选项提示下，可以通过输入圆弧的另一个端点指定圆弧的角度或圆弧弦长来绘制圆弧。

(3)【闭合】(CLose)：以最后确定的点和多段线的起点为圆弧的两个端点绘制一个圆弧，以封闭多段线。闭合后，AutoCAD 结束命令。

(4)【方向】(Direction)：该选项用于通过确定圆弧在起点的切线方向来绘制圆弧。选择

该选项后,系统接着提示:

指定圆弧的起点切向:

此时,可以通过输入起点方向与水平方向的夹角来确定圆弧起点的切线方向;也可以在该提示下确定一点,AutoCAD将以圆弧的起点与该点的连线作为圆弧起点的切线方向。

确定了起点的切线方向后,系统将接着提示:

指定圆弧的端点:

在该提示下指定圆弧的另一个端点即可绘制圆弧。

(5)【半宽】(Half width):该选项用来设置圆弧起点的半宽和终点的半宽。选择该选项后,系统会接着提示:

指定起点半宽<0.0000>:

指定端点半宽<0.0000>:

设置好多段线的起点和终点半宽后,系统返回提示:

指定圆弧的端点或[角度(A)/圆心(CE)/闭合(C1)/方向(D)/半宽(H)/直线(L)/半径(R)/第二个点(S)/放弃(U)/宽度(W)]:

(6)【直线】(Line):该选项用于使Pline命令从绘制圆弧方式改为绘制直线方式。

(7)【半径】(Radius):该选项用于根据指定的圆弧半径绘制圆弧。选择该选项后,系统会接着提示:

指定圆弧的半径:

输入圆弧的半径值后,系统会接着提示:

指定圆弧的端点或[角度(A)]:

在该提示下,输入圆弧的角度值或圆弧的另一个端点,即可绘制圆弧。

(8)【第二个点】(Second pt):该选项是根据指定的3个点来绘制圆弧。选择该选项后系统接着提示:

指定圆弧上的第二个点:

指定圆弧的端点:

命令执行结果是系统以指定的3个点来绘制圆弧。

(9)【放弃】(Undo):该选项用于取消上一次所绘制的圆弧。

(10)【宽度】(Width):该选项用来设置圆弧的起点和终点线宽。选择该选项后,系统会依次提示:

指定起点宽度<0.0000>:

指定端点宽度<0.0000>:

输入了多段线的起点和终点线宽后,系统返回提示:

指定圆弧的端点或[角度(A)/圆心(CE)/闭合(CL)/方向(D)/半宽(H)/直线(L)/半径(R)/第二个点(S)/放弃(U)/宽度(W)]:

3.【半宽】(Half width)

该选项用来设置多段线的半宽度。选择该选项后,系统会接着提示:

指定起点半宽<0.0000>:

指定端点半宽<0.0000>:

设置好多段线的起点和终点半宽后,系统又返回到提示:

指定下一个点或[圆弧(A)/半宽(H)/长度(L)/放弃(U)/宽度(W)]:

4.【长度】(Length)

该选项用来按指定的长度绘制一段直线,选择该选项后,系统接着提示:

指定直线的长度:

在此提示下输入长度值,AutoCAD 将以该长度沿着上一段直线的方向来绘制直线段。

如果前一段是圆弧,则该段直线的方向为上一段圆弧端点的切线方向。输入长度值后,系统又返回到提示:

指定下一点或[圆弧(A)/闭合(C)/半宽(H)/长度(L)/放弃(U)/宽度(W)]:

5.【放弃】(Undo)

该选项用于删除多段线上的上一段直线段或者圆弧段,以及时修改在绘制多段线过程中出现的错误。

6.【宽度】(Width)

该选项用来确定当前所绘复合线段的起点与终点的线宽。选择该选项,系统会依次提示:

指定起点宽度 <0.0000 >:

指定端点宽度 <0.0000 >:

输入了多段线的起点和终点线宽后,系统将返回提示:

指定下一点或[圆弧(A)/闭合(C)/半宽(H)/长度(L)/放弃(U)/宽度(W)]:

注意:带宽度的多段线填充与否,可以通过 Fill 命令来设置。如果 Fill 命令被设置为 ON,则系统对多段线填充;如果设置为 OFF,则多段线仅显示填充对象的轮廓线,系统默认设置为 ON。

用 Pline 命令绘制如图 3-2 所示的多段线过程如下。

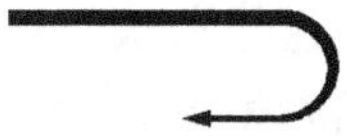

(1)命令:Pline

(2)指定起点:(输入多段线起点)

(3)当前线宽为 0.0000

图 3-2 绘制多段线

指定下一个点或[圆弧(A)/半宽(H)/长度(L)/放弃(U)/宽度(W)]:W

(4)指定起点宽度 <0.0000 >:0.5

(5)指定端点宽度 <0.5000 >:0.5

(6)指定下一个点或[圆弧(A)/半宽(H)/长度(L)/放弃(U)/宽度(W)]:@8,0

(7)指定下一点或[圆弧(A)/闭合(C)/半宽(H)/长度(L)/放弃(U)/宽度(W)]:A

(8)指定圆弧的端点或[角度(A)/圆心(CE)/闭合(CL)/方向(D)/半宽(H)/直线(L)/半径(R)/第二个点(S)/放弃(U)/宽度(W)]:W

(9)指定起点宽度 <0.5000 >:0.5

(10)指定端点宽度 <0.5000 >:0.2

(11)指定圆弧的端点或[角度(A)/圆心(CE)/闭合(CL)/方向(D)/半宽(H)/直线(L)/半径(R)/第二个点(S)/放弃(U)/宽度(W)]:@0, -3

(12)指定圆弧的端点或[角度(A)/圆心(CE)/闭合(CL)/方向(D)/半宽(H)/直线(L)/半径(R)/第二个点(S)/放弃(U)/宽度(W)]:L

(13)指定下一点或[圆弧(A)/闭合(C)/半宽(H)/长度(L)/放弃(U)/宽度(W)]:W

(14)指定起点宽度 <0.2000 >:0.2

(15)指定端点宽度 <0.2000 >:0.2

(16)指定下一点或[圆弧(A)/闭合(C)/半宽(H)/长度(L)/放弃(U)/宽度(W)]:@ -2,0

(17)指定下一点或[圆弧(A)/闭合(C)/半宽(H)/长度(L)/放弃(U)/宽度(W)]:W

(18)指定起点宽度 <0.2000 >:0.4

(19)指定端点宽度 <0.4000 >:0

(20)指定下一点或[圆弧(A)/闭合(C)/半宽(H)/长度(L)/放弃(U)/宽度(W)]:@ -1,0

(21)指定下一点或[圆弧(A)/闭合(C)/半宽(H)/长度(L)/放弃(U)/宽度(W)]:(按 Enter 键结束绘图)

三、绘制圆

绘制圆的命令是 Circle,绘制圆的方式有 6 种,启动该命令有下面 3 种方法。

(1)下拉菜单:【绘图】|【圆】。

(2)命令行:Circle 或 C。

(3)在绘图工具栏上选择画圆按钮。

操作步骤如下。

命令:Circle

指定圆的圆心或[三点(3P)/两点(2P)/相切、相切、半径(T)]:

各选项对应着不同的绘制圆的方法,下面说明它们的含义和功能。

1.【指定圆的圆心】(Specify center point for circle)

这是默认选项,即根据圆心位置和圆的半径(或直径)来绘制圆。选择该选项,即给定圆的圆心位置后,系统会接着提示:

指定圆的半径或[直径(D)] <0.0000 >:

若在此提示下直接输入值,AutoCAD 则以输入值为半径,以给定的点为圆心绘制一个圆。如果用户这时候输入 D 响应,AutoCAD 会接着提示:

指定圆的直径 <0.0000 >:

在该提示下输入值,AutoCAD 将以该输入值为直径,以给定的点为圆心绘制一个圆。

以上这两种绘制圆的方式,也可以通过下拉菜单中的【绘图】|【圆】|【圆心,半径】或者【绘图】|【圆】|【圆心,直径】命令直接实现。

2.【三点】(3P)

该方式通过指定的 3 个点来绘制圆,选择该选项,AutoCAD 依次提示:

指定圆的圆心或[三点(3P)/两点(2P)/相切、相切、半径(T)]:3P

指定圆上的第一个点:

指定圆上的第二个点:

指定圆上的第三个点:

分别给定 3 个点后,AutoCAD 就绘制出一个通过这 3 个点的圆。通过下拉菜单中的【绘图】|【圆】|【三点】命令也可以实现此操作。

3.【两点】(2P)

该方式通过指定的两个点来绘制圆。选择该选项,AutoCAD 会依次提示:

指定圆直径的第一个端点:

指定圆直径的第二个端点:

依次给定两个点后,AutoCAD 通过这两个点绘制一个圆,这两个点的连线就是该圆的一条直径。通过下拉菜单中的【绘图】|【圆】|【两点】命令也可以实现此操作。

4.【相切、相切、半径】(Tan Tan Radius,TTR)

该方式以给定的值为半径,绘制一个与指定的两个对象相切的圆。选择该选项,AutoCAD 依次提示:

指定圆的圆心或【三点(3P)/两点(2P)/相切、相切、半径(T)】:T

指定对象与圆的第一个切点:

指定对象与圆的第二个切点:

指定圆的半径 <0.0000 >:

依次作出响应后,AutoCAD 将绘制出与指定的两个对象相切,且以指定值为半径的圆。

通过下拉菜单中的【绘图】|【圆】|【相切,相切,半径】命令也可以用该方式绘制圆。

5.【三切点绘制圆】(Tan Tan Tan,TTT)

除了可以用上述方法绘制圆外,还可以用 3 个切点来绘制圆。该方式只能从下拉菜单中的【绘图】|【圆】|【相切,相切,相切】命令来实现。

选择该命令,系统会提示:

指定圆的圆心或[三点(3P)/两点(2P)/相切、相切、半径(T)]:3P

指定圆上的第一个点:Tan 到:

指定圆上的第二个点:Tan 到:

指定圆上的第三个点:Tan 到:

依次给定与之相切的对象后,AutoCAD 将绘制一个与指定的 3 个对象都相切的圆。

【例 3-2】 用 TTR 方法绘制圆。

先绘制两条直线,再启动绘圆命令。

(1)命令:Circle

(2)指定圆的圆心或[三点(3P)/两点(2P)/相切、相切、半径(T)]:T

(3)指定对象与圆的第一个切点:(选择第一条直线)

(4)指定对象与圆的第二个切点:(选择另一条直线)

(5)指定圆的半径:30

操作结束后的结果如图 3-3 所示。

【例 3-3】 用 TTT 方法绘制圆。

先绘制 3 条直线,再单击【绘图】|【圆】|【相切,相切,相切】子菜单。

(1)命令:Circle

(2)指定圆的圆心或[三点(3P)/两点(2P)/相切、相切、半径(T)]:3P

(3)指定圆上的第一个点:_Tan 到:(选择第一条直线)

(4)指定圆上的第二个点:_Tan 到:(选择第二条直线)

(5)指定圆上的第三个点:_Tan 到:(选择第三条直线)

操作结束后的结果如图 3-4 所示。

图 3-3 TTR 方式

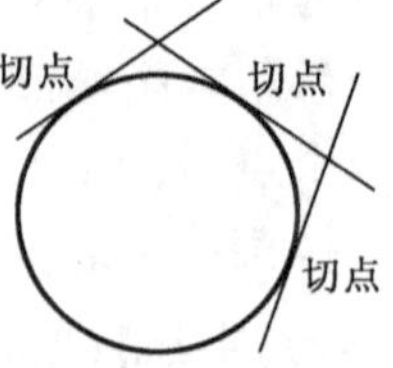

图 3-4 TTT 方式

四、绘制椭圆和椭圆弧

椭圆也是一种基本图形元素,在 AutoCAD 2007 中,绘制椭圆和椭圆弧的命令都是 Ellipse,只是响应提示的内容不同,启动绘制椭圆命令有下面 3 种方法。

(1)下拉菜单:【绘图】|【椭圆】。

(2)命令行:Ellipse 或 EL。

(3)在绘图工具栏上选择画椭圆按钮。

1. 绘制椭圆

AutoCAD 2007 提供了两种绘制椭圆的方式,一种是通过指定椭圆中心的方式,即"中心点"方式,另一种是通过指定一根轴的两个端点,另一轴的半长或转角的方式,即"轴、端点"方式。下面分别进行介绍。

(1)"中心点"方式

选择该方式后,用户可以通过指定椭圆中心点、一根轴线的一个端点、另一根轴的半长或转角绘制椭圆。

操作步骤如下。

命令:Ellipse

指定椭圆的轴端点或[圆弧(A)/中心点(C)]:C

指定椭圆的中心点:

指定轴的端点:

指定另一条半轴长度或[旋转(R)]:

操作步骤中包含两个选项,下面说明它们的含义和功能。

①【指定另一条半轴长度】(Specify distance to other axis)

该选项为系统的默认选项。直接在该选项下输入另一根轴的半长,即可绘出所需的椭圆。

②【旋转】(Rotation)

选择该选项后,系统会接着提示:

指定绕长轴旋转的角度:

在此提示下输入转角值,也将绘制出一个椭圆,该椭圆为以指定中心点为圆心、指定轴线端点与中心点的连线为半径的圆绕指定轴线旋转指定角度后在 *XOY* 平面上产生的投影。

(2)"轴,端点"方式

选择该方式后,可以通过指定一根轴的两个端点、另一轴的半长或转角绘制椭圆。

操作步骤如下。

命令:Ellipse

指定椭圆的轴端点或[圆弧(A)/中心点(C)]:

指定轴的另一个端点:

指定另一条半轴长度或[旋转(R)]:

上述操作步骤中各选项的含义和功能与“中心点”方式中各选项的含义基本相同,在此就不再重复。

2. 绘制椭圆弧

在 AutoCAD 2007 中,绘制椭圆弧的命令也是 Ellipse,可以根据指定的参数绘制椭圆弧。

操作步骤如下。

命令:Ellipse

指定椭圆的轴端点或[圆弧(A)/中心点(C)]:A

指定椭圆弧的轴端点或[中心点(C)]:

指定轴的另一个端点:

指定另一条半轴长度或[旋转(R)]:

从第三行提示起,后面的操作就是确定椭圆形状的过程,与前面介绍的绘制椭圆过程完全相同。直到确定了椭圆的形状后,系统接着提示:

指定起始角度或[参数(P)]:

上面两个选项的含义和功能如下。

(1)【指定起始角度】(Specify start angle)

该选项可通过指定椭圆弧的起始角来确定椭圆弧。选择该选项,也就是直接输入椭圆孤的起始角,系统会接着提示:

指定终止角度或[参数(P)/包含角度(I)]:

上面的提示中包含 3 个选项,各选项的含义和功能如下。

①【指定终止角度】(Specify end angle):该选项要求指定椭圆弧的终止角,用以确定椭圆弧另一个端点的位置。

②【参数】(Parameter):该选项通过参数确定椭圆弧的另一个端点的位置。

③【包含角度】(Included angle):选项是根据椭圆弧包含的角来确定椭圆弧。

(2)【参数】(Parameter)

此选项可通过指定的参数来确定椭圆弧。选择该选项,系统将接着提示:

指定起始参数或[角度(A)]:

上面给出了两个选项,下面说明它们的含义和功能。

①【指定起始参数】(Specify start parameter):如果输入参数,即执行默认选项,系统则按下面的公式来计算椭圆弧的起始角。

$$P(n) = a \times \cos(n) + b \times \sin(n) + c \tag{3-1}$$

式中:n——输入的参数;

c——椭圆弧的半焦距;

a、b——分别是椭圆的长轴和短轴轴长。

在输入第一个参数后，系统会接着提示：

指定终止参数或[角度(A)/包含角度(I)]：

在此提示下可以利用【指定终止参数】(Specify end parameter)默认选项给出椭圆弧的另一个参数，系统仍按前面介绍的公式确定椭圆弧的另一个起始角；通过【角度】(Angle)选项来确定椭圆弧另一个端点的位置；通过【包含角度】(Included angle)选项确定椭圆的包含角。

②【角度】(Angle)：选择该选项将切换到用角度来确定椭圆弧的方式，其方法同前所述。

注意：

①系统变量 PELLIPSE 决定椭圆的类型。当该变量为 0(即默认值)时，所绘制的椭圆是由 NURBS 曲线表示的真椭圆；当该变量为 1 时，所绘制的椭圆是由多段线近似表示的椭圆。

②当系统变量 PELLEPSE 为 1 时，Ellipse 命令后就没有【圆弧】(Arc)选项。

用定义两轴方式绘制的椭圆如图 3-5 所示，用起始角和终止角方式绘制的椭圆弧如图 3-6 所示。

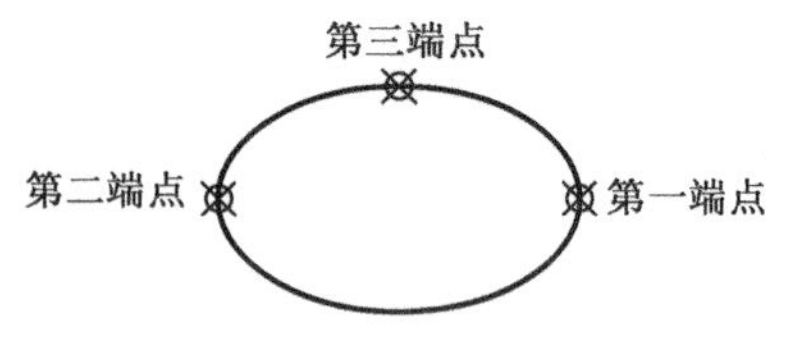

图 3-5　定义两轴绘制椭圆

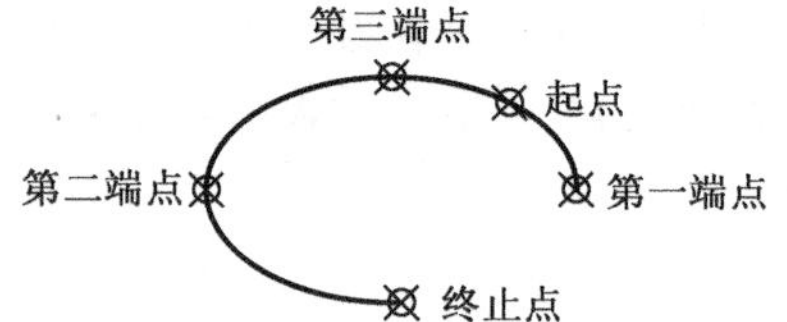

图 3-6　起始角和终止角绘制椭圆弧

五、绘制多边形

多边形是组成各种复杂图形的重要图形元素之一，也是 AutoCAD 绘图过程中最常用的图形元素，因此，熟练掌握多边形的绘制方法是很重要的。在 AutoCAD 2007 中，多边形包括矩形和正多边形。

1. 绘制矩形

绘制平面图形时，矩形是最常用的图形元素。在 AutoCAD 2007 中绘制矩形的命令是 Rectang，启动该命令有下面 3 种方法。

(1)下拉菜单：【绘图】|【矩形】。

(2)命令行：Rectang 或 REC。

(3)在绘图工具栏上选择画矩形按钮□。

操作步骤如下。

命令：Rectang

指定第一个角点或[倒角(C)/高程(E)/圆角(F)/厚度(T)/宽度(W)]：

下面说明上述提示中各选项的含义和功能。

(1)【指定第一个角点】(Specify firstcorner point)

该方式以给定的两个点作为矩形的两个对角点来绘制矩形，这是默认选项。选择该选项，即直接给定矩形的第一个角点位置，系统会接着提示：

指定另一个角点或[尺寸(D)]：

在此提示下，如果直接给定一个点，系统就以这两个给定的点作为对角点来绘制矩形；如果直接输入一个数值，则系统就以给定的数值为矩形对角线的长度来绘制矩形。如果选择

【尺寸】选项,系统将接着提示:

指定矩形的长度 <0.0000>:(给定矩形的长度,默认值为上一个矩形的长度)

指定矩形的宽度 <0.0000>:(给定矩形的宽度,默认值为上一个矩形的宽度)

给定了矩形长度和宽度后,系统会接着提示:

指定另一个角点或[尺寸(D)]:

这时候可以继续选择【尺寸】选项来修改矩形的大小,如果直接给定一个点,则将以该点所在方向作为矩形另一个角点的方向,以设定的长度和宽度绘制矩形。

(2)【倒角】(Chamfer)

该选项绘制一个带倒角的矩形。选择该选项,系统的提示如下:

指定第一个角点或[倒角(C)/高程(E)/圆角(F)/厚度(T)/宽度(W)]:C(按 Enter 键)

指定矩形的第一个倒角距离 <0.0000>:(指定矩形的第一个倒角距离)

指定矩形的第二个倒角距离 <0.0000>:(指定矩形的第二个倒角距离,默认值为上一个倒角距离)

设定了倒角距离后,系统返回最初的提示:

指定第一个角点或[倒角(C)/高程(E)/圆角(F)/厚度(T)/宽度(W)]:

指定另一个角点或[尺寸(D)]:

根据提示继续完成矩形的绘制,绘制的矩形已带有设定的倒角。

(3)【高程】(Elevation)

该选项以指定的高程绘制矩形,一般用于三维绘图。选择该选项,系统接着提示:

指定矩形的高程 <0.0000>:

输入高度值后,系统返回最初的提示,根据提示继续完成矩形的绘制。

(4)【圆角】(Fillet)

该选项绘制一个带圆角的矩形。选择该选项后,系统会接着提示:

指定矩形的圆角半径 <0.0000>:

输入半径值后,系统返回最初的提示,根据提示继续完成矩形的绘制。

(5)【厚度】(Thickness)

该选项以设定的厚度绘制矩形,一般用于三维绘图。选择该选项后,系统将接着提示:

指定矩形的厚度 <0.0000>:

输入厚度值后,系统返回最初的提示,根据提示继续完成矩形的绘制。

(6)【宽度】(Width)

该选项以指定的线宽绘制矩形。选择该选项后,系统会接着提示:

指定矩形的线宽 <0.0000>:

输入宽度值后,系统返回最初的提示,根据提示继续完成矩形的绘制。

【例 3-4】 绘制如图 3-7 所示的带倒角的矩形。

①命令:Rectang

②指定第一个角点或[倒角(C)/高程(E)/圆角(F)/厚度(T)/宽度(W)]:C

③指定矩形的第一个倒角距离 <0.0000>:5

④指定矩形的第二个倒角距离 <5.0000>:(按 Enter 键)

⑤指定第一个角点或[倒角(C)/高程(E)/圆角(F)/厚度(T)/宽度(W)]:200,100

⑥指定另一个角点或[尺寸(D)]:300,50

【例3-5】 绘制如图3-8所示的带宽度的矩形。

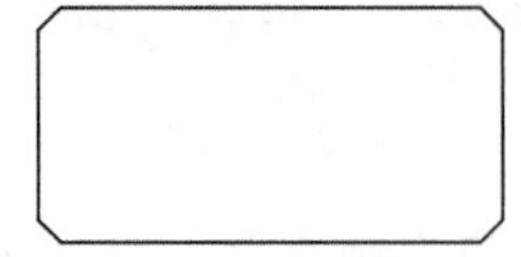

图3-7 带倒角的矩形

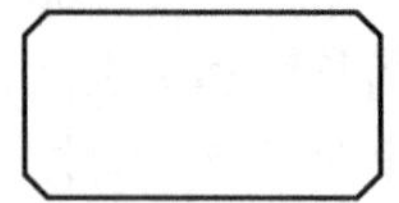

图3-8 带宽度的矩形

①命令:Rectang

②指定第一个角点或[倒角(C)/高程(E)/圆角(F)/厚度(T)/宽度(W)]:C

③指定矩形的第一个倒角距离 <0.0000>:5

④指定矩形的第二个倒角距离 <5.0000>:(按 Enter 键)

⑤指定第一个角点或[倒角(C)/高程(E)/圆角(F)/厚度(T)/宽度(W)]:W

⑥指定矩形的线宽 <0.0000>:5

⑦指定第一个角点或[倒角(C)/高程(E)/圆角(F)/厚度(T)/宽度(W)]:200,100

⑧指定另一个角点或[尺寸(D)]:300,50

2. 绘制正多边形

AutoCAD 2007 的正多边形功能可以绘制边数等于或者大于3的正多边形,绘制正多边形的命令是 Polygon 或 POL,启动绘制正多边形的命令有下面3种方法。

(1)下拉菜单:【绘图】|【正多边形】。

(2)命令行:Polygon 或 POL。

(3)在绘图工具栏上选择画正多边形按钮⬠。

操作步骤如下。

命令:Polygon

输入边的数目 <4>:(确定多边形的边数)

指定正多边形的中心点或[边(E)]:

在上述提示中包含两个选项,下面说明各选项的含义和功能。

(1)【指定正多边形的中心点】(Specify center of poygon)

该选项使用正多边形的假想外接圆或者内切圆来绘制多边形。选择该选项,即直接给定正多边形的中心点,系统会接着提示:

输入选项[内接于圆(I)/外切于圆(C)] <I>:(选择[内接于圆/外切于圆],默认为内接于圆)

该提示中包含两个选项,下面说明它们的含义和功能。

①【内接于圆】(Inscribed in circle):该选项表示所绘制的正多边形将内接于假想的圆。选择该选项,系统会接着提示:

指定圆的半径:(输入圆的半径后,系统会假设有一个半径为输入值、圆心位于多边形中心的圆,所绘制的多边形与该圆相内接)

②【外切于圆】(Circumscribed about circle):该选项表示所绘制的正多边形将外切于假想的圆。选择该选项,系统会接着提示:

指定圆的半径:(输入圆的半径后,系统会假设有一个半径为输入值、圆心位于多边形中

心的圆,所绘制的多边形与该圆相外切)

(2)【边】(Edge)

该选项以给定的两个点作为正多边形一条边的两个端点来绘制正多边形,即根据多边形的边长来绘制正多边形。选择该选项,系统会依次提示:

指定边的第一个端点:

指定边的第二个端点:

依次指定两个端点的坐标后,系统将以这两个点的连线作为正多边形的一条边,而且按指定的正边数绘制正多边形。

【例 3-6】 绘制如图 3-9 所示的内接正 7 边形。

①命令:Polygon

②Polygon 输入边的数目 <4 >:7

③指定正多边形的中心点或[边(E)]:(指定多边形中心)

④输入选项[内接于圆(I)/外切于圆(C)] <I >:I

⑤指定圆的半径:20

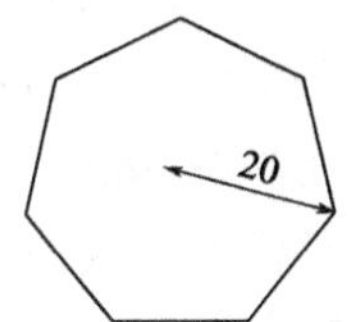

图 3-9 内接正多边形

六、绘制圆环

绘制圆环的命令是 Donut 或 DO,启动该命令有下面两种方法。

(1)下拉菜单:【绘图】|【圆环】。

(2)命令行:Donut 或 DO。

1. 绘制圆环

命令:Donut

指定圆环的内径 <0.0000 >:(键入圆环的内径)

指定圆环的外径 <0.0000 >:(键入圆环的外径)

指定圆环的中心点或 <退出 >:

依次指定圆环的内径和圆环的外径,在最后给定了圆环的中心点后,AutoCAD 即在指定的中心点,以指定的内径、外径绘制一个圆环,同时系统会继续提示:

指定圆环的中心点或 <退出 >:

可以在此提示下继续确定中心点,以绘制多个相同内径和外径的圆环,直到在"指定圆环的中心点或 <退出 >:"提示下按 Enter 键,即选择【退出】(Exit)选项,才结束本命令。

2. 绘制填充圆

绘制填充圆的命令也是 Donut,只是在提示"指定圆环的内径 <0.0000 >:"时输入 0,即可绘制填充的圆。工程制图中用它可绘制点钢筋。

注意:圆环有实心和空心两种状态,可以通过 Fill 命令来控制。该命令的提示如下:

命令:Fill

输入模式[开(ON)/关(OFF)] <开 >:

其中(开)(ON)选项表示填充即实心,是系统默认选项;(关)(OFF)选项则表示不填充即空心。

【例 3-7】 用 Donut 命令绘制不同状态的圆环。

①命令:Donut
②指定圆环的内径 <10.0000>:30
③指定圆环的外径 <20.0000>:40
④指定圆环的中心点或 <退出>:(用鼠标左键在屏幕上确定圆环圆心)
⑤指定圆环的中心点或 <退出>:[按 Enter 键,可得实心圆环,如图 3-10a)所示]
⑥命令:Donut
⑦指定圆环的内径 <10.0000>:0
⑧指定圆环的外径 <20.0000>:40
⑨指定圆环的中心点或 <退出>:(用鼠标左键在屏幕上确定圆环圆心)
⑩指定圆环的中心点或 <退出>:[按 Enter 键,可得实心圆,如图 3-10b)所示]
⑪命令:Fill
⑫输入模式[开(ON)/关(OFF)] <开>:OFF
⑬命令:Donut
⑭指定圆环的内径 <20.0000>:20
⑮指定圆环的外径 <30.0000>:40
⑯指定圆环的中心点或 <退出>:(在屏幕上确定位置圆环圆心)
⑰指定圆环的中心点或 <退出>:[按 Enter 键,可得空心圆环,如图 3-10c)所示]

七、绘制点

在 AutoCAD 中,点是一种特定的实体;它不同于我们通常概念的点。AutoCAD 中的点具有不同的形状和不同的大小。绘制点的命令是 Point,启动该命令可以用下列 3 种方法。

(1)下拉菜单:【绘图】|【点】。

(2)命令行:Point 或 PO。

(3)在绘图工具栏上选择画点按钮。

操作步骤如下。

命令:Point

指定点:

注意:Pdmode 与 Pdsize 为系统变量,指点的类型及其大小。系统变量 Pdmode 的值分别为 0,2,3,4 时,对应点的形状分别为点、十字、叉、竖线。系统变量 Pdsize 可以设置点的大小,也可以通过【点样式】对话框进行点的类型及大小的设置。

1. 设置点的样式和大小

启动【点样式】对话框的方法有如下两种。

(1)下拉菜单:【格式】|【点样式】。

(2)命令行:DDPtype。

启动后,会弹出【点样式】对话框,如图 3-11 所示。

该对话框中列出了 20 种点的类型,单击某种类型则该类型变黑,即为选择了此种类型。在该对话框下方有一个【点大小】(Point Size)文本框和两个单选按钮。【点大小】文本框中的数字决定了点的大小;单选按钮决定点的大小的控制方法:【相对于屏幕设置大小】(Set Size

Relative to Screen),【按绝对单位设置大小】(Set Size in Absolute Units)。设置完毕后按【确定】(OK)按钮返回绘图屏幕。系统默认的点的样式为圆点。

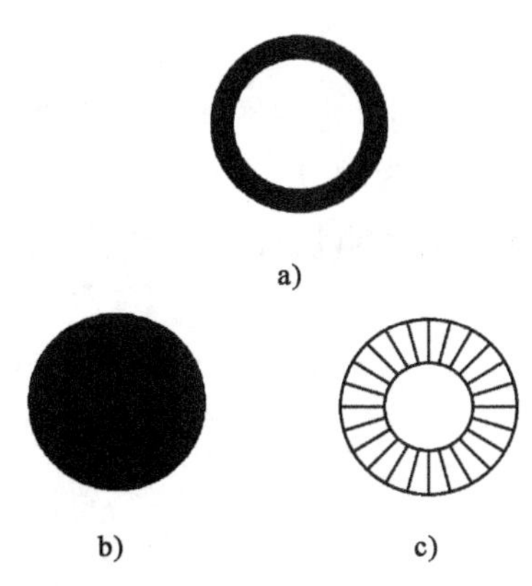

图 3-10　用 Donut 命令绘制不同状态的圆环

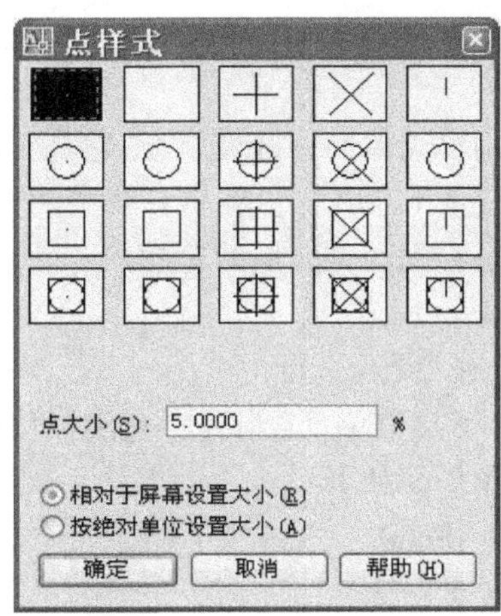

图 3-11　【点样式】对话框

2. 绘制点的方式

在 AutoCAD 中,不仅可以画单点,也可以画多点,画等分点等。具体操作如下:

打开【绘图】(D)菜单项,选择【点】(O)子菜单,该子菜单有 4 个子菜单,它们分别是【单点】(Single Point),【多点】(Multiple Point),【定数等分】(Divid),【定距等分】(Measure)。

【例 3-8】　绘制如图 3-12a)所示的等分点。

图 3-12　等分点和等距点

①先在屏幕上画一条直线。

②打开【格式】(Format)下拉菜单。

③单击【点样式】(Point Style)菜单项,打开【点样式】对话框。

④在第二排第三列类型框中单击,选择该类型。

⑤单击【确定】按钮,关闭对话框。

⑥打开【绘图】(Draw)下拉菜单,把光标移至【点】(Point)选项,选择子菜单中的【定数等分】(Divide)选项。

⑦命令:_divide,选择要定数等分的对象:(选定前面绘制的直线)。

⑧输入线段数目或【块】(B):5(按 Enter 键)。

注意:定数等分由于输入的是等分数,而不是点的个数,因此是将直线等分为 N 段,在直线上只出现 $N-1$ 个点。定距等分由于输入的是等分长度,因此有时会产生最后一段线段与前面所分线段长度不一致的情况。

【例 3-9】　绘制如图 3-12b)所示的等距点。

①在【例 3-8】的第⑥步中选择子菜单中的【定距等分】(Measure)选项。

②选择要定距等分的对象:(选择绘制的直线)。

③指定线段长度或[块(B)]:50(给定等分的距离长度)。

八、绘制填充体

绘制填充体又称区域填充,它是对由各输入点组成的区域用一定的图案进行填充;可以通过系统变量 Fillmode 设置打开或关闭填充,当 Fillmode 为 1 时,为填充;当 Fillmode 为 0 时,绘出的图形看到的是区域的轮廓而不填充。绘制填充体的命令是 Solid,启动该命令可以用下列两种方法。

(1)命令行:Solid。

(2)下拉菜单:【绘图】|【建模】|【网格】|【二维填充】。

操作步骤如下。

命令:Solid

指定第一点:

指定第二点:

指定第三点:

指定第四点或 <退出>:

在该提示下指定第四点后,系统就填充完第一个四边形,该四边形的第三点及第四点将作为下一个新四边形区域的第一点和第二点,然后系统返回提示:

指定第三点:

在系统提示下,再输入其他点。命令执行结果是对各输入点形成的区域进行填充。

注意:

①在"指定第四点或 <退出>:"提示下直接按 Enter 键,则输入的第四点与第三点重合,系统将对形成的三角区域进行填充。

②在执行 Solid 命令时,即使输入相同的点坐标,但由于输入点的顺序不同,也会得到不同形状的填充区域。

【例 3-10】 用 Solid 命令绘制如图 3-13 所示的填充体。

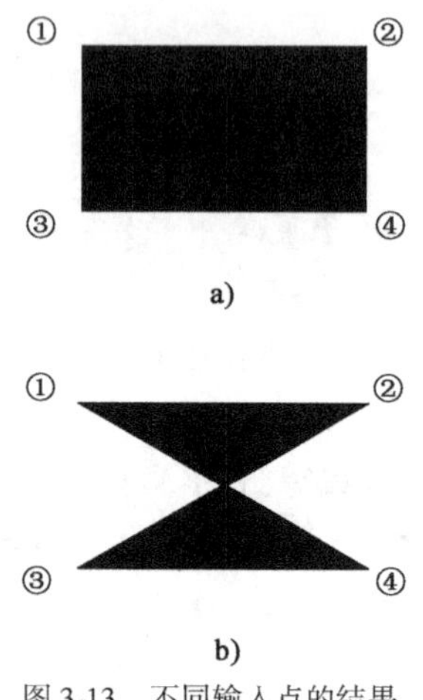

图 3-13 不同输入点的结果

①命令:Solid

②指定第一点:<拾取①点>

③指定第二点:<拾取②点>

④指定第三点:<拾取③点>

⑤指定第四点或 <退出>:(拾取④点)

操作后的结果如图 3-13a)所示。

⑥命令:Solid

⑦指定第一点:<拾取①点>

⑧指定第二点:<拾取②点>

⑨指定第三点:<拾取④点>

⑩指定第四点或 <退出>:(拾取③点)

操作后的结果如图 3-13b)所示。

九、图案填充

在各种工程图形中，经常用不同的阴影图案表示不同的区域。AutoCAD 2007 提供了丰富的填充图案，并在图案填充中增加了新功能，同时还允许用户自定义填充图案及图案文件。下面将介绍 AutoCAD 2007 的图案填充功能，主要包括：创建图案填充、创建填充边界等内容。

1. 创建图案填充

图案填充的命令是 Bhatch，启动该命令可以用下列 3 种方法。

(1) 命令行：Bhatch。

(2) 下拉菜单：【绘图】|【图案填充】。

(3) 在绘图工具栏上选择创建图案填充按钮。

操作步骤如下。

命令：Bhatch

执行上述操作后，AutoCAD 将弹出如图 3-14 所示的【图案填充和渐变色】对话框。

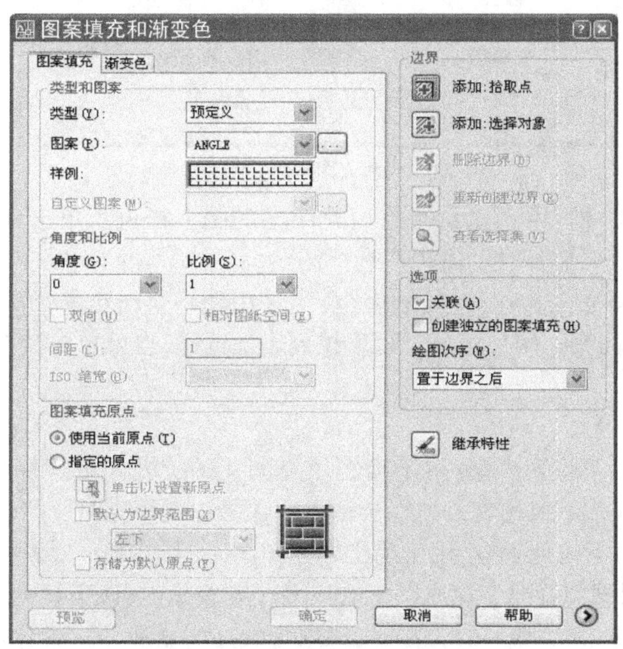

图 3-14 【边界图案填充】对话框

该对话框用以确定图案填充时的填充图案、填充边界及填充方式等。该对话框中各主要选项的含义和功能如下。

(1)【图案填充】选项卡

该选项卡用于进行与填充图案有关的设置。下面说明其中各选项的含义和功能。

①【类型和图案】区

a.【类型】(Type) 下拉列表框：用于确定填充图案的类型。用户可通过该下拉列表框在【预定义】(Predefined)、【用户定义】(Userdefined) 和【自定义】(Custom) 之间选择。

其中，【预定义】表示将用 AutoCAD 提供的图案进行填充；【用户定义】表示用户将临时定义填充图案，该图案由一组平行线或相互垂直的两组平行线组成；【自定义】表示将选择用户事先定义好的图案进行填充。

b.【图案】(Pattern)下拉列表框:用于选择用【预定义】填充类型填充时的填充图案。用户可以从该下拉列表框中选择,也可以单击其右边的按钮,弹出如图3-15所示的【填充图案选项板】(Hatch Pattern Palette)对话框,在该对话框中进行选择。

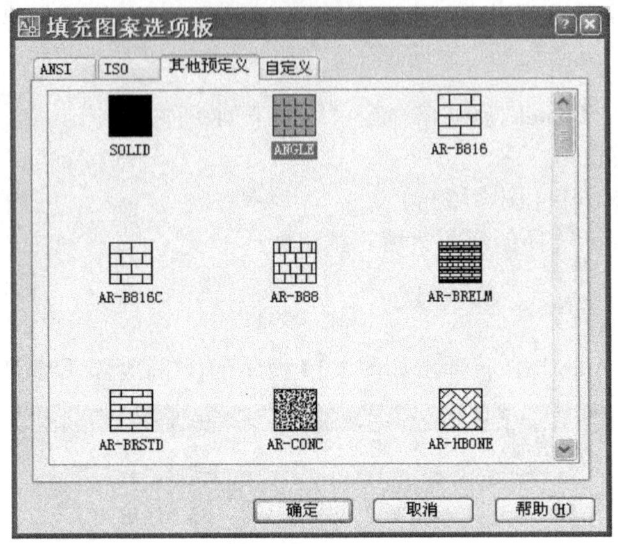

图3-15 【填充图案选项板】对话框

c.【样例】(Swatch)框:用于显示当前填充图案的图案样例。单击样例图案,AutoCAD也会弹出【填充图案选项板】对话框,供用户选择图案。

d.【自定义】(Custom pattern)下拉列表框:当采用用户自己定义的类型进行图案填充时,用于选择相应的填充图案。用户可通过该下拉列表框选择,也可单击其右边的按钮,从弹出的对话框中选择。

②【角度和比例】区

a.【角度】(Angle)下拉列表框:用于确定填充图案的旋转角度。每种图案在定义时的旋转角为零,用户可以在该下拉列表框内直接输入或选择图案填充时要旋转的角度。

b.【比例】(Scale)下拉列表框:用于确定填充图案时的比例值。每种图案在定义时的初始比例为1,用户可以根据需要改变填充图案的比例。方法是:在该下拉列表框内输入或选择比例值。当填充类型采用【用户定义】类型时,该项为低亮度显示,即不起作用。

c.【双向】(Double)复选框:该复选框用于在以【用户定义】(User defined)填充类型进行填充时,确定填充线是一组平行线,还是相互垂直的两组平行线。选中该复选框,表示为相互垂直的两组平行线;否则为一组平行线。只有在【类型】下拉列表框中选中【用户定义】时,该复选框才以正常亮度显示。

d.【相对图纸空间】(Relative to paper space)复选框:选中该复选框,表示进行相对于图纸空间的单位缩放,即将填充图案缩放到适于图纸空间的显示。此复选框只有在“布局”(Layout)中打开【边界图案填充】对话框时才有效。选中该复选框,就可以用适合于布局的比例显示填充的图案。

e.【间距】(Spacing)文本框:当填充类型采用【用户定义】类型时,用于确定填充平行线之间的距离。用户可在该文本框内直接输入填充平行线之间的距离。

f.【ISO 笔宽】(ISO pen width)下拉列表框:当填充图案采用 ISO 图案时,用于确定笔的宽度。在该下拉列表框中输入或选择笔的宽度即可。

③【图案填充原点】区

控制填充图案生成的起始位置。某些图案填充(例如砖块图案)需要与图案填充边界上的一点对齐。默认情况下,所有图案填充原点都对应于当前的 UCS 原点。

a.【使用当前原点】使用存储在 HPORIGINMODE 系统变量中的设置。默认情况下,原点设置为 0,0。

b.【指定的原点】指定新的图案填充原点。单击此选项可使以下选项可用。

a)【单击以设置新原点】直接指定新的图案填充原点。

b)【默认为边界范围】根据图案填充对象边界的矩形范围计算新原点。可以选择该范围的四个角点及其中心。

c)【存储为默认原点】将新图案填充原点的值存储在 HPORIGIN 系统变量中。

d)【原点预览】显示原点的当前位置。

(2)【拾取点】(Pick Points)按钮

以拾取点的形式自动确定填充区域的边界。单击该按钮,AutoCAD 临时切换到绘图窗口,并在命令行中提示:

选择内部点:

此时,在希望填充的区域内用鼠标任意拾取一点,AutoCAD 自动确定出包围该点的封闭填充边界,同时以虚线形式显示这些边界。如果拾取点后 AutoCAD 不能形成封闭填充边界,则会给出提示信息。

(3)【添加:选择对象】(Select Objects)按钮

以选择对象的方式确定填充区域的边界。单击该按钮,AutoCAD 临时切换到绘图窗口,并在命令行中提示:

选择对象:

用户可在此提示下选择构成填充区域的边界。同样,被选择到的边界也会以虚线形式显示。

(4)【删除边界】(Remove Boundary)按钮

从边界定义中删除以前添加的任何对象。单击"删除边界"时,对话框将暂时关闭,命令行将显示提示:

选择对象或[添加边界(A)]:

选择要从边界定义中删除的对象,指定选项或按 ENTER 键返回对话框。

选择对象:

选择图案填充或填充的临时边界对象将它们删除。

添加边界:

选择图案填充或填充的临时边界对象添加它们。

(5)【查看选择集】(View Selections)按钮

该按钮用于查看所选择的填充边界。单击该按钮,AutoCAD 临时切换到绘图窗口,并将选择的填充边界以虚线形式显示,同时提示:

<按 Enter 键或单击鼠标右键返回对话框>

用户响应(即按 Enter 键或单击鼠标右键)后,将返回到【边界图案填充】对话框。

(6)【继承特性】(Inherit Properties)按钮

该按钮用于选用已有的填充图案作为当前的填充图案。单击该按钮,AutoCAD 临时切换到绘图窗口,并提示:

选择相关填充图案:

在该提示下选择某一填充图案,将返回到【边界图案填充】对话框,并在该对话框中显示出该填充图案的相应设置及有关特性参数。

(7)【选项】(Options)选项组

该选项组用于控制几个常用的图案填充或填充选项。

单击【关联】(Associative)单选按钮,表示填充的图案与填充边界保持着关联关系,即图案填充后,对填充边界进行某些编辑操作时,AutoCAD 会根据边界的新位置重新生成填充图案。

单击【创建独立的图案填充】单选按钮,控制当指定了几个单独的闭合边界时,是创建单个图案填充对象,还是创建多个图案填充对象。

单击【绘图次序】选择框,为图案填充或填充指定绘图次序。图案填充可以放在所有其他对象之后、所有其他对象之前、图案填充边界之后或图案填充边界之前。

(8)【预览】(Preview)按钮

该按钮用于预览填充效果。确定填充边界和填充图案后,单击该按钮,AutoCAD 临时切换到绘图窗口,按当前的填充设置进行预填充,并提示:

拾取或按 Esc 键返回到对话框或 <单击右键接受图案填充>:

用户响应后,AutoCAD 返回到【图案填充和渐变色】对话框。

(9)【高级】

单击【边界图案填充】对话框中右下角的按钮,展开【图案填充和渐变色】选项卡,如图 3-16 所示。

图 3-16 【边界图案填充】对话框的【高级】选项卡

该选项卡中有 5 个选项组:【孤岛检测样式】(Island detection style)、【边界保留】(Boundary Reserved)、【边界集】(Boundary set)、【允许间隙】(Allow Clearance)和【继承选项】(Inheritance Option)。

下面分别说明它们的含义和功能。

①【孤岛检测】选项组

该选项组用于确定 AutoCAD 对孤岛的填充方式,有【普通】(Normal)、【外部】(Outer)和【忽略】(Ignore)3 种选择,各选项的含义和功能说明如下:

a.【普通】:普通填充方式。其填充原理为:从最外边界向里画填充线,遇到与之相交的内部边界时断开填充线,当遇到下一个内部边界时再继续画填充线。

b.【外部】:外部填充方式。其填充原理为:从最外边界向里画填充线,遇到与之相交的内部边界时断开填充线,并不再继续往里画。

c.【忽略】:忽略填充方式。该方式忽略边界内的对象,所有内部结构都被填充线覆盖。

提示【孤岛检测样式】选项组中的 3 个单选按钮所对应的图像框形象地说明了 3 种填充方式的填充效果。

②【边界保留】选项组

指定是否将边界保留为对象,并确定应用于这些对象的对象类型。

a.【保留边界】(Retain boundaries)复选框:选中该复选框,AutoCAD 会把填充边界以对象的形式保留;否则不保留。

b.【对象类型】选择框

控制新边界对象的类型。生成的边界对象可以是面域或多段线对象。仅当选中“保留边界”时,此选项才可用。用户可通过该下拉列表框在【多段线】(Polyline)和【面域】(ReSion)之间选择。

c.【边界集】(Boundary set)选项组

该选项组用于定义以拾取点方式确定填充边界时,用来确定填充边界的对象集(即 AutoCAD 将根据哪些对象确定填充边界)。在默认状态下,AutoCAD 根据当前视区中的所有可见对象确定填充边界。

在该选项组中的下拉列表框中有【当前视口】和【现有集合】两个选项。其中,【当前视口】表示将根据当前视区中的所有可见对象确定填充边界;【现有集合】则表示将根据所确定的对象集确定填充边界。如果用户需要定义用来确定填充边界的对象集,单击【新建】按钮,AutoCAD 临时切换到绘图窗口,并提示:

选择对象:

在该提示下选择对象后,这些对象将组成相应的对象集。

d.【允许的间隙】(Allow Clearance)

设置将对象用作图案填充边界时可以忽略的最大间隙。默认值为 0,此值指定对象必须封闭区域而没有间隙。

按图形单位输入一个值(从 0 到 5000),以设置将对象用作图案填充边界时可以忽略的最大间隙。任何小于等于指定值的间隙都将被忽略,并将边界视为封闭。

(10)【确定】按钮

单击该按钮,AutoCAD 结束 Bhatch 命令的操作,并按指定的方式进行图案填充。

注意:

①以普通方式填充时,如果填充边界内有诸如文字、属性这样的特殊对象,且在选择填充边界时也选择了它们,填充时,填充图案在这些对象处会自动断开,就像用一个比它们大的看不见的框子保护起来一样,使得这些对象更加清晰。

②AutoCAD 将填充的图案按块处理，所以可用 Explode 命令分解该块。

2. 创建填充边界

当进行图案填充时，首先必须确定填充区域及其边界。用户可以通过 AutoCAD 2007 的“边界”命令直接创建填充边界。启动该命令可以用下列两种方法。

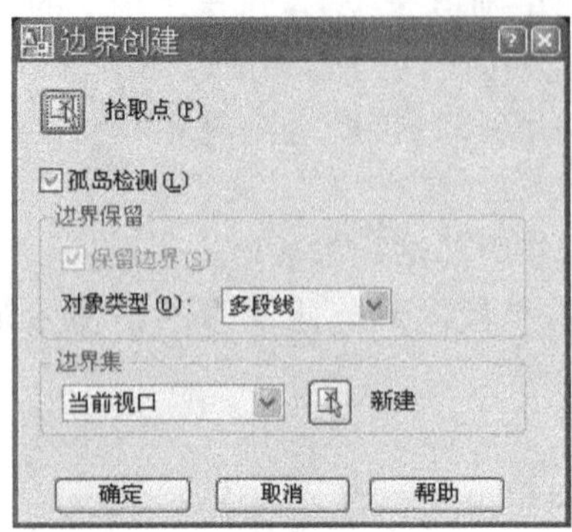

图 3-17 【边界创建】对话框

(1)命令：Boundary。

(2)下拉菜单：【绘图】|【边界】。

操作步骤如下。

命令：Boundary

执行该操作后，AutoCAD 将弹出【边界创建】(Boundary Creation)对话框，如图 3-17 所示。

该对话框与【边界图案填充】对话框相似，其功能不再详细解释。

十、绘制表格

AutoCAD 可以自动绘制表格，每格内还可以进行简单的四则运算。

用户可以采用下列 3 种方法之一来启动绘制表格命令。

(1)下拉菜单：【绘图】|【表格】。

(2)命令行：Table。

(3)在绘图工具栏上选择 Table 按钮。

操作步骤如下。

命令：Table

系统就会弹出对话框，如图 3-18 所示。

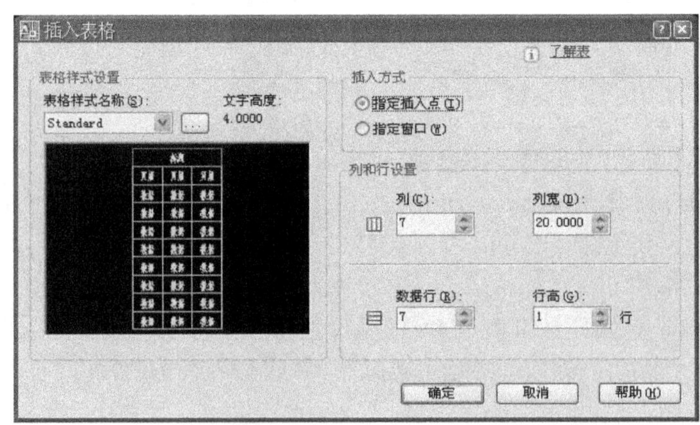

图 3-18 【插入表格】对话框

1. 插入方式

插入方式有两个选项：

(1)指定插入点：指定表格左上角的位置。可以使用定点设备，也可以在命令行上输入坐标值。如果表格样式将表格的方向设置为由下而上读取,则插入点位于表格的左下角。

(2)指定窗口:指定表格的大小和位置。可以使用定点设备,也可以在命令行上输入坐标值。选定此选项时,行数、列数、列宽和行高取决于窗口的大小以及列和行设置。

2. 列和行设置

(1)指定列的宽度。选定"指定窗口"选项并指定列数时,则选定了"自动"选项,且列宽由表格的宽度控制,最小列宽为一个字符。

(2)按照文字行高指定表格的行高。文字行高基于文字高度和单元边距,这两项均在表格样式中设置。选定"指定窗口"选项并指定行数时,则选定了"自动"选项,且行高由表格的高度控制。

3. 新建表格样式

(1)在下拉菜单【格式】|【表格样式】。

(2)在【插入表格】对话框中点击"表格样式名称"右边的按钮,可以打开【表格样式】对话框,如图 3-19 所示。

(3)在【表格样式】对话框中点击【新建】按钮,系统就会弹出对话框,如图 3-20 所示。

输入新样式名后,点击【继续】按钮系统就会弹出对话框,如图 3-21 所示。

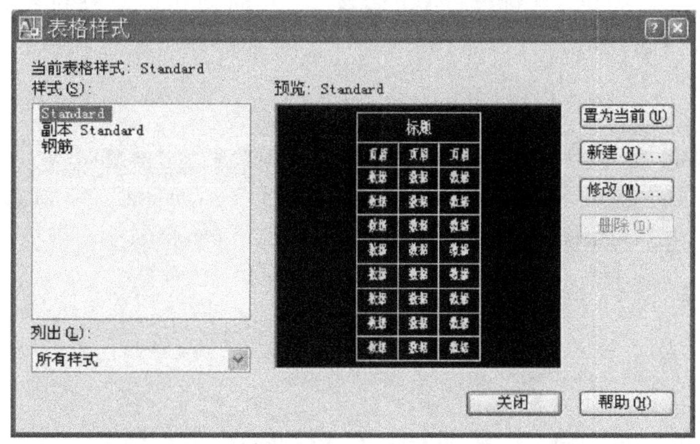

图 3-19 【表格样式】对话框

图 3-20 【创建新表格样式】对话框

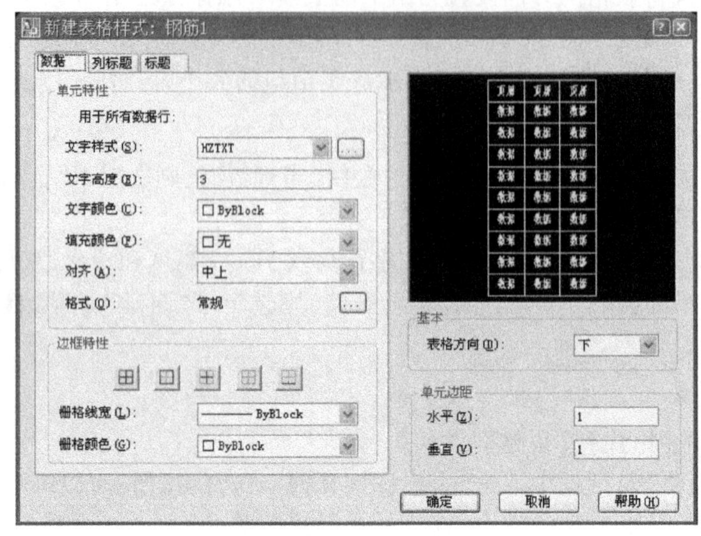

图 3-21 【新建表格样式】对话框

【新建表格样式】对话框共分三页：数据、列标题、标题。三页的内容基本一致，只是后两页中多了“包含页眉行”复选框，不勾选该项，列标题和标题就都不起作用，也就是表格没有了列标题和标题，都是由数据行和列组成。勾选该项则设置与数据页设置相同，如图 3-22 所示。

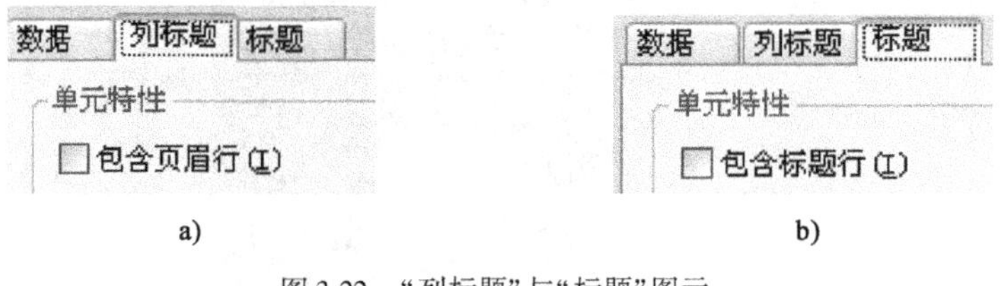

a) b)

图 3-22 “列标题”与“标题”图示

第二节 基本图形的编辑

通过对本节的学习，能够学会运用基本编辑命令，掌握图形的基本编辑方法和技巧，并且能够利用简单的基本图形创建复杂图形，提高工作效率，充分利用已有图形资源。

上一节主要对 AutoCAD 的基本绘图命令作了介绍。通过这些命令，用户可以绘制出简单的基本图形。而在实际绘图过程中，仅仅靠上面介绍的基本绘图命令很难快速而准确地绘制出比较复杂的图形。为此，AutoCAD 2007 提供了许多实用而有效的编辑命令。通过这些编辑命令，用户可以对采用基本绘图命令绘制的图形进行重新编辑，从而绘制出比较复杂的图形。通过编辑命令修改已有的图形，或利用已有的图形构造新的更加复杂的图形，可以大大提高绘图的效率。本节主要包括：对象捕捉、对象的选择方式、基本编辑功能（例如删除、恢复、移动、旋转、复制、镜像、对齐、比例缩放、延伸、拉伸、改变长度、修剪、断开、偏移、阵列、倒圆角、倒直角等）、编辑多段线、样条曲线及复合线的基本方法等内容。

一、对象捕捉

用 AutoCAD 绘图时可能有这样的感觉：当希望通过拾取的方法确定某些特殊点（例如圆心、切点或圆弧的端点、中点等）时，无论自己怎样小心，要准确地找到这些点都十分困难，甚至根本不可能。为解决这个问题，AutoCAD 提供了对象捕捉功能，利用该功能用户可以迅速、准确地捕捉到某些特殊点，从而能够迅速、准确地绘出图形。

我们可以用以下 4 种方法实现对象捕捉。

（1）选择【视图】|【工具栏】，弹出【自定义】（Customize）对话框，选中【工具】（Tool bars）选项卡中的【对象捕捉】（Object Snap）复选框，即可在绘图窗口中显示出【对象捕捉】工具栏，如图 3-23 所示。

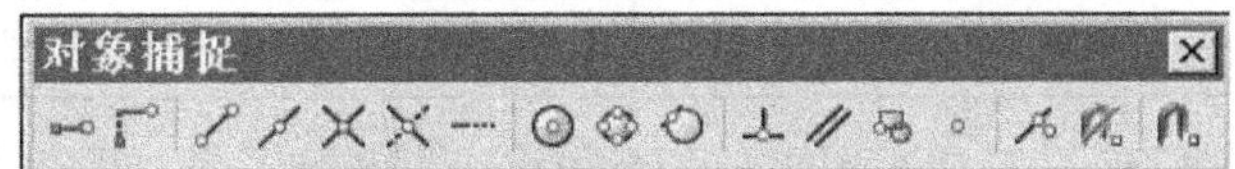

图 3-23 【对象捕捉】工具栏

（2）在 AutoCAD 窗口最下面的状态栏中单击【对象捕捉】按钮。

（3）在按下 Ctrl 键的同时单击鼠标右键，即可弹出【对象捕捉】快捷菜单。

（4）直接在命令行输入窗中的一种对象捕捉的缩写后按下 Enter 键。

对象捕捉有以下两种运行方式：

①如果在运行某个命令时设置对象捕捉，则当该命令结束时捕捉也结束，这种方式称为单点捕捉。

②如果在没有运行绘图命令时设置捕捉，则该捕捉命令一直有效，直到用户将捕捉命令关闭，这种方式称为执行对象捕捉。

表 3-1 为对象捕捉列表。

对 象 捕 捉 列 表 表 3-1

图 标	对象捕捉名称	命令缩写	结 果
	Temporary Tracking Point	n	临时点
	Snap From	from	捕捉基点
	Snap to Endpoint	end	对象端点
	Snap to Midpoint	mid	对象中点
	Snap to Intersection	Int	对象交点
	Snap to Apparent Intersect	app	对象虚拟交点
	Snap to Extension	ext	对象的延长线
	Snap to Center	ten	圆、圆弧、椭圆的中心点
	Snap to Quadrant	qua	圆、圆弧、椭圆的最近象限点
	Snap to Tangent	tan	圆或圆弧的相切点

续上表

图 标	对象捕捉名称	命令缩写	结 果
	Snap to Perpendicular	per	垂线交点
	Snap to Parallel	par	与指定线平行的线上的点
	Snap to Insert	ins	块、文字、属性等的插入点
	Snap to Node	nod	用 Point 命令绘制的点
	Snap to Nearest	nea	与选择点最近的捕捉点
	Snap to None	non	关闭捕捉
	Qsnap Settings		对象捕捉设置
点过滤	Point Fitters	.x,.y,.xy,.xz,.yz	通过获取其他的点的 x、y、z 值来确定一个点

在对象捕捉工具中,有一个更好用的工具,为自动捕捉工具,可以直接在状态栏下单击【对象捕捉】按钮。对象捕捉工具的自动捕捉功能十分强大,能自动捕捉一些与之相适应的点。

【例 3-11】 利用表 3-1 中的 Snap From(又称 From 调节器)功能,绘制一个与已知圆(半径为 30)的圆心相距 100 个图形单位,且半径为 20 的圆。

先绘制一个半径为 30 的圆。

①命令:Circle

②Circle 指定圆的圆心或[三点(3P)/两点(2P)/相切、相切、半径(T)]:From(单击状态栏打开捕捉功能,然后键入"From")

③基点:(用光标单击圆心,捕捉基点)

④ <偏移>:@100,0(用相对坐标输入偏移量)

⑤指定圆的半径或[直径(D)] <30.0000>:20(按 Enter 键)

绘制结果如图 3-24 所示。

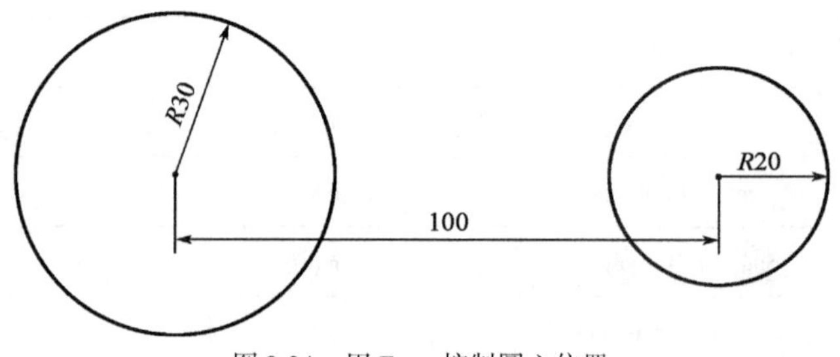

图 3-24 用 From 控制圆心位置

二、草图设置

在绘图之前,通过草图设置功能可以确定捕捉模式、规模和对象捕捉追踪,以提高绘图效率。启动草图设置的方法有下面 3 种。

(1)命令行:Dsettings 或 DS。

(2)下拉菜单:【工具】|【草图设置】。

(3)用鼠标右键单击状态栏中的【捕捉】、【栅格】等选择设置。

操作方法如下。

命令:Dsettings

执行上述操作后,系统弹出如图 3-25 所示的【草图设置】(Drafting Settings)对话框。

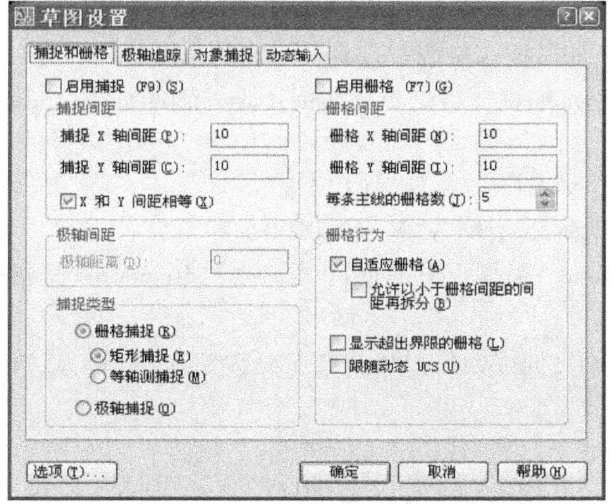

图 3-25 【草图设置】对话框

该对话框中有【捕捉和栅格】(Snap and Grid)、【极轴追踪】(Polar Tracking)、【对象捕捉】(Object Snap)和【动态输入】(Dynamic Input)这 4 个选项卡,下面分别对它们加以介绍。

1.【捕捉和栅格】选项卡

该选项卡用来设置 AutoCAD 的栅格捕捉与栅格显示等功能,下面说明该选项卡中各主要选项的含义和功能。

(1)【启用捕捉】(Snap On)复选框

该复选框用于启动或关闭栅格捕捉功能。所谓栅格捕捉功能,是指 AutoCAD 可以生成一个隐含分布于屏幕上的栅格,这种栅格能够捕捉光标,使得光标只能落到其中的一个栅格点上(通常称这种栅格为捕捉栅格)。我们可以通过功能键 F9 或单击状态栏上的【捕捉】按钮来实现栅格捕捉功能的启用与关闭。

(2)【启用栅格】(Grid On)复选框

该复选框用于启用或关闭栅格显示功能,即控制是否在屏幕上显示栅格。打开栅格显示,就好像在 AutoCAD 的绘图区域内铺了一张满足坐标要求的坐标纸,因此,可方便用户作图。所显示栅格的间距可以与捕捉栅格的间距相等,也可以不相等。用户可以通过功能键 F7 或单击状态栏上的【栅格】按钮来实现栅格显示的启用与关闭。

注意:我们也可以通过在命令行键入 Snap 和 Grid 命令分别进行 AutoCAD 的栅格捕捉设置和栅格显示设置。

①通过 Snap 命令进行栅格捕捉设置

命令:Snap

指定捕捉间距或【开(ON)/关(OFF)/纵横向间距(A)/旋转(R)/样式(S)/类型(T)】<10.0000>:

下面说明上面提示中各选项的含义和功能。

a.【指定捕捉间距】(Specify snap spacing):该选项为默认项,用于确定捕捉栅格的间距。

用户输入某一数值后,AutoCAD将以该值作为捕捉栅格点在水平与垂直两个方向的间距。

b.【开】(ON):启用栅格捕捉功能,且使用上一次设置的捕捉间距、旋转角度和捕捉方式。

c.【关】(OFF):关闭栅格捕捉功能。

d.【纵横向间距】(Aspect):分别设置栅格的水平和垂直间距。

e.【旋转】(Rotate):使捕捉栅格绕基点旋转指定的角度。

f.【样式】(Style):确定捕捉栅格是矩形捕捉还是等轴测捕捉,选则该选项后,AutoCAD会接着提示:

输入捕捉栅格类型【标准(S)/等轴测(1)】<S>:

指定捕捉间距或【纵横向间距(A)】<10.0000>:

其中,【标准】(Standard)是指矩形捕捉,【等轴测】(Isometric)是指等轴测捕捉,用户从中选择即可。

g.【类型】(Type):确定捕捉栅格是栅格捕捉还是极轴捕捉。选择该选项后,AutoCAD接着提示:

输入捕捉类型【极轴(P)/栅格(G)】<栅格>:

其中,【极轴】(Polar)是指极轴捕捉,【栅格】(Grid)是指栅格捕捉,用户从中选择即可。

②通过Grid命令设置栅格的显示

命令:Grid

指定栅格间距(X)或【开(ON)/关(OFF)/捕捉(S)/纵横向间距(A)】<10.0000>:

下面说明提示中各选项的含义和功能。

a.【指定栅格间距】(Specify grid spacing):该选项为默认选项,用于确定显示栅格的间距。用户输入某一数值后,AutoCAD会将该值作为显示栅格点的水平和垂直间距。

b.【开】(ON):启用栅格显示功能。

c.【关】(OFF):关闭栅格显示功能。

d.【捕捉】(Snap):将栅格显示间距设置成与栅格捕捉间距相同的值。

e.【纵横向间距】(Aspect):分别设置栅格在水平和垂直方向的间距。

(3)【捕捉】选项组

该选项组中的【捕捉X轴间距】和【捕捉Y轴间距】两个文本框,分别用来设置捕捉栅格在X、Y方向上的间距。如果捕捉栅格需要旋转的话,可通过(角度)文本框确定旋转角度,通过【X基点】、【Y基点】文本框确定旋转基点。

(4)【极轴间距】选项组

当捕捉模式为极轴模式时,该选项组用于确定捕捉时光标移动的距离增量。可直接通过【极轴间距】文本框设置。如果该文本框中值为零,增量值为在【捕捉X轴间距】文本框中设置的值。

(5)【栅格】选项组

该选项组中的【栅格X轴间距】、【栅格Y间距】两个文本框,分别用来设置显示栅格在X、Y方向上的间距,如果不设置具体值,则表示与捕捉栅格的间距相同。

(6)【捕捉类型和样式】选项组

该选项组用于设置捕捉模式,下面说明其中各选项的含义和功能。

①【栅格捕捉】单选按钮:将捕捉模式设置成栅格捕捉模式,栅格捕捉包括矩形捕捉和等轴测捕捉两种模式。其中,【矩形捕捉】单选按钮表示捕捉模式为标准的矩形捕捉,即光标沿

水平或垂直方向捕捉。【等轴测捕捉】单选按钮则表示捕捉模式为等轴测模式,此模式是绘制正等轴测图时的工作环境。在等轴测捕捉模式下,栅格和光标十字线已不再互相垂直,而是成为绘制等轴测图时的特定角度。

②【极轴捕捉】单选按钮:此模式下,光标将沿极轴角或对象捕捉追踪角进行捕捉,但必须先启用极轴追踪和对象捕捉追踪功能。

2.【极轴追踪】(Polar tracking)选项卡

该选项卡用来进行极轴自动追踪设置,如图 3-26 所示。

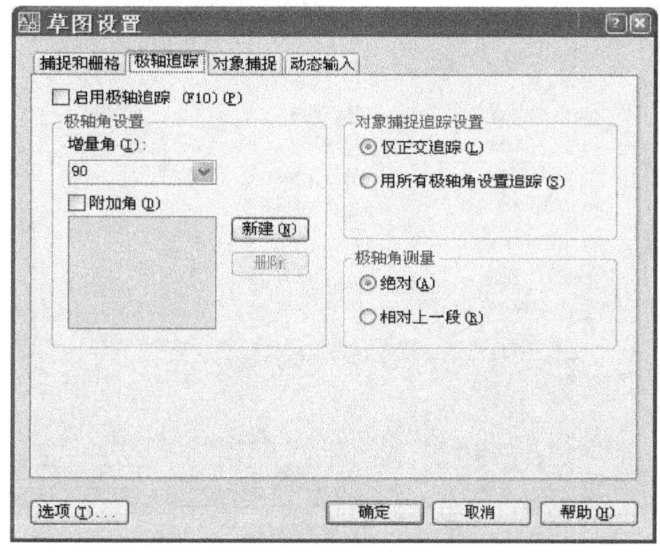

图 3-26 【极轴追踪】选项卡

下面说明该选项卡中各选项的含义和功能。

(1)【启用极轴追踪】(Polar tracking on)复选框

该复选框用于启用或关闭极轴追踪功能。利用功能键 F10 或单击状态栏上的【极轴】按钮可以实现极轴追踪功能的启用与关闭。如果启用 AutoCAD 的极轴追踪功能,当我们在绘图过程中确定追踪起始点后,AutoCAD 会自动在设置方向上显示出当前点的极坐标。

(2)【极轴角设置】(Polar angle settings)选项组

该选项组用于设置极轴角度,下面说明其中各选项的含义和功能。

①【增量角】(Increment angle)下拉列表框:该下拉列表框用于设置极轴追踪的角度增量。用户可通过该下拉列表框在 90、45、30、22.5、18、15、10、5 之间作出选择或自己设置。

②【附加角】(Additional angles)复选框:该复选框用于确定极轴追踪时是否采用附加的角度增量。可通过【新建】或【删除】按钮增加或删除附加角度值。

(3)【对象捕捉追踪设置】(Object snap tracking settings)选项组

该选项组用于确定对象捕捉追踪的模式,下面说明其中各选项的含义和功能。

①【仅正交追踪】(Track orthogonally only)单选按钮:选中该单选按钮后,当采用追踪功能时,AutoCAD 仅在水平和垂直方向上显示追踪数据。

②【用所有极轴角设置追踪】(Track using all polar angle settings)单选按钮:选中该单选按钮后,当采用追踪功能时,AutoCAD 将在水平方向、垂直方向及相应的角度方向显示追踪数据。

(4)【极轴角测量】(Polar angle measurement)选项组

该选项组用于确定极轴角的角度测量是采用绝对角度测量(Absolute),还是采用相对于上一段对象进行测量(Relative to last segment)。

3.【对象捕捉】(Object snap)选项卡

通过该选项卡,可以启用对象自动捕捉和对象自动捕捉追踪功能。该选项卡如图 3-27 所示。下面说明该选项卡中各选项的含义和功能。

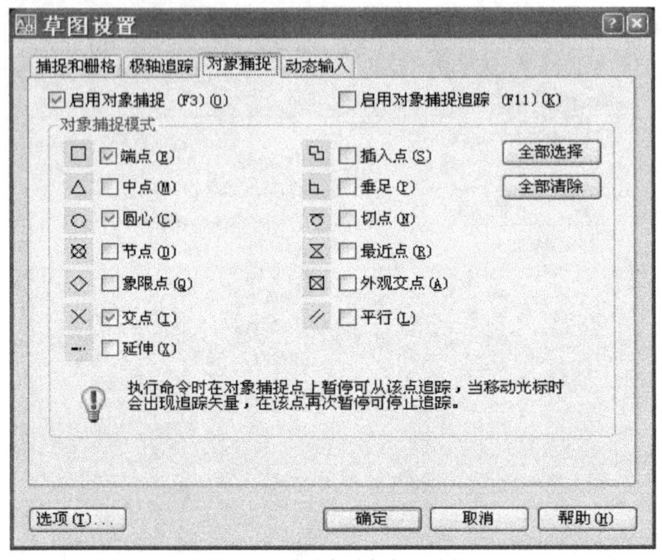

图 3-27 【对象捕捉】选项卡

(1)【启用自动捕捉】(Object snap on)复选框:该复选框用于确定是否启用 AutoCAD 的对象自动捕捉功能。利用功能键 F3 或单击状态栏上的【对象捕捉】按钮也可以实现该设置。启用对象自动捕捉功能后,绘图时,AutoCAD,能自动捕捉到在【对象捕捉模式】选项组中设置的特殊点。

(2)【启用对象捕捉追踪】(Object snap tracking on)复选框:该复选框用于确定是否启用 AutoCAD 的对象自动捕捉追踪功能。利用功能键 F11 或单击状态栏上的【对象追踪】(Otrack)按钮,也可以实现该设置。启用该功能后,绘图时,用户按照提示确定一点后,AutoCAD 会基于指定的捕捉点沿指定方向进行追踪。

(3)【对象捕捉模式】(Object snap modes)选项组:该选项组用于确定自动捕捉时的捕捉点。

4.【动态输入】(Dynamic input)选项卡

该选项卡如图 3-28 所示。

控制指针输入、标注输入、动态提示以及绘图工具栏提示的外观。

(1)【启用指针输入】复选框:打开指针输入,如果同时打开指针输入和标注输入,则标注输入在可用时将取代指针输入。

【指针输入】:工具栏提示中的十字光标位置的坐标值将显示在光标旁边。命令提示输入点时,可以在工具栏提示中输入坐标值,而不用在命令行上输入。这时预览区域将会显示指针输入的样例。

(2)点击【设置】按钮,系统显示【指针输入设置】对话框,如图 3-29 所示。

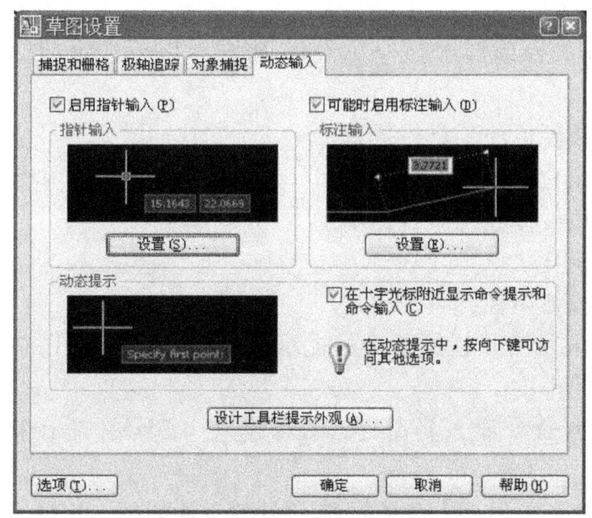

图 3-28 【动态输入】选项卡

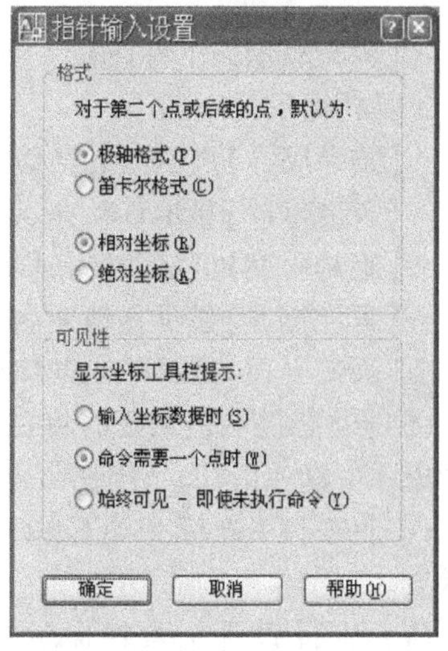

图 3-29 【指针输入设置】对话框

①【格式】区

控制打开指针输入时显示在工具栏提示中的坐标格式。

a.【极轴格式】按极坐标格式显示第二个点或下一个点的工具栏提示。输入逗号（,）可更改为笛卡尔格式。

b.【笛卡尔格式】按笛卡儿坐标格式显示第二个点或下一个点的工具栏提示。输入角形符号（<）可更改为极坐标格式。

c.【相对坐标】按相对坐标格式显示对应第二个点或下一个点的工具栏提示。输入磅符号(#) 可更改为绝对坐标格式。

d.【绝对坐标】按绝对坐标格式显示对应第二个点或下一个点的工具栏提示。输入 at 符号（@）可更改为相对格式。请注意，选定此选项时不能使用直接距离输入方法。

②【可见性】区

控制何时显示指针输入。

a.【输入坐标数据时】如果打开指针输入，仅当开始输入坐标数据时才显示工具栏提示。

b.【命令请求点时】如果打开指针输入，只要命令提示输入点就显示工具栏提示。

c.【始终显示-即使未在执行命令】如果打开指针输入，则始终显示工具栏提示。

(3)【可能时启用标注输入】复选框：打开标注输入，标注输入不适用于某些提示输入第二个点的命令。

【可能时启用标注输入】：当命令提示输入第二个点或距离时，将显示标注和距离值与角度值的工具栏提示。标注工具栏提示中的值将随光标移动而更改。可以在工具栏提示中输入值，而不用在命令行上输入值，这时，预览区域将会显示指针输入的样例。

(4)点击【设置】按钮，系统显示【标注输入的设置】对话框，如图 3-30 所示。

【可见性】区：控制在打开标注输入的情况下，在拉伸夹点的过程中显示哪一个工具栏提示。

①【每次仅显示 1 个标注输入字段】：使用夹点编辑拉伸对象时，只显示长度变化标注输入工具栏提示。

②【每次显示 2 个标注输入字段】：使用夹点编辑拉伸对象时，显示长度变化和生成的标

注输入工具栏提示。

③【同时显示以下标注输入字段】:使用夹点编辑来拉伸对象时,将显示以下选定的标注输入工具栏提示。

a.【结果尺寸】显示随夹点移动更新的长度标注工具栏提示。

b.【长度修改】显示移动夹点时长度的变化。

c.【绝对角度】显示随夹点移动更新的角度标注工具栏提示。

d.【角度修改】显示移动夹点时角度的变化。

e.【圆弧半径】显示随夹点移动更新的圆弧半径。

(5)【动态提示】:需要时将在光标旁边显示工具栏提示中的提示,以完成命令。可以在工具栏提示中输入值,而不用在命令行上输入值。

(6)【在十字光标旁边显示命令提示和命令输入】:显示“动态输入”工具栏提示中的提示。

(7)点击【设计工具栏提示外观】按钮系统显示【工具栏提示外观】对话框,如图 3-31 所示。

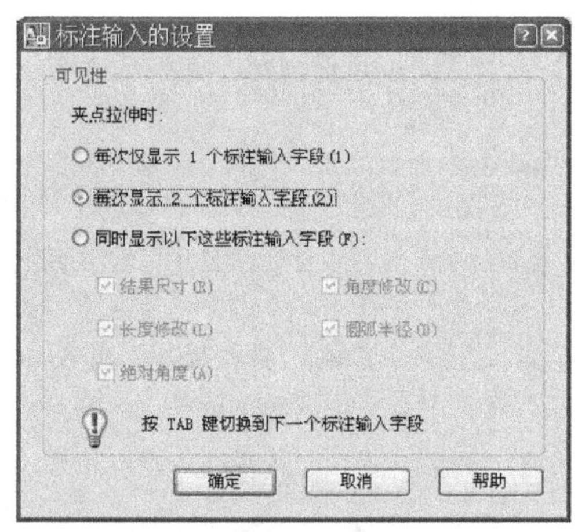

图 3-30 【标注输入的设置】对话框

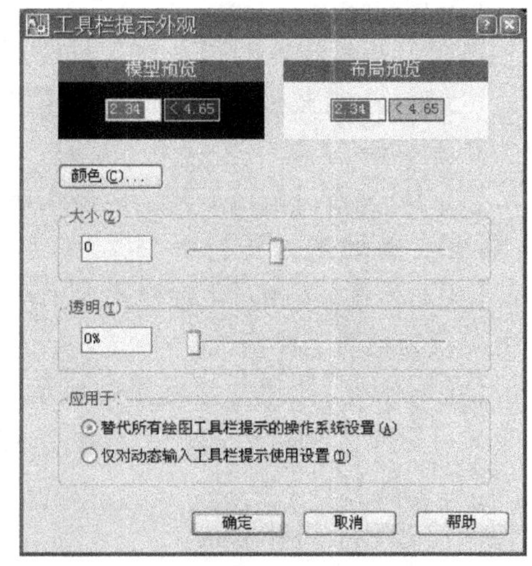

图 3-31 【工具栏提示外观】对话框

【预览】显示当前工具栏提示外观的样例。

①点击【颜色】按钮,系统显示【图形窗口颜色】对话框,从中可以指定绘图工具栏提示的颜色及其在指定上下文中的背景,如图 3-32 所示。

②【大小】指定工具栏提示的大小。默认大小为 0,使用滑块放大或缩小工具栏提示。

③【透明度】控制工具栏提示的透明度。设置的值越低,工具栏提示的透明度越低。值设置为 0 时,工具栏提示为不透明。

④【应用于】指定将设置应用于所有的绘图工具栏提示还是仅用于动态输入工具栏提示。

a.【替代所有绘图工具栏提示的操作系统设置】将设置应用于所有的工具栏提示,从而替代操作系统中的设置。

b.【仅对动态输入工具栏提示使用设置】将这些设置仅应用于动态输入中使用的绘图工具栏提示。

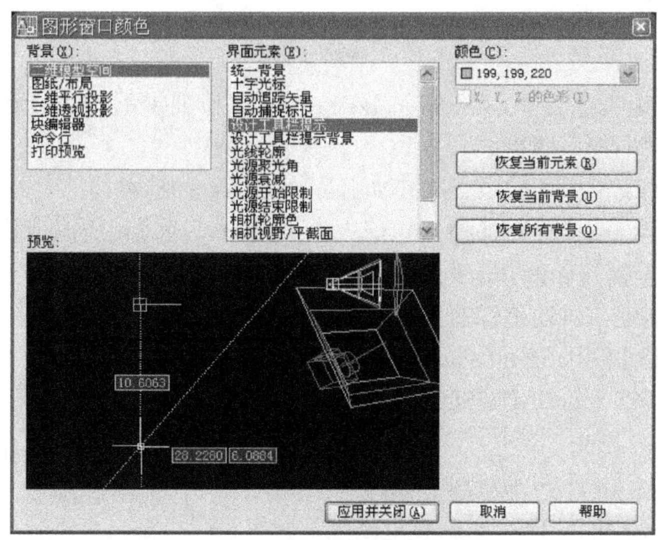

图 3-32 【图形窗口颜色】对话框

5. 自动捕捉、自动追踪设置

在【草图设置】(Drafting Settings)对话框的各选项卡的左下角均有一个【选项】(Options)按钮,单击该按钮,AutoCAD 将打开【选项】对话框中的【草图】(Drafting)选项卡,如图 3-33 所示。

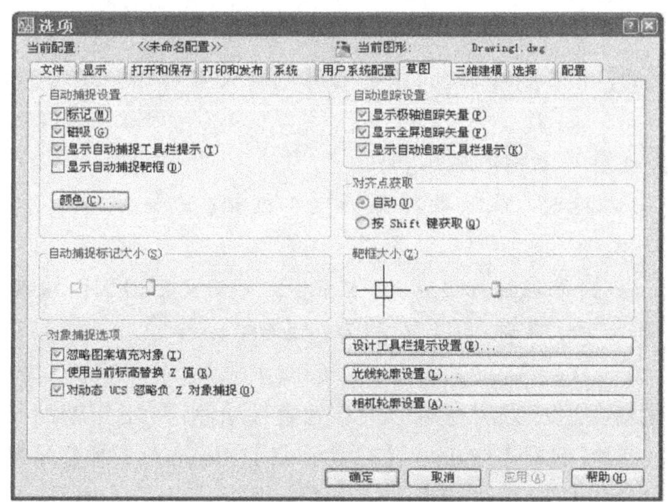

图 3-33 【选项】对话框

下面说明该选项卡中各项的含义和功能。

(1)【自动捕捉设置】(Auto Snap Settings)选项组

①【标记】(Marker)复选框:当捕捉到指定点时,用于确定是否显示捕捉标记。

②【磁吸】(Magnet)复选框:选中该复选框后,当光标接近捕捉点时,会被自动吸附到相应的捕捉点位置。

③【显示自动捕捉工具栏提示】(Display Auto Snap tooltip)复选框:用于控制对象捕捉时,是否在捕捉到指定的点时浮出一个显示当前捕捉标记的小标签。

④【显示自动捕捉靶框】(Display Auto Snap aperture box)复选框:用于确定是否显示自动捕捉的靶框。

⑤【自动捕捉标记染色】(Auto Snap marker color)下拉列表框:用于确定捕捉靶框的颜色。从相应的下拉列表框中选择即可。

(2)【自动捕捉标记大小】(Auto Snap Marker Size)调整滑块

该滑块用于确定自动捕捉时的捕捉标记大小。用户可通过相应的滑块进行调整。

(3)【自动追踪设置】(Auto Track Settings)选项组

该选项组用于确定与自动追踪有关的设置。

(4)【对齐点获取】(Alignment Point Acquisition)选项组

该选项组用于确定 AutoCAD 是自动进行追踪(Automatic),还是按下 Shift 键后再进行追踪(Shift to acquire)。

(5)【靶框大小】(Aperture Size)调整滑块

该滑块用于确定靶框大小。

【例 3-12】 用极轴追踪绘制如图 3-34 所示的道路中线。

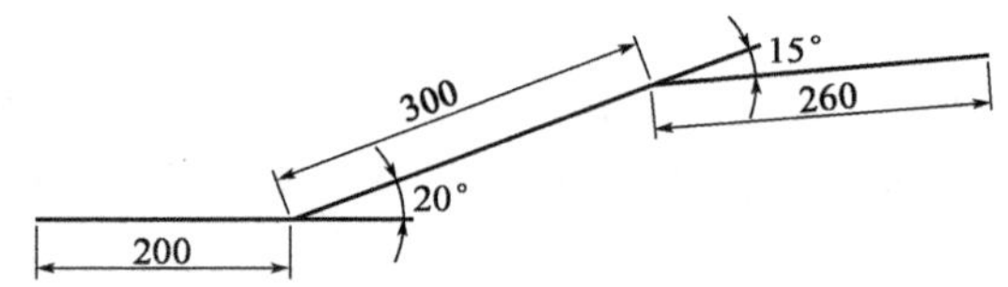

图 3-34 用极轴追踪绘制道路中线

①单击状态栏上的【捕捉】和【极轴】按钮打开捕捉设置和极轴追踪,按图 3-33 进行设置。

②命令:Line

③指定第一点:(在屏幕上指定起始点)

④将光标水平向右拖动,跟踪数据显示为"极轴:××××<0"时,输入 200 并按 Enter 键。

⑤将光标向右上拖动,跟踪数据显示为"极轴:××××<20"时,输入 300 并按 Enter 键。

⑥将光标向右下拖动,跟踪数据显示为"极轴:××××<345"时,输入 260 并按 Enter 键。

【例 3-13】 利用对象追踪方法在矩形中心处直接绘制圆(不作辅助线)。

①首先打开状态栏的【极轴】(Polar)、【对象捕捉】(Osnap)、【对象追踪】(Otrack),并选择【对象捕捉】选项卡中的【中点】捕捉模式。

②先绘制矩形,启动 Circle 命令画圆,系统提示:

Circle 指定圆的圆心或[三点(3P)/两点(2P)/相切、相切、半径(T)]:

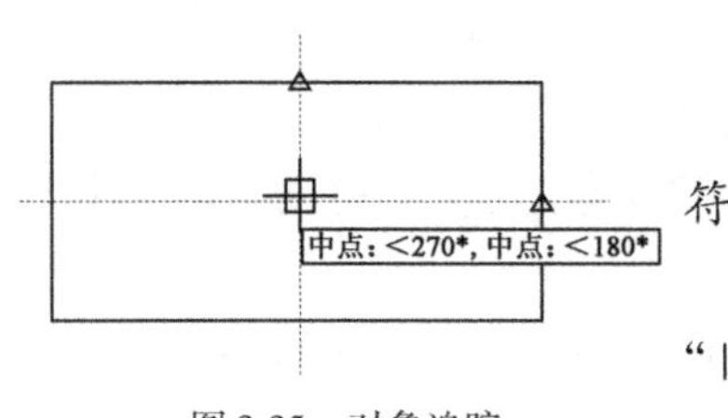

图 3-35 对象追踪

指定圆的半径或[直径(D)]:

③将鼠标移动到矩形右边中点处,线中点出现一个黄色"-"符号。

④将鼠标移动到矩形上边中点处,线中点出现一个黄色"|"符号。

⑤将鼠标移动到矩形中心位置,出现图 3-35 所示的提示,

单击鼠标左键确定圆心位置。

⑥输入圆半径。

三、实体的选择方法

在图形的绘制过程中,编辑图形是整个图形绘制的重要组成部分。在对对象进行编辑之前,必须先选中要编辑的对象。

在命令行提示下,用户输入任何编辑命令后,系统通常都会出现如下提示:

选择对象(Select objects):

该提示信息要求用户选择要编辑的对象。移动光标,使光标变成小方块的形状,与要着取的对象相交,然后单击鼠标左键,该对象边框会显示为虚线状态,此时,表示该对象已被选中。按 Enter 键或鼠标右键,即可结束选择对象的过程。

为了简化对象的选择过程,AutoCAD 2007 提供了多种选择方式。针对不同对象的特点,在命令行的提示下,用户可以直接输入编辑命令,接着选择要编辑的对象。

当用户在编辑某个或多个对象时,可以先选择对象,然后再在命令行提示下输入编辑命令,这与前面介绍的先输入编辑命令再选择对象具有相同的效果。

下面介绍 AutoCAD 2007 提供的各种选择对象的方式。

1. 直接拾取方式

在多种对象的选择方式中,直接拾取方式为系统默认的方式。在该方式下,用户点击可以拾取单一对象,多次点击也可以同时拾取多个对象。如果用户想要对拾取框的大小进行调整,则可以从【工具】(Tools)下拉菜单中选择【选项】(Options)命令,打开【选项】对话框。在该对话框中,单击【选择】标签,打开【选择】选项卡,如图 3-36 所示。

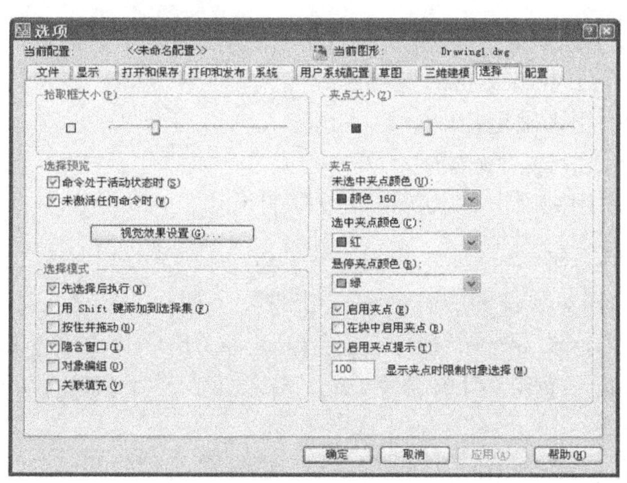

图 3-36 【选择】选项卡

(1)【选择模式】选项组

该选项组用于对对象的选择方式进行设置,拖动【拾取框大小】(Pick box size)选项组中的滑块可调节拾取框的尺寸。

①【先选择后执行】复选框:“先选择后执行”方式为系统的默认方式,有些编辑功能只能采用“先选择后执行”方式而不能采用“先执行后选择”方式。AutoCAD 提供 Pickfirst 系统变

量，用以控制“先选择后执行”的开关状态，Pickfirst = 1（或 ON）时，系统处于“先选择后执行”方式；Pickfirst = 0（或 OFF）时，系统关闭“先选择后执行”方式。

②【用 Shift 键添加到选择集】（Use Shift to add to selection）复选框：若选中该复选框，则在选择对象时，按住 Shift 键再用鼠标左键拾取对象，才可连续拾取多个对象。

③【按住并拖动】复选框：如果选中“按住并拖动”（Press and drag）复选框，在用窗交法选择对象时，在第一点按下鼠标左键直接将其拖到另一点即可。否则应先单击第一点，拖到另一点后再单击鼠标左键才能构成选择框。

④【隐含窗口】复选框：如果选中该复选框，则在空白处拾取点，并向左或向右拖动鼠标形成矩形选择框。向右拖动鼠标可激活【窗口】选项，向左拖动鼠标可激活【窗交】选项（这两个选项的说明见本节后文）。该特性对“先选择后执行”（Noun/Verb selection）方法及“先执行后选择”（即复选框中无√）都有效。

⑤【关联填充】（Associative hatch）复选框：选中该复选框则表示已填充的图案与边界是关联的；否则不关联。

（2）【夹点】（Grips）选项组

该选项组用来确定窗口中显示的特征点的形式。下面介绍其中各选项的含义和功能。

①【未选中夹点颜色】（Unselect grip color）下拉列表框：用来控制特征点边框的颜色。

②【选中夹点颜色】（Select grip color）下拉列表框：用来控制被选中的特征点的颜色。

③【悬停夹点颜色】下拉列表框：当鼠标指向夹点并持续一定时间时，夹点显示此颜色。

④【启用夹点】（Enable grips）复选框：用来确定是否打开特征点功能。

⑤【在块中启用夹点】（Enable grips within blocks）复选框：用来确定是否显示块内对象的特征点。启用该功能，用户选择的块中的各对象均显示其本身的特征点；否则只将块插入点作为特征点显示。

⑥【启用夹点提示】复选框：当某夹点被启用时，系统会提示该夹点的名称。

（3）【拾取框大小】（Pick box size）选项组

该选项组中的滑块用来确定拾取框的尺寸。

（4）【夹点大小】（Grip size）选项组

该选项组中的滑块用来确定显示特征点方框的尺寸。

2. 在命令行直接键入命令

在命令行出现“选择对象：”时，键入“？”会出现如下提示：

需要点或窗口（W）/最后一个（L）/窗交（C）/框（BOX）/全部（ALL）/栏选（F）/圈围（WP）/圈交（CP）/编组（G）/类（CL）/添加（A）/删除（R）/多个（M）/上一个（P）/放弃（U）/自动（AU）/单个（SI）：

在命令行“选择对象：”提示下，可直接输入上述各选项后面括号内的大写字母，即可执行相应的选择操作。如键入 ALL 可以自动选择当前视图中的全部对象。

（1）【窗口】选项：允许在对象周围设置矩形实线框选择对象，用来选择完全位于框内的对象。用户输入编辑命令后，命令行会出现“选择对象：”提示信息，在该提示下键入 W 系统接着提示：

指定第一个角点：

指定对角点：

在拾取第一个角点后，拾取第二个角点之前，移动鼠标从第一个角点拉出一个窗口；把要选择的对象包含进窗口，此时单击鼠标左键即可确定第二个角点，这时完全落入窗口中的对象均被选中。

(2)【最后一个】选项：选择该选项可选择最后绘制的、屏幕上可见的一个对象。

(3)【窗交】选项：允许在对象周围设置矩形虚线框选择对象，用来选择完全位于框内或与框边线相交的对象。

用户在命令行输入对象编辑命令后，命令行中会出现“选择对象：”提示信息，在该提示下键入 C 并按 Enter 键，系统接着提示：

指定第一个角点：

指定对角点：找到 1 个

在此提示下指定两个对角点，形成一个选择窗口，此时不论是全部包含在窗口中的对象，还是与窗口边界相交的图形都会被选中。

①【框】选项：这种方式是【窗口】选项和【窗交】选项两种方式的组合，当选择顺序是从左向右，执行的是【窗口】选项，当选择顺序是从右向左，执行的是【窗交】选项。

②【全部】选项：选择该选项可选中当前视图中的所有对象，在其他空间或冻结或关闭的图层上，【全部】选项无效。

③【栏选】选项：选择该选项可设置栅格线，并横跨到所选对象上。该选项对于移入或移出所选对象的紧凑区域选择对象很有帮助。用户在命令行输入对象编辑命令后，命令行中会出现“选择对象：”提示信息，在该提示下键入 F 并按 Enter 键，在系统的提示下可绘制出一条不封闭的折线，与折线相交的所有对象都将被选中。

④【圈围】选项：选择该选项允许建立不规则多边形，在对象周围设置实线框选择对象。该选项可用来选择完全位于框内的对象。

⑤【圈交】选项：选择该选项允许建立不规则多边形，在对象周围设置虚线框选择对象。该选项可用来选择完全位于框内或与框边线相交的对象。

⑥【编组】选项：选择该选项可通过选择集编组名来选择实体对象。在这之前需要用户用 Group 命令定义一个编组名，并为该编组添加实体对象。用户在命令行输入对象编辑命令后，命令行中会出现“选择对象：”提示信息，在此提示下键入 G 并按 Enter 键，系统会接着提示：

输入编组名：

输入编组名：(按 Enter 键或继续输入其他对象组名称)

选择对象：(按 Enter 键或继续选择其他对象)

此时所确定的对象组中的所有对象均被选中。用户通过组名可以选择事先已定义的对象组中的对象。

⑦【添加】选项：选择该选项可打开增加模式，系统将所拾取的对象添加到选择集。

⑧【删除】选项：选择该选项可打开删除模式，从选择集中删除所选中的对象。

⑨【上一个】选项：可选中最后一次所选中的所有对象。但对于执行删除命令所选中的对象是个例外，因为对删除命令，最后拾取的所有对象都将从图形中删除。

向选择集中增加多个图形比编辑选择集速度更快，并可从选择集中删去不需要的编辑对象。当对一组预定义的对象进行各种编辑操作时，可选择【编组】选项，并输入相对应的组名。执行 Group 命令则打开【对象编组】对话框，用【创建编组】选项来定义新的编组，用【修改编组选项】来修改已命令的编组。

注意:

①在使用上面介绍的不同拾取对象的方式进行拾取操作时,如果几个对象相互靠近,用直接拾取的方法无法准确拾取需要的对象时,可以通过 Zoom 命令将图形局部放大,然后再拾取对象。

②AutoCAD 还提供了循环选择对象的方法。当图形中局部图形对象过于密集时,使用循环选择对象法非常有效。方法如下:当命令行出现"选择对象:"时,按下 Ctrl 键,使拾取框与要选取的对象相交,然后单击鼠标左键,这时与拾取框相交的对象之一将被选中。如果选中的对象不是所需要的对象,可以松开 Ctrl 键,继续单击鼠标左键,随着每次对鼠标左键的单击,系统将依次选中与拾取框相交的对象。

四、删除与复制

在图形的绘制过程中,难免会出现错误,有时需要删除已经绘制的某些对象。另外,在绘图过程中,也经常要用到已经绘制好的图形。

1. 删除对象

在 AutoCAD 2007 中,删除对象的命令是 Erase,用户可以使用该命令将当前绘图窗口中选中的某个对象删除。启动删除命令可通过如下 3 种方法。

(1)命令行:Erase 或 E。

(2)下拉菜单:【修改】|【删除】。

(3)在修改工具栏上选择删除按钮。

操作步骤如下。

命令:Erase

选择对象:(拾取要删除的对象)

选择对象:(按 Enter 键或继续拾取要删除的对象)

命令执行的结果是将选中的对象从绘图窗口中删除。

注意:

①在删除对象时也可以用键盘上的 Delete 键。

②在用 Erase 命令删除对象后,立即用 Undo 命令也可以恢复被删除的对象,但如果不是立即使用 Undo 命令,即在 Erase 和 Undo 命令中间加入了其他操作,这时只能使用 Oops 命令来恢复最近一次用 Erase 命令删除的对象。

2. 复制对象

在 AutoCAD 2007 中,复制对象的命令是 Copy,使用该命令可以将指定的对象复制到指定的位置。使用该命令一次可以复制单个或多个原对象,且复制后原对象保持不变,复制后的对象与原对象具有相同的特征。启动复制命令可通过如下 3 种方法。

(1)命令行:Copy 或 CO,CP。

(2)下拉菜单:【修改】|【复制】。

(3)在修改工具栏上选择复制按钮。

操作步骤如下。

命令:Copy

选择对象:(选择要复制的对象)

选择对象:(按 Enter 键或继续选择对象)

指定基点或位移:

下面说明上述提示中各选项的含义和功能。

(1)【指定基点】(Specify base point)

该选项要求用户在绘图窗口中输入复制的基点。选择该选项(即用户在提示后直接输入一点作为复制的基点位置)后,系统接着提示:

指定位移的第二点或(用第一点作位移):

该命令的执行结果是,将所选对象按指定的两点所确定的位移矢量复制到新的位置。

(2)【位移】(Displacement)

该选项用于通过给定的位移量来复制选中的对象。选择该选项后,在“指定基点或位移”提示下输入相对于当前点的位移量,系统接着提示:

指定位移的第二点:

该命令的执行结果是,将选中的对象根据指定的位移量复制到新的位置。

【例 3-14】 用 Copy 命令对实体进行拷贝。

①先绘制如图 3-37a)所示的图形。

②命令:Copy

③选择对象:(选择上面图形)

④选择对象:(按 Enter 键结束选择)

⑤指定基点:(用端点捕捉方式捕捉 *A* 点)

⑥指定位移的第二点或 <用第一点作位移>:(用端点捕捉方式捕捉 *B* 点)

⑦指定位移的第二点或 <用第一点作位移>:(用端点捕捉方式捕捉 *C* 点)

⑧指定位移的第二点或 <用第一点作位移>:(用端点捕捉方式捕捉 *D* 点)

⑨指定位移的第二点或 <用第一点作位移>:[按 Enter 键结束复制操作,如图 3-37b)所示]

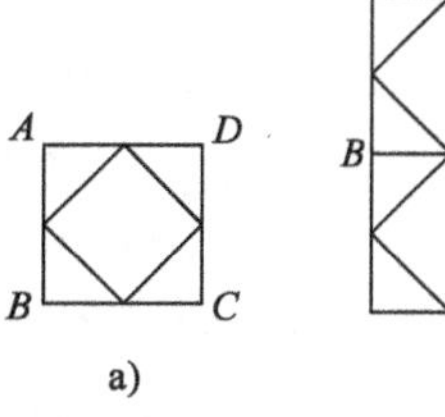

图 3-37 复制

五、平移与旋转

在 AutoCAD 2007 中,用户可以使用 Move 命令移动选中的对象,使用 Rotate 命令旋转选中的对象。

1. 平移图形

在 AutoCAD 2007 中,移动对象的命令是 Move,用户使用该命令可以将选中的对象从原来的位置移到指定的其他位置。启动该命令可通过如下 3 种方法。

(1)命令行:Move 或 M。

(2)下拉菜单:【修改】|【移动】。

(3)在修改工具栏上选择移动按钮。

操作步骤如下。

命令:Move

选择对象:(选择要移动的对象)

选择对象:(按 Enter 键结束选择或继续选择其他对象)

指定基点或位移:

下面说明上述提示中各选项的含义和功能。

(1)【指定基点】(Specify base point)

该选项要求在绘图窗口内指定一点作为移动的基点。选择该选项后,系统接着提示:

指定位移的第二点或(用第一点作位移):

该命令的执行结果是,将所选择的对象从当前位置按给定的两点确定的位移矢量移动到新的位置。

(2)【位移】(Displacement)

该选项要求在绘图窗口中输入相对于当前点的位移量。选择该选项后,系统接着提示:

指定位移的第二点或 <用第一点作位移>:

在此提示下若直接按 Enter 键,则系统将选中的对象从当前位置按指定的位移距离移动到新的位置。

2. 旋转图形

在 AutoCAD 2007 中,旋转对象的命令是 Rotate,用户使用该命令可以将所选择的对象绕指定点旋转指定的角度。启动该命令可通过如下 3 种方法。

(1)命令行:Rotate 或 R。

(2)下拉菜单:【修改】|【旋转】。

(3)在修改工具栏上选择旋转按钮。

操作步骤如下。

命令:Rotate

UCS 当前的正角方向:ANGDIR = 逆时针 ANGBASE = 0

选择对象:(选择要旋转的对象)

选择对象:(按 Enter 键结束选择或继续选择其他对象)

指定基点:

指定旋转角度或【参照(R)】:

下面说明该提示中各选项的含义和功能。

(1)【指定旋转角度】(Specify rotation angle)

在该提示下,用户直接输入一角度值,系统将所选对象绕指定基点旋转指定的角度。当输入的角度为正值时,所选对象按逆时针方向旋转;当输入的角度为负值时,选中的对象按顺时针方向旋转。

(2)【参照】(Reference)

该选项用于对所选对象以参照方式进行旋转。选择该选项后,系统接着提示:

指定参照角(0):(输入参照方向角度值)

指定新角度:(输入相对于参照方向的角度值)

该命令的执行结果是选中的对象绕指定的基点按指定的参照角度进行旋转。

注意:在编辑过程中,用户如果要观看拖动效果,可以执行 Dragmode 命令设置拖动方式。

其操作步骤如下。

命令:Dragmode

输入新值[开(ON)/关(OFF)/自动(A)]<自动>:

其中,【开】(ON)选项用于打开显示拖动效果;【关】(OFF)选项用于关闭拖动显示效果;【自动】(Auto)选项用于自动显示拖动效果。另外,只有在执行移动、复制或其他拖动对象的操作命令之前设置该拖动效果,显示拖动效果才起作用。

【例3-15】 用Rotate命令旋转实体图形。

①先在屏幕上绘制一个矩形和一条直线,如图3-38a)所示。

②命令:Rotate

③选择对象:(用"窗口"方式选择矩形)

④选择对象:(按Enter键结束选择)

⑤指定基点:(用端点捕捉方式捕捉*A*点)

⑥指定旋转角度或[参照(R)]:30[按Enter键结束操作,结果如图3-38b)所示]。

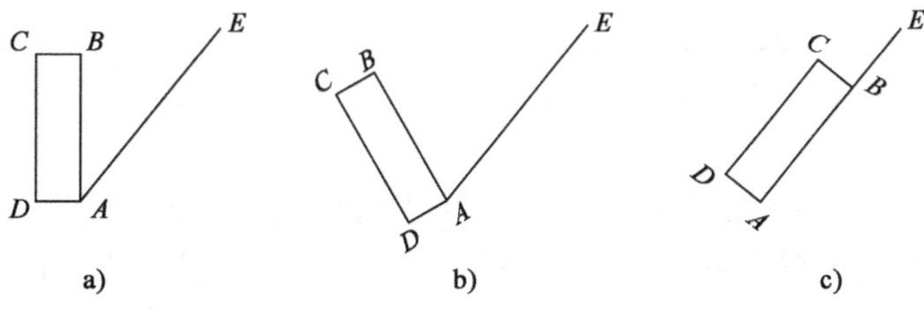

图3-38 旋转图形

【例3-16】 用Rotate命令的"参照"参数旋转实体图形。

①命令:Rotate

②选择对象:[用"窗口"方式选择图3-38b)中的矩形]

③选择对象:(按Enter键结束选择)

④指定基点:(用端点捕捉方式捕捉*A*点)

⑤指定旋转角度或[参照(R)]:R

⑥指定参照角<0>:(用端点捕捉方式捕捉*A*点)

⑦指定第二点:(用端点捕捉方式捕捉*B*点)

⑧指定新角度:[用端点捕捉方式捕捉*E*点,操作结束后如图3-38c)所示]

六、镜像与阵列

镜像与照镜子类似,将原对象按照某个镜像线反射到该线的另一边,生成一个与原对象形状相同、关于镜像线完全对称的对象。阵列就是使指定的对象按照特定的方式进行多重复制。

1.镜像对象

在工程制图中经常要绘制一些左右对称或上下对称的图形,如隧道断面图。利用AutoCAD提供的图形镜像功能,用户只需绘制出对称轴一半的图形,另一半图形则可以通过镜像功能轻松得到。

镜像对象的命令是 Mirror，使用该命令可以镜像复制选中的对象，在完成镜像复制后，被选中的对象可以删除也可以保留。启动该命令可通过如下 3 种方法。

(1)命令行：Mirror 或 MI。

(2)下拉菜单：【修改】|【镜像】。

(3)在修改工具栏上选择镜像按钮。

操作步骤如下。

命令：Mirror

选择对象：(选择要镜像的对象)

选择对象：(按 Enter 键或继续选择对象)

指定镜像线的第一点：(指定镜像线的第一点)

指定镜像线的第二点：(指定镜像线的第二点)

是否删除源对象？[是(Y)/否(N)]<N>：

命令执行的结果是，被选中的对象以指定的两点的连线作为镜像线进行镜像复制。

如果在"是否删除源对象？[是(Y)/否(N)]<N>："提示下直接按 Enter 键，系统在完成镜像复制后仍保留原对象。如果在该提示下键入 Y 并按 Enter 键，系统在完成镜像复制后将删除原对象。

注意：在对文本进行镜像操作时，文本将会出现两种镜像复制结果，一种是文本镜像，一种是文本只复制。它是由系统变量 Mirrtext 决定。当 Mirrtext 设置为 1 时，文本作完全镜像；当 Mirrtext 设置为 0 时，文本只复制而不镜像。

【例 3-17】 用 Mirror 命令镜像图形。

先绘制如图 3-39a)所示的图形。

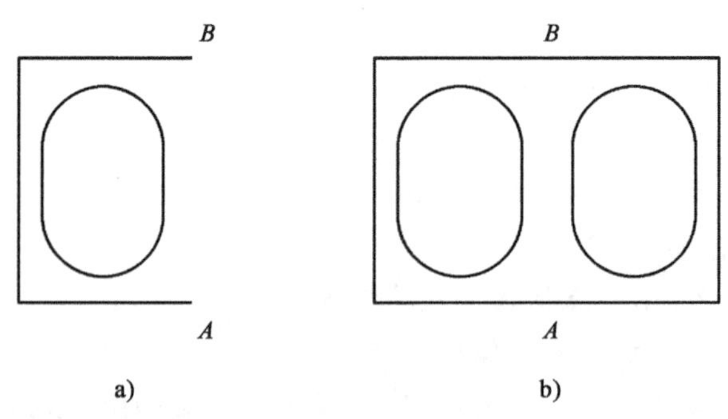

图 3-39 镜像

①命令：Mirror

②选择对象：[选择图 3-39a)]

③选择对象：(按 Enter 键结束选择)

④指定镜像线的第一点：(用端点捕捉方式捕捉 A 点)

⑤指定镜像线的第二点：(用端点捕捉方式捕捉 B 点)

⑥是否删除源对象？[是(Y)/否(N)]<N>：[按 Enter 键结束镜像操作，结果如图 3-39b)所示]

2. 阵列

在复制命令中,虽然可以一次复制多个图形,但每复制一次,就要指定一次新的图形位置。如果要复制的图形的位置很有规律性,那么利用 AutoCAD 提供的阵列命令可以十分轻松地完成具有规律性的多重复制。

阵列的命令是 Array,用户可以使用该命令将选中的对象按矩阵或环形阵列方式进行多重复制,复制后的对象与原对象具有相同的外形,只是位置发生变化。启动该命令可通过如下 3 种方法。

(1)命令行:Array 或 AR。

(2)下拉菜单:【修改】|【阵列】。

(3)在修改工具栏上选择阵列按钮。

操作步骤如下。

命令:Array

执行该命令后,系统打开【阵列】对话框,如图 3-40 所示。

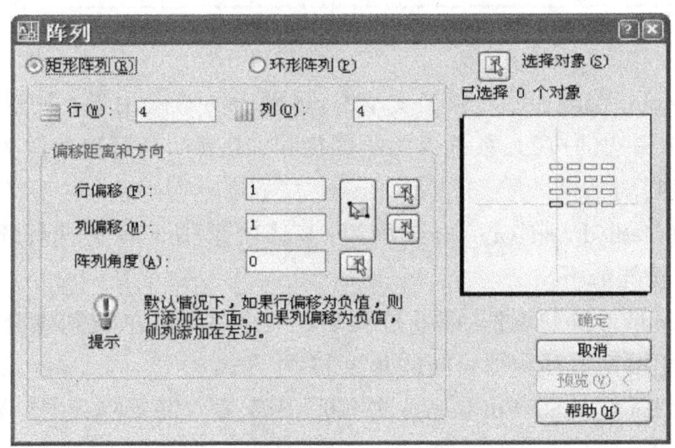

图 3-40 【阵列】对话框

(1)矩形阵列

在【阵列】对话框中,单击【矩形阵列】(Rectangular array)单选按钮,系统打开【矩形阵列】选项卡,如图 3-40 所示。

下面说明该选项卡中各选项的含义和功能。

①【行】(Rows)文本框:该文本框用于输入矩形阵列的行数。

②【例】(Columns)文本框:该文本框用于输入矩形阵列的列数。

③【偏移距离和方向】(Offset distance and direction)选项组:该选项组用于确定进行阵列操作时的偏移距离和偏移方向。下面说明该选项组中各选项的含义和功能。

a.【行偏移】(Row offset)文本框:该文本框用于确定阵列的行间距。

b.【列偏移】(Column offset)文本框:该文本框用于确定阵列的列间距。

c.【阵列角度】(Angle of array)文本框:该文本框用于确定矩形阵列与 X 轴之间的夹角。

d.【选择对象】(Select objects)按钮:单击该按钮,系统返回绘图窗口,用户可以在绘图窗口中选择要阵列的对象后按 Enter 键,系统将返回到图 3-40 所示的对话框。

(2)环形阵列

在【阵列】对话框中,单击【环形阵列】(Polar array)单选按钮,系统将打开【环形阵列】选项卡,如图3-41所示。

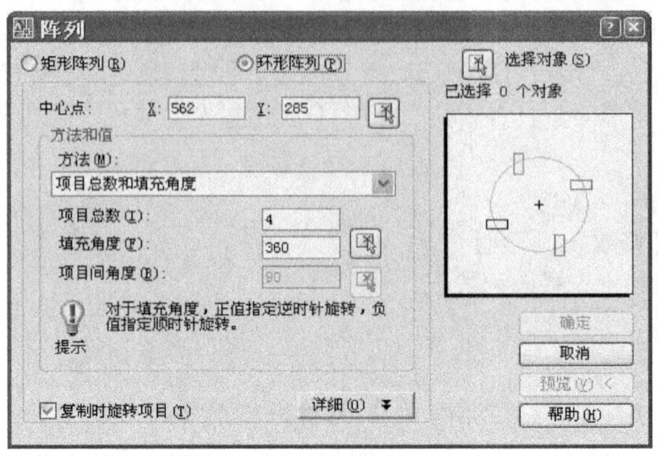

图3-41 【环形阵列】选项卡

①【中心点】(Center point)的 X 和 Y 文本框:这两个文本框用于直接输入环形阵列的中心点坐标。也可以单击旁边的按钮,系统返回绘图窗口,用鼠标直接选取阵列的中心点,选取完成后,又返回到【阵列】对话框。

②【方法和值】(Method and values)选项组:该选项组用于确定进行环形阵列的方式,其中,各选项的含义和功能如下。

a.【方法】(Method)下拉列表框:该下拉列表框提供【项目总数和填充角度】、【项目总数和项目间的角度】及【填充角度和项目间的角度】3种方式。

b.【项目总数】(Total number of items)文本框:用于输入需要阵列的个数。

c.【填充角度】(Angle to fill)文本框:用于输入环形阵列的填充角度。

d.【项目间角度】(Angle between items)文本框:用于输入所要进行阵列的各对象之间的角度。

③【选择对象】按钮:单击该按钮,系统返回绘图窗口,用户可以在绘图窗口中选择要阵列的对象,选择完成后,系统返回如图3-41所示的对话框。

④【复制时旋转项目】(Rotate items as copied)复选框:选中该复选框,系统将在进行阵列操作时对复制的对象进行旋转。如果不选择该项,则阵列操作所生成的副本只改变相对位置,而保持与原对象相同的方向不变。

注意:如果在命令行键入"Array",则可以利用在命令行直接输入数据进行设置与绘制。

【例3-18】 利用阵列命令进行矩形阵列操作。

①先绘制一个长边为4,短边为3的矩形。

②执行Array命令,启动阵列命令,打开矩形阵列对话框。

③选择3行,4列。

④选择行偏移为5,列偏移为6。

⑤单击【选择对象】按钮。

⑥选择绘制的矩形。

⑦单击【确定】按钮,结束阵列操作,结果如图 3-42 所示。

【例 3-19】 利用阵列命令进行环形阵列操作。

①先绘制图 3-43a)所示的图形。

②在命令行键入 Array 后按 Enter 键打开【阵列】对话框。

③单击【环形阵列】单选按钮,打开环形阵列模式。

④选择【项目总数和填充角度】选项。

⑤选择项目总数为 15,填充角度为 360°。

⑥单击"中心点"按钮,系统切换至图形窗口。

⑦用圆心捕捉方式捕捉圆心,返回对话框。

⑧单击【选择对象】按钮,系统切换至图形窗口。

⑨选择图 3-43a)中三角形,返回对话框。

⑩单击【确定】按钮,结束阵列操作,结果如图 3-43b)所示。

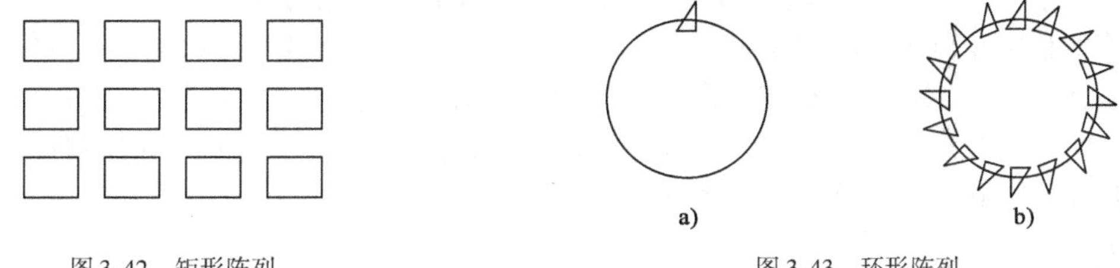

图 3-42 矩形阵列

图 3-43 环形阵列

七、缩放与打断

1.缩放

在工程制图中,经常要对某个图形按指定的比例进行缩放。按比例缩放的命令是 Scale,使用该命令可以将所选择的对象按指定的比例因子相对于指定基点放大或缩小。启动该命令可通过如下 3 种方法。

(1)命令行:Scale 或 SC。

(2)下拉菜单:【修改】|【缩放】。

(3)在修改工具栏上选择缩放按钮。

操作步骤如下。

命令:Scale

选择对象:(选择要缩放的对象)

选择对象:(按 Enter 键或继续选择要缩放的对象)

指定基点:(指定缩放的基点)

指定比例因子或[参照(R)]:

下面说明上述提示中各选项的含义和功能。

(1)【指定比例因子】(Specify scale factor)

该选项是系统的默认选项。在该提示下,用户可直接输入一个比例因子,系统会将所选对象按该比例相对于基点进行缩放。该比例因子必须是大于 0 的正数。当比例因子大于 1 时,放大所选对象;当比例因子在 0 ~1 之间时,缩小所选对象。

(2)【参照】(Reference)

该选项用来根据系统确定的参照方式对所选对象进行缩放。选择该选项后,系统接着提示:

指定参照长度 <1 >:(输入参照长度的值)

指定新长度:(输入新的长度值)

该命令的执行结果是,AutoCAD 根据参照长度与新长度的比值自动计算缩放比例,并按此比例对所选对象进行放缩。

注意:

①执行缩放命令 Scale 后,所选对象将改变大小,并且在各个方向上对象的缩放比例相同。

②在选择缩放的基点时,考虑到它在缩放过程中是比例变换的中心,为一个不动点,因此,常将其设置在所选对象的某个特征点上。

③通过参照选项确定比例因子时,比例因子 S = 新长度/参照长度。

通常我们在绘制图形时都使用 1:1 的比例,这样不用计算,出错的概率也小。最后需要成图时再对图形进行缩放。比如打印出图时使用的是 A3 图纸,打印比例为 1:1,需要将图形缩小 10 倍,也就是比例因子为 0.1(注意:我们在绘制时使用的单位为厘米,如绘制单位为毫米则比例因子为 0.01),这时的比例就是 1:100。

2. 打断

在工程制图中,有时经常需要将某个实体(如直线、圆)从某处断开,使其一分为二,或去掉某一部分。在 AutoCAD 2007 中,折断对象的命令是 Break,用户可以使用该命令将指定对象的两点间的部分删除,或将一个对象打断成具有同一端点的两个对象。启动该命令可通过如下 3 种方法。

(1)命令行:Break 或 BR。

(2)下拉菜单:【修改】|【打断】。

(3)在修改工具栏上选择折断按钮。

操作步骤如下。

命令:Break

选择对象:(选择要断开的对象,系统将把单击处的那个点当成断开的第一点)

指定第二个打断点或[第一点(F)]:

下面说明上述提示中各选项的含义和功能。

(1)【指定第二个打断点】(Specify second break point)

该选项是默认选项,直接拾取对象上的另一点,则系统会将两点之间的部分删除。

(2)【第一点】

在上述提示下键入 F,则表示要重新输入第一个打断点。

操作步骤如下:

指定第二个打断点或【第一点(F)】:F(按 Enter 键)

打断点:

注意：

①如果在“指定第二个打断点或【第一点(F)】:”提示下键入@,系统将在拾取点处把所选对象打断为两段。

②如果在“指定第二个打断点或【第一点(F)】:”提示下,在对象一端方向外拾取一点则系统将把两个点之间那段对象删除。

③圆执行打断操作时,从圆上第一点到第二点之间逆时针方向的圆弧段度删除。

八、修剪与延伸

1. 修剪

修剪对象是指将选中的对象沿事先确定的修剪边界断开,并删除修剪边界之外的部分。

修剪对象的命令是 Trim,用户可以使用该命令将选中的对象沿一组修剪边界进行裁剪,启动该命令可以通过如下 3 种方法。

(1)命令行:Trim 或 TR。

(2)下拉菜单:【修改】|【修剪】。

(3)在修改工具栏上选择剪切按钮 -/-- 。

操作步骤如下。

命令:Trim

当前设置:投影 = UCS,边 = 延伸

选择剪切边:

选择对象:(选择作为修剪边界的对象)

选择对象:(按 Enter 键或继续选择作为修剪边界的对象)

选择要修剪的对象,或按住 Shift 键选择要延伸的对象或[栏选(F)/窗交(C)/投投影(P)/边(E)/放弃(U)]:

在上述提示中,各选项的含义和功能如下。

(1)【栏选】(Project)。

(2)【窗交】(Project)。

(3)【投影】(Project)。

选择该选项后,系统接着提示:

输入投影选项[无(N)/UCS(U)/视图(V)] <UCS>:

①【无】:表示按三维(不是投影)的方式修剪。该选项对只有在空间相交的对象有效。

②【UCS】:在当前用户坐标系的 *XOY* 平面上修剪,此时也可在 *XOY* 平面上按投影关系修剪在三维空间中没有相交的对象。

③【视图】:在当前视图平面上修剪。

(4)【边】(Edge)

指定修剪对象时是否使用延伸模式。选择该选项后,系统接着提示:

输入隐含边延伸模式[延伸(E)/不延伸(N)] <延伸>:

用户选择【延伸】后,如果指定的剪切边界太短,没有与被剪切边相交,此时,系统会假想将剪切边界延长,然后再进行修剪。而同样的情况下,使用(不延伸)模式则无法进行修剪。

(5)【放弃】(Undo)

如果修剪有误,可以输入字母U撤销修剪。

注意:系统允许用直线、圆弧、圆、样条曲线、构造线、射线及文字作修剪边界;当用具有宽度的多段线作修剪边界时,将沿其中心进行修剪。

【例3-20】 用Trim命令修剪图形。

先用TTR方式绘制如图3-44a)所示的切线圆,再执行下面的步骤。

①命令:Trim

②选择对象:(选择一条直线)

③选择对象:(选择另一条直线)

④选择对象:(按Enter键,结束选择)

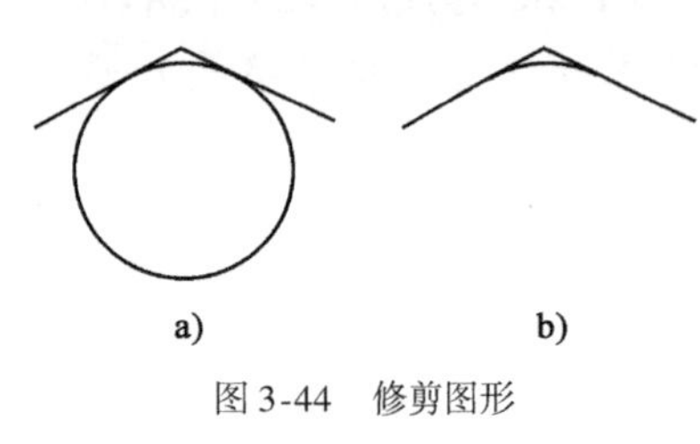

图3-44 修剪图形

⑤选择要修剪的对象,或按住Shift键选择要延伸的对象,或[栏选(F)/窗交(C)/投影(P)/边(E)/放弃(U)]:(选择圆,靠近下半圆)

⑥选择要修剪的对象,或按住Shift键选择要延伸的对象,或[栏选(F)/窗交(C)/投影(P)/边(E)/放弃(U)]:[按Enter键,结束操作,结果如图3-44b)所示]

2. 延伸

延伸对象是将选中的对象延长到指定的边界,延伸对象的命令是Extend,用户使用该命令可以延长指定的对象,并使其延长到由其他对象所确定的边界,启动该命令可通过如下3种方法。

(1)命令行:Extend或EX。

(2)下拉菜单:【修改】|【延伸】。

(3)在修改工具栏上选择延伸按钮--/。

操作步骤如下。

命令:Extend

当前设置:投影=视图,边=延伸

选择边界的边:

选择对象:(选择要延伸到的边界)

选择对象:(按Enter键或继续选择要延伸到的边界)

选择要延伸的对象,或按住Shift键选择要修剪的对象,或[栏选(F)/窗交(C)/投影(P)/边(E)/放弃(U)]:

下面说明上述提示中各选项的含义和功能。

(1)【选择要延伸的对象,或按住Shift键选择要修剪的对象】(Select object to extend or shift-select to trim)

该选项为系统的默认选项。选择该选项后,用户可以将选中的对象延伸到指定的边界。如果按住Shift键的同时选择对象,AutoCAD会将选中的对象以指定边界为修剪边进行修剪。

(2)【栏选】

该选项可以绘制一条连续线,凡与该线相交的对象都将被执行剪切(延伸)。

(3)【窗交】

该选项可以用鼠标拉出一个矩形选择框，凡与该框相交或在其内部的对象都将被执行剪切（延伸）。

（4）【投影】（Project）

该选项用于确定执行延伸的空间。选择该选项后，系统接着提示：

输入投影选项［无(N)/UCS(U)/视图(V)］<视图>：

其中，各选项的含义和功能如下。

①【无】（None）：该选项用于将指定的对象按三维方式延伸。

②【UCS】：该选项用于将指定的对象在当前 UCS 的 *XOY* 平面上延伸。

③【视图】（View）：该选项用于将指定的对象在当前的视图平面上延伸。

（5）【边】（Edge）

该选项用来确定延伸的方式。选择该选项后，系统接着提示：

输入隐含边延伸模式［延伸(E)/不延伸(N)］<延伸>：

其中，各选项的含义和功能如下。

①如果选择【延伸】选项，而边界边过短，对象延伸后不能与其相交，此时 AutoCAD 会假想将边界边延长，使延伸对象到达与其相交的位置。

②如果选择【不延伸】选项，系统则按实际位置将延伸对象延伸。

（6）【放弃】（Undo）

该选项用来取消上一次的延伸或者修剪操作。

注意：

①系统允许把直线、圆弧、圆、椭圆弧、多段线、样条曲线、构造线、射线及文字作为延伸边界，但只有直线、圆弧及开放的多段线才能被延伸。

②在 AutoCAD 2007 中，延伸和修剪命令可以联合使用，这样可大大加快和方便图形的延伸和修剪操作。在操作过程中，按住 Shift 键，修剪命令具有延伸效果，延伸命令也具有修剪效果。

【例 3-21】 用 Extend 命令延伸图形

先绘制如图 3-45a）所示的图形，然后执行以下操作。

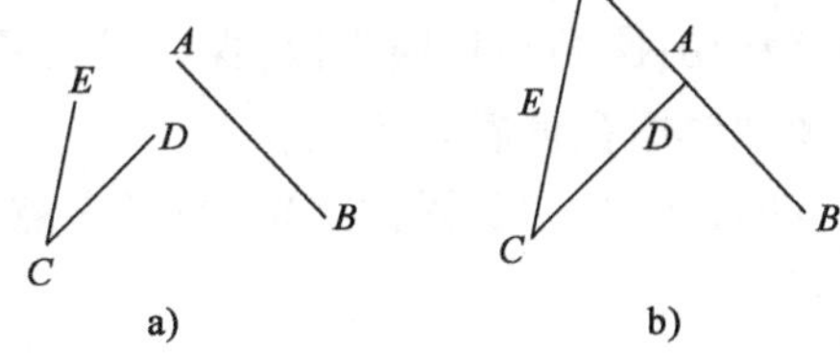

图 3-45 延伸图形

①命令：Extend

②选择对象：（选择 *AB* 直线）

③选择对象：（按 Enter 键）

④选择要延伸的对象，或按住 Shift 键选择要修剪的对象，或［栏选(F)/窗交(C)/投影(P)/边(E)/放弃(U)］：（选择 *CD* 直线，靠近 *D* 点）

⑤选择要延伸的对象，或按住 Shift 键选择要修剪的对象，或［栏选(F)/窗交(C)/投影(P)/边(E)/放弃(U)］：E（选择边界类型）

⑥输入隐含边延伸模式［延伸(E)/不延伸(N)］<延伸>：E（选择延伸边界）

⑦选择要延伸的对象，或按住 Shift 键选择要修剪的对象，或［栏选(F)/窗交(C)/投影(P)/边(E)/放弃(U)］：（选择 *CE* 直线，靠近 *E* 点）

⑧选择要延伸的对象，或按住 Shift 键选择要修剪的对象，或［栏选(F)/窗交(C)/投

影(P)/边(E)/放弃(U)]:(选择 *AB* 直线,靠近*A* 点)

⑨选择要延伸的对象,或按住 Shift 键选择要修剪的对象,或[栏选(F)/窗交(C)/投影(P)/边(E)/放弃(U)]:[按 Enter 键,结束延伸操作,结果如图 3-45b)所示]

九、拉伸与偏移

1. 拉伸

拉伸对象是将选中的部分对象拉长到指定的范围,随着拉伸的进行,对象本身的形状也发生变化。在 AutoCAD 2007 中,拉伸对象的命令是 Stretch,使用该命令可移动图形的指定部分使其形状发生改变,且与被移动对象相连的图形也将被拉伸或压缩。启动该命令可通过如下 3 种方法。

(1)命令行:Stretch 或 S。

(2)下拉菜单:【修改】|【拉伸】。

(3)在修改工具栏上选择拉伸按钮 。

操作步骤如下。

命令:Stretch

以交叉窗口或交叉多边形选择要拉伸的对象:

选择对象:(用 C 或 CP 选择要拉伸的对象,C 表示 crossing-window,即交叉窗口方式;CP 表示 crossing-polygon,即交叉多边形方式)

指定第一个角点:

指定基点或位移:

指定位移的第二个点或 <用第一个点作位移>:

注意:

①在移动选择窗口时,完全落入选择窗口中的对象将产生完全移动。只有与选择窗口相交的对象,才能被拉伸或压缩。

②不同类型的对象,其拉伸特性也不同。例如,选择窗口外的直线端点不动,窗口内直线的端点移动;圆弧与直线类似,保持弦高不变;多段线也作为直线或圆弧来处理,其宽度、切线方向及曲线拟合信息等不变。

③圆、块、文字及属性定义,当定义点在窗口内时,对象产生移动;否则将不会移动。

2. 偏移

偏移对象是指将选中的对象向指定的方向偏移一段指定的距离,可以删除原对象也可以保留原对象。偏移对象的命令是 Offset,使用该命令进行对象偏移类似:使用等距线的方法对对象进行偏移复制。对圆、圆弧及多边形等进行偏移操作将产生同心复制,对直线进行偏移操作则将产生平行线。启动该命令可通过如下 3 种方法。

(1)命令行:Offset 或 O。

(2)下拉菜单:【修改】|【偏移】。

(3)在修改工具栏上选择偏移按钮 。

操作步骤如下。

命令:Offset

指定偏移距离或[通过(T)]<通过>:

选择要偏移的对象或<退出>:

下面说明上述提示中各选项的含义和功能。

(1)【指定偏移距离】(Specify offset distance)

该选项是系统的默认选项,用于通过输入偏移距离来对选定对象进行偏移复制。输入偏移距离后,系统接着提示:

选择要偏移的对象或<退出>:

指定点以确定偏移所在一侧:

选择要偏移的对象或<退出>:

该命令的执行结果是,将选中的对象按指定的偏移量进行偏移复制。

(2)【通过】(Through)

该选项是通过选择对象的通过点来偏移复制对象。选择该选项后,系统提示:

选择要偏移的对象或<退出>:

指定通过点:

选择要偏移的对象或<退出>:

该命令的执行结果是,将选中的对象按指定的通过点进行偏移复制。

注意:

①如果执行了 Offset 命令,只能通过拾取的方式选择对象,即每次只能选取一个对象进行偏移。

②对于不同的对象,执行 Offset 命令后有不同的结果。

【例 3-22】 用 Offset 命令偏移图形。

先绘制如图 3-46a)所示的图形,再执行如下操作。

①命令:Offset

②指定偏移距离或[通过(T)]<通过>:10

③选择要偏移的对象或<退出>:(选择矩形)

④指定点以确定偏移所在一侧:(指定图形内部一点)

⑤选择要偏移的对象或<退出>:(选择刚才偏移的矩形)

⑥指定点以确定偏移所在一侧:(指定图形内部一点)

⑦选择要偏移的对象或<退出>:(选择刚才偏移的矩形)

⑧选择要偏移的对象或<退出>:(指定图形内部一点)

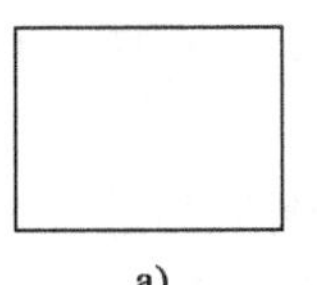

a)

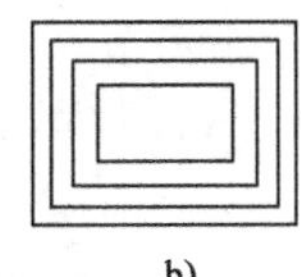

b)

图 3-46 偏移图形

⑨指定点以确定偏移所在一侧:[按 Enter 键结束操作,结果如图 3-46b)所示]

十、倒角和圆角

圆角是指将相交的两个对象或成一定角度的一个对象的两个部分,在交点处用一段指定的圆弧连接;而倒角是指使用一段直线段代替圆角所用的圆弧段。

1. 倒角

倒角的命令是 Chamfer,使用该命令可以在两个指定的对象之间增加倒角。启动该命令可通过如下 3 种方法。

(1)命令行:Chamfer 或 CHA。

(2)下拉菜单:【修改】|【倒角】。

(3)在修改工具栏上选择倒角按钮。

操作步骤如下。

命令:Chamfer

当前倒角距离 1 =0.0000,距离 2 =0.0000

选择第一条直线或[多段线(P)/距离(D)/角度(A)/修剪(T)/方式(M)/多个(U)]:

下面说明上述提示中各选项的含义和功能。

(1)【选择第一条直线】(Select first line)

该选项是默认选项,指定了第一条要倒角的线后,系统接着提示:

选择第二条直线:

该命令的执行结果是,在选中对象的相交处进行倒角。

(2)【多段线】(Polyline)

该选项用于对所选中的多段线顶点进行倒直角处理。该选项的操作过程与倒圆角中的操作相同。

(3)【距离】(Distance)

该选项用来确定倒直角的距离。选择该选项后,系统接着提示:

指定第一个倒角距离 <0.0000>:(输入角的顶点向里的距离)

指定第二个倒角距离 <0.0000>:(同上)

确定了倒直角的距离后,系统返回原提示,以后将按所输的距离进行倒角。

(4)【角度】(Angle)

该选项用于根据确定的某倒角距离和该倒角的角度进行倒角处理。选择该选项后,系统接着提示:

指定第一条直线的倒角长度 <0.0000>:

指定第一条直线的倒角角度 <0>:

(5)【修剪】(Trim)

该选项用来确定在倒角时是否对相应的倒角边进行修剪。选择该选项后,系统接着提示:

输入修剪模式选项【修剪(T)/不修剪(N)】<修剪>:

上述提示中【修剪】是默认选项,即默认倒角后会同时对倒角边进行修剪。如果用户不希望倒角的同时原边被修剪,可以输入 N 后按 Enter 键。图 3-47 是修剪与不修剪的两种不同情况。

(6)【方式】(Method)

该选项用来确定倒角的方式。选择该选项后,系统接着提示:

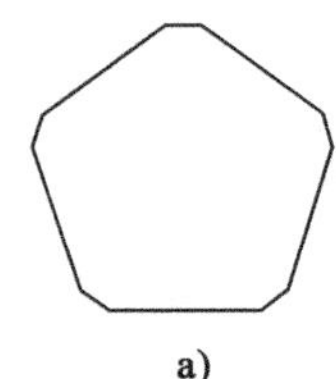

a)

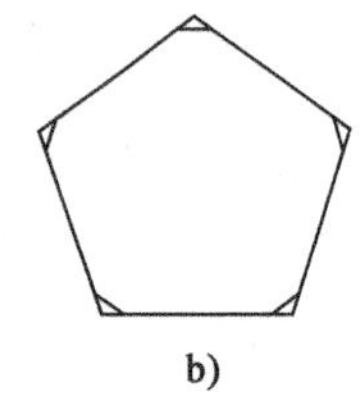

b)

图 3-47 修剪与不修剪的区别

a)修剪;b)不修剪

输入修剪方法[距离(D)/角度(A)]<角度>:

下面说明该提示中各选项的含义和功能。

①【距离】(Distance)选项:选择该选项,表示按确定的两条边的倒角距离进行倒角。

②【角度】(Angle)选项:选择该选项,表示将按指定的一条边的距离及相应角度进行倒角。

(7)【多个】

选择该选项后,系统将可以连续选择多个线段对象进行倒角。

注意:对于两条未相交的直线,如果两倒角距离均为0,则系统将两条未相交的直线延长后相交。当倒角距离过大时,系统将会视为无效。

对于相交线,倒直角后如果要对倒角边进行修剪,倒角后 AutoCAD 总是保留所拾取的那部分对象。

【例3-23】 用 Chamfer 命令倒角。

先绘制一个矩形,如图3-48a)所示,再执行以下操作。

①命令:Chamfer

②选择第一条直线或[多段线(P)/距离(D)/角度(A)/修剪(T)/方式(M)/多个(U)]:D

③指定第一个倒角距离 <20.0000>:20

④指定第二个倒角距离 <20.0000>:30

⑤选择第一条直线或[多段线(P)/距离(D)/角度(A)/修剪(T)/方式(M)/多个(U)]:(选择 *AD* 直线,靠近 *A* 点)

⑥选择第二条直线:(选择 *AB* 直线,靠近 *A* 点)

操作结束后结果如图3-48b)所示。

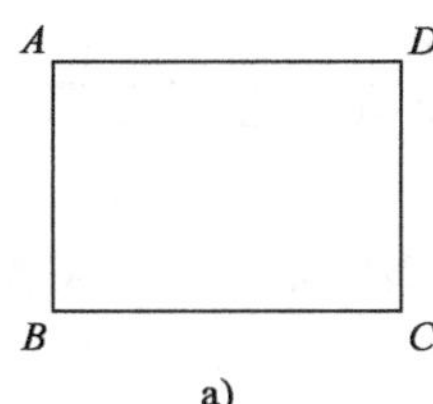

a)

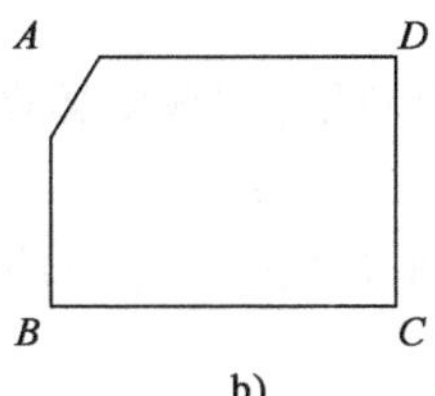

b)

图3-48 倒角

2. 圆角

在 AutoCAD 2007 中,圆角的命令是 Fillet,用户可以使用该命令将指定的两个对象按给定的半径倒圆角。启动该命令可通过如下3种方法。

(1)命令行:Fillet 或 F。

(2)下拉菜单:【修改】|【圆角】。

(3)在修改工具栏上选择圆角按钮。

操作步骤如下。

命令:Fillet

当前设置:模式=修剪,半径=0.0000

选择第一个对象或[多段线(P)/半径(R)/修剪(T)/多个(U)]:

选择第二个对象:

下面说明上述提示中各选项的含义和功能。

(1)【选择第一个对象】(Select first object)

选择该选项,将直接以系统默认的半径对所选物体进行倒圆角。

(2)【多段线】(Polyline)

该选项用于对多段线进行倒圆角操作。选择该选项后,系统接着提示:

选择二维多段线:

执行该选项的结果是,对多段线各个顶点进行倒圆角操作。如果要改变圆角半径,可选择【半径】(Radius)选项。当然,先改变倒圆角的半径,然后根据提示拾取多段线,也可完成倒圆角操作。

(3)【半径】(Radius)

该选项用于确定倒圆角的半径。选择该选项后,系统接着提示:

指定圆角半径 <0.0000>:

在上述提示下输入圆角半径,系统返回提示:

选择第一个对象或[多段线(P)/半径(R)/修剪(T)/多个(U)]:

(4)【修剪】(Trim)

该选项用于确定是否对倒圆角的相应边进行修剪。选取该选项后,系统接着提示:

输入修剪模式选项[修剪(T)/不修剪(N)]<修剪>:

①【修剪】选项:表示在倒圆角的同时可以对相应的两条边作修剪。

②【不修剪】选项:表示在倒圆角的同时可以不对相应的两条边作修剪,即保留原边。

(5)【多个】(U)

选择该选项后,可以连续进行多个倒圆角操作,直到按 Enter 键为止。

注意:

①对于两条不相交对象,如果设置圆角半径为 0,则不产生过渡圆弧,而是将两个对象拉伸至相交。

②对相交的对象倒圆角操作时,如果需要修剪边,倒圆角后 AutoCAD 总保留所拾取的那部分对象。

③对两条平行线进行倒圆角操作时,系统会自动将两条平行线之间距离的一半定为圆角半径进行倒圆角操作。

【例 3-24】 用 Fillet 命令绘制钢筋。

先绘制如图 3-49a)中的图形,再执行以下操作。

图 3-49 用 Fillet 命令绘制钢筋

①命令:Fillet

②选择第一个对象或[多段线(P)/半径(R)/修剪(T)/多个(U)]:(选择 *AC* 直线,靠近*A* 点)

③选择第二个对象:(选择直线 *BE*)

④命令:Fillet(再次启动圆角命令)

⑤选择第一个对象或[多段线(P)/半径(R)/修剪(T)/多个(U)]:(选择 *AC* 直线,靠近*C* 点)

⑥选择第二个对象:(选择直线 *FD*)

操作结束后结果如图 3-49b)所示。

十一、编辑多段线

在 AutoCAD 绘图过程中,通过多段线编辑命令 Pedit,可以对用 Pline 命令绘制的多段线进行编辑修改。例如,使用多段线编辑命令可以增加、删除、移动多段线的顶点,并可对多段线进行曲线拟合,也可以把拟合后的曲线恢复成多段线。另外,用户还可调整整条线段的宽度或个别线段的宽度,打开或闭合多段线。可通过下面两种方式启动 Pedit 命令。

(1)命令行:Pedit。

(2)单击修改工具栏上按钮 。

操作步骤如下。

命令:Pedit

选择多段线或[多条(M)]:(选择要修改的多段线)

[闭合(C)/合并(J)/宽度(W)/编辑顶点(E)/拟合(F)/样条曲线(S)/非曲线化(D)/线型生成(L)/放弃(U)]:

下面说明上述提示中各选项的含义和功能。

1.【闭合】(Close)

选择多段线作为编辑对象时,如果多段线是开放的,选择此选项后,系统将把多段线修改为闭合的,即 AutoCAD 自动用一段多段线将选中的对象首尾相连,形成封闭的多段线。

如果所选取的多段线原来就是封闭的,则此选项显示为 Open。选择该选项后,系统会将封闭的多段线修改为开放的,此时,绘制该多段线时最后绘制的一段线段将被删除。

2.【合并】(Join)

选择该选项后,系统会把直线、圆弧及多段线连接到选中的多段线上。此时应注意,要连接的线段与选择的多段线应该是相连的;要用精确绘图方法,比如目标捕捉方式。

3.【宽度】(Width)

该选项用来指定多段线的宽度。选择该选项后,系统会接着提示:

指定所有线段的新宽度:

在该提示下输入多段线的新宽度,系统将用输入的新宽度替换所选多段线原来的宽度。

4.【编辑顶点】(Edit vertex)

该选项用来编辑多段线的顶点。选择该选项后,系统会接着提示:

[下一个(N)/上一个(P)/打断(B)/插入(I)/移动(M)/重生成(R)/拉直(S)/切向(T)/宽度(W)/退出(X)]<N>:

当用户选择上述提示中的任何选项时,可编辑顶点的标记"×"均会出现在多段线的第一个顶点上。

下面说明上述提示中各选项的含义和功能。

(1)【下一个】(Next)

该选项用于向后移动当前可编辑顶点的标记。

(2)【上一个】(Previous)

该选项用于向前移动当前可编辑顶点的标记。

(3)【打断】(Break)

该选项用于删除多段线中的一部分线段,或将多段线一分为二时把当前编辑顶点作为第一断点。选择该选项后,系统会接着提示:

输入选项[下一个(N)/上一个(P)/执行(G)/退出(X)]<N>:

该提示中各选项的含义和功能如下。

①【下一个】(Next)及【上一个】(Previous)选项:这两个选项均用来选择第二断点。

②【执行】(Go)选项:该选项用于删除第一断点与第二断点之间的多段线。

③【退出】(Exit)选项:该选项表示退出断点操作。选择该选项后,系统返回到提示:

[下一个(N)/上一个(P)/打断(B)/插入(I)/移动(M)/重生成(R)/拉直(S)/切向(T)/宽度(W)/退出(X)]<N>:

(4)【插入】(Insert)

该选项用于在多段线当前的编辑顶点后面插入一个新的顶点。

(5)【移动】(Move)

该选项用于将当前顶点移到指定的位置。

(6)【重生成】(Regen)

该选项用来重新生成多段线,以便观察编辑效果。该选项常与【宽度】(Width)选项联合使用,即在修改完多段线的宽度后,重新生成并显示新的多段线。

(7)【拉直】(Straighten)

该选项的操作与打断操作类似,它要求选择第二个顶点,并将第一个顶点与第二个顶点之间的部分用直线代替。

(8)【切向】(Tangent)

该选项用来为当前编辑的顶点定义切线方向,其主要用于曲线拟合。用户可以直接在系统提示下输入一个角度值,也可以输入一点的位置。此时,AutoCAD将把该点与多段线的当前编辑点的连线作为切线方向,同时用箭头表示当前顶点的切线方向。

(9)【宽度】(Width)

该选项用来改变多段线的线宽。选择该选项后,系统接着提示:

指定下一线段的起点宽度<0.0000>:

指定下一线段的终点宽度<0.0000>:

在上述提示下,用户输入起点的线宽及终点的线宽,系统接着改变从当前点到下一点之间的线宽。输入新的线宽后,只有在执行了【重生成】选项后,系统才会重新显示编辑后的相应效果。

(10)【退出】(Exit)

选择该选项后,系统退出【编辑顶点】选项,并返回提示:

[闭合(C)/合并(J)/宽度(W)/编辑顶点(E)/拟合(F)/样条曲线(S)/非曲线化(D)/线

型生成(L)/放弃(U)]:

5.【拟合】(Fit)

该选项允许用光滑的曲线对多段线进行拟合。该选项只用于二维多段线。

6.【样条曲线】(Spline)

该选项允许用B样条曲线对多段线进行曲线拟合,其中所修改的多段线的各顶点将作为样条曲线的控制点。这种拟合方法与Fit拟合方法不同的是,产生的曲线不一定通过各顶点,但曲线较光滑。样条曲线的类型受系统变量Splinetype值的影响,该变量值越大,精度就越高。如果该变量值为负值,系统则按其绝对值产生线段,然后用拟合类曲线拟合这些线段。

7.【非曲线化】(Decurve)

该选项用于取消拟合的曲线或样条曲线,并将多段线还原成原来的状态,然后保留多段线顶点的所有切线信息。

8.【线型生成】(Ltypegen)

该选项用来规定非连续型多段线在各顶点处的绘图方式。选择该选项后,系统接着提示:

输入多段线线型生成选项[开/关]<关>:

其中:选择【开】(ON)选项,表示在多段线顶点处采用连续线型;选择【关】(OFF)选项,表示在多段线顶点处采用点划线线型。

该选项用于取消Pedit命令所进行的上一次操作。

按Esc键或Enter键可以结束Pedit命令,并返回到命令行状态。

【例3-25】 用Pedit命令编辑等高线。

先用Pline命令绘制如图3-50a)所示的闭合图形,再执行以下操作。

①命令:Pedit

②选择多段线或[多条(M)]:[选择图3-50a)中的图形]

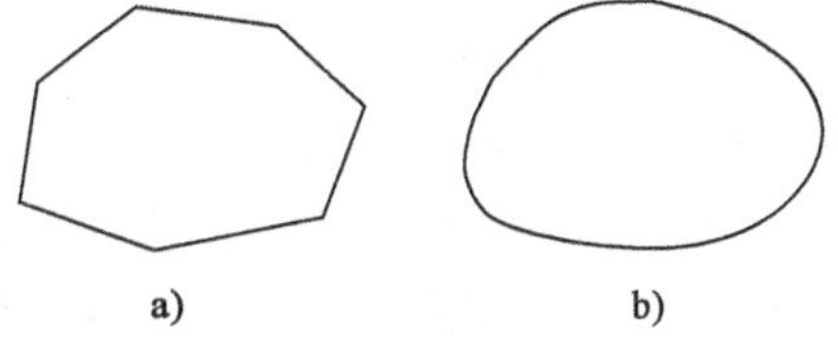

图3-50 编辑等高线

③输入选项[打开(O)/合并(J)/宽度(W)/编辑顶点(E)/拟合(F)/样条曲线(S)/非曲线化(D)/线型生成(L)/放弃(U)]:F[选择Fit选项拟合曲线,结果如图3-50b)所示]

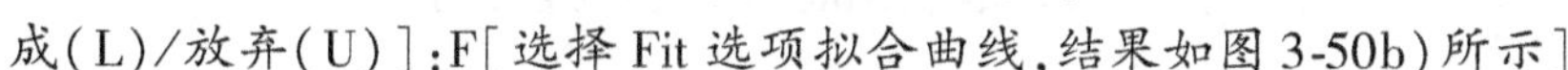

第三节 视图缩放与视窗

前面主要对图形的绘制和编辑功能进行了介绍。为了能够更方便、更快捷地绘制和编辑各种所需要的图形,AutoCAD 2007提供了各种图形显示的控制方式,例如视窗缩放、平移、鸟瞰等功能。利用这些功能,我们可以方便地实现对已有图形的显示控制,既可以观看全部图形,又可以按需要观看局部图形,从而使绘图工作更快、更容易、更准确。

一、视图缩放

在绘图过程中,适时对复杂的图形进行缩放,可以使绘图工作更方便。AutoCAD 2007中缩放视图的命令是 Zoom(缩放),用户可以使用该命令将屏幕上显示的图形以大于或小于图形原尺寸的视觉效果显示,并且图形的实际尺寸不受影响。启动该命令可通过如下 3 种方法。

图 3-51 【缩放】工具栏

(1)命令行:Zoom 或 Z。

(2)下拉菜单:【视图】|【缩放】。

(3)选择【缩放】工具栏上的按钮(图 3-51)。

操作步骤如下。

命令:Zoom

指定窗口角点,输入比例因子(nX 或 nXP),或[全部(A)/中心点(C)/动态(D)/范围(E)/上一个(P)/比例(S)/窗口(W)]<实时>:

下面说明上述提示中各选项的含义和功能。

1.【指定窗口角点,输入比例因子(nX 或 nXP)】【Specify corner of window, enter a scale factor (nX or nXP)】

该选项可直接确定窗口的角点或输入比例因子。如果直接确定窗口的一个角点位置,即在绘图区域内用鼠标确定一点,AutoCAD 会接着提示:

指定对角点:

在该提示下确定窗口的另一个对角点位置,AutoCAD 把以这两个角点确定的矩形窗口区域尽量放大,以占满显示屏幕。

此外,用户也可以直接输入比例因子。如果输入的比例因子是具体的数值,图形将按该比例值实现绝对缩放;如果在比例因子后面加 X,图形将实现相对缩放;如果在比例因子后面加 XP,则图形将相对于图纸空间缩放。

2.【全部】(All)

将全部图形显示在屏幕上。如果各图形对象均没有超出由 Limits 命令设置的绘图范围,AutoCAD 会按图纸边界显示;如果有图形对象被画到图纸边界之外,显示的范围则被扩大,以便将超出边界的部分也显示在屏幕上。

3.【中心点】(Center)

重设图形的显示中心和放大倍数。选择该选项后,AutoCAD 会接着提示:

指定中心点:

输入比例或高度(0.0000):

4.【动态】(Dynamic)

选择该选项将采用动态缩放时的屏幕模式。

5.【范围】(Extents)

选择该选项,AutoCAD 将尽可能大地显示整个图形,此时与图形的边界无关。

6.【上一个】(Previous)

恢复上一次显示的图形。可通过连续选择该选项恢复前 10 次显示过的图形。

7.【比例】(Scale)

按指定缩放比例实现缩放。选择该选项,AutoCAD 接着提示:

输入比例因子(nX 或 nXP):

用户在该提示下输入比例值即可。同样,如果输入的比例因子是具体的数,图形将按该比值实现绝对缩放;如果在比例因子后面加 X,图形将实现相对缩放;如果在比例因子后面加 XP,图形则将相对于图纸空间缩放。

8.【窗口】(Window)

该选项允许用户通过确定作为观察区域的矩形窗口实现图形的放大。确定一个窗口后,窗口的中心将变成新的显示中心,窗口内的区域被放大以尽量占满显示屏幕。选择该选项,AutoCAD 会接着提示:

指定第一个角点:

指定对角点:

在上面的提示下依次确定窗口的角点位置即可。

9.【实时】(Real time)

选择该选项,视图上光标呈放大镜形状,并在命令窗口中提示:

按 Esc 或 Enter 键退出,或单击右键显示快捷菜单。

在该提示下按住鼠标左键,拖动鼠标,可实现实时缩放;按 Esc 键或 Enter 键,AutoCAD 将结束 Zoom 命令。

注意:在进行视图缩放时,也可通过鼠标的中键滚动来实现缩放。

二、视窗平移

有时,为了对图形的某个特定部分观察得更仔细,除了可以局部缩放外,还可以在保持原图形比例的前提下,对图形进行平移操作。在 AutoCAD 2007 中,平移视图的命令是 Pan,使用该命令并不改变视图的大小,只是在绘图区中显示图形的不同部分。启动该命令可通过如下 3 种方法。

(1)命令行:Pan 或 P。

(2)下拉菜单:【视图】|【平移】。

(3)工具按钮:。

操作步骤如下。

命令:Pan

屏幕上的光标将变成张开的手掌形状,AutoCAD 会接着提示:

按 Esc 或 Enter 键退出,或单击右键显示快捷菜单。

此时可以通过拖动鼠标的方式移动整个图形。

注意:视窗平移也可以用按住鼠标中键拖动鼠标来实现。

三、鸟瞰视图

在 AutoCAD 2007 中,鸟瞰视图的命令是 Dsviewer,用户可以使用该命令在一个独立的窗口中显示整个图形,并快速执行缩放及平移等命令。该命令的启动方式如下。

(1)命令行:Dsviewer 或 Av。

(2)下拉菜单:【视图】|【鸟瞰视图】。

操作步骤如下。

命令:Dsviewer

AutoCAD 将弹出如图 3-52 所示的鸟瞰视图(Aerial View)窗口。用户可以通过上面的工具来改变该窗口的大小。

该窗口中包含了若干菜单项和工具按钮,下面介绍它们的含义和功能。

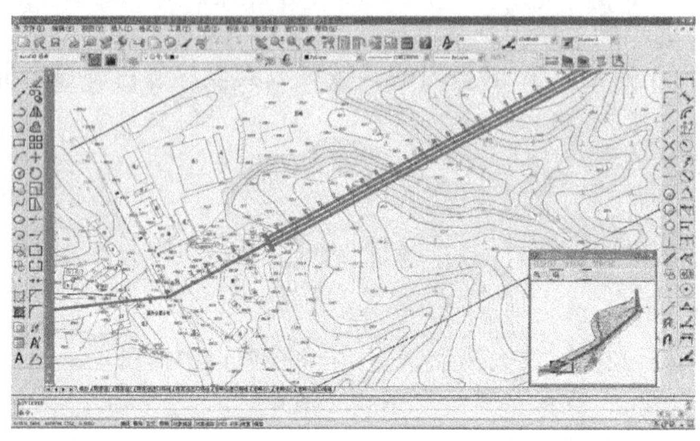

图 3-52　鸟瞰视图窗口

1. 菜单栏

菜单栏中有【视图(V)】、【选项(O)】和【帮助(H)】3 个下拉菜单,它们的含义和功能如下。

(1)【视图(V)】下拉菜单中有【放大】(Zoom In)、【缩小】(Zoom Out)和【全局】(Global)这 3 个命令。其中,【放大】用于放大图形;【缩小】用于缩小图形;【全局】则用于显示整个图形。

(2)【选项(O)】下拉菜单中有【自动视口】(Auto Viewport)、【动态更新】(Dynamic Update)和【实时缩放】(Real time Zoom)这 3 个命令。其中,【自动视口】用于确定视区切换时是否自动更新鸟瞰视图窗口;【动态更新】用于控制在对当前视图进行编辑时,是否动态更新鸟瞰视图窗口中的图形;【实时缩放】用于实时缩放。

(3)【帮助(H)】下拉菜单提供了与鸟瞰视图窗口功能有关的帮助信息。

2. 工具栏

鸟瞰视图窗口中的工具栏中有分别用于图形的放大、缩小及显示整个图形等操作的 3 个按钮。

3. 快捷菜单

在鸟瞰视图窗口中单击鼠标右键,AutoCAD 会弹出一个快捷菜单,可以利用该菜单执行窗口的各个功能。

四、重画命令

在绘图过程中,图形对象被编辑后,操作的效果往往不能立即显示出来,需要进行重画操作。在 AutoCAD 2007 中,图形的重画命令是 Redraw,使用该命令可以对屏幕进行刷新,并可清除编辑修改后留下的非图形痕迹。该命令的启动方式如下。

(1)命令行:Redraw 或 R。

(2)下拉菜单:【视图】|【重画】。

重画命令是一个不含有任何选项的命令。执行该命令后,屏幕上或当前视区中原有的图形及编辑修改留下的痕迹暂时消失,系统紧接着重画屏幕上的所有图形内容,刷新后屏幕上只留下需要的图形,编辑修改留下的非图形痕迹被清除。

用户在绘图过程中,当所见到的图形不完整时,可以使用该命令。例如,如果在同一地方画了两条重合的线,擦去了一条后,好像两条线都被擦去了,这时调用 Redraw 命令,第二条线就会再次显现出来。Redraw 命令也可用于去除屏幕上无用的标记符号。

五、重生成命令

在绘图过程中,某些非线性图形对象(如圆、圆弧等)在屏幕上往往显示成小折线的形式,通过重画操作也不能消除这些显示误差,为了正确显示图形的实际效果,可以使用重生成命令 Regen。通过该命令可以重新生成视区中的全部图形,并按图形的实际形状显示图形。由于图形的重新生成要重新计算图形的绘图过程,因此,重新生成命令比重画命令要慢得多,所以一般情况下应尽量少使用该命令。该命令的启动方式如下。

(1)命令行:Regen 或 RE。

(2)下拉菜单:【视图】|【重生成】。

该命令的功能是重新生成屏幕上图形的数据并刷新显示当前视区。

重生成命令也是一个不含有任何选项的命令。与 Redraw 命令相比,该命令生成图形所用的时间较长,这是因为 Redraw 命令只是把显示器的帧缓冲区刷新一次;而 Regen 命令则要把屏幕上图形的原始数据重新计算一遍,形成显示文件后再把图形显示出来,因此计算花去了大量的时间,所以该命令的执行速度较慢。在执行该命令后,系统将重新生成屏幕上的所有图形。

本章主要介绍了如何设置 AutoCAD 2007 的绘图范围及图形显示控制的相关命令。利用 AutoCAD 2007 绘图时,用户可以把屏幕看成无限大的图纸,为防止所绘图形超出打印图纸的范围,可以在绘图之前设置绘图的范围。

图形的缩放和平移功能非常重要。计算机屏幕的面积很有限,但用户通常要绘制很大的图形,如零号图或者更大的图。在计算机屏幕上一般是无法看清楚这样完整的图形的,只有通过缩放和平移操作,才能实现局部显示,直至绘出整个图形。通过对当前视图的缩放与平移,既可以从全局的角度观察千幅图形的布局情况,又可以从局部详细观察图形的细微结构和尺寸。鸟瞰视图命令可以在一个独立窗口中显示整个图形,并可以快速执行缩放和平移等命令,通过鸟瞰视图,可对图形进行快速缩放操作。同时,重画、重生成在绘图过程中也具有很大的辅助作用。

【复习思考题】

1. 二维图形的绘制主要包括哪些命令?

2. 如何改变点的样式和大小?

3. 绘制点命令中的 Divide 和 Measure 命令，在绘制中有何区别？

4. 绘制圆的方法有几种？

5. 绘制圆弧的方法有几种？在绘制时各应注意什么问题？

6. 样条曲线和多段线各自的特点是什么？

7. 什么是孤岛？

8. AutoCAD 有哪几种对象捕捉方式？它们有何不同？

9. 什么是对象追踪、极轴追踪？用对象追踪和极轴追踪技术在已有矩形中心处绘制一个切线圆。

10. 绘制三路交叉的道路平面图。

11. 用 Pline 命令绘制简单钢筋图。

12. 用 Pline 命令绘制一条有缓和曲线的平曲线，然后进行拟合。

13. Zoom 命令中的缩放系数的输入方法有几种？

14. 练习 Zoom、Pan 等命令的使用。

15. Redraw、Regen 和 Regenall 命令有何作用？它们之间有什么区别？

第四章
图块与外部参照

第一节　图　　块

在工程制图中经常要绘制一些固定的图形符号,如标高符号、剖面符号、钢筋符号等。如果每次都逐笔地绘制这些图符,显得很枯燥乏味也确乏效率。利用 AutoCAD 的图块功能将这种固定的图形符号预先定义成图块,在应用时将其插入图形的指定位置,也可以对整个图块进行复制、移动、旋转、缩放、纵横等比例缩放、镜像、删除和阵列等操作。这样既可以节省操作时间,提高作图效率,同时保存图块比保存图文件要节省磁盘空间。

一、定义图块

1. 用【块定义】对话框定义图块

块是 AutoCAD 中由一组基本图形或实体组成的一种特殊实体,你可以想像成图块是预先存储在计算机中的绘图模板,那么定义图块就是制作绘图模板和存储绘图模板的过程。定义图块的命令是 Block,用户根据系统的要求,确定组成图块的三个要素,即图块名、组成图块的实体和插入点。

启动 Block 命令的方法有如下 3 种。

(1)命令行:Block 或 B 或 Bmake。

(2)下拉菜单:【绘图】|【块】|【创建】。

(3)单击绘图工具栏上 按钮。

启动 Block 命令后,系统弹出如图 4-1 所示的【块定义】对话框。

在该对话框中,用户输入要定义块的必要参数,如块名、块实体、插入点等。下面介绍该对话框中各选项的含义。

(1)【名称】文本框

在该文本框中输入欲定义块的名称。

(2)【基点】选区

每个图块都有一个插入点,当插入该图块时,此基点变为块的坐标系原点。插入点最好选择图形的特征点。确定基点的方法可以直接在【基点】区的【X】、【Y】、【Z】文本框中输入插入基点的坐标,也可以单击【拾取点】按钮,用鼠标在图中拾取插入基点,如图 4-1 所示。

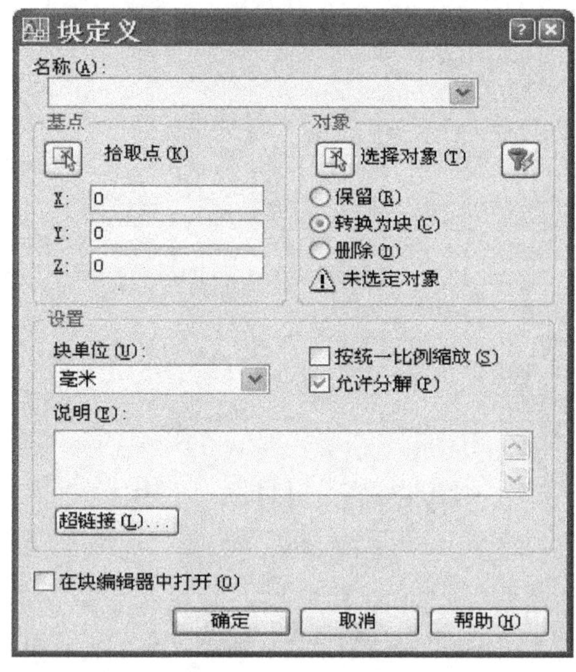

图 4-1 【块定义】对话框

(3)【对象】选区

选择组成块的实体,称为块实体。用户可以单击【选择对象】按钮,在绘图区选取构成图块的实体。在定义块的同时,系统提供 3 种处理块实体的方法。

①【保留】单选按钮:选择该选项,当块定义结束后,块实体仍然保留在绘图区。

②【转换为块】单选按钮:选择该选项,当块定义结束后,系统将定义块的图形转换为块。

③【删除】单选按钮:选择该选项,当块定义结束后,系统将块实体从图中删去。用户可以用 Oops 命令恢复块实体。

(4)【预览图标】选区

该选区用于确定是否对所建图块建立预览图标,有下面两个选择。

①【不包括图标】单选按钮:选择该选项表示不建立预览图标。

②【从块的几何图形创建图标】单选按钮:选择该选项表示用块图创建预览图标。

(5)【拖放单位】下拉列表框

该下拉列表框用于选择插入块时的尺寸单位,系统默认值为毫米。

(6)【说明】文本框

在该文本框中输入预览图块时关于块的文字描述。

(7)【超链接】按钮

该按钮用于建立一个与块定义相关的超级链接。

在上述选项中一般没有先后顺序,确定各选项后单击【确定】按钮,系统就在当前图形中定义了一个块。

2. 用“Block”命令定义图块

用对话框定义图块适用于初学者,对于熟练用户用“Block”命令来定义图块更为直接方便,具体操作如下。

(1)命令:Block(按 Enter 键)

(2)输入块名或[?]:(输入创建图块的名称,或输入“?”来查询已经建立的图块)

(3)指定插入基点:(确定图块的插入点,插入点最好是图形的特征点)

(4)选择对象:(选择构成图块的实体图形)

(5)命令:Oops(按 Enter 键。建立图块后,原图形会消失,用 Oops 命令来恢复该图形)

【例 4-1】 用【块定义】对话框定义钢筋编号图块。

①首先绘制如图 4-2 所示的钢筋编号的图形。

②在命令行中输入 Block 或 B,按 Enter 键,系统弹出【块定义】对话框。

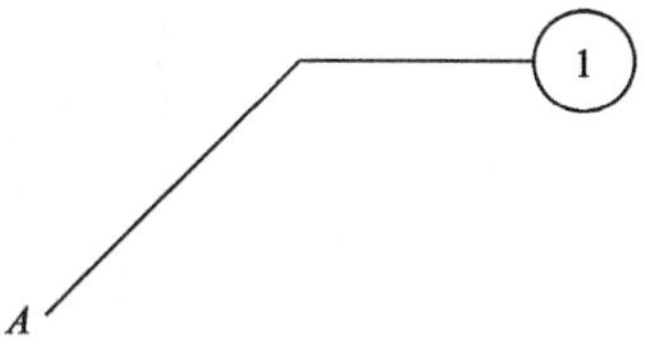

图 4-2 钢筋编号图形

③单击【拾取点】按钮,系统切换至图形窗口,用鼠标单击图 4-2 中 *A* 点。

④单击【选择对象】按钮,系统切换至图形窗口,用鼠标选择构成图块的图形。

⑤在【名称】文本框中输入图块名“gjbh”。

⑥选择【删除】单选按钮。

⑦单击【确定】按钮,完成图块定义。

【例 4-1】中选择了【删除】选项,图块定义后原图形被删除。用户输入 Oops 命令,恢复被删除的图形。用户也可以分别选择【保留】和【转换为块】这两个单选按钮进行练习,体会各选项之间有何不同。

【例 4-2】 用 Block 命令提取当前图形中的块信息。

①命令:Block(按 Enter 键)

②输入块名或[?]:“?”(按 Enter 键)

③输入要列出的块 < * >:(按 Enter 键)

执行上述步骤后,系统显示如下的块信息:

已定义的块:

“gjbh”块名

用户块	外部参照	依赖块	未命名块
1	0	0	0

在【例4-2】中，输入“?”来查询图块信息，系统显示当前图中只有块名为“gjbh”的一个图块。

需要指出的是，用Block命令定义图块后，图块信息是附着在当前图形中的，它随附带该图块的图形的存在而存在，不能独立于图形之外。因此，用Block命令来定义的图块，只能在当前的图形文件中使用。若想在其他的图形文件中使用该图块，必须要用Wblock命令将图块以图形文件的方式存储起来，这样就可以在所有的图形文件中共同使用该图块。

二、图块存盘

图块存盘是将创建的图块信息永久地保存在计算机中，图块存盘的命令是Wblock，启动Wblock命令的方法是在“命令：”提示符下，输入Wblock或W。启动Wblock命令后，系统弹出如图4-3所示的【写块】对话框。

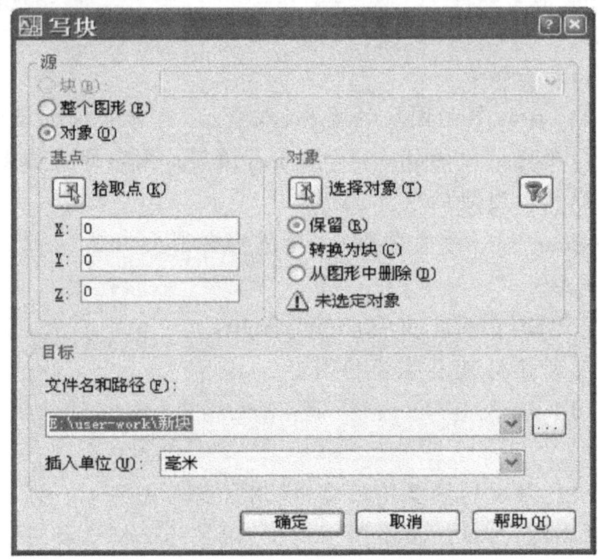

图4-3 【写块】对话框

下面介绍该对话框中各选项的含义。

1.【源】选区

该选区用于选择进行块存盘的源(图形、块)，系统提供如下3种选择：

(1)【块】单选按钮：选择该单选按钮后，它右边的下拉列表框被激活，该列表框中包含所有已存在的图块，用户每次可以选择其中一个图块。

(2)【整个图形】单选按钮：选择该单选按钮后，系统自动将当前图形定义为块存盘操作对象。

(3)【对象】单选按钮：选择该单选按钮后，【写块】对话框中【基点】区和【对象】区被激活，用户按照定义块的方法选择插入点和块实体。

2.【目标】选区

在该区，用户确定要存盘的目标文件的文件名、路径和插入时的尺寸单位。

确定上述块源和目标文件后，单击【确定】按钮，系统将图块按指定路径永久保存在磁盘上。

【例 4-3】 用 Wblock 命令将图块存到磁盘上。

①以【例 4-1】定义的“gjbh”图块作为要存盘的图块文件。

②在命令行输入 Wblock 后,按 Enter 键,系统弹出【写块】对话框。

③在【源】选区中选择(块)单选按钮,在其右侧的下拉列表框中选择“gjbh”图块。

④在【目标】选区中,输入存盘文件名为“gjbh-”,也可以与块同名,选择存盘路径。

⑤单击【确定】按钮,结束图块存盘操作。

三、插入图块

用户可以用 Insert 命令将创建的图块插入到指定的位置,在插入图块时,用户要确定以下 4 个参数:插入的图块名、插入点的坐标、被插入图块的缩放比例和图块的旋转角度。启动 Insert命令有如下 3 种方法。

(1)命令行:Insert 或 I 或 DDinsert。

(2)下拉菜单:【插入】|【块】。

(3)单击绘图工具栏上 按钮。

启动 Insert 命令后,系统弹出如图 4-4 所示的【插入】对话框。

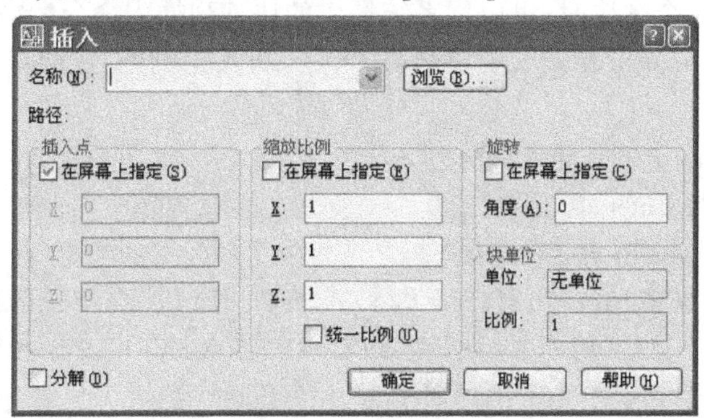

图 4-4 【插入】对话框

用户通过该对话框选择要插入的图块名、插入点坐标、插入图块的缩放比例和图块的旋转角度等参数。该对话框中各选项的含义及其使用方法如下。

1.【名称】下拉列表框

该下拉列表框用于选择要插入的图形文件名称或图块名。用户可以单击下拉按钮,从当前图形所有的块中选择某一图块,也可以单击【浏览】按钮,用浏览方式从所有文件夹中选择要插入的图块或图形。若选择图形,在插入时,系统自动将其转化为图块。

2.【缩放比例】选区

在该选区中,指定图块在 X、Y、Z 坐标轴方向的缩放比例系数,系统默认值均为 1。也可以选中【在屏幕上指定】复选框后,在屏幕上指定缩放比例系数。缩放比例系数如果小于 0,那么插入块将作镜像变换。

3.【旋转】选区

在该选区中,指定插入图块的旋转角度,默认值为 0。用户可以直接在【角度】文本框中输入角度值,也可以通过选中【在屏幕上指定】复选框后在屏幕上指定。系统规定:角度为正时,按逆时针方向旋转;角度为负时,则按顺时针方向旋转。

4.【分解】复选框

选中该框后,系统将插入图块自动分解成图形实体,而不是一个图块。

5.【插入点】选区

在该选区中,指定图块插入点坐标,用户可以在【插入】对话框中直接输入插入点的 X、Y、Z 的坐标,也可以选中【在屏幕上指定】复选框后在屏幕上指定插入点位置。

【例 4-4】 用 Insert 命令在当前图形中插入一个图块。

①在“命令:”提示符下,输入 Insert 或 I 并按 Enter 键,系统弹出【插入】对话框。

②在【名称】文本框中输入图块名“gjbh”。

③在【缩放比例】选区中确定插入图块的缩放比例,按系统默认值 $X=1$,$Y=1$,$Z=1$ 输入。

④在【旋转】选区中输入插入图块的旋转角度,采用默认值 0。

⑤选中【插入点】选区的【在屏幕上指定】复选框,系统自动切换到图形屏幕,用鼠标左键指定插入点。

执行上述操作后,系统将名为“gjbh”的图块插入到当前图形中。

当要求一次插入多个图块时,可以用系统提供的块阵列插入命令“Minsert”插入图块。

在插入过程中,用户除了要输入图块名、插入点、插入比例外,还要输入阵列的行数、列数以及行间距和列间距。

【例 4-5】 用 Minsert 命令插入块阵列。

①命令:Minsert(按 Enter 键)

②输入块名或[?]:bgfh(按 Enter 键)

③指定插入点或[基点(B)/比例(S)/X/Y/Z/旋转(R)]:(在绘图区指定图块插入点)

④输入 X 比例因子,指定对角点,或[角点(C)/XYZ(XYZ)] <1>:(按 Enter 键)

⑤输入 Y 比例因子或 <使用 X 比例因子>:(按 Enter 键)

⑥指定旋转角度 <0>:(按 Enter 键)

⑦输入行数(---) <1>:2(按 Enter 键)

⑧输入列数(|||) <1>:3(按 Enter 键)

⑨输入行间距或指定单位单元(---):2(按 Enter 键)

⑩指定列间距(|||):4(按 Enter 键)

图 4-5 插入块阵列示意图

操作结束后在图形中插入 6 个名为“bgih”的高程符号图块,如图 4-5 所示。

在 AutoCAD 中,允许一个图块中包含别的图块,这称为图块嵌套。当用户炸开一个嵌套图块时,嵌套在图块当中的那个图块并没有被炸开,它还是一个图块。要使其成为单独的图形实体群,必须使用 Explode 命令连续炸开两次。

四、图块属性的概念

图块属性就好比附在商品上的标签一样,它包含关于图块的各种信息。如图块的格式、标题、类别、属性值等。用户可以对任意图块添加属性和修改属性。定义图块属性的命令是 Attdef 或 DDattdef 或缩写命令 ATT。

1. 定义属性

用 Attdef 命令定义块属性的具体操作步骤如下：

“命令：”提示符下，输入 Attdef 并按 Enter 键，系统将弹出如图 4-6 所示的【属性定义】对话框；在该对话框中，用户可以定义属性的各种选项。

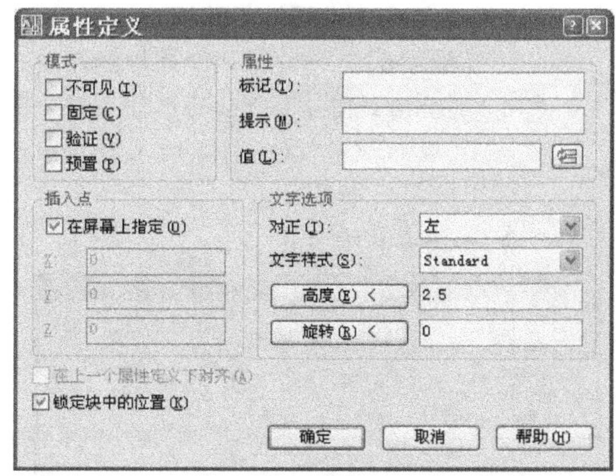

图 4-6 【属性定义】对话框

该对话框中各选项的含义及用法如下。

(1)【模式】选区

在该选区中，指定图块属性的模式，可选择下面 4 种模式。

①【不可见】复选框：属性值可见性模式下，选中该框属性值为不可见，否则为可见。

②【固定】复选框：属性值可变性模式下，选中该框属性值为固定不可变，否则为可变。

③【验证】复选框：属性值重检校模式下，选中该框属性为重检校，否则为不检校。

④【预置】复选框：属性值预置模式下，选中该框可以预置初始属性值，否则不可预置。

(2)【属性】选区

在该选区中，可指定图块的下面 3 个属性。

①【标记】文本框：在该框中输入表示属性特征的标题。

②【提示】文本框：在该框中输入插入带属性图块时，出现在命令行的提示信息。

③【值】文本框：在该框中输入属性的初始值。

(3)【插入点】选区

在该选区中，指定属性值的插入点，可以在【X】、【Y】、【Z】文本框中输入插入点坐标，也可以通过【拾取点】按钮在屏幕上指定属性值的插入点。

(4)【文字选项】选区

在该选区中，指定属性文本的对正方式、样式、字高和旋转角度。

①【对正】下拉列表框：在该框中指定属性文本的对正方式，文本对正方式可参照第 6 章所述。

②【文字样式】下拉列表框：在该框中指定属性文本的样式，文本样式定义参照第 6 章。

③【高度】文本框：在该框中输入属性文本字高。

④【旋转】文本框：在该框中输入属性文本的旋转角度。

(5)【在上一个属性定义下对齐】复选框

选中该复选框后按前属性对齐方式对齐。

设置多个属性时，选中此项后，【拾取点】按钮将失效。此时，系统会自动在前一个属性插入点的下方设置插入点。

2. 建立带属性的块

属性只有和图块在一起才有意义，单独的属性是毫无意义的。下面将通过一个例子来说明如何给一个图块添加属性值以及如何应用带属性的图块。

图 4-7 水准点

【例 4-6】 建立带两个属性的图块。

①绘制如图 4-7 所示的水准点符号图形。

②在“命令：”提示符下输入 DDattdef，弹出【属性定义】对话框（定义第一个属性）。

③在该对话框中输入各选项，如图 4-8 所示。

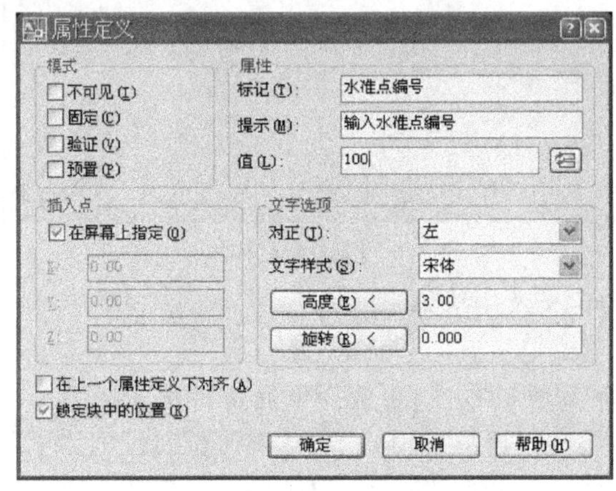

图 4-8 输入第一个属性参数

④单击【拾取点】按钮，将返回图 4-7，在横线上方单击鼠标左键，系统返回如图 4-8 所示的对话框，单击【确定】按钮结束第一个属性的定义。结果如图 4-9 所示，图中加入了一个属性。

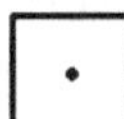

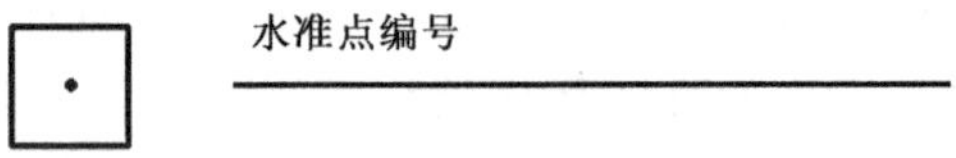

图 4-9 带一个属性的水准点

⑤在“命令：”提示符下输入 DDattdef，弹出【属性定义】对话框（定义第二个属性）。

⑥在该对话框中输入各选项，如图 4-10 所示。

⑦单击【拾取点】按钮，将返回图 4-9，在横线下方单击鼠标左键，系统返回如图 4-10 所示的对话框，单击【确定】按钮结束第二个属性的定义。结果如图 4-11 所示，图中加入了第二个属性。

⑧在“命令：”提示符下输入“Block”，并按 Enter 键。

⑨输入块名或【?】：SZD（按 Enter 键）

⑩指定插入基点：（用鼠标单击圆中心作为图块的插入点）

⑪选择对象:(选择包括属性在内的全部图形)

⑫选择对象:(按 Enter 键结束,图形消失)

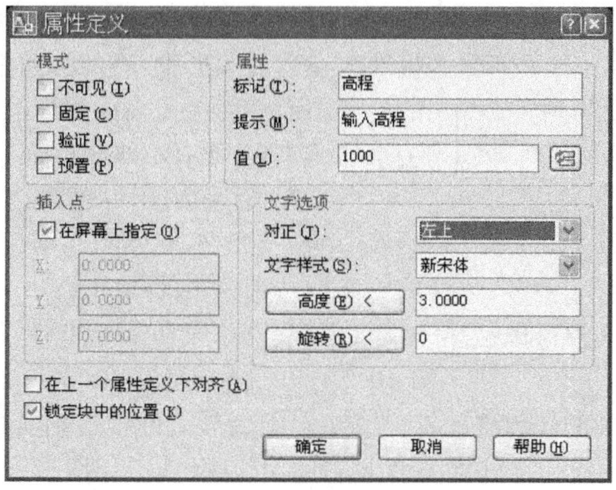

图 4-10 输入第二个属性

【例 4-7】 插入带两个属性的图块 SZD。

①命令:Insert(按 Enter 键)

②输入块名或[?]:SZD(按 Enter 键)

③指定插入点或[比例(S)/X/Y/Z/旋转(R)/预览比例(PS)/PX/PY/PZ/预览旋转(PR)]:(用鼠标在屏幕上单击插入点)

④输入 *X* 比例因子,指定对角点或[角点(C)/XYZ]<I>:(按 Enter 键)

⑤输入 *Y* 比例因子或<使用 X 比例因子>:(按 Enter 键)

⑥指定旋转角度<0>:(按 Enter 键)

⑦入水准点高程:<100.56>:1042.560(按 Enter 键)

⑧入水准点编号<BMl>:D11(按 Enter 键)

操作结束后,在图中插入了含有两个属性的水准点符号图块,如图 4-12 所示。在每次插入带属性的图块时,系统均会向用户提示输入属性值,这比在图形中用 Text 命令写文本要方便得多。

图 4-11 带两个属性的水准点 图 4-12 插入带两个属性的水准点图块

第二节 外部参照

一、外部参照的基本概念

与图块类似,外部参照也是一个单独的图形实体。它可以作为一个独立的图形存在,也可以被其他图形应用。在 AutoCAD 中,把这种一个图形(当前图形)引用另一个图形的技术称为外部引用技术，在当前图形中被引用的图形称为“外部参照”，或说某图形有一个“外部参照”。与图块不同的是，外部参照图形数据存储在相对于当前图形文件的外部图形文件中，而块的数据存储在当前图形文件中。在引用外部参照时，AutoCAD 只是将外部引用文件的部分图形数据映射在当前图形中，外部参照图形仍然保留在定义它的外部图形文件中。当前图形与外部图形、外部参照的关系如图 4-13 所示。外部参照与块相比具有以下特点。

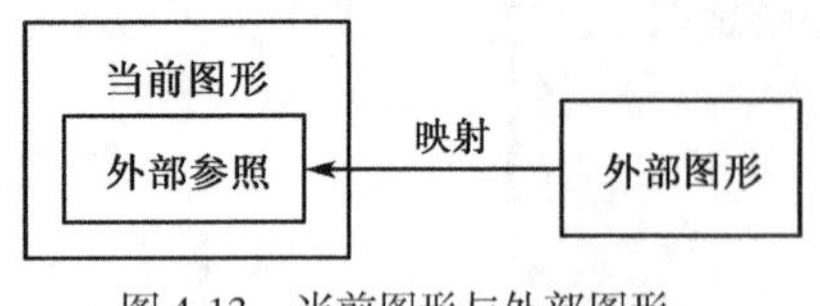

图 4-13　当前图形与外部图形、外部参照的关系图

(1)当前图形引用外部参照时，由于外部参照只是它对应的外部图形文件的一个映射，所以外部参照在当前图形中占用较小的空间。

(2)一个外部图形文件可以被多个文件引用，一个文件可以重复多次以不同方式引用一个外部图形文件。

(3)对外部图形文件的任何修改都可以在引用图形文件中得到实时映射。这条性质在多人合作项目中，多人引用同一个外部图形文件时，可以保证引用图形数据的一致性和及时性。比如在隧道设计过程中，由于设计周期较长，设计日期经常需要变动，这时将图框作为外部引用，只需要修改“图框”这一个文件，所有的日期就都改好了，非常方便。

二、使用外部参照

外部参照的命令是“Xref”启动该命令有如下 3 种方法。

(1)命令行：Xref 或 XR。

(2)下拉菜单：【插入】|【外部参照】。

(3)单击参考工具栏上外部参照按钮。

启动 Xref 命令后，系统弹出如图 4-14 所示的【外部参照管理器】对话框。

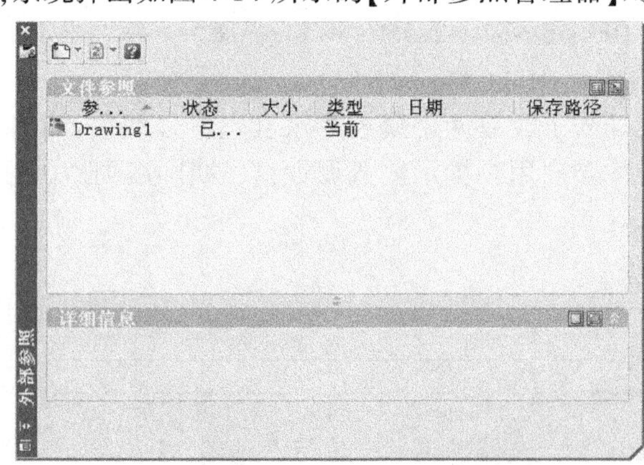

图 4-14　【外部参照管理器】对话框

在该对话框中用户可以对外部参照进行附着、卸载、绑定等操作。下面介绍该对话框中各选项的功能和使用方法。

1.【外部参照列表】按钮

单击该对话框左上角的“外部参照列表”按钮，系统将列出当前图形中所有的外部参照的详细信息。

2.【参照名】字段

该字段列出当前文件所引用的外部图形文件的引用名。用户可以像修改图层名那样修改外部参照引用名。引用名与外部参照文件名是不同的概念,引用名是当前文件对外部参照文件的标识,而外部参照文件名是被引用的外部参照文件的文件名。系统在默认的情况下,参照名与外部参照文件名是相同的。尽管用户可以在【外部参照管理器】对话框中改变参照名,但这并不等于改变了外部参照文件名。

3.【树状图】按钮

系统提供的树状按钮▣可以使用户清楚地看清外部参照的位置和组织结构。单击该按钮,系统将激活如图4-15所示的对话框。

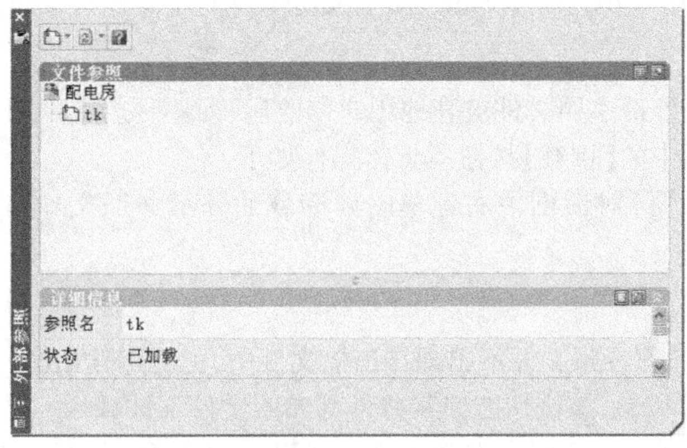

图4-15 树状图

4.【附着】按钮

该按钮用于将一个外部图形文件附着(引用)到当前文件中。单击该按钮,系统将打开【选择参照文件】对话框。用户双击要引用的图形文件后,系统会弹出【外部参照】对话框,如图4-16所示。

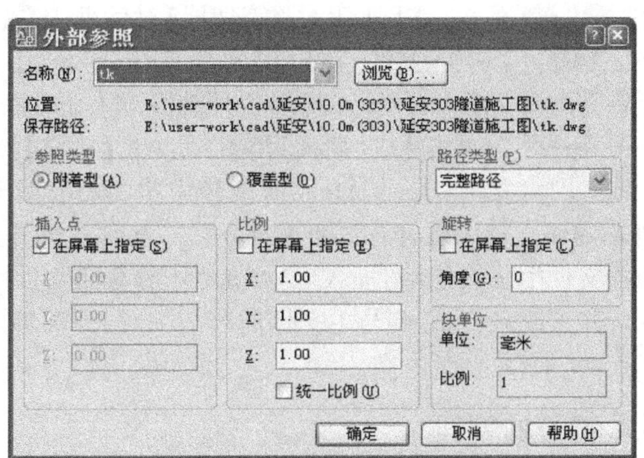

图4-16 【外部参照】对话框

【外部参照】对话框中有多个选项,各选项的含义如下。

【参照类型】选区:外部参照类型分附加型和覆盖型两种。它们之间的主要区别在于,附加型支持嵌套引用,即一个被引用的外部文件还能引用别的外部文件,但不支持循环引用。例如,图形A引用了图形B,图形B又引用了图形C。当用户打开图形A时,可以看到图形B、C,但图形C不能再引用图形A。覆盖型则相反,它支持循环引用,但不支持嵌套引用。当一个外部图形文件被主文件引用时,该外部文件用覆盖型引用的图形在主文件中都将被忽略。

(1)【路径类型】下拉列表框:路径类型分完整路径、相对路径和无路径3种。

(2)【插入点】、【比例】和【旋转】3个选区与图4-4中的相应部分含义相同。

5. 拆离

在当前图形中,如果不需要引用已存在的外部参照时,可以使用该按钮将其从当前图形中取消。操作步骤如下:

在【外部参照管理器】对话框中右键单击要卸载的外部参照文件,在出现的菜单中选择"拆离"。用户可以使用"Ctrl"键或"Shift"键一次选择多个外部参照文件。

6. 重载

在网络环境下,当外部参照文件被其他用户修改后,而用户想在主图形中查看最新修改结果,可以使用该对话框中的【重载】按钮。具体操作如下:

在【外部参照管理器】对话框中右键单击要卸载的外部参照文件,在出现的菜单中选择【重载】。

7. 卸载

当用户希望某些外部参照文件不出现在当前文件中,但打印输出时,那些文件依然能被输出,则用户可用【卸载】按钮,该按钮能使某些外部参照文件不被载入。具体操作如下:

在【外部参照管理器】对话框中右键单击要卸载的外部参照文件,在出现的菜单中选择【卸载】。

8. 绑定

当一个外部参照文件被绑定后,外部参照文件就相当于主文件中的一个块,外部参照文件将不会随源文件变化而变化。具体操作如下:

图4-17 【绑定外部参照】对话框

在【外部参照管理器】对话框中右键单击要卸载的外部参照文件,在出现的菜单中选择"绑定"后,系统弹出如图4-17所示的【绑定外部参照】对话框,在该对话框中选取【绑定】或【插入】类型,再单击【确定】按钮。

AutoCAD中有两种绑定类型,即"绑定"和"插入"。当使用"绑定"方式时,外部参照文件中所有有名的项,如层等,都将改为外部参照文件名$×$项名的形式,并加入到当前文件中。而使用"插入"方式时,外部参照文件中所有有名的项都将直接加入到当前文件中,并不改名,当遇到与主文件同名的项时,外部参照文件中的同名项被忽略。

三、外部参照从属符号的管理

所谓外部参照从属符号就是指在外部参照图形中的一些有名符号项,如块、层、线形、文本样式和尺寸样式等。当外部参照文件被主文件引用时,外部参照文件的从属符号将出现在主文件中。AutoCAD为了把它们与主文件的从属符号区分开来,在这些从属符号名前面加上外部参照文件名,并在外部参照文件名与原从属符号之间加上"|"符号。

例如,用户引用了一个名为“Tangle”图形文件,该文件中含有一个名为“TC1”的图层。则在当前图形文件中,“TC1”层将被更名为“Tangle|TC1”。

用户可以改变外部参照图形中的任何层的颜色、线形,还可以冻结、加锁、关闭任意层,但不能将外部参照图形的层设为当前层。

【例 4-8】 引用外部参照图形文件。

①在“命令:”提示符下输入 Xref 按 Enter 键,弹出如图 4-14 所示的对话框。

②单击【附着】按钮,系统弹出【选择参照文件】对话框,双击要引用的外部图形。

“E:\wsxtk. dwg”,系统打开如图 4-16 所示的【外部参照】对话框,选择【附加型】复选框,单击【确定】按钮,系统切换至图形窗口。

③指定插入点或[比例(S)/X/Y/Z/旋转(R)/预览比例(PS)/PX/PY/PZ/预览旋转(PR)]:(在绘图区单击插入点位置,系统将外部参照图形“E:\wsxtk. dwg”插入到当前文件中,结束外部图形引用)

④命令:Saveas(以“dangqian”文件名保存当前文件)

⑤命令:Open(打开外部图形文件“E:\wsxtk. dwg”,并对其作部分修改)

⑥命令:Open(重新打开“dangqian”文件,查看外部参照图形被作了修改)

【复习思考题】

1. 使用图块和外部参照有哪些有利因素?
2. 如何添加图块属性?
3. 如何插入多个图块?
4. 如何定义一个外部参照?
5. 外部参照的附加型和覆盖型有何不同?怎样改变?
6. 如何用 Wblock 命令保存图形文件?

第五章

文本注释与尺寸标注

第一节　文 本 注 释

大多数工程图形都有一些文本,它们标注或解释了图形中的对象。AutoCAD 2007 改进了其文字对象的性能,使得用户可以很容易地创建和编辑文字。本节介绍在 AutoCAD 中创建和编辑文字所需要的知识,主要包括:在图形中添加文字、编辑文字、定义文字样式等内容。

一、定义文字样式

文字样式包括所采用的文字字体及标注效果(例如,字体格式、字的高度、高宽比、书写方式)等内容。用户在一幅图形中可定义多种文字样式,这样在输入文字时使用不同的文字样式,就会得到不同的字体效果。可通过下面 3 种方式启动定义文字样式命令。

(1)命令行:Style 或 ST。

(2)下拉菜单:【格式】|【文字样式】。

(3)单击文字工具栏上 A 按钮。

启动 Style 命令后,系统将弹出如图 5-1 所示的【文字样式】对话框。

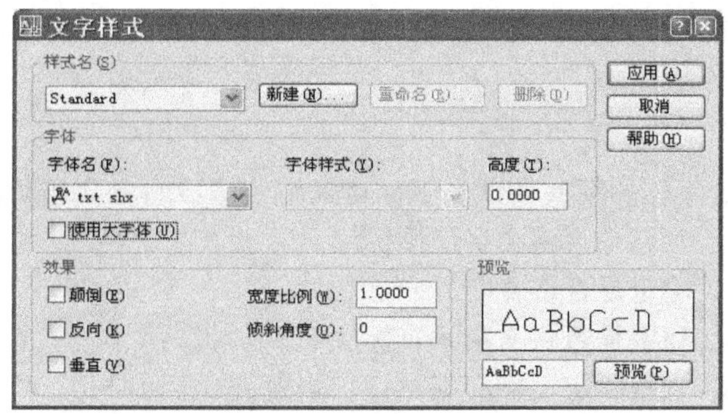

图 5-1 【文字样式】对话框

下面说明该对话框中各选项的含义和功能。

1.【样式名】选项组

该选项组用于建立新的文字样式,为已有的文字样式更名或删除已有的文字样式。下面对其中的选项加以说明。

(1)【样式名】下拉列表框:用户可以通过该下拉列表框选择已有的文字样式作为当前样式。

(2)【新建】按钮:增加新的文字样式。单击它,AutoCAD 会弹出如图 5-2 所示的【新建文字样式】对话框。在【样式名】文本框中,输入新文字样式的名称后,单击【确定】按钮。

(3)【重命名】按钮:给已有的文字样式更名。

(4)【删除】按钮:删除某一文字样式。从【样式名】下拉列表框中选择要删除的文字样式,然后单击该按钮。

2.【字体】选项组

该选项组用于确定字体文件及相应的格式、字体高度。

(1)【字体名】下拉列表框选择字体文件,列出所有注册的 TrueType 字体和 Fonts 文件夹中编译的形(SHX)字体的字体族名。从列表中选择名称后,该程序将读取指定字体的文件,如图 5-3 所示。其中有(SHX)扩展名的是编译形字体。使用 TrueType 字体的文件比使用编译形(SHX)字体的文件大。编译形(SHX)字体的文字是由图线组成的,比划的粗细是使用调整图线粗细的方法。不要选择有“@”符号的字体。

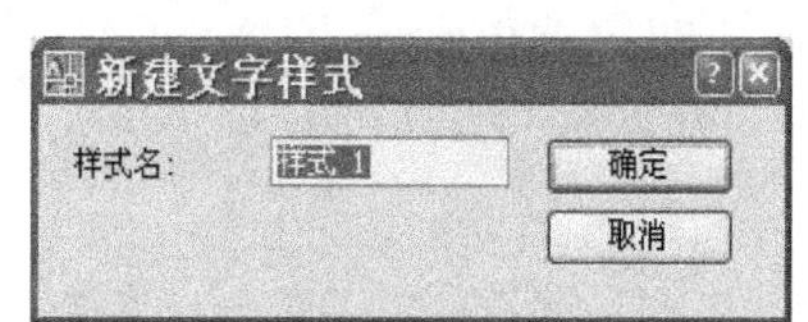

图 5-2 【新建文字样式】对话框

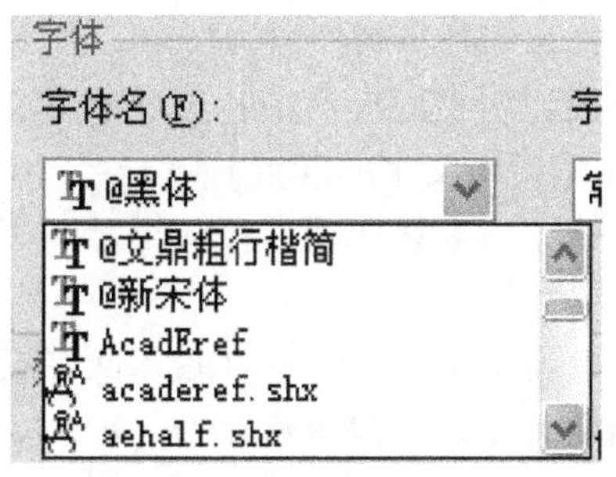

图 5-3 字体名下拉框

(2)【字体样式】下拉列表框确定字体的格式(例如,斜体、粗体等);当【字体名】下拉列表中选择了编译形(SHX)字体,“使用大字体”就可以被选择,该选项变为“大字体”,用于选择大字体文件。“大字体”也是编译的形(SHX)字体。“大字体”是亚洲语言的大字体文件。

(3)【高度】文本框确定文字的高度。在相同的高度设置下,TrueType 字体显示的高度要小于 SHX 字体。

3.【效果】选项组

该选项组用于确定字体的某些特性。下面对其中各选项的含义和功能加以说明。

(1)【颠倒】复选框:确定是否将文字颠倒标注。

(2)【反向】复选框:确定是否将文字反向标注。

(3)【垂直】复选框:确定是否将文字垂直标注。

(4)【宽度比例】文本框:确定文字的高宽比。当宽度比例为1时,表示按系统定义的宽度比例标注文字;当宽度比例小于1时,字会变窄;当宽度比例大于1时,字体会变宽。

(5)【倾斜角度】文本框:确定文字的倾斜角度。角度为0时,不倾斜;角度为正值时,向右倾斜;角度为负值时,向左倾斜。

4.【预览】选项组

预览所选择或所确定的文字样式的标注效果。在文本框中输入要预览的字符,单击【预览】按钮,AutoCAD 将输入的字符按当前设置的文字样式显示在(预览)选项组的预览框中。

5.【应用】按钮

该按钮用于确认用户对文字样式的设置。

二、文本标注

在图中添加文字可以使用单行文字命令,也可以使用多行文字命令。前者以命令行的形式来写文字,后者以对话框的形式来写文字。

1. 标注单行文字

利用 AutoCAD 2007,用户可以很方便地标注单行文字。

操作步骤如下。

命令:Dtext(或 Text)

当前文字样式:stl 当前文字高度:2.5000

指定文字的起点或[对正(J)/样式(S)]:

指定高度 <2.5000 >:

指定文字的旋转角度 <0 >:

下面说明上面提示中各选项的含义和功能。

(1)【指定文字的起点】

该选项为默认选项。在此提示下用鼠标在图上要标注的位置单击一下,AutoCAD 会接着提示:

指定高度 <2.5000 >:(输入文字的字高)

指定文字的旋转角度 <0 >:(输入文字的旋转角度)

输入文字:(在该提示下输入文字即可)

(2)【对正】

该选项用于确定插入点,以确定文字行的排列方式。执行该选项(即键入“J”后按 Enter 键),AutoCAD 提示:

［对齐(A)/调整(F)/中心(C)/中间(M)/右(R)/左上(TL)/中上(TC)/右上(TR)/左中(ML)/正中(MC)/右中(MR)/左下(BL)/中下(BC)/右下(BR)］：

下面说明该提示中各选项的含义和功能。

①【对齐】：要求确定所标注文字行基线的起点位置和终点位置。

②【调整】：要求确定文字行基线的起点位置、终点位置和文字的字高。

③【中心】：要求确定一点，AutoCAD 把该点作为所标注文字行基线的中点。

④【中间】：要求确定一点，AutoCAD 把该点作为所标注文字行基线的中点。

⑤【右】：要求确定一点，AutoCAD 把该点作为文字行基线的右端点。

⑥【左上】：要求确定一点，AutoCAD 把该点作为文字行顶线的起点。

⑦【中上】：要求确定一点，AutoCAD 把该点作为文字行顶线的中点。

⑧【右上】：要求确定一点，AutoCAD 把该点作为文字行顶线的右端点。

⑨【左中】：要求确定一点，AutoCAD 把该点作为文字行中线的起点。

⑩【正中】：要求确定一点，AutoCAD 把该点作为文字行中线的中点。

⑪【右中】：要求确定一点，AutoCAD 把该点作为文字行中线的右端点。

⑫【左下】：要求确定一点，AutoCAD 把该点作为文字行底线的起点。

⑬【中下】：要求确定一点，AutoCAD 把该点作为文字行底线的中点。

⑭【右下】：要求确定一点，AutoCAD 把该点作为文字行底线的右端点。

输入上面任一选项后，AutoCAD 均会提示用户确定相应的插入点、文字高度、文字行的旋转角度，然后输入文字。

(3)【样式】

该选项用于确定当前使用的文字样式。选择该选项，AutoCAD 提示：

输入样式名或［?］(Standard)：(在此提示下，用户可以输入当前的文字样式名称，也可输入“?”，显示当前已有的文字样式)

【例 5-1】 在图中写一行文字，为“砂浆锚杆”。

①执行命令 Style，弹出【文字样式】对话框。

②在该对话框中进行相应设置(图 5-4)，单击(应用)按钮后，关闭对话框。

③命令：Text

④指定文字的起点或［对正(J)/样式(S)］：(按 Enter 键)

⑤指定文字的旋转角度 <0>：(按 Enter 键)

⑥输入文字：砂浆锚杆

⑦输入文字：(按 Enter 键结束，结果如图 5-5 所示)

注意：在【文字样式】对话框的设置中，如果对【高度】、【宽度比例】和【倾斜角度】选用非 0 值，以后在输入文字时，系统则直接采用设置值，而不再提问。

2. 标注多行文字

在 AutoCAD 中用 Text 命令标注单行文本时，各行之间的位置对齐比较困难，而且各行又是独立的文本，编辑起来不方便。因此系统提供了一个标注多行文本的方法。多行文本标注命令是 Mtext。

下面通过一个实例来说明其使用方法。

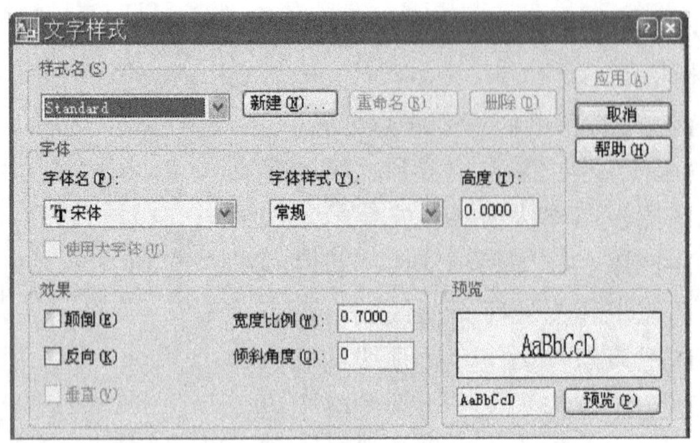

图5-4　设置文字样式

砂浆锚杆

图5-5　【例5-1】结果图

【例5-2】　画一个圆，并标上"面积为50000mm²"(图5-6)。

方法1操作步骤如下：

①先画一个圆。

②命令：Mtext

Mtext 当前文字样式："Standard"当前文字高度：4

③指定第一角点：(在圆的左上角点一下)

④指定对角点或[高度(H)/对正(J)/行距(L)/旋转(R)/样式(S)/宽度(W)]：(按 Enter 键)

⑤指定第一角点：[拖动鼠标到第一个角点的对角点，确定后出现【文字格式】对话框，如图5-7所示]

⑥将字体改为仿宋体，字号为4，然后将"面积为5000mm"分两行键入。

⑦"2"可用 Text 命令书写，高度设为2。

⑧单击【确定】按钮结束。

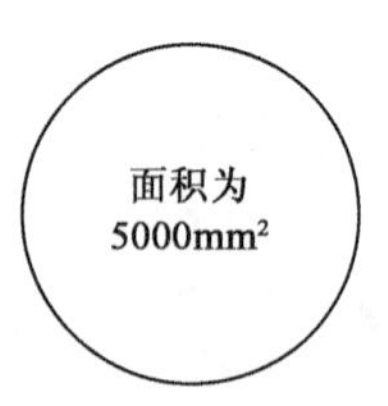

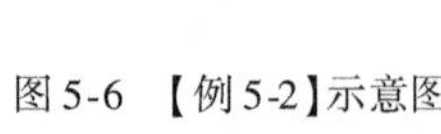

图5-6　【例5-2】示意图

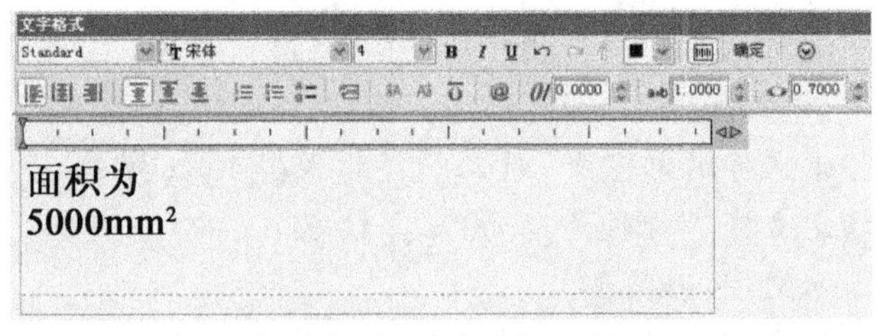

图5-7　【文字格式】对话框

方法2操作步骤如下：

所有的步骤与方法1一样，只是输入的文字为"面积为5000mm2^"，使用鼠标将"2^"选中，点击【文字格式】栏中变深的 按钮。单击【确定】按钮结束，如图5-8所示。

操作结束后结果如图5-6所示。

三、编辑文字

用户不但可以控制文字高度、字体，添加颜色、分数和特殊符号，还可以调整文字边界的宽度、文字的对齐方式和行间距。

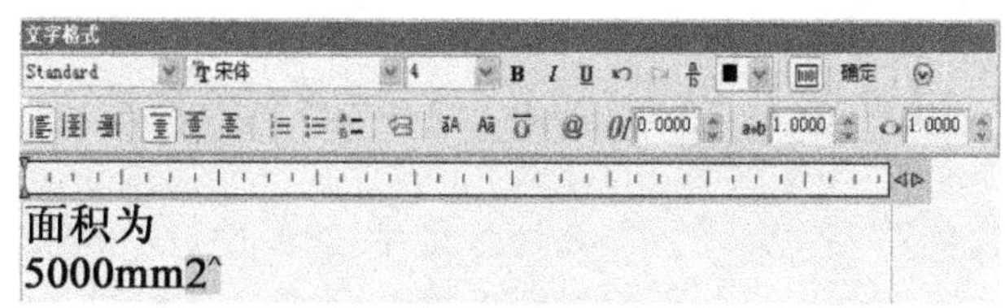

图 5-8　文字堆叠方式输入

1. 调整文字高度与字体

现在再次使用【文字格式】对话框,但这一次可以使用其他一些功能。在这个练习中,将看到如何在对话框中调整文字的大小。

操作步骤如下:

(1) 双击图 5-6 中的文字,系统弹出【文字格式】对话框。

(2) 在该文本框中选中第一行文字,在字体高度文本框中输入 30,亮显文字变大。

(3) 在字体下拉列表框中选择“T 隶书”字体,此时,文字将变为新的字体。

(4) 在文字“面积为”还呈亮显的时候,单击下划线按钮,再单击【确定】按钮。

2. 添加颜色、分数和特殊符号

利用【文字格式】对话框中的其他一些工具,可以为单个字符或单词设置颜色、创建分数形式或插入特殊符号,以下是这些选项的使用方法的简要说明。

(1) 添加文字的颜色

在【文字格式】对话框中亮显文字,然后从□下拉列表框中选择颜色。

(2) 显示分数形式

在【文字格式】对话框中输入想要显示的分数,在分子和分母两个数字之间用^、/、#符号隔开,然后单击 $\frac{a}{b}$ 按钮,即变成分数的形式。

(3) 插入特殊符号

在 AutoCAD 中书写文字时,可以用表 5-1 中的特殊控制码来输入特殊字符。用户在输入这些特殊控制码时,AutoCAD 就会将其文字代码插入到文字中,并出现在相应的位置上,但它们并不以特殊符号的形式出现在编辑行中,而只显示特殊符号的特殊控制码。

特 殊 控 制 码　　表 5-1

输 入 代 码	相应出现的符号	说　明
%%O	上划线	适用于单行文字
%%U	下划线	适用于单行文字
%%D	度(°)	适用于单行和多行文字
%%p	正负号(±)	适用于单行和多行文字
%%c	ϕ	适用于单行和多行文字

【例 5-3】　用控制码来输入“±60”。

①命令:Text

②当前文字样式:stl,当前文字高度:5

③指定文字的起点或【对正(J)/样式(S)】:(指定文字起点位置)

④指定文字的旋转角度<0>:(按Enter键)

⑤输入文字:%%U%%p60%%D

⑥输入文字:(按Enter键)

操作结果如图5-9所示。

<u>±60°</u>

图5-9 【例5-3】示意图

【例5-4】 在地形图中对文本背景遮罩。

①打开一个地形图。

②命令:T或Mtext,使用鼠标拉出一个文本输入区。

③选择文字样式:hz,当前文字高度:1。

④输入文字:设计高程1074.21。

⑤点击【文字格式】栏中的⊙按钮。点击【背景遮罩】,弹出如图5-10所示对话框。

⑥勾选【使用背景遮罩】和【使用图形背景颜色】,边界偏移因子1.3,单击【确定】按钮。

⑦单击【确定】按钮结束文本输入。如果文本框过大,可以单击选择文字,使用夹点编辑的方法,使遮罩的部分与文字匹配。

⑧使用命令:M,将文本移动到合适的位置;使用命令:Rotate,将文本旋转到合适的角度,如图5-11所示。背景遮罩的文本必须是多行文本。

3.用Edit命令修改文字内容

如果只对文字内容做修改,可以用Edit命令来修改文字,具体操作如下。

(1)命令:Edit(或ED)

(2)选择注释对象或【放弃(U)】:(用鼠标选择要编辑的文字)

(3)激活该文字进行修改。

(4)按Enter键结束。

4.用鼠标双击要编辑的文字

用鼠标双击要编辑的文字,进入激活状态对文字进行修改。

5.用DDmodify命令修改文字特性

如果要对文字特性做全面修改,可以使用DDmodify命令。具体操作如下。

(1)命令:DDmodify(或MO)

(2)系统将弹出【特性】对话框,如图5-12所示。

(3)用鼠标选择要编辑的文字。

(4)对【特性】对话框中的【文字】项目的各子项内容进行修改。这些子项包括文字内容、样式、对正、高度、旋转、宽度比例、倾斜、文字坐标(x,y,z)等。

(5)修改后,单击该对话框左上角关闭按钮结束。

该对话框中除了【文字】项目外,还有【基本】、【几何图形】和【三维效果】3个选项,具体含义如图5-12所示。

图 5-10 【背景遮罩】对话框

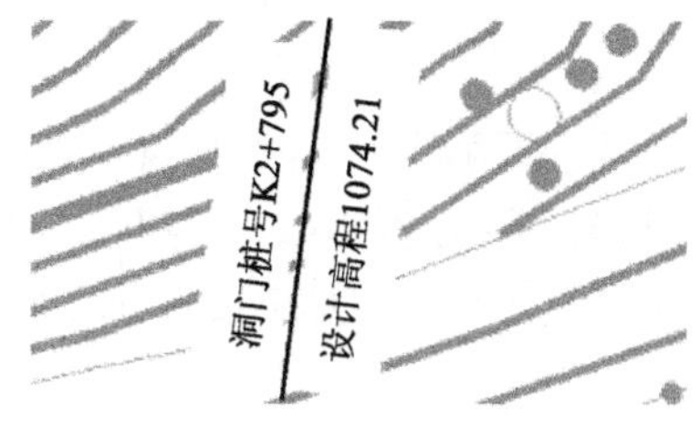

图 5-11 文本背景遮罩

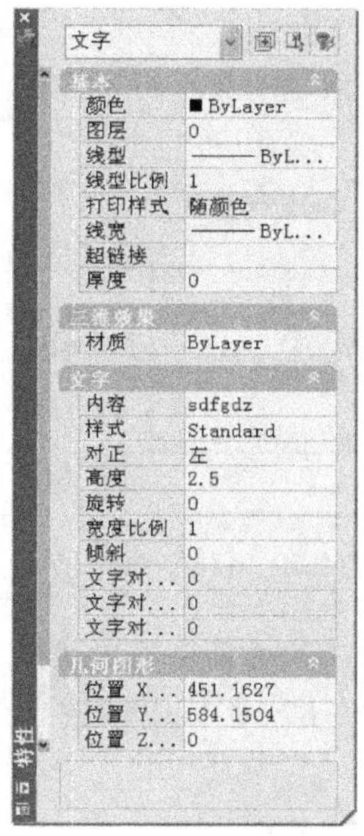

图 5-12 【特性】对话框

第二节 尺 寸 标 注

尺寸标注是工程制图中很重要的环节,也是计算机绘图中较难掌握的部分。本节介绍尺寸标注的基本概念以及创建标注样式和尺寸标注的方法。

一、尺寸标注基础

1. 尺寸标注的组成

一个完整的尺寸标注由尺寸线、尺寸界线、尺寸箭头和尺寸文本 4 个部分组成。对照图 5-13,用户可以弄清楚尺寸标注各部分的名称。

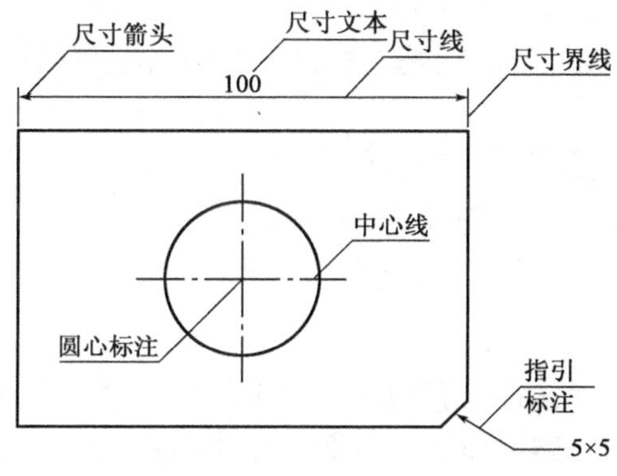

图 5-13 尺寸标注组成

(1)尺寸线

尺寸线是一条平行于被标注尺寸长度方向的直线段。当进行角度标注时,尺寸线是一段圆弧。

(2)尺寸界线

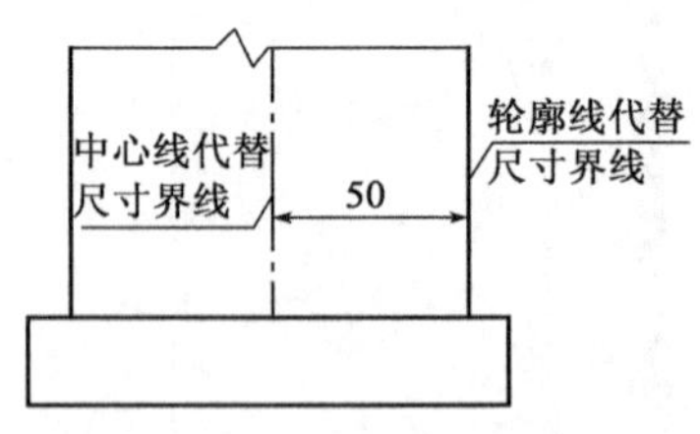

图5-14 各种尺寸界线

尺寸界线用于表示尺寸线的开始和结束,它位于标注尺寸的两端。当图中线段太多或线段太密时,为使图面清晰利于读图,尺寸界线一般都标注在图形的外面,国家标准允许用中心线或图形轮廓线代替尺寸界线,如图5-14所示。

(3)尺寸箭头

尺寸箭头在尺寸线的两端,表示了尺寸线的起止位置。AutoCAD中尺寸箭头的形状很多,除了常见的箭头形状外,还有短斜线、点圆等供用户选择。除此之外,用户还可以创建自己的尺寸箭头。同一张图中的箭头大小要一致,形状要符合规定。

(4)尺寸文本

尺寸文本是尺寸标注中最重要的部分,它表明了两尺寸线之间的距离或角度值。在AutoCAD中根据需要,尺寸文本可以是基本尺寸,也可以是公差尺寸或极限尺寸。

2. 尺寸标注的关联性

在默认的情况下,AutoCAD的尺寸标注是一个整体,即尺寸线、尺寸界线、尺寸箭头和尺寸文本是不可分离的,你可以把它们看成是一个图块。如果对该尺寸进行拉伸后,尺寸文本将自动地发生变化,我们把上述性能称为尺寸的关联性,这种尺寸标注称为关联性尺寸标注。如果一个尺寸标注的各部分都是单独的实体,相互之间没有联系,我们称这种尺寸标注为非关联尺寸标注。

用户可以用系统变量DIMASO来控制尺寸标注的关联性。当DIMASO = ON时,为关联性尺寸标注。当DIMASO = OFF时,为非关联性尺寸标注。

3. 尺寸标注的类型

在AutoCAD中,尺寸标注可分为6大类,即线性尺寸标注、径向尺寸标注、中心尺寸标注、角度尺寸标注、引线尺寸标注、坐标尺寸标注。

(1)线性尺寸标注包括:水平标注、垂直标注、对齐标注、旋转标注、连续标注和基线标注6种。

(2)径向尺寸标注包括:半径标注和直径标注。

(3)中心尺寸标注包括:圆心标注和圆心线标注。

对照图5-15,用户可以熟悉各种尺寸标注的类型。

4. 设置标注样式

为了保证图纸上的所有标注都具有相同的形式和统一的风格,使图面清晰易读,可以定义各种标注类型的格式,并命名这些格式,称为创建标注样式。由此可见,创建标注样式首先要给标注样式取一个名,比如“BZl”,然后再定义尺寸线、尺寸界限、尺寸箭头、尺寸文本的属性及形式,再将此样式设置为当前标注样式,就可以用于当前图形的标注了。

AutoCAD 2007 中创建标注样式的命令是 DDim。启动该命令只需在“命令:”提示符下,输入 DDim 并按 Enter 键,也可输入简捷命令 D。

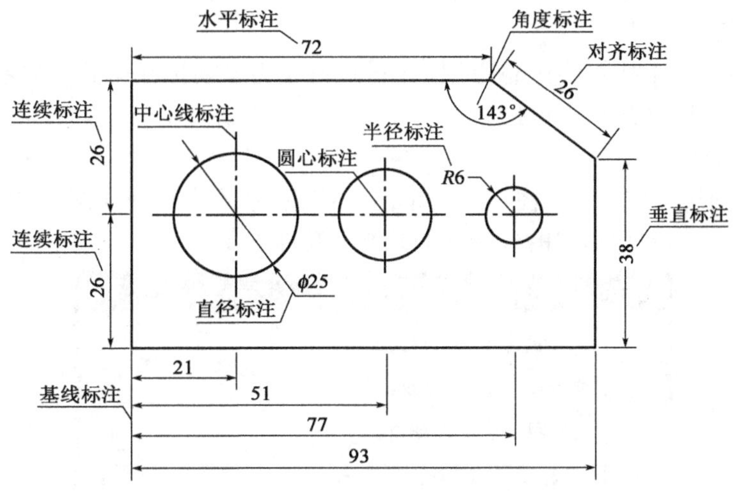

图 5-15 各种尺寸标注类型

启动 DDim 命令后,系统将弹出如图 5-16 所示的【标注样式管理器】对话框。利用该对话框,用户可以命名标注样式、修改尺寸变量、建立标注样式等。该对话框中各选项的含义和功能如下。

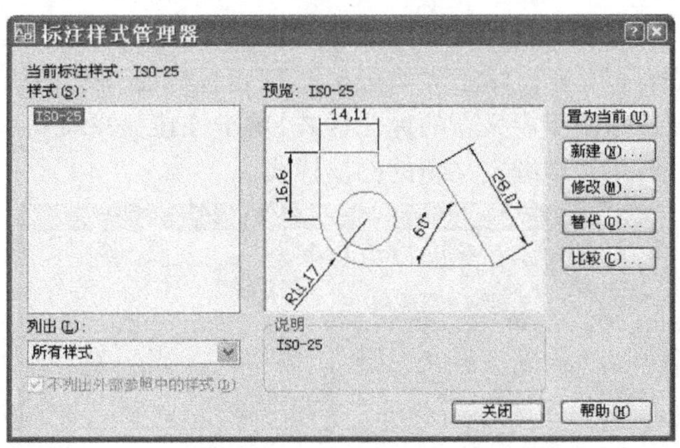

图 5-16 【标注样式管理器】对话框

(1)【当前标注样式】区

在【当前标注样式】区中显示的是系统默认样式:ISO-25。该样式是 AutoCAD 的标准标注样式,它提供了关于标注的完整定义,一般情况下,用户可以采用此样式进行标注。但由于工程图纸的标注要求各不相同,用户还可以根据图纸特点定义自己的标注样式。

(2)【列出】下拉列表框

该框显示当前图形文件的标注样式,当选择的是【所有样式】选项时,则【样式】列表框中显示全部标注样式。若选择的是【正在使用的样式】选项时,则【样式】列表框中显示当前正在使用的标注样式。

(3)【不列出外部参照中的样式】复选框

选中该复选框,则在【样式】列表框中不列出外部参照中的样式。

(4)【预览】图形框

在该图形框中,显示正在编辑的标注样式图式,使用户能直观了解标注样式的具体形式。

(5)【置为当前】按钮

该按钮将在【样式】列表框中选中的标注样式设置为当前标注样式。先在【样式】列表框中选中某个标注样式,然后单击该按钮。

(6)【新建】按钮

该按钮用于创建一个新的标注样式。单击该按钮,系统将打开如图5-17所示的【创建新标注样式】对话框。该对话框中的各选项的含义和功能如下。

图5-17 【创建新标注样式】对话框

①【新样式名】文本框:用户在该文本框中输入要创建的新的标注样式名。

②【基础样式】下拉列表框:系统允许在其他已有样式的基础上通过修改来创建新样式,用户在【基础样式】下拉列表中选择已有样式作为新样式的起始样式。

③【用于】下拉列表框:该下拉列表框用于指定新样式的使用范围,这些范围包括"所有标注""线性标注""角度标注""半径标注""直径标注""坐标标注"和"引线和公差"。

④【继续】按钮:该按钮用于定义新的标注样式,单击该按钮系统将弹出如图5-18所示的【新建标注样式】对话框,用于继续定义新的标注样式。

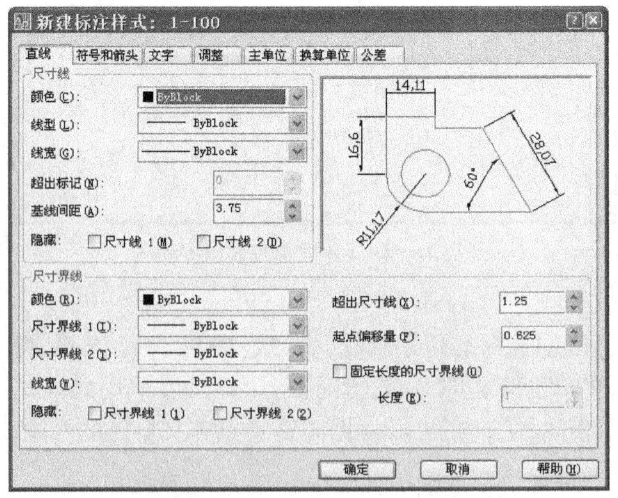

图5-18 【新建标注样式】对话框

(7)【修改】按钮

该按钮用于修改已存在的标注样式。单击该按钮系统将弹出与图5-18相似的对话框,只是该对话框的标题为【修改标注样式】。

(8)【替代】按钮

单击该按钮系统将弹出与图 5-18 相似的对话框,只是该对话框的标题为【替代当前标注样式】。在该对话框中用户修改当前样式,按【确定】按钮后,返回【标注样式管理器】对话框,系统将在当前样式下自动添加一个【样式替代】标注样式,此样式是当前样式的一个替换样式。当重新指定当前样式后,该样式自动消失。

(9)【比较】按钮

单击该按钮将打开【比较标注样式】对话框,在该对话框中,用户可以对已创建的样式进行比较,找出各样式之间的区别。

5. 创建新标注样式

如上所述,用户在单击图 5-17 中的继续按钮后,系统弹出如图 5-18 所示的对话框,用户通过该对话框设置新的标注样式。该对话框中有 7 个选项卡,它们分别是【直线】【符号和箭头】【文字】【调整】【主单位】【换算单位】和【公差】选项卡。下面将逐一进行介绍。

(1)【直线】选项卡

【直线】选项卡有两个尺寸定义区和一个图形预览区,尺寸定义区分【尺寸线】、【尺寸界线】。

①【尺寸线】区

该区用于设置尺寸线的几何变量。

a. “隐藏”变量

“隐藏“变量用于控制尺寸线的可见性,如果选择【尺寸线 1】复选框将隐藏第一尺寸线。也可直接在命令行输入 DIMSD1,当 DIMSD1 = ON 时,将不显示第一尺寸线及其箭头。如果选择【尺寸线 2】复选框将隐藏第二尺寸线。也可直接在命令行输入 DIMSD2,当 DIMSD2 = ON 时,将不显示第二尺寸线及其箭头。图 5-19 显示了 DIMSDl 和 DIMSD2 两个变量的设置情况。

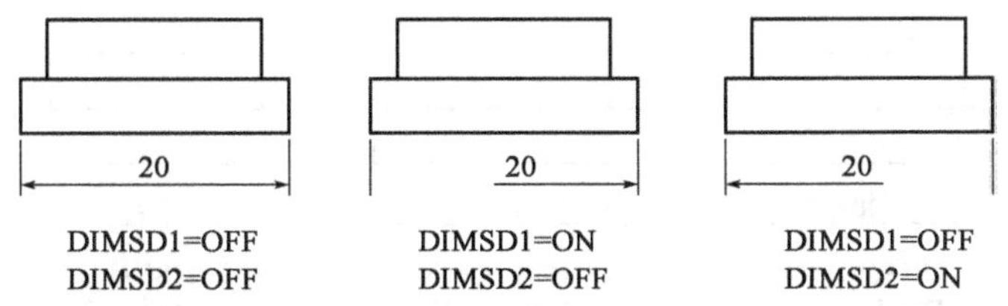

图 5-19　DIMSD1 和 DIMSD2 两个变量和设置情况

b.【超出标记】下拉列表框

当尺寸箭头为短斜线时,用该下拉列表框来控制尺寸线超出尺寸界限的长度。该下拉列表框对应的变量名为 DIMDLE,图 5-20 显示了 DIMDLE 取不同值的情况。只有在尺寸箭头为短斜线时,该文本框才被激活,否则呈淡灰色而无效。

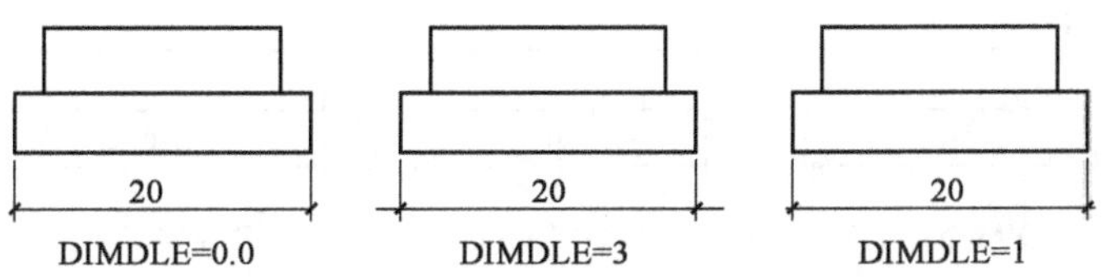

图 5-20　DIMDLE 取不同值的情况

c.【基线间距】下拉列表框

当采用基线方式标注尺寸时,用填入该文本框中的数字来控制两个尺寸线之间的距离。也可以在命令行中用 DIMDLI 变量来控制该值。图 5-21 显示了 DIMDLI 取不同值的情况。

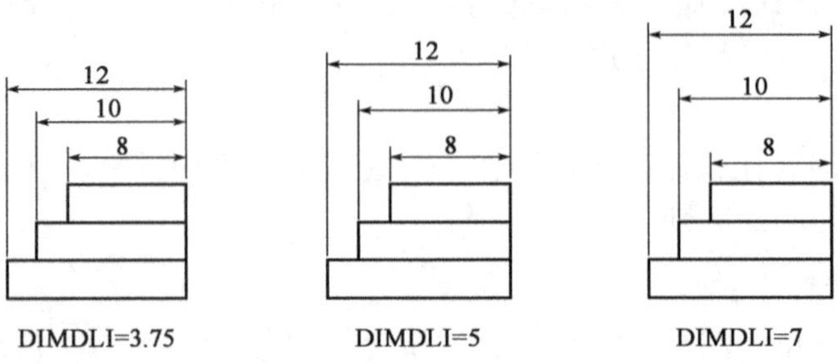

图 5-21 DIMDLI 取不同值的情况

d.【颜色】下拉列表框

单击该下拉列表框,用户可以选择尺寸线的颜色。

e.【线宽】下拉列表框

单击该下拉列表框,用户可以选择尺寸线的线宽。

②【尺寸界线】区

该区用于控制尺寸界限的几何特征。

a.“隐藏”变量

“隐藏”变量用于控制尺寸界线的可见性。如果选择【尺寸界线 1】复选框将稳藏第一尺寸界线。也可直接在命令行输入 DIMSE1,当 DIMSE1 = ON 时,将不显示第一尺寸界线。如果选择【尺寸界线 2】复选框将隐藏第二尺寸界线。也可直接在命令行输入 DIMSE2,当 DIMSE2 = ON 时,将不显示第二尺寸界线。图 5-22 显示了 DIMSE1 和 DIMSE2 取不同值的情况。

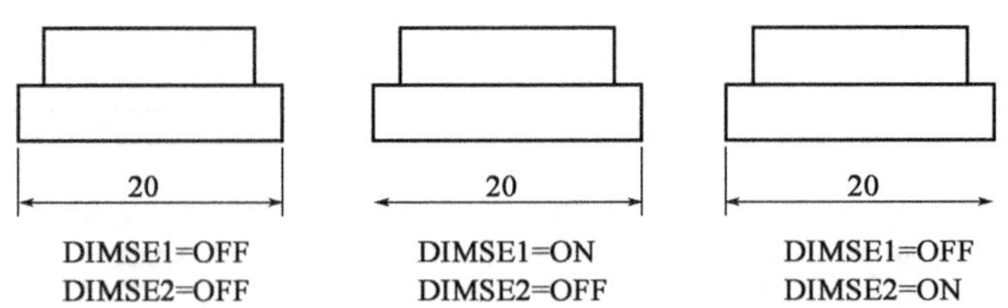

图 5-22 DIMSE1 和 DIMSE2 取不同值的情况

b.【超出尺寸线】下拉列表框

用填入该框中的数字来控制尺寸界线超出尺寸线的长度。也可以用变量 DIMEXE 来控制此值。图 5-23 显示了 DIMEXE 取不同值的情况。

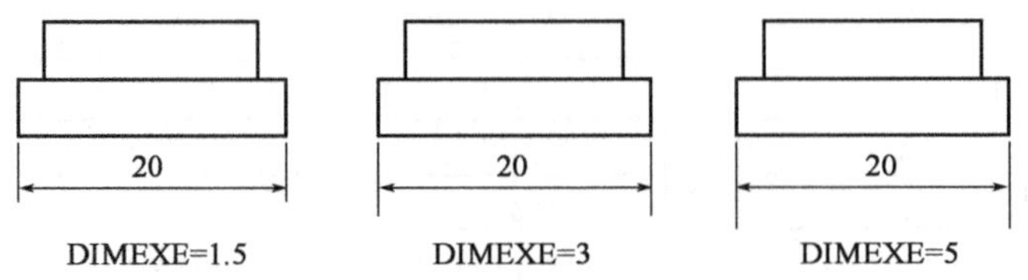

图 5-23 DIMEXE 取不同值的情况

c.【起点偏移量】下拉列表框

用填入该框中的数字来控制尺寸界限起始点与选择点之间的偏移量。也可以用变量DIMEXO来设置。图5-24显示了DIMEXO取不同值的情况。

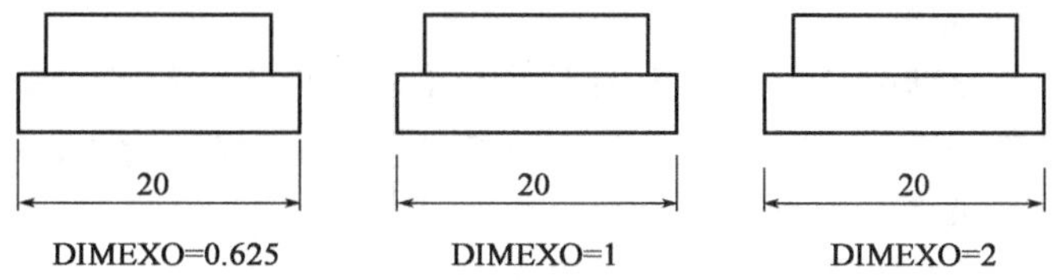

图5-24 DIMEXO取不同值的情况

d.【颜色】下拉列表框

该下拉列表框用来设置尺寸界线的颜色。

e.【线宽】下拉列表框

单击该列表框,用户可以选择尺寸界线的线宽。

(2)【符号和箭头】选项卡

单击【新建标注样式】对话框中的【符号和箭头】选项卡,系统会切换至如图5-25所示的对话框。该对话框中有4个选区一个图形预览区。4个选区分别是:【箭头】【圆心标记】【弧长符号】和【半径标注折弯】,各区含义如下。

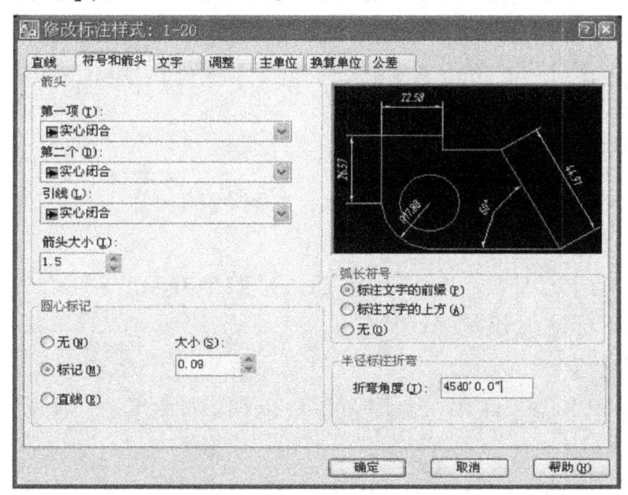

图5-25 【符号和箭头】选项卡

①【箭头】区

该区用于控制尺寸箭头的形状及大小。

a.【第一项】下拉列表框

该下拉列表框用于控制第一尺寸箭头的形状,单击该框后边的下三角按钮,将显示出系统所有尺寸箭头的名称,用户根据需要进行选择。选上的将呈蓝色,同时该框上边的图形预览区中将显示出该名称对应的箭头形状。

用户也可以自定义第一尺寸箭头,其操作步骤如下:

a)首先绘制好尺寸箭头的形状。

b)用Block命令将绘制的尺寸箭头定义成一个图块。

c)单击【第一项】下拉列表框中的下三角按钮,选择【用户箭头】选项,系统将打开【选择自定义箭头块】对话框。

d)在该对话框的文本框中输入定义过的尺寸箭头名称,单击【确定】按钮返回。

b.【第二个】下拉列表框

该下拉列表框用于控制第二尺寸箭头的形状。系统允许第一尺寸箭头和第二尺寸箭头的形状可以不一样。单击该框后边的下三角按钮,可以定义第二尺寸箭头。

c.【引线】下拉列表框

该下拉列表框用于控制引线标注尺寸箭头的形状。

d.【箭头大小】文本框

该文本框用于设置尺寸箭头的大小。在该文本框中填入适当的数字,系统按此定义箭头的大小。

②【圆心标记】区

该区用于定义圆、圆弧、圆心和圆心线的标注形式。

a.【无】选项表示不标注圆心或中心线。

b.【标记】选项表示只标注圆心。

c.【直线】选项表示标注圆心和圆弧中心线。

d.【大小】文本框。该文本框用于定义圆心标注的大小。

上述 4 项定义也可以用系统变量 DIMCEN 来确定。当 DIMCEN = 0 时,即为【无】;当 DIMCEN >0 时,即为【标注】;当 DIMCEN <0 时,即为【直线】;DIMCEN 的绝对值即为【大小】。图 5-26 显示了 DIMCEN 取不同值时的情况。

③【弧长符号】区

该区用于定义是否标出弧长符号以及弧长符号标出的位置。

a.【标注文字的前缀】,如“⌒100”。

b.【标注文字的上方】选项表示“⌒”标注在数字的上方。

c.【无】选项表示不标注弧长符号。

④【半径标注折弯】区

折弯角度:确定折弯半径标注中,尺寸线的横向线段的角度,见图 5-27。

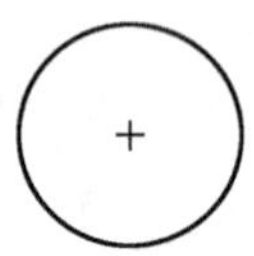

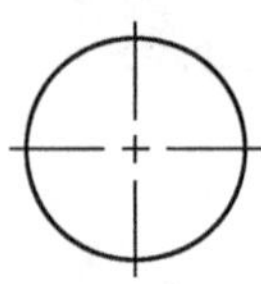

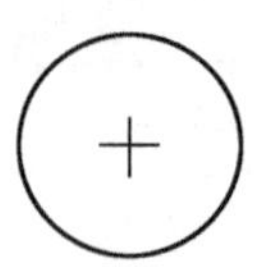

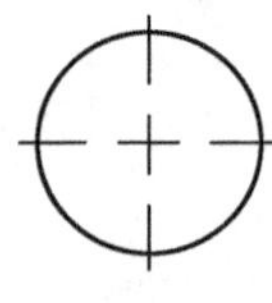

图 5-26 DIMCEN 取不同值的情况

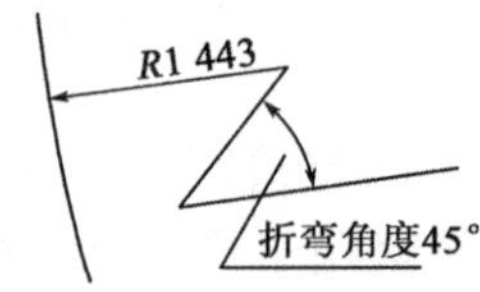

图 5-27 折弯标注半径时折弯角度为 45°

(3)【文字】选项卡

单击【新建标注样式】对话框中的【文字】选项卡,系统会切换至如图 5-28 所示的对话框。该对话框中有 3 个选区一个图形预览区。3 个选区分别是:【文字外观】、【文字位置】和【文字对齐】,各区含义如下。

①【文字外观】区

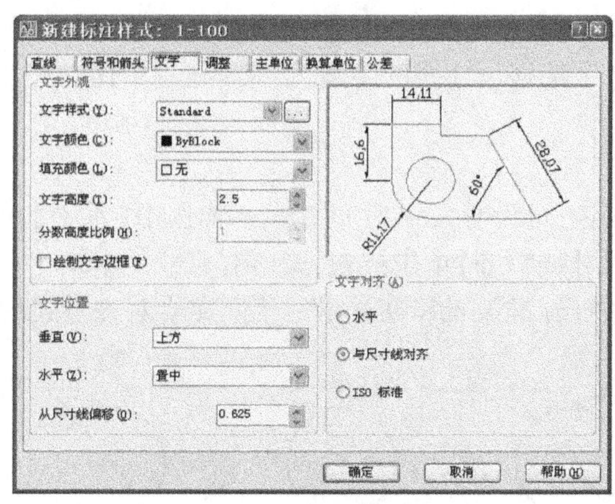

图 5-28 【文字】选项卡

该区共有 6 个选项，可设置文字样式（Y）、文字颜色（C）、填充颜色（L）、文字高度（T）、分数高度比例（H）和是否绘制文字边框（F）。如果本标注样式要标注角度，那么文字样式不要选择使用“大字体”的样式。

②【文字位置】区

该区共有 3 个选项，可设置文字垂直位置、文字水平位置和文字距尺寸线偏移距离。

a.【垂直】下拉列表框

在【垂直】下拉列表框中，用户可以选择如下选项来定位文字垂直位置：【置中】，尺寸文字居中在尺寸线中间；【上方】，尺寸文字居中在尺寸线之上；【外部】，尺寸文字在尺寸线外侧；【JIS】，尺寸文字位置符合日本工业标准。选用不同参数的标注如图 5-29 所示。

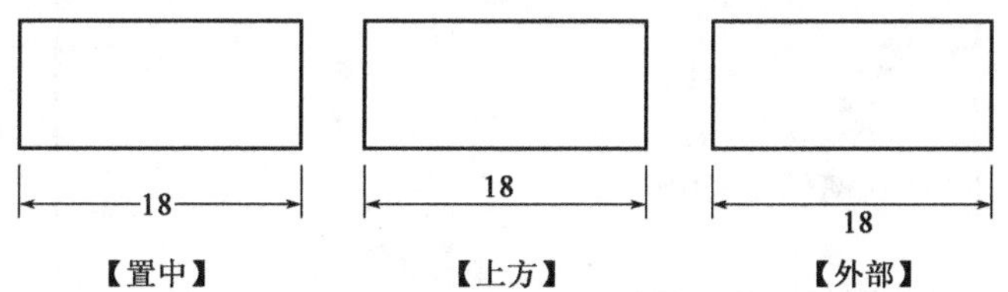

图 5-29 【垂直】下拉列表框中不同选项对应的情况

b.【水平】下拉列表框

在【水平】下拉列表框中，用户可以选择如下选项来定位文字水平位置：【置中】，尺寸文字居中在尺寸线中间；【第一条尺寸界线】，文字向第一尺寸界线对齐；【第二条尺寸界线】，文字向第二尺寸界线对齐；【第一条尺寸界线上方】，文字放在第一尺寸界线上；【第二条尺寸界线上方】，文字放在第二尺寸界线上。不同参数的标注如图 5-30 所示。

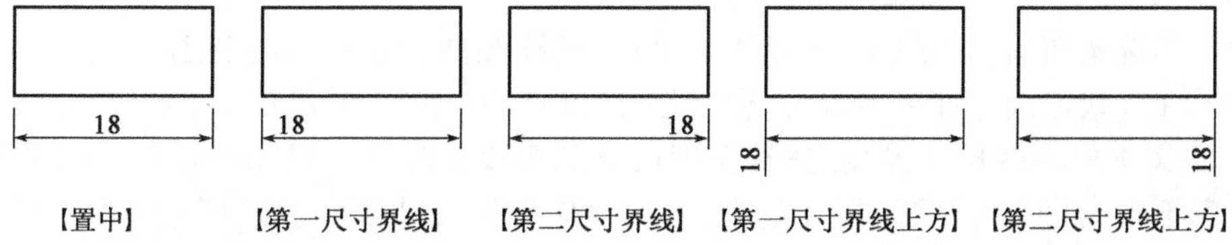

图 5-30 【水平】下拉列表框中不同选项对应的情况

c.【从尺寸线偏移】文本框

该文本框用于设置文字偏移尺寸线的距离,该文本框中的值越大文本离尺寸线的距离就越大。

③【文字对齐】区

该区共有 3 个单选按钮,可设置文字对齐方式。若选中【水平】单选按钮,所有尺寸文本均水平放置;若选中【与尺寸线对齐】单选按钮,则所有尺寸文本均与尺寸线平齐;若选中【ISO标准】单选项,则表示按 ISO 标准放置尺寸文本。不同文本对齐方式的情况如图 5-31 所示。

图 5-31　不同文本对齐方式

(4)【调整】选项卡

单击【新建标注样式】对话框中的【调整】选项卡,系统会切换至如图 5-32 所示的对话框。该对话框中有 4 个选区一个图形预览区。4 个选区分别是:【调整选项】、【文字位置】、【标注特征比例】和【优化】,各区含义如下。

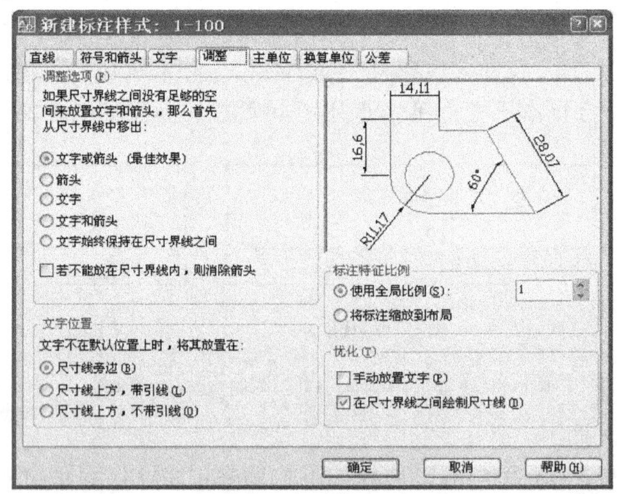

图 5-32　【调整】选项卡

①【调整选项】区

该区有 5 个单选按钮和一个复选框,用于调整文字与箭头的位置。

a.【文字或箭头(最佳效果)】单选按钮

选中该单选按钮后,如果两尺寸界线之间有足够距离,AutoCAD 将把尺寸文本和尺寸箭头放在两尺寸界线之间。如果两尺寸界线之间的距离不很大,但足以放得下尺寸文本,AutoCAD 把尺寸文本放在两尺寸界线之间,而把尺寸箭头放在两尺寸界线的外面。如果两尺寸界线之间距离不很大,但能放得下尺寸箭头,AutoCAD 将把尺寸箭头放在两尺寸界线之间,而把尺寸文本放在两尺寸界线的外面。如果两尺寸界线之间距离很小,不足以放下尺寸文本或尺寸箭头,AutoCAD 将把尺寸文本和尺寸箭头放在两尺寸界线的外面。

b.【箭头】单选按钮

选中该单选按钮后，如果两尺寸界线之间有足够距离，AutoCAD 将把尺寸文本和尺寸箭头放在两尺寸界线之间，如图 5-33a）所示。如果两尺寸界线之间的距离不很大，但还可放得下尺寸文本，AutoCAD 将把尺寸文本放在两尺寸界线之间，而把尺寸箭头放在两尺寸界线的外面，如图 5-33b）所示。如果两尺寸界线之间的距离很小，连尺寸箭头都放不下，AutoCAD 将自动地把尺寸文本和尺寸箭头放在两尺寸界线的外面，如图 5-33c）所示，箭头之间用直线连接。

c.【文字】单选按钮

选中该单选按钮后，如果两尺寸界线之间有足够距离，AutoCAD 将把尺寸文本和尺寸箭头放在尺寸界线之间，如图 5-34a）所示，否则只把尺寸文本放在两尺寸界线外面而把尺寸箭头放在两尺寸界线的之间，如图 5-34b）所示。如果两尺寸界线的距离非常小，连尺寸文本都放不下，AutoCAD 将把尺寸文本、尺寸箭头一起放在尺寸界线之外，如图 5-34c）所示，箭头之间用直线连接。

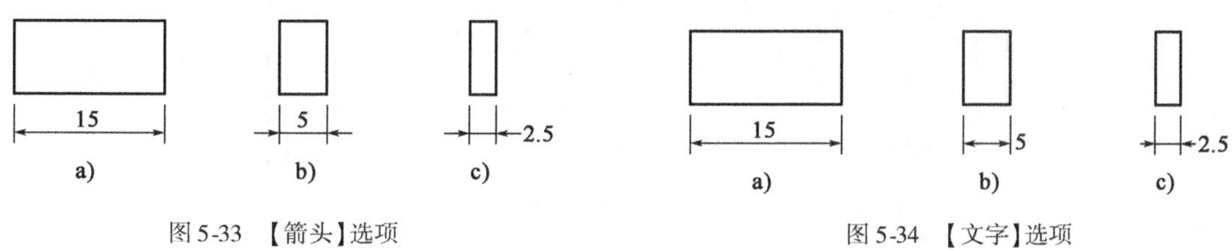

图 5-33 【箭头】选项　　图 5-34 【文字】选项

d.【文字和箭头】单选按钮

选中该单选按钮后，如果两尺寸界线之间的距离足够，那么 AutoCAD 将把尺寸文本和尺寸箭头放置在两尺寸界线之间，如图 5-35a）所示。否则将尺寸文本和尺寸箭头放置在两尺寸界线的外面，如图 5-35b）所示。

e.【文字始终保持在尺寸界线之间】单选按钮

选中该单选按钮后，不管尺寸界线之间能否放得下尺寸文本，AutoCAD 总将尺寸文本放置在尺寸界线之间。

f.【若不能放在尺寸界线内，则消除箭头】复选框

选中该复选框后，如果不能将箭头和文字放在尺寸界线内，则隐藏箭头。

②【文字位置】区

该区有 3 个单选按钮，用于调整文字的位置。选中【尺寸线旁边】单选按钮后，AutoCAD 将文字放在尺寸线旁，如图 5-36a）所示；选中【尺寸线上方，带引线】单选按钮后，AutoCAD 将尺寸文字放在尺寸线上方，并加引线，如图 5-36b）所示；选中【尺寸线上方，不带引线】单选按钮后，AutoCAD 将尺寸文字放在尺寸线上方，不加引线，如图 5-36c）所示。

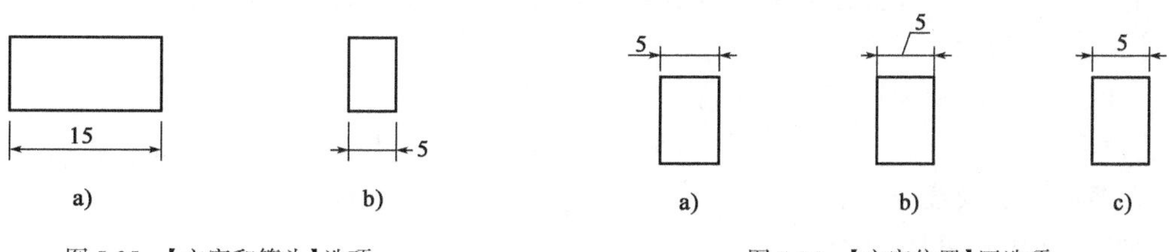

图 5-35 【文字和箭头】选项　　图 5-36 【文字位置】区选项

③【标注特征比例】区

该区有两个单选按钮,用于设置标注特征比例。选中【使用全局比例】单选按钮后,该按钮后的文本框中的标注比例因子将作用于标注的全部参数,如,当比例因子为2时,所有的尺寸参数将增大1倍;选中【将标注缩放到布局】单选按钮后,系统自动根据当前模型空间视口比例因子设置标注比例因子。

④【优化】区

该区有两个复选框,若选中【手动放置文字】复选框,表示标注时手动放置文字;若选中【在尺寸界线之间绘制尺寸线】复选框,表示总在尺寸界线之间绘制尺寸线。

(5)【主单位】选项卡

单击【新建标注样式】对话框中的【主单位】选项卡,系统会切换至如图5-37所示的对话框。该对话框中有两个选区和一个图形预览区。两个选区分别是:【线性标注】和【角度标注】。各选区含义如下。

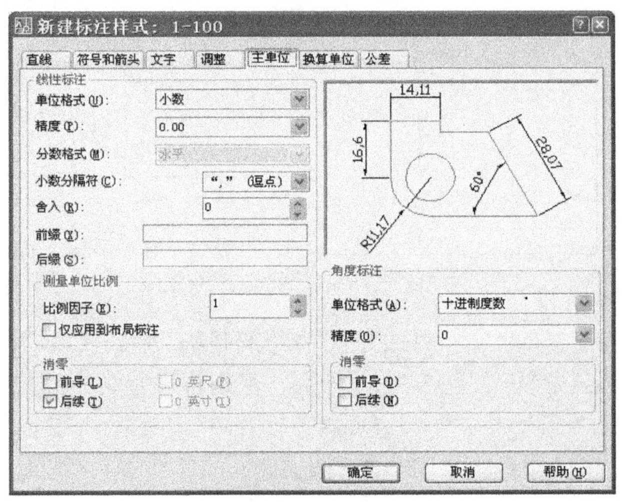

图5-37 【主单位】选项卡

①【线性标注】区

a.【单位格式】下拉列表框

该下拉列表框用于设置单位格式。AutoCAD 2007中允许设置的单位格式为“科学”“小数”“工程”“建筑”“分数”和“桌面”。

b.【精度】下拉列表框

该下拉列表框用于设置单位精度。

c.【分数格式】下拉列表框

该下拉列表框用于设置分数格式,仅当选择单位格式为分数格式时有效。

d.【小数分隔符】下拉列表框

该下拉列表框用于设置小数分隔符。

e.【舍入】文本框

该文本框用于设置舍入值。

f.【前缀】和【后缀】文本框

这两个文本框用于设置尺寸文本的前缀和后缀。这在工程制图中非常有用,例如要将尺寸文本后面加上 cm,则可设置后缀为“cm”。

g.【测量单位比例】区

在该区中设置测量比例因子,若该比例因子设置为 2,则所有的测量值将乘以 2。若选中【仅应用到布局标注】复选框,则表示比例因子只对布局标注有效。

h.【消零】区

选中【前导】单选按钮,将消除前导零。例如,0.5000 变成.5000。

选中【后续】单选按钮,将消除后续零,选择该项后,小数点后如果是 0,则消除,只标注整数。例如,12.5000 变成 12.5,30.0000 变成 30。

②【角度标注】区

该区用于设置角度测量单位格式、精度、前导零和后导零。具体含义可参照【线性标注】区设置。

注意:如果尺寸的文字样式勾选了大字体,而角度格式选择的是“度/分/秒”,精度是有分或秒的精度,那么标注的角度会出现“°”符不能显示。

(6)【换算单位】选项卡

单击【新建标注样式】对话框中的【换算单位】选项卡,系统会切换至如图 5-38 所示的对话框。该对话框中有 1 个复选框、3 个选区和一个图形预览区。3 个选区分别是:【显示换算单位】、【消零】和【位置】,只有选中【显示换算单位】复选框时,这 3 个选区才有效。各选区含义如下。

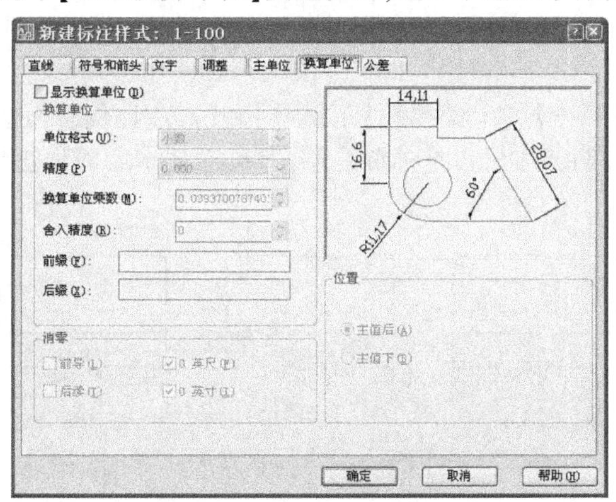

图 5-38 【换算单位】选项卡

①【显示换算单位】区

该选区设置辅助单位格式,AutoCAD 允许同时用两种单位格式(主单位和换算单位)标注尺寸。例如主单位格式是“小数”,辅助单位格式是“工程”。

②【消零】区

该选区有【前导】和【后续】两个单选按钮,其作用分别为消除前导零和后续零。

③【位置】区

当选中【主值后】单选按钮时,换算单位排在主单位后面。当选中【主值下】单选按钮时,换算单位排在主单位下面。

(7)【公差】选项卡

单击【新建标注样式】对话框中的【公差】选项卡,系统会切换至如图 5-39 所示的对话框。

在该对话框中设置尺寸公差的标注方式、公差文本的字高及尺寸公差文本相对于基本尺寸文本的对齐方式。其中,【方式】下拉式列表框用于确定尺寸公差形式。

单击【方式】下拉列表框中的下三角箭头,将弹出如图5-40所示的列表框,用户可从【无】、【对称】、【极限偏差】、【极限尺寸】和【基本尺寸】5种类型中选择。下面分别介绍这5种尺寸公差类型。

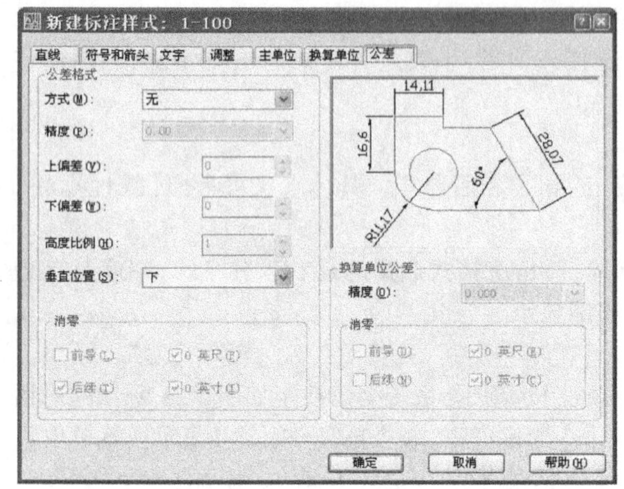

图5-39 【公差】选项卡

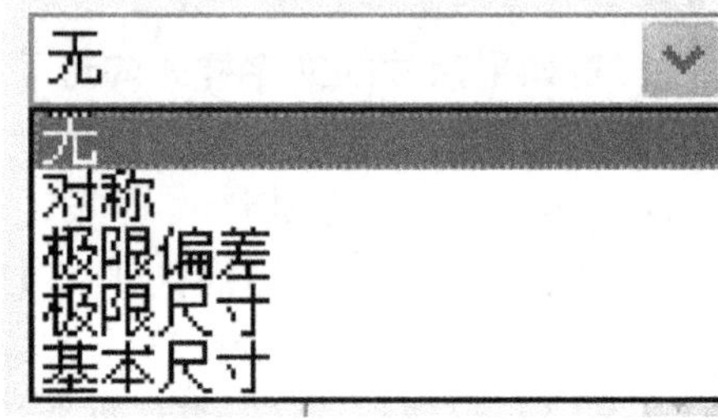

图5-40 【方式】下拉列表框

(1)选中【无】,表明标注基本尺寸,即尺寸文本后面不带任何尺寸公差,如图5-41a)所示;此时,AutoCAD将关闭【精度】、【上偏差】、【下偏差】和【高度比例】等选项。

(2)选中【对称】,表明标注尺寸是正负公差,即尺寸文本后面加正负公差,如图5-41b)所示;此时AutoCAD关闭【下偏差】文本框。

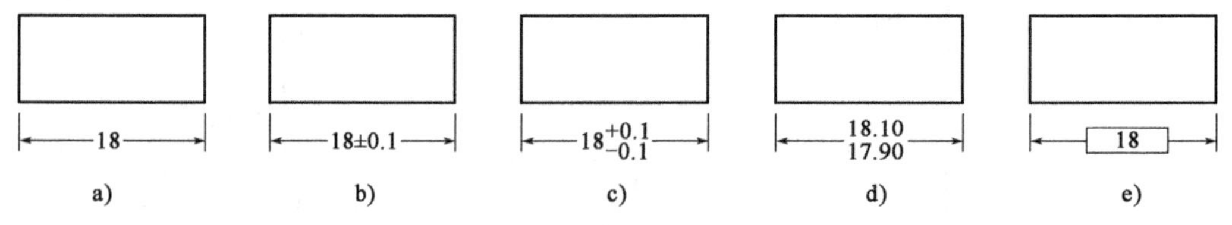

图5-41 5种尺寸公差类型

(3)选中【极限偏差】选项,表明标注尺寸是上下偏差,即尺寸文本后面带有上下偏差,如图5-41c)所示。此时,用户可在【上偏差】文本框中输入上偏差值,在【下偏差】文本框中输入下偏差值。

(4)选中【极限尺寸】选项,表明标注尺寸是极限差,即AutoCAD标注两个并排的尺寸文本,排在上面的为最大极限值,排在下面的为最小极限值,如图5-41d)所示。此时,用户可在【上偏差】文本框中输入最大极限偏差值,在【下偏差】文本框中输入最小极限偏差值。尺寸的最大极限值等于基本尺寸值加上【上偏差】文本框中所确定的最大极限偏差值。尺寸的最小极限值等于基本尺寸值减去【下偏差】文本框中所确定的最小极限偏差值。

(5)选中【基本尺寸】选项,表明标注尺寸是基准尺寸,即AutoCAD会在基本尺寸文本上面加上一个框,如图5-41e)所示。此时,AutoCAD将关闭【精度】、【上偏差】、【下偏差】和【高度比例】文本框。

二、线性尺寸标注

1. 标注水平和垂直尺寸

在 AutoCAD 中标注水平和垂直尺寸的命令是 Dimlinear,用户可以采用以下 3 种方式启动该命令。

(1)下拉菜单:【标注】|【线性】。

(2)单击【标注】工具栏上按钮。

(3)命令行:Dimlinear 或 DLI。

具体操作如下。

(1)命令行:Dimlinear(或 DLI)(启动 Dimlinear 命令)

(2)指定第一条尺寸界线原点或 <选择对象>:(系统要求用户指定第一条尺寸界线的起点或按 Enter 键。选择一点作为第一尺寸界线的起点)

(3)指定第二条尺寸界线原点:(要求用户指定第二尺寸界限的起点。给出第二点)

(4)指定尺寸线位置或[多行文字(M)/文字(T)/角度(A)/水平(H)/垂直(V)/旋转(R)]:(要求用户指定尺寸线或选择其中某个选项)

(5)选择步骤(4)中的选项后,系统仍将出现前面的提示:

指定尺寸线位置或[多行文字(M)/文字(T)/角度(A)/水平(H)/垂直(V)/旋转(R)]:(要求用户确定尺寸线的位置,通过鼠标指定一点作为尺寸线的位置)

如果用户在步骤(2)中的提示符下直接按 Enter 键,将会出现如下提示:

选择标注对象:(允许用户选择一个实体进行标注)

步骤(4)中各选项的功能介绍如下。

①【多行文字】:通过文本对话框来输入文本。用户输入 M 并按 Enter 键,系统将打开【文字格式】对话框。用户可以利用此对话框来更改或确定尺寸文本,单击【确定】按钮返回。

②【文字】:用户输入 T 并按 Enter 键,即选择了用命令行来输入尺寸文本的方式。系统将提示:

输入标注文字 < * * * >:(括号内的 * * * 是系统自动测量或计算的基本尺寸文本)

如果用户直接按 Enter 键,即表示默认这个基本尺寸文本。用户如果输入另一个尺寸文本并按 Enter 键,则系统按输入的文本尺寸进行标注。

③【角度】:确定尺寸文本的旋转角度。输入 A 并按 Enter 键,系统提示:

指定标注文字的角度:(输入尺寸文本的旋转角度,如果直接按 Enter 键,则按默认的角度进行标注)

④【水平】:标注水平尺寸。键入 H 并按 Enter 键,将出现如下提示:

指定尺寸线位置或【多行文字(M)/文字(T)/角度(A)】:(指定尺寸线位置或选择其他选项)

⑤【垂直】:标注垂直尺寸。键入 V 并按 Enter 键,系统将出现如下提示:

指定尺寸线位置或【多行文字(M)/文字(T)/角度(A)】:(指定尺寸线位置或选择其他选项)

⑥【旋转】:确定尺寸线的旋转角度。键入 R 并按 Enter 键,系统将出现如下提示:

指定尺寸线的角度 <0>:(直接按 Enter 键,则选用默认值,或键入新的旋转角度)

【例5-5】 先用DDim命令设置尺寸标注样式,然后用Dirnlinear命令标注水平、垂直尺寸。

①用Rectang命令绘制一个长边为5,短边为4的矩形。

②在“命令:”提示符下,输入DDim并按Enter键,打开【标注样式管理器】对话框。

③单击【修改】按钮,打开【修改标注样式】对话框,然后按表5-2设置各标注参数。

【修改标注样式】对话框设置值 表5-2

选项卡	选择区	选项(参数)	设置值	备注
直线和箭头	箭头	第一个	实心闭合	
		第二个	实心闭合	
		箭头大小	2	
	尺寸线	基线间距	4	
	尺寸界线	超出尺寸线	1	
		起点偏移量	0	
调整	标注特征比例	使用全局比例	1	
	调整选项	取最佳效果	True	
文字	文字外观	文字高度	2.5	
	文字位置	从尺寸线偏移	0.625	
		垂直	上方	
		水平	置中	
	文字对齐	水平	True	
主单位	线性标注	单位格式	小数	
		精度	0.00	
		前缀	cm	
	消零	前导	True	
	测量单位比例	比例因子	100	
公差	公差格式	方式	无	

④在“命令:”提示符下输入Dimlinear并按Enter键,AutoCAD出现如下提示:

指定第一条尺寸界线原点或<选择对象>:(直接按Enter键)

⑤选择标注对象:(选择矩形下边线)

⑥指定尺寸线位置或[多行文字(M)/文字(T)/角度(A)/水平(H)/垂直(V)/旋转(R)]:(在矩形下侧任意一点以确定尺寸线的位置)

⑦在“命令:”提示符下,直接按Enter键,再次启动Dimlinear命令。出现如下命令序列:

指定第一条尺寸界线原点或<选择对象>:(直接按Enter键)

⑧选择标注对象:(选择矩形左边线)

⑨指定尺寸线位置或[多行文字(M)/文字(T)/角度(A)/水平(H)/垂直(V)/旋转(R)]:(在矩形左侧任取一点,得到如图5-42所示的图形)

2. 标注对齐尺寸

用 Dimlinear 命令标注尺寸只限于水平和垂直尺寸两种，即使是斜线也只能标注斜线的水平长度和垂直长度，而不能标注斜长。在工程制图中，经常要标注斜线、斜面的尺寸。AutoCAD 提供了 Dimaligned 命令，用户可方便地标注斜线、斜面的尺寸。用户可通过下列 3 种方式启动 Dimaligned 命令。

(1)单击【标注】工具栏上按钮。

(2)下拉菜单：【标注】|【对齐】。

(3)命令行：Dimaligned 或 DAL。

具体操作步骤如下。

(1)在"命令："提示符下输入 Dimaligned 或 DAL 并按 Enter 键。启动 Dirnaligned 命令。

(2)指定第一条尺寸界线原点或 <选择对象>：

在此提示下，用户可指定一点作为第一条尺寸界线的起始点，或直接按 Enter 键让系统自动确定两尺寸界线的起始点，当用户指定第一条尺寸界线的起始点后，AutoCAD 将提示后面的步骤。

(3)指定第二条尺寸界线原点：(要求用户指定另一点作为第二条尺寸界线的起始点)

(4)指定尺寸线位置或[多行文字(M)/文字(T)/角度(A)]：(要求用户选择一点以确定尺寸线的位置或选择某一选项)

其中，各选项含义和前面所介绍的相同，这里就不再重复。

如果在"指定第一条尺寸界线原点或 <选择对象>："提示符下，直接按 Enter 键，AutoCAD 将提示：

选择标注对象：(要求用户直接选择要标注尺寸的实体，AutoCAD 将把选择实体的两端点自动地确定为两尺寸界线的起始点)

【例 5-6】 利用 Dimaligned 命令进行对齐标注。

①绘制如图 5-43 所示的三角形图形。

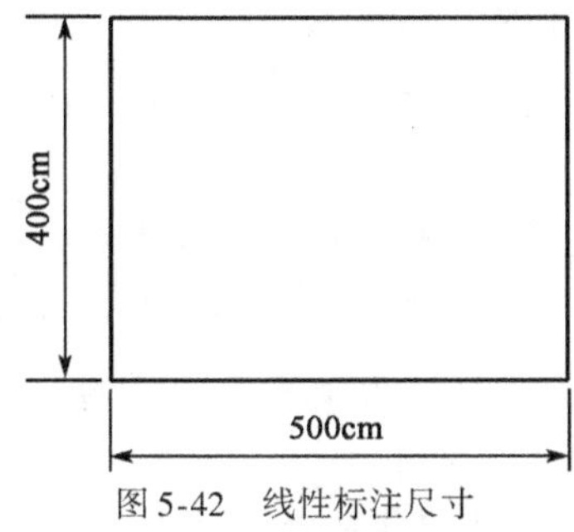

图 5-42 线性标注尺寸

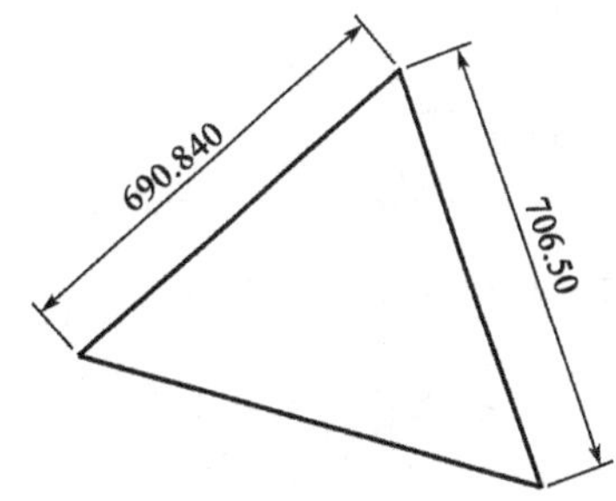

图 5-43 对齐标注尺寸

②打开【标注】菜单，单击【对齐】选项，启动 Dimaligned 命令。

③指定第一条尺寸界线原点或 <选择对象>：(直接按 Enter 键)

④选择标注对象：(选择右上直线)

⑤指定尺寸线位置或[多行文字(M)/文字(T)/角度(A)]：(用鼠标确定尺寸线位置)

⑥在"命令："提示符下，直接按 Enter 键，再次启动 Dimaligned 命令。

⑦指定第一条尺寸界线原点或 <选择对象>：(直接按 Enter 键)

⑧选择标注对象：(选择左上直线)

⑨指定尺寸线位置或[多行文字(M)/文字(T)/角度(A)]：(用鼠标确定尺寸线位置)

绘图结束后,得到如图 5-43 所示的带有对齐标注的三角形图形。

3. 基线标注

在工程制图中,往往以某一个面(或一条线)作为基准,其他尺寸都按该基准进行定位或画线,这就是基线标注。AutoCAD 提供 Dimbaseline 命令方便用户标注这类尺寸。用户可通过下列 3 种方法启动 Dimbaseline 命令。

(1)单击【标注】工具栏上 按钮。

(2)下拉菜单:【标注】|【基线】。

(3)命令行:Dimbaseline 或 DBA

操作步骤如下。

(1)在"命令:"提示符下,输入 Dimbaseline 或 DBA 并按 Enter 键。

(2)指定第二条尺寸界线原点或[放弃(U)/选择(S)] <选择>:

系统要求用户输入另外一个尺寸的第二尺寸界限的起点,指定后马上标注出尺寸。此后,系统会反复出现以上提示,直到用户按 Esc 键退出基线标注为止。

如果用户输入 U 并按 Enter 键,系统将会删除最近一次基线标注。

如果用户在上面提示符下,直接按 Enter 键,则会出现下面提示:

选择基准标注:

要求用户选择基线标注的基线,而后又将出现下面的提示:

指定第二条尺寸界线原点或[放弃(U)/选择(S)] <选择>:(操作同上,不再重复叙述)

注意:基线标注必须是线性尺寸、角度尺寸或坐标尺寸中的某一类型尺寸。在进行基线标注之前,用户必须先标注出一个尺寸,以便系统默认基线。系统默认基线标注之前的那个标注的第一尺寸界线为基线。

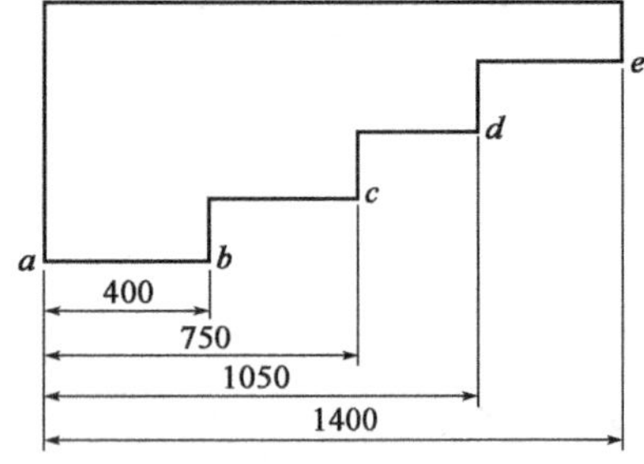

图 5-44 基线标注尺寸

【例 5-7】 用 Dimbaseline 命令进行基线标注。

①先绘制如图 5-44 所示的图形。

②在"命令:"提示符下,输入 DLI 并按 Enter 键,启动 Dimlinear 命令。

③指定第一条尺寸界线原点或 <选择对象>:(利用捕捉功能,捕捉口点为第一尺寸界线的起点,凸点为第二尺寸界线的起点。系统自动标注出第一个尺寸。并默认第一尺寸界线为下面要进行的基线标注的基线)

④在"命令:"提示符下,输入 DBA 并按 Enter 键,启动基线标注命令。

⑤指定第二条尺寸界线原点或[放弃(U)/选择(S)] <选择>:(选择 c 点)

⑥指定第二条尺寸界线原点或[放弃(U)/选择(S)] <选择>:(选择 d 点)

⑦指定第二条尺寸界线原点或[放弃(U)/选择(S)] <选择>:(选择 e 点)

系统自动标注出 3 个基线尺寸,操作结果如图 5-44 所示。

4. 连续标注

在工程制图中,有一些尺寸的第一尺寸界线与前一个尺寸的第二尺寸界线相重合,也即尺寸界线首尾相连。标注这样的尺寸,用系统提供的连续标注功能进行标注,可以起到事半功倍的作用。连续标注的命令是 Dimcontinue。启动该命令可以用下面 3 种方法。

(1)单击【标注】工具栏上按钮。

(2)下拉菜单:【标注】|【连续】。

(3)命令行:Dimcontinue 或 DCO。

连续标注具体步骤如下。

(1)在“命令:”提示符下,输入 Dimcontinue 或 DCO 并按 Enter 键。

(2)指定第二条尺寸界线原点或[放弃(U)/选择(S)] <选择>:(系统要求用户确定下一个连续标注的第二尺寸界线的起点)。

如果用户键入 U 并按 Enter 键,系统将自动取消上一个连续标注尺寸。

如果用户直接按 Enter 键,将出现下面提示:

选择连续标注:(要求用户确定新的连续标注的第一尺寸,确定后系统又出现上面的提示)

【例 5-8】 用 Dimcontinue 命令进行连续标注。

①先绘制如图 5-45 所示的图形。

②在“命令:”提示符下,输入 DLI 并按 Enter 键,启动 Dimlinear 命令。

③利用捕捉功能,捕捉 *a* 点和 *b* 点,进行第一个尺寸标注。

④在“命令:”提示符下,输入 DCO 并按 Enter 键,启动连续尺寸标注命令。

⑤指定第二条尺寸界线原点或[放弃(U)/选择(S)] <选择>:(捕捉圆心 *c*)

⑥指定第二条尺寸界线原点或[放弃(U)/选择(S)] <选择>:(捕捉圆心 *d*)

⑦指定第二条尺寸界线原点或[放弃(U)/选择(S)] <选择>:(捕捉 *e*)

利用捕捉功能,捕捉 *c*、*d*、*e* 点。系统自动进行 3 个连续尺寸标注。操作结果如图 5-45 所示。

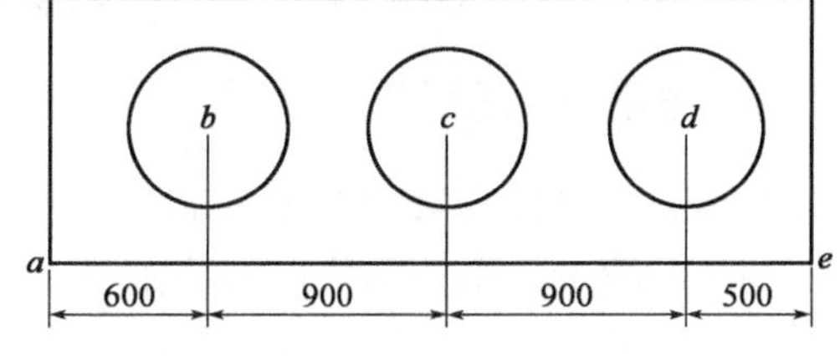

图 5-45 连续标注尺寸

三、径向尺寸标注

1. 标注半径尺寸

AutoCAD 中标注半径尺寸的命令是 Dimradius,启动该命令可以采用下面 3 种方法。

(1)单击【标注】工具栏上按钮。

(2)下拉菜单:【标注】|【半径】。

(3)命令行:Dimradius 或 DRA。

标注半径尺寸的具体步骤如下。

(1)在“命令:”提示符下,输入 Dimradius 或 DRA 并按 Enter 键。

(2)选择圆弧或圆:(选择要标注的圆弧或圆)

(3)指定尺寸线位置或[多行文字(M)/文字(T)/角度(A)]:(4 项选择:指定尺寸线的位置;输入 M,选择多行文字选项;输入 T,选择文字选项;输入 A,选择角度选项)

2. 标注直径尺寸

AutoCAD 中标注半径尺寸的命令是 Dimdiameter,启动该命令可以采用下面 3 种方法。

(1)单击【标注】工具栏上⊘按钮。

(2)下拉菜单:【标注】|【直径】。

(3)命令行:Dimdiameter 或 DDI。

标注直径尺寸的具体步骤如下。

(1)在“命令:”提示符下,输入 Dimdiameter 或 DDI 并按 Enter 键。

(2)选择圆弧或圆:(选择要标注的圆弧或圆)

(3)指定尺寸线位置或[多行文字(M)/文字(T)/角度(A)]:

【例 5-9】 用 Dimradius 和 Dimdiameter 命令进行半径和直径的标注。

①先绘制如图 5-46 所示的两个圆。

②在“命令:”提示符下,输入 DRA 并按 Enter 键,启动 Dimradius 命令。

③选择圆弧或圆:(选择图中左边的圆)

④指定尺寸线位置或[多行文字(M)/文字(T)/角度(A)]:(选择一点确定半径尺寸的位置,结束半径标注)

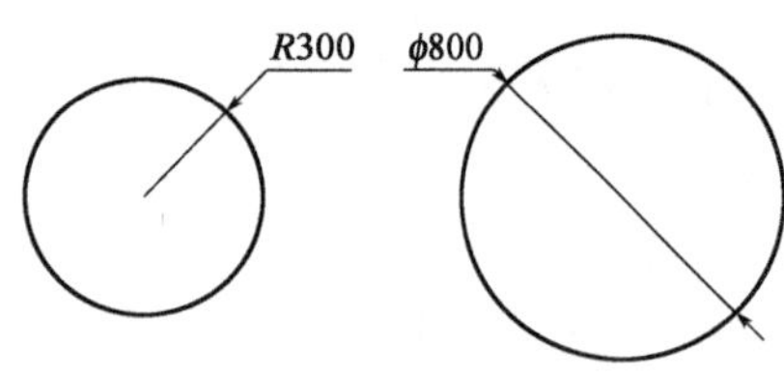

图 5-46 半径和直径尺寸标注

⑤在“命令:”提示符下,输入 DDI 并按 Enter 键,启动 Dimdiameter 命令。

⑥选择圆弧或圆:(选择图中右边的圆)。

⑦指定尺寸线位置或[多行文字(M)/文字(T)/角度(A)]:(选择一点确定直径尺寸的位置,结束直径标注,操作结果如图 5-46 所示)

四、角度尺寸标注

AutoCAD 中标注角度尺寸的命令是 Dimangular,启动该命令可以采用下面 3 种方法。

(1)单击【标注】工具栏上△按钮。

(2)下拉菜单:【标注】|【角度】。

(3)命令行:Dimangular 或 DAN。

标注角度尺寸的具体步骤如下。

在“命令:”提示符下,输入 Dimangular 或 DAN 并按 Enter 键。启动 Dimangular 命令后,将出现如下提示:

选择圆弧、圆、直线或 <指定顶点>:(选择要标注的圆弧、圆或直线,也可以直接按 Enter 键选择三点来标注角度)

(1)选择圆弧进行角度标注。如果用户选择了某段圆弧,系统会自动以圆弧的两个端点作为尺寸界线的起点来标注角度,并提示如下:

指定标注弧线位置或[多行文字(M)/文字(T)/角度(A)]:(4 项选择:指定标注弧线位置;输入 M,选择多行文字选项;输入 T,选择文字选项;输入 A,选择角度选项)

(2)选择圆进行角度标注。如果用户选择了一个圆,系统则将该点作为角度尺寸的第一尺寸界线的起点,并提示:

指定角的第二个端点:(选择角度尺寸的第二尺寸界线的起点)

指定标注弧线位置或[多行文字(M)/文字(T)/角度(A)]:(含义同上)

(3)选择两条直线进行角度标注。如果用户选择了一条直线,系统会自动将该直线作为

角度尺寸的第一尺寸界线的起点,并提示如下:

选择第二条直线:(系统会自动把该直线作为第二尺寸界线的起点)

指定标注弧线位置或[多行文字(M)/文字(T)/角度(A)]:(含义同上)

(4)直接按 Enter 键,选择 3 点来标注角度。系统提示如下:

指定角的顶点:(选择标注角的顶点)

指定角的第一个端点:(选择第一边的终点)

指定角的第二个端点:(选择第二边的终点)

指定标注弧线位置或[多行文字(M)/文字(T)/角度(A)]:(含义同上)

【例 5-10】 用 Dimangular 命令进行角度标注。

①先绘制图 5-47 中未标注之前的图形。

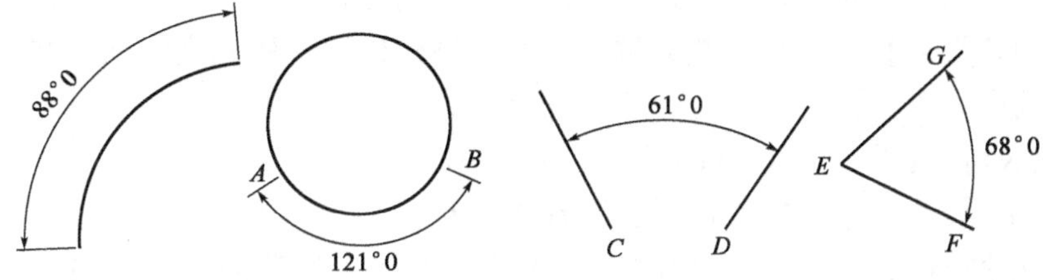

图 5-47 角度尺寸标注

②在“命令:”提示符下,输入 DAN 并按 Enter 键,启动角度标注命令。

③选择圆弧、圆、直线或(指定顶点):(选择图 5-47 中的圆弧)

④指定标注弧线位置或[多行文字(M)/文字(T)/角度(A)]:(选择一点确定尺寸线的位置)

⑤按 Enter 键,重新启动 Dimangular 命令。

⑥选择圆弧、圆、直线或<指定顶点>:(选择图 5-47 中圆上的 *A* 点)

⑦指定角的第二个端点:(选择图 5-47 中圆上的 *B* 点)

⑧指定标注弧线位置或[多行文字(M)/文字(T)/角度(A)]:(选择一点确定尺寸线的位置)

⑨按 Enter 键,重新启动 Dimangular 命令。

⑩选择圆弧、圆、直线或<指定顶点>:(选择图 5-47 中直线 *C*)

⑪选择第二条直线:(选择图 5-47 中直线 *D*)

⑫指定标注弧线位置或[多行文字(M)/文字(T)/角度(A)]:(选择一点确定尺寸线的位置)

⑬按 Enter 键,重新启动 Dimangular 命令。再按 Enter 键,选择用三点方式标注角度。

⑭指定角的顶点:(选择图 5-47 中 *E* 点作为标注角的顶点)

⑮指定角的第一个端点:(选择图 5-47 中 *F* 点作为第一边的终点)

⑯指定角的第二个端点:(选择图 5-47 中 *G* 点作为第二边的终点)

⑰指定标注弧线位置或[多行文字(M)/文字(T)/角度(A)]:(选择一点确定尺寸线的位置,最后操作结果如图 5-47 所示)

五、坐标尺寸标注

AutoCAD 中标注坐标尺寸的命令是 Dimordinate,启动该命令可以采用下面 3 种方法。

(1)单击【标注】工具栏上按钮。

(2)下拉菜单:【标注】|【坐标】。

(3)命令行:Dimordinate 或 DOR。

标注坐标尺寸的具体步骤如下。

(1)在“命令:”提示符下,输入 Dimordinate 或 DOR 并按 Enter 键。

(2)指定点坐标:(指定要标注坐标尺寸的点)

(3)指定引线端点或[X 基准(X)/Y 基准(Y)/多行文字(M)/文字(T)/角度(A)]:

在步骤(3)中有 6 个选项供用户选择,各选项的功能如下。

①【指定引线端点】:确定指引线的端点。系统将根据用户所确定的两点之间的坐标差标注尺寸,并将该尺寸文本标注在指引线终点处。

②【基准(X)】:输入 X 并按 Enter 键,标注 X 坐标。

③【基准(Y)】:输入 Y 并按 Enter 键,标注 Y 坐标。

④【多行文字(M)】/【文字(T)】/【角度(A)】:(这 3 个选项功能与径向标注中相应部分相同,不再重述)。

六、引线标注

AutoCAD 中标注引线尺寸的命令是 Leader,启动该命令可以采用下面 3 种方法。

(1)单击【标注】工具栏上的按钮。

(2)下拉菜单:【标注】|【引线】。

(3)命令行:Leader 或 LE。

标注指引尺寸的具体步骤如下。

(1)在“命令:”提示符下,输入 Leader 或 LE 并按 Enter 键。

(2)指定第一个引线点或[设置(S)] <设置>:(指定指引线的起点,或按 Enter 键设置指引标注参数)

(3)指定下一点:(指定指引线的另一端点)

(4)指定文字宽度 <0>:(输入文本串宽度)

(5)输入注释文字的第一行 <多行文字(M)>:(输入单行注释文本或多行注释文本)

当在第(2)步直接按 Enter 键时,系统将弹出如图 5-48 所示的对话框。该对话框有 3 个选项卡:【注释】、【引线和箭头】和【附着】,这些选项卡用于设置注释文本、指引线、箭头及其他附加设置。

【例 5-11】 用 Leader 命令进行引线标注。

①先绘制如图 5-49 所示的未进行引线标注的图形。

②在“命令:”提示符下,输入 LE 并按 Enter 键,启动 Leader 命令。

③指定第一个引线点或[设置(S)] <设置>:(直接按 Enter 键,打开[引线设置]对话框)

④单击【附着】选项卡,选中【最后一行加下划线】复选框,单击【确定】按钮关闭对话框。

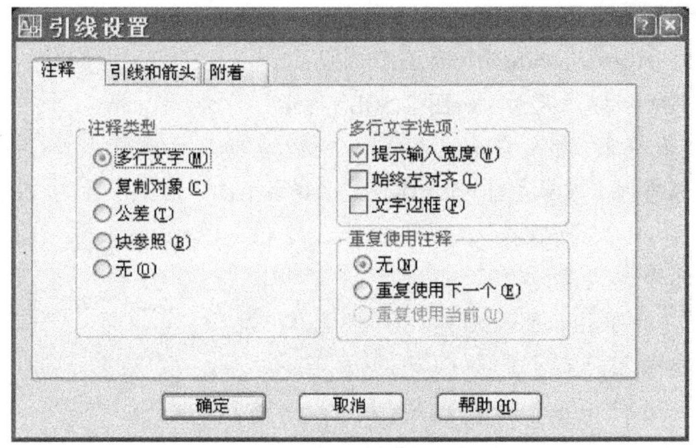

图 5-48 【引线设置】对话框

⑤指定第一个引线点或[设置(S)]<设置>:(在倒角处指定引线起点)

⑥指定下一点:(向右上拉出,指定引线第二点)

⑦指定下一点:(按 Enter 键结束引线)

⑧输入注释文字的第一行<多行文字(M)>:(倒角 5cm×5cm)

⑨输入注释文字的第一行<多行文字(M)>:(按 Enter 键结束,操作结果如图 5-49 所示)

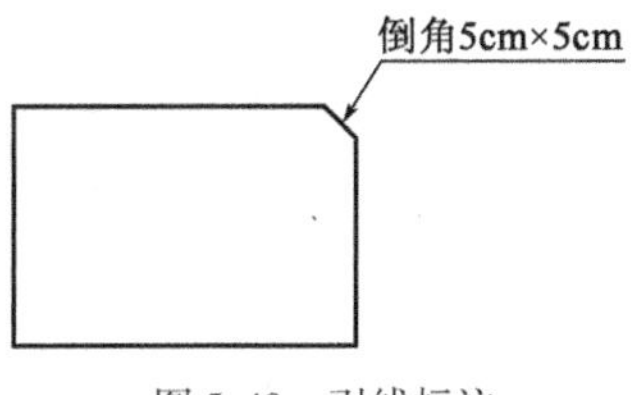

图 5-49 引线标注

七、编辑尺寸标注

在工程制图中,经常要对已经标注的尺寸进行编辑。AutoCAD 提供了多种编辑尺寸标注的方法。

1. 用 DDmodify 命令编辑尺寸标注

用户在“命令:”提示符下,输入 DDmodify 或 MO 并按 Enter 键,即可启动该尺寸标注编辑命令。接着系统会提示:“选择编辑对象”要求用户选择需要修改的尺寸标注,用户选择尺寸标注后,将弹出【特性】对话框。在该对话框内更改有关的选项,即可完成尺寸标注编辑。

2. 用 Dimedit 命令编辑尺寸标注

用户在“命令:”提示符下,输入 Dimed 或 DED 并按 Enter 键,即可启动 Dimedit 尺寸标注编辑命令。启动该命令后,系统将会出现如下的提示:

输入标注编辑类型[默认(H)/新建(N)/旋转(R)/倾斜(O)]<默认>:

该提示中各选项的含义分别介绍如下。

(1)【默认(H)】:系统的默认选项。选择该选项表示将尺寸文本放回到它原来的位置上。如某尺寸文本系统默认的方向为字头向上,旋转角度为 0°,而现在旋转角度为 30°,执行该选项后,又回到了默认的角度。

(2)【新建(N)】:该选项用于更新尺寸文本。

(3)【旋转(R)】:该选项用于将尺寸文本旋转某个角度。

(4)【倾斜(O)】:该选项用于将尺寸界限旋转某个角度。

【例 5-12】 用 Dimedit 命令修改尺寸界线。

①用 Line 命令绘制如图 5-50a)所示图形。

②用 Dimaligned 命令标注尺寸,如图 5-50b)所示。

③在“命令:”提示符下,输入 Dimed 按 Enter 键,启动尺寸编辑命令。

④输入标注编辑类型[默认(H)/新建(N)/旋转(R)/倾斜(O)]<默认>:O(按 Enter 键)

⑤选择对象:(选择左边尺寸)

⑥输入倾斜角度(按 Enter 表示无):180(按 Enter 键)

⑦选择对象:(选择上面尺寸)

⑧输入倾斜角度(按 Enter 表示无):70(按 Enter 键)

操作结果如图 5-50c)所示。

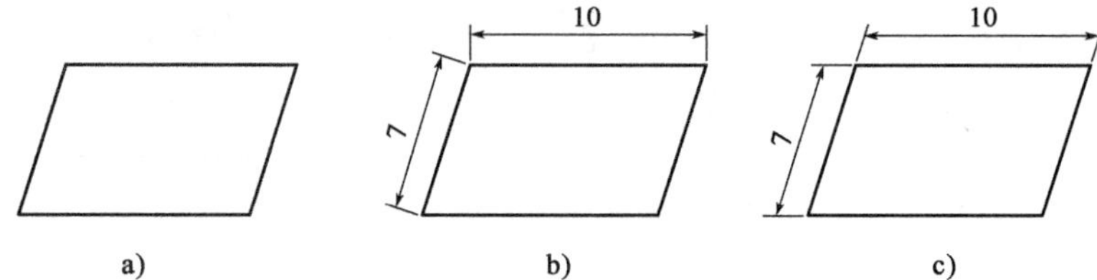

图 5-50 用 Dimedit 命令修改尺寸界线

【复习思考题】

1. 如何新建一个文字样式和标注样式?

2. 写出字符串“±70mm”的特殊控制码。

3. 当在 AutoCAD 中写汉字时,显示的不是汉字而是“?”,是什么原因造成的?如何纠正?

4. 文字样式中的“倾斜角度”与文字输入中的“旋转角度”有何区别?当“旋转角度”为90°时,文字方向是怎样的?

5. 文字高度是 6,书写的文字高度是 6mm,还是 6cm?

6. 在【新建标注样式】对话框中,【直线和箭头】选项卡中的【基线间距】、【起点偏移量】和【超出尺寸线】这 3 个文本框中的参数各表示什么含义?

7. 在【新建标注样式】对话框中,【主单位】选项卡中的【比例因子】与【调整】选项卡中的【使用全局比例】这两个文本框中的参数有何区别?

8. 在【新建标注样式】对话框中,【换算单位】选项卡有何作用?

9. 如何在标注文字中添加前缀和后缀?

10. 如何指定角度标注的小数精度?

11. 如何强制箭头放在尺寸界线的外面?

第六章

隧道平面图、纵断面图的绘制

隧道平面图是在地形图上绘制的。主要表示隧道的位置信息以及隧道与地形地貌的关系。在隧道平面图标明隧道的主洞、横洞、导洞、竖井位置。

隧道纵断面图要反映地质断面及水文情况。

第一节　模板文件的创建

AutoCAD 工程图的绘制过程中很多绘图的设定都是相似的,如果每次开始画一张新图都去设置图纸大小、尺寸单位、边框等,会让人觉得烦琐。如果使用模板把设置好的绘图环境保存为模板文件,在绘制一张新图的时候将设置好的模板文件导入,就可以省去设定绘图环境的麻烦,无需在绘图过程中反复设置变量,并且使图纸标准化。

1. 设置图层

单击标准工具栏上的图标或在命令行下输入"Layer"并按 Enter 键,会弹出【图层特性管理器】对话框。

在【图层特性管理器】对话框中,单击按钮,建立一个新图层,新建图层的名字、线形、线宽、颜色等可更改成需要的样式,一般需要建立的图层有"尺寸标注""细实线""粗实线""文字""辅助线""中线""虚线"等。

2. 设置绘图单位

选择【格式】下拉菜单中的【单位】选项，弹出【图形单位】对话框。在该对话框中进行绘图单位的设置。

3. 设置栅格和捕捉

鼠标右击状态栏的【栅格】或【捕捉】按钮，在弹出的快捷菜单中选择【设置】菜单项，弹出【草图设置】对话框，在其中设置“捕捉和栅格”与“对象捕捉”。

4. 图形界限

选择【格式】下拉菜单中的【图形界限】选项或在命令行输入 Limits 并按 Enter 键，按命令提示操作。

5. 尺寸标注与文字标注

按本书前面的内容进行设置，也可参照具体后边的例子。

6. 图框的绘制

隧道工程图纸现在标准为 A3(420mm × 297mm)图纸，考虑到用图纸布局出图，只需预先建立标准图框图块，然后在图纸布局中插入该标准图框图块或该标准图框图的外部引用即可。

7. 常用的图块的定义

按第四章的内容进行设置，在这里不再重复。

8. 布局的设置

按第十三章的方法进行设置即可。

9. 模板文件的保存

(1)单击【文件】下拉菜单中的【另存为】命令或在命令行中输入 Saveas 并按 Enter 键，弹出【图形另存为】对话框。

(2)在【文件类型】下拉列表框中选择【图形样板(*. dwt)】。

(3)在【文件名】下拉列表框中输入“隧道 A3 样板”。

(4)单击【保存】，弹出【样板说明】对话框，可以加上必要的说明，方便以后的查找和调用。

第二节　隧道平面图绘制

一、新建文件

单击【文件】下拉菜单中的【新建】菜单项或在命令行提示符下，输入“New”或“Qnew”并按 Enter 键，也可以单击标准工具栏□图标，弹出【选择样板】工具栏。选择上文建立的模板文件(隧道 A3 样板. dwt)，单击确定新建的文件就是以模板创建的新文件。

AutoCAD 常用命令的缩写有 A(ARC), B(Block), C(Circle), D(Dimstyle), E(Erase), F(Fillet), G(Group), H(Bhatch), I(Insert), L(Line), M(Move), O(Offset), P(Pan), R(Redraw),S(Stretch),T(Mtext),U(Undo),V(View),W(Wblock),X(Explode),Z(Zoom)。使用前两个字母简化输入即可的命令有:Array,Copy,Dist,Donut,Dtext,Filter,Mirror,Pline,Rotate,Trim,Scale,Snap,Style,Units,Xline 等,使用简化或缩写命令输入方式比鼠标点取快,对熟悉键盘的人来说是非常好的操作方法(左手键盘与右手鼠标的配合使用)。还有常用快捷键如 Ctrl + C(复制)、Ctrl + V(粘贴)、Ctrl + S(保存)等。

二、保存文件

单击【文件】下拉菜单中的【保存】菜单项或在"命令:"提示符下,输入"Qsave"并按 Enter 键,弹出【图形另存为】对话框,选择存储路径并填写文件名字,在【文件类型】下拉列表框中选择【AutoCAD 2000 图形(*.dwg)】,并单击【确定】按钮。

注意:如果绘制都是二维图形,那么最好保存成低版本格式,如"AutoCAD 2000 图形(*.dwg)",方便用各种不同版本的 AutoCAD 打开。

三、绘制隧道平面图

隧道平面图通常都是在地形图上绘制的。地形图有两种:一种是矢量图、一种是光栅图。这两种地形图通常都是向测绘部门购得。也可以自己测绘,尤其是 1:500 的地形图都是由设计单位测绘的。

1. 使用矢量地形图绘制平面图

(1)打开地形图,使用 Layer 命令或按钮新建一些图层,比如道路中线、桩号、要素桩层等,这样在绘图是可以把不同的对象放在对应的层中。

(2)使用 Pline 命令或按钮,以计算好的起点、交点、终点绘制路线控制线在控制线层。使用 Pline 命令或按钮,绘制道路中线。如果中线中有缓和曲线,无法将道路中线绘制成整条多义线,可以使用 Pedit 命令或【修改】|【对象】|【多义线】中的合并选项,将线段合并成多义线。

注意:线段必须首尾相接,任何误差都会使合并无法进行。

(3)使用 Block 命令或按钮,创建里程桩号块:块名"lcz",块中的文字不能用"属性"方式,如图 6-1 所示。

(4)插入里程桩:

命令:MEASURE 或【绘图】|【点】|【定距等分】

选择要定距等分的对象:选择道路中线

指定线段长度或[块(B)]:b

输入要插入的块名:lcz

是否对齐块和对象?[是(Y)/否(N)] <Y>:

指定线段长度:20

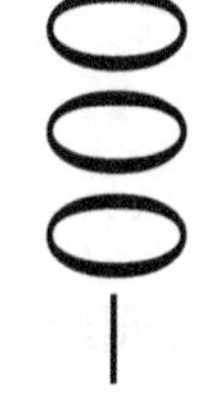

图 6-1 里程桩号块

使用 Explode 命令或按钮,分解刚插入的所有的块。如果选择困难,可以关闭一些无关的层。然后双击每一个桩号的数字,输入相应的里程数字,如图 6-2 所示。

(5)绘制隧道:使用 Offset 命令或按钮,向两边偏移中线,偏移距离 5,并将其变为虚线,作为隧道的边线。在洞门处绘制端线,并标注里程桩号和高程或隧道长度。

(6)右击"布局 1"选【页面设置管理器】,点【修改】进入【页面设置】选项卡;设置图纸为

A3(420mm×297mm),比例 1:1 后【关闭】。

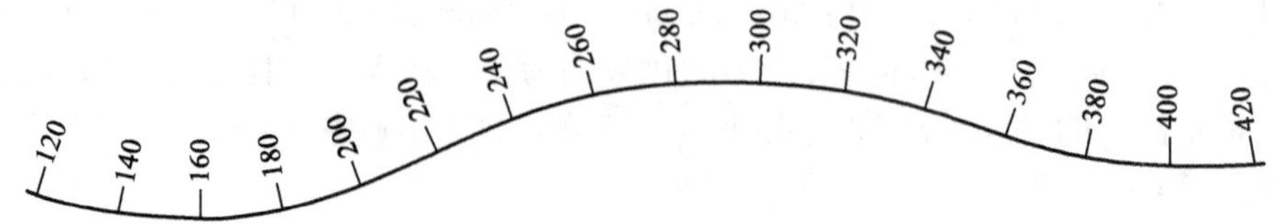

图 6-2 里程桩号

(7)用“外部引用”将图框插入,调整视口大小等于或比图框略小。双击视口内部,使用 Zoom 命令的 s 选项,输入. 5xp;使用按钮将视口内的图调整到合适的位置;如有需要,用 Mvsetup 命令的 a 选项的 r 选项旋转视口内的图到合适的位置;点击视口外,结束操作。如此打印成 A3 的图纸是 1:2000 的比例。这时一个布局大约安排 700m 的路线长度,如果隧道较长,可以多几个布局,如图 6-3 所示。

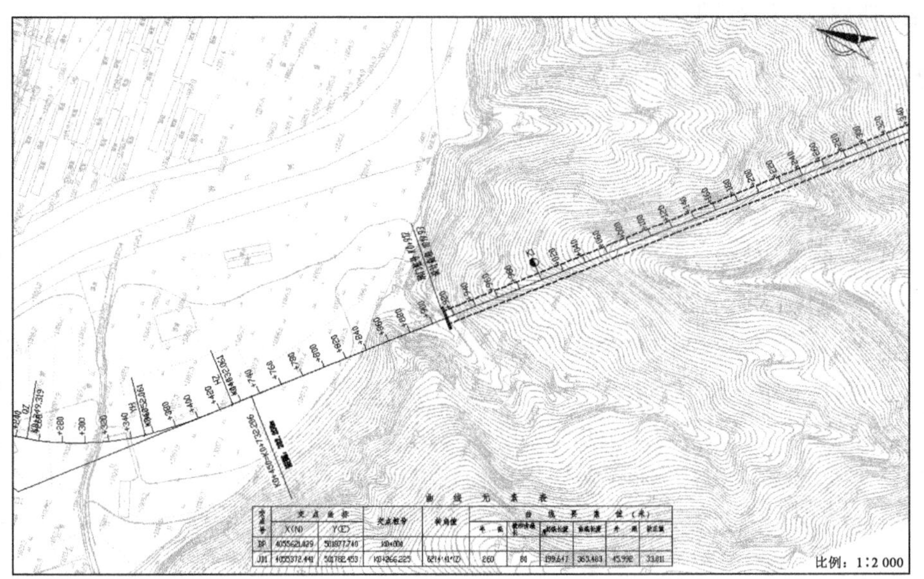

图 6-3 隧道平面图

2. 用光栅地形图绘制平面图

用像素地形图绘制平面图与上述过程基本一致,只是在(1)、(2)之间要加入下列步骤:

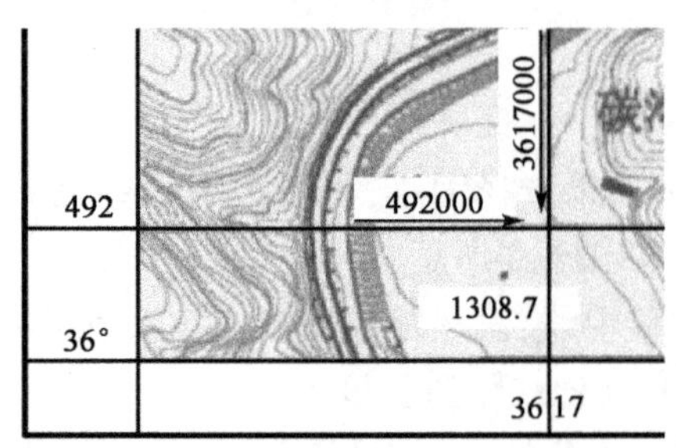

图 6-4 光栅地形图标定后

用【插入】|【光栅图像参照】将光栅地形图插入 AutoCAD;用 Scale 的 r 选项将光栅地形图缩放成一个绘图单位 = 1m;再将光栅地形图的已知坐标点平移至相应的位置。如果光栅地形图将其他绘制的图线遮盖,可用【绘图次序】菜单中的按钮,或 DRWORDER 命令将光栅地形图后置,如图 6-4 所示。

矢量地形图的坐标都是标定好的。

第三节 隧道纵断面图绘制

隧道纵断面图应该包含地质、地下水情况、地面和路线高程、地质说明、围岩分类、衬砌类型等。

一、新建文件和设置绘图环境

利用预先做好的模板新建文件，并根据实际情况进行绘图界限更改，添加图层、文字式样、标注式样等内容，建立新的绘图环境。

二、绘制过程

(1)绘制比例尺。

①使用“多义线”Pline 命令，线宽为 2，鼠标输入第一点，第二点：@ 0,20，Enter 结束命令。

②使用 Copy 命令，选择多义线，基点捕捉多义线的第一点，第二点为@ 2,20，结束命令。

③使用 Array 命令或按钮，选择两段多义线，矩形阵列，10 行 1 列，列间距 40。

④使用 Line 命令绘制一条垂直线，起点为多义线的第一点。

⑤使用 Offset 命令或按钮，选择垂直线，向左偏移 1，向右偏移 3；并删除中间的垂直线。

⑥用 Text 命令标注高程。

(2)地面的绘制。

①使用“多义线”Pline 命令绘制地面线，各点用绝对坐标键盘输入。如果窗口中看不到图线可用按钮。通常纵断面纵横比例不同，纵向的比例会比横向的大。可以用块的方法进行调整。制作块时需要先绘制一个高度尺，并将高度尺和地面线一并做成块；插入此块时调整 Y 方向的比例即可；分解此块，调整高度尺的文字高度和宽度系数。

②用【修改Ⅱ】菜单中的按钮或 PEDIT 命令中的 j 选项将分解的地面线合并。

(3)绘制注释栏。包括：围岩级别、超前支护形式、结构形式、地面高程、设计高程、里程桩号、坡度及坡长、地下水情概况、地质概况等内容。

围岩级别																															
超前支护形式	DGPk形/20m																									XGPk形/80m					
结构形式																								Vk形/100m							
地面高程	1 150.75	1 148.35	1 140.63	1 138.82	1 140.29	1 138.66	1 139.02	1 141.64	1 141.70	1 139.38		1 141.73	1 143.66	1 143.28	1 146.38	1 148.91	1 144.52	1 145.25	1 146.21	1 149.23	1 150.09	1 143.33	1 152.48	1 161.94	1 166.28	1 170.65	1 193.17	1 194.40	1 194.97	1 196.19	1 198.17
设计高程	1 141.04	1 141.23	1 141.51	1 141.79	1 142.04	1 142.28	1 142.57	1 142.78	1 143.06	1 143.20		1 143.55	1 143.86	1 144.33	1 144.61	1 144.87	1 145.36	1 145.74	1 146.26	1 146.63	1 146.84	1 147.05	1 147.31	1 147.47	1 147.64	1 147.80	1 147.95	1 148.09	1 148.21	1 148.33	1 148.43
里程桩号	5	+508	+520	+532		+553	+565	+574	+586	+592	6	+607	+620	+640		+663	+684	7		+738	+748	+758		+780	+790	8	+810	+820	+830	+840	+850
坡度及坡长	2.350 360.00(500.00)																														
地下水情概况	孔隙水、裂隙水																														
地质概况	1.上更新统黄土(Q_3^{eol})：浅灰白黄色，稀实—中密，孔隙发育，结构疏松，自重湿陷性黏土。 2.中更新统黄土(Q_2^{eol})：浅棕黄色，中密，良好质结核。 3.第三系新统红土(N_2)：棕红色，稍涩，硬塑，土质均匀，干燥—稍湿，中密，土质均匀，含钙质结核，土中含有大量钙质结核，成岩性差，黏粒含量多，其中含有一定量黏土矿物，遇水有膨胀性。																														

图 6-5 隧道纵断面图的注释栏

R-13 000 T-183.65 E-1.3
洞门桩号 K0+380
设计高程 1 083.22
Z1
56.00
1 133.00
Z2
140.00
1 219.70
Q3黄土
Q2黄土
Q1亚黏土
红黏土
H1:2 000
V1:1 000
围岩级别
超前支护形式
结构形式
地面高程
设计高程
里程桩号
坡度及坡长
地质概况

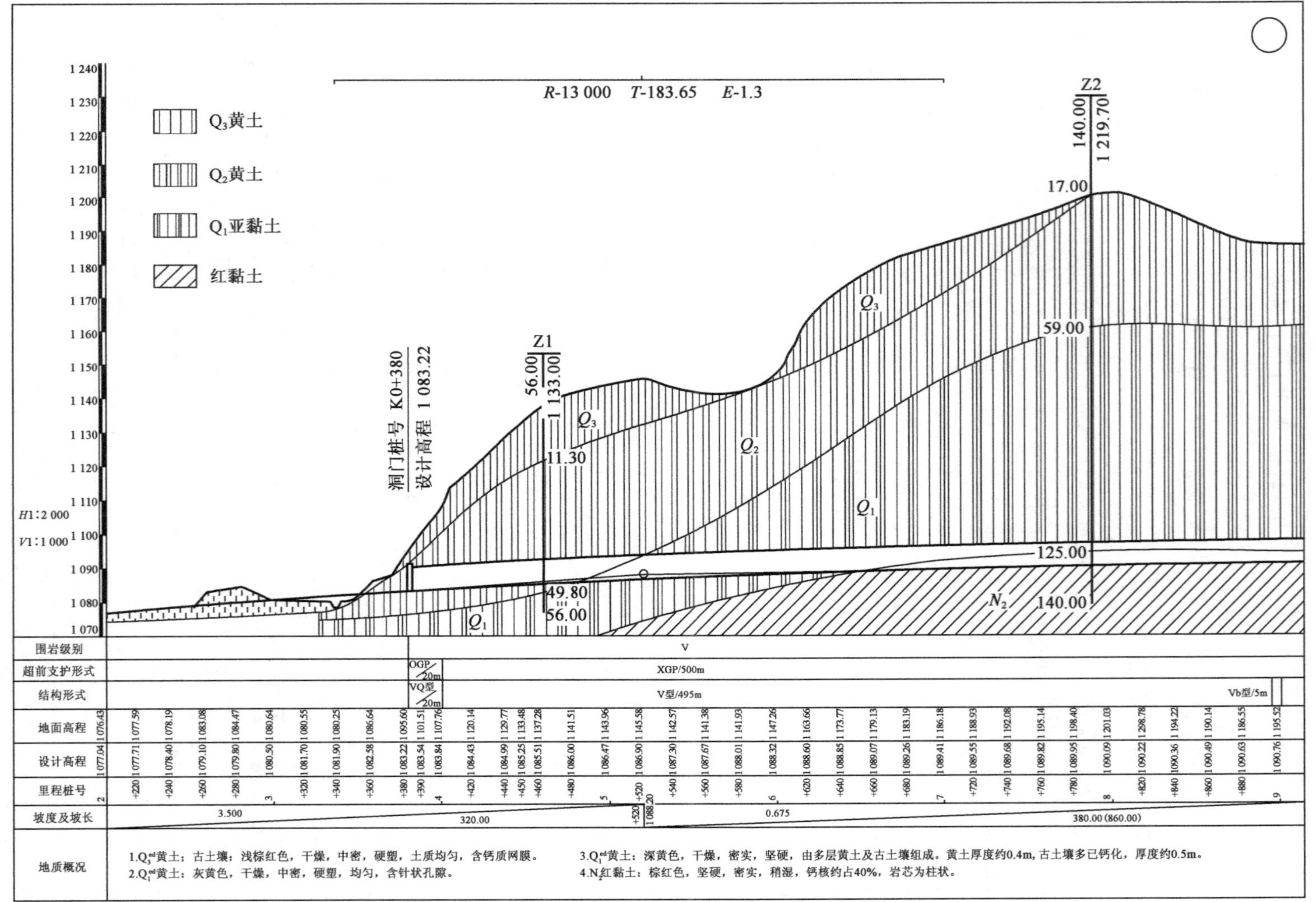

图6-6 隧道纵断面图

①使用 Line 命令绘制一条水平线;并使用 Copy 命令按照需要填入的内容,复制出合适间距的平行线。

②使用 Text 命令将各项数据的第一列对应填入。

③使用 Array 命令或按钮,选择起始里程桩号,矩形阵列,1 行 36 列,列间距 20。阵列好后,双击每格数字按实际桩号修改即可。同样的方式填入设计高程和地面高程等。

④用 Line 命令绘制示坡线;使用 Text 命令标注坡度和坡长,如图 6-5 所示。

(4)绘制设计线:使用 Pline 命令或按钮,绘制设计线;使用 Offset 命令或按钮偏移出隧道的高度。

(5)使用 Line 命令绘制洞门及开挖仰坡线。

(6)根据地调质料绘制地质分层。用【绘图】菜单的按钮绘制地质分层线。

(7)使用 Hatch 命令或【绘图】菜单的按钮,按钮绘制地质地层。

(8)按照钻孔资料,使用 Line 命令绘制钻孔位置;并使用 Text 命令进行标注,如图 6-6 所示。

【复习思考题】

1. 在 AutoCAD 中,利用提前编制好的模板文件来新建文件的好处是什么?

2. 在 AutoCAD 中,设置不同图层的好处是什么?有时由于个人疏忽,将应在某图层中绘制的图形绘制到其他图层内该怎么办?

3. 在绘图中,文字的大小该怎么定义?

4. 在绘图中,使用视图中缩放、平移、鸟瞰视图命令各什么好处?

5. 在平面图中,如何使文字镂空,使文字不受其他线条影响?

6. 在光栅地形图中绘制平面图时,如何使所有绘制的对象都显示并能打印?

第七章

隧道结构图绘制

隧道的大部分设计图都与建筑限界及隧道内轮廓有关，所以建筑限界及隧道内轮廓是隧道设计最先要做的。隧道衬砌结构图常用的比例尺为1:50～1:100。

第一节　建筑限界的绘制

隧道建筑限界及隧道内轮廓必须按照《公路隧道设计规范》(JTG D70—2004)绘制。建筑限界是隧道内其他任何建筑物不得侵入的界限。不同等级的公路，其建筑限界也不相同。

一、新建文件和设置绘图环境

利用用户预定义的模板新建文件，并根据实际情况进行绘图界限更改，添加图层、文字式样、标注式样等内容，建立新的绘图环境。

二、绘制过程

(1)首先绘制路面线。使用Line命令，第一点使用鼠标输入，第二点键盘输入：@100，-2，按Enter键。

(2)使用Line命令在刚才绘制的直线的第一点处绘制一条垂直点划线为中心线。

(3)使用 Mirror 命令或按钮,选择路面线,以垂直点划线为镜像线镜像。

(4)使用 Offset 命令或按钮,根据《公路隧道设计规范》(JTG D70—2004)绘隧道建筑限界。

①在设计高程处绘制一条水平线,并将其向上偏移 5m 成建筑限界上边缘。

②按照设计行车速度查出车道和侧向宽度,计算出路面宽度,选择中心线,按照结果向左右偏移出道牙。

③选择道牙向外偏移出人行道或检修道宽度。

④在路面线和道牙线交汇处绘制一条水平线,并向上偏移出道牙的高度。

⑤选择道牙高度向上偏移 2.5m 成人行道上边缘。

⑥选择建筑限界上边缘向下偏移 1m。

⑦选择道牙线向外偏移出余宽。

⑧选择余宽线向内偏移出顶角宽度。

(5)使用 Trim 命令或按钮,将不需要的部分剪除。

(6)使用 Erase 命令或按钮,将不需要的部分删除,如图 7-1 和图 7-2 所示。

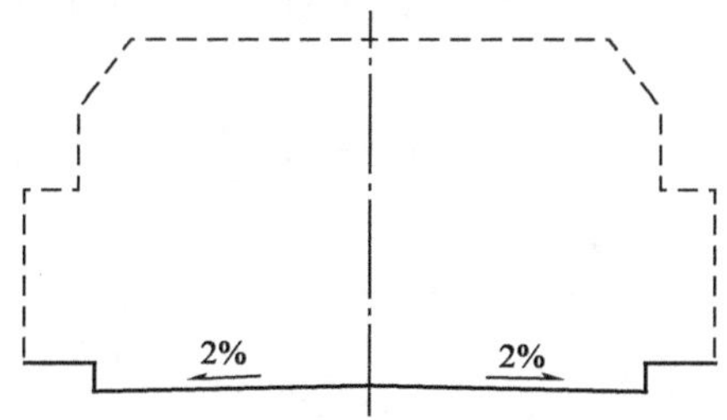

图 7-1 二级路隧道建筑限界

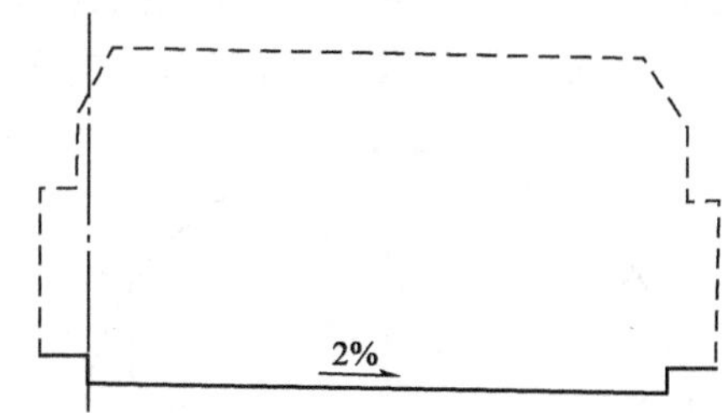

图 7-2 高速路隧道建筑限界

公路隧道建筑限界横断面组成最小宽度见表 7-1。

公路隧道建筑限界横断面组成最小宽度(单位:m) 表 7-1

公路等级	设计速度(km/h)	车道宽度 W	侧向宽度 i		余宽 C	人行道 R	检修道 J		隧道建筑限界净宽		
			左侧 L_L	右侧 L_R			左侧	右侧	设检修道	设人行道	不设检修道、人行道
高速公路 一级公路	120	3.75×2	0.75	1.25			0.75	0.75	11.00		
	100	3.75×2	0.50	1.00			0.75	0.75	10.50		
	80	3.75×2	0.50	0.75			0.75	0.75	10.25		
	60	3.50×2	0.50	0.75			0.75	0.75	9.75		
二级公路 三级公路 四级公路	80	3.75×2	0.75	0.75		1.00				11.00	
	60	3.50×2	0.50	0.50		1.00				10.00	
	40	3.50×2	0.25	0.25		0.75				9.00	
	30	3.25×2	0.25	0.25	0.25						7.50
	20	3.00×2	0.25	0.25	0.25						7.00

第二节　隧道内轮廓图绘制

为了保证不侵入建筑限界，隧道内轮廓通常都要比建筑限界大，考虑到衬砌台车或模板的偏移和变形，隧道内轮廓一般比建筑限界大10cm。为使隧道受力合理，多数隧道内轮廓都用单心圆或三心圆，少数围岩好、断面小的隧道才会用直墙结构。

一、单心圆内轮廓

(1)在绘制好的建筑限界的三个角上各画一个半径10cm的圆，然后使用Circle命令中的3p响应，即三点画圆的方式，三点都要捕捉切点的方式捕捉到三个半径10cm的圆的外边。最后还要检查建筑限界上缘至拱顶的距离，如果隧道要安装射流风机，这个距离一般在1.8～2.6m之间，如图7-3所示。

需要注意的是，这个内轮廓是最小内轮廓，如果隧道段路线在弯道上并且路面有超高，就要将建筑限界调整后叠加到原建筑限界上再绘制。绘制出的内轮廓既要保证原建筑限界，也要保证调整后的建筑限界都有10cm的余量，如图7-4所示。

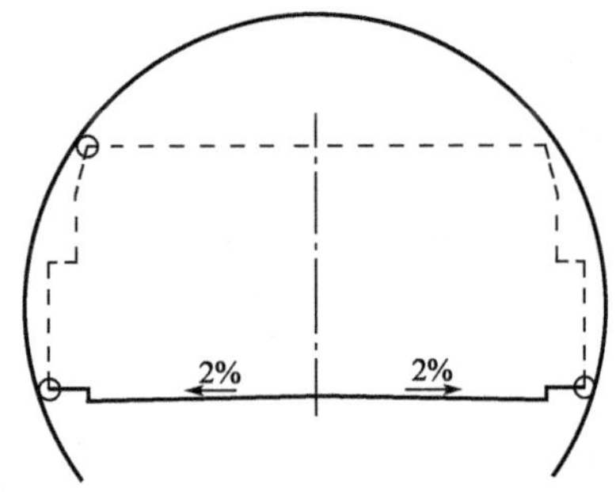

图7-3　单心圆内轮廓

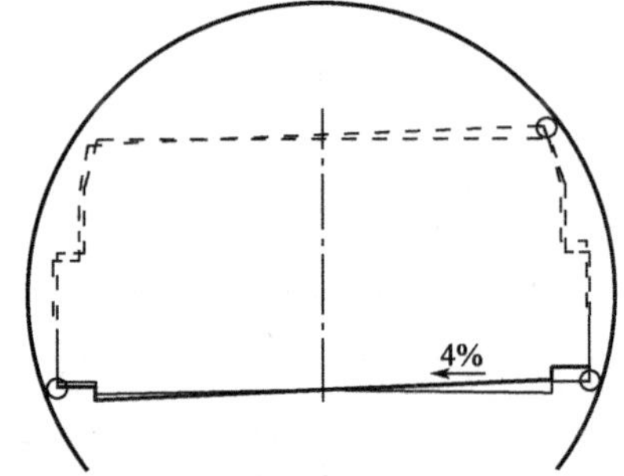

图7-4　路面超高单心圆内轮廓

(2)仰拱：隧道通常都要在路面下放置中心排水管，仰拱距中心点离路面的距离大于140cm，两车道隧道仰拱半径一般为11～15m。仰拱弧的圆心要和内轮廓的圆心在一条垂线上。仰拱与隧道上部曲线连接使用Fillet命令或按钮，r回车，输入圆角半径，本图为100cm，选择仰拱，选择上部曲线；同样圆角做另一边，如图7-5所示。

(3)标注：在预先设置好的“标注式样”中选择需要的式样，在标注图层内进行标注。在标注时注意使用“连续标注”“角度标注”“半径标注”和“编辑标注文字”命令。

(4)参数表：面积和周长都是填路面以上的部分。面积和周长可以用下拉菜单中的【绘图】/【边界】将路面以上的部分绘制边界，并用下拉菜单中的【工具】/【查询】/【列表】显示检查其面积和周长，如图7-5所示。

(5)文字输入：从设置好的“文字式样”中选择需要的“式样”，用Mtext输入即可，文字大小的设置参见第三章的说明。

二、三心圆内轮廓

三心圆内轮廓一般用在高速公路的三车道隧道、紧急停车带或单车道隧道，如横洞。要求一是要对称，二是矢跨比不能太小。

(1)使用 Circle 命令，先画一边的墙段弧线。如果是两车道隧道的紧急停车带，则使用两车道隧道的墙段弧线，如图 7-6 所示。

(2)使用 Mirror 命令或按钮，选择墙段弧线，打开正交，镜像到另一边，因为此时没有中心对称线，可以先镜像，再做水平移动。移动就位后再绘制中心对称线，如图 7-7 所示。

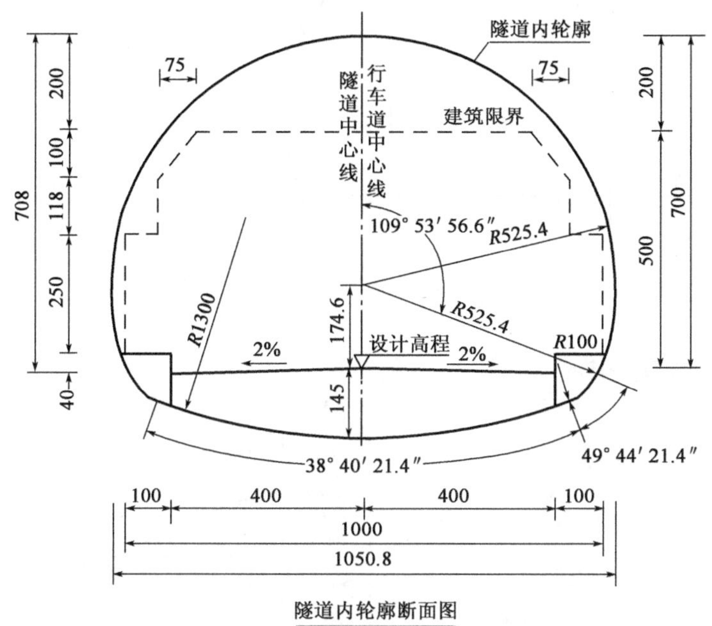

隧道内轮廓参数表

项目	单位	指标
面积	m^2	60.35
周长	m	31.23
总高度	m	7.08
宽度	m	10.508

注：

1.图中尺寸均以厘米计。

2.设计标准：

行车道净宽：0.50m+3.50×2m+0.50m

行车道净高：5.00m

人行道净宽：1.00m

3.隧道建筑限界内不得有任何部件侵入。

图 7-5　隧道建筑限界及内轮廓设计图(尺寸单位：cm)

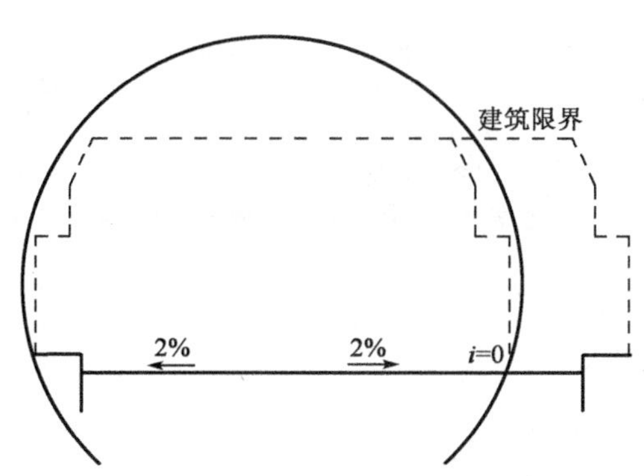

图 7-6　三心圆内轮廓绘制步骤一

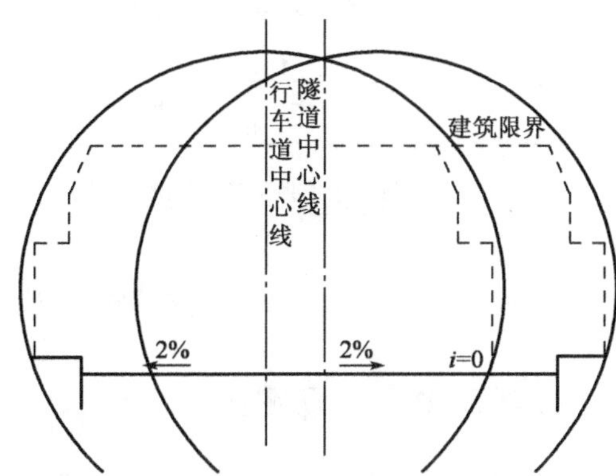

图 7-7　三心圆内轮廓绘制步骤二

(3)使用绘制圆 Circle 命令中的 T 响应，即相切、相切、半径的方式，捕捉两个侧边圆弧绘制顶段弧线，半径要多试几次，直到矢跨比合适为止，如图 7-8 所示。

(4)使用 Trim 命令或按钮，将不需要的线段修剪删除。

(5)绘制仰拱，仰拱圆弧的中心要在隧道中心线上，仰拱的圆弧最好与两车道隧道的圆弧重叠的部分尽量接近。

(6)标注尺寸。

(7)最后绘制参数表,如图7-9所示。

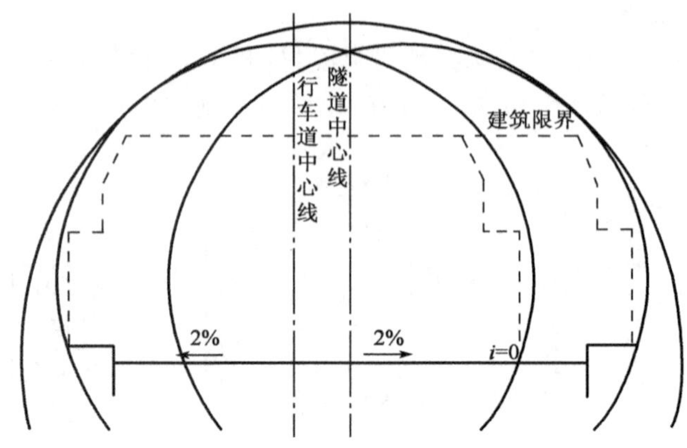

图7-8 三心圆内轮廓绘制步骤三

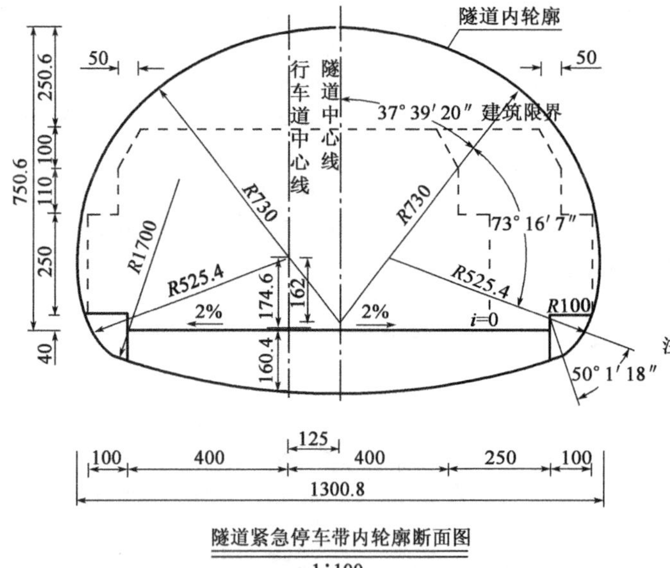

隧道紧急停车带内轮廓参数表

项目	单位	指标
面积	m^2	80.77
周长	m	35.42
总高度	m	7.506
宽度	m	13.008

注:

1.图中尺寸均以厘米计。

2.设计标准:

行车道净宽:0.50m+3.50m×2+0.50m

紧急停车带净宽:0.50m+3.50m×2+0.50m+2.50m

行车道净高:5.0m

人行道净宽:1.00m

3.隧道建筑限界内不得有任何部件侵入。

图7-9 隧道紧急停车带内轮廓设计图(尺寸单位:cm)

三、规范中内轮廓图例

目前,《公路隧道设计规范》(JTG D70—2004)认为,隧道内轮廓统一标准为:拱部单心圆、侧墙为大半径圆弧、仰拱与侧墙间用小半径圆弧连接。

绘制过程:

(1)在绘制好的建筑限界的三个角上各画一个半径10cm的圆,然后使用Circle命令中的3p响应,即三点画圆的方式,三点都要捕捉切点的方式捕捉到三个半径10cm的圆的外边。最后还要检查建筑限界上缘至拱顶的距离。

(2)过圆心使用Line命令,线型使用Center2,绘制垂直线和水平线。

(3)使用 Trim 命令或-/--按钮,以水平线为剪切边界,将圆的下半圆剪切掉,如图 7-10 所示。

(4)使用 Circle 命令,圆心放置在水平线上,键盘输入半径,本图使用两倍拱部圆弧半径。

(5)使用 Circle 命令,圆心放置在垂直线上,键盘输入半径,使用 Move 命令将圆与垂直线下面的交点移动到路面下 1.5m 处。

(6)使用 Fillet 命令或⌈按钮,r 回车,输入圆角半径,本图为 110cm,选择边墙圆弧和仰拱圆弧圆角,如图 7-11 所示。

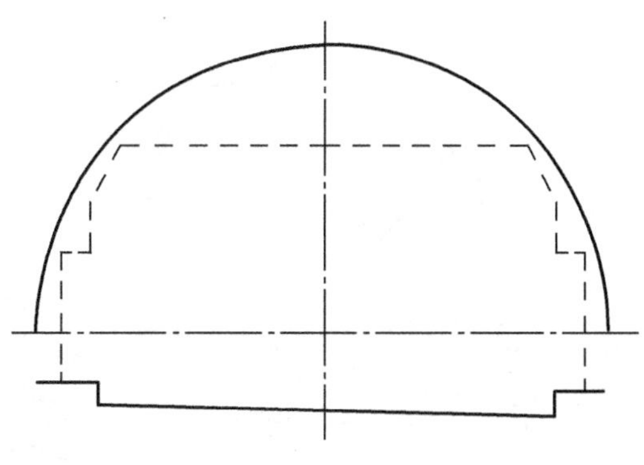

图 7-10 绘制拱部圆弧

(7)使用 Mirror 命令或⊿⊾按钮,选择圆角圆弧和边墙圆弧,对称线为垂直线,将另一边的弧线绘制好。

(8)使用 Trim 命令或-/--按钮,将圆弧不需要的部分剪切掉。

(9)标注尺寸,如图 7-12 所示。

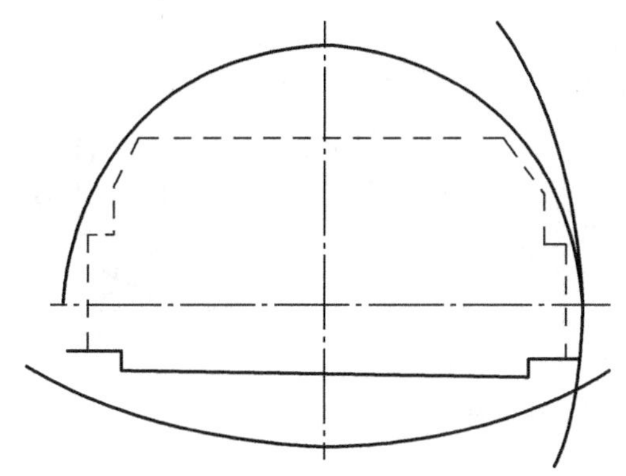

图 7-11 绘制边墙和仰拱圆弧

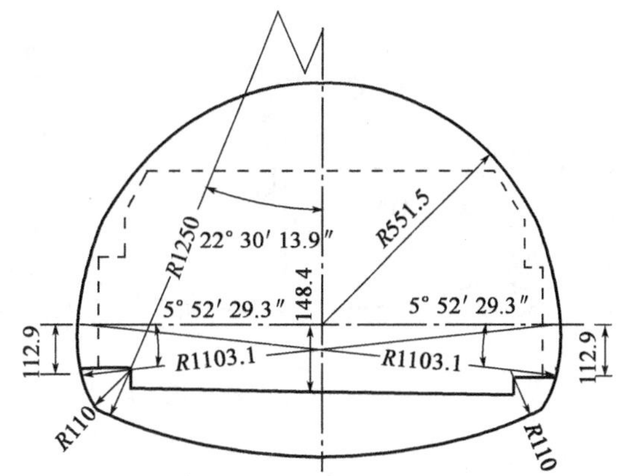

图 7-12 隧道设计规范中的标准断面

四、连拱隧道内轮廓

在高速公路建设中,受地形限制,有时会使用连拱隧道。连拱隧道内轮廓设计通常是将单洞隧道镜像成连拱隧道。优点是单洞隧道和连拱隧道的内轮廓是相同的,洞内视觉是对称的。在设计连拱隧道内轮廓时两洞的间距要考虑很多因素,如地形、围岩强度、中墙厚度、隧道防排水等。

图 7-13 连拱隧道内轮廓断面是图 7-12 镜像得到的,是通常设计的曲中墙连拱隧道。从图 7-13 中可以看到,中墙处内轮廓至建筑限界还有一段距离,如果地形要求连拱隧道设计线间距还要再小一些的话,可以将此处改为直墙,变成直中墙连拱隧道,单洞内视觉不对称,如图 7-14 所示。在保持中墙厚度不变的情况下,隧道设计线间距减小了 73.7cm。

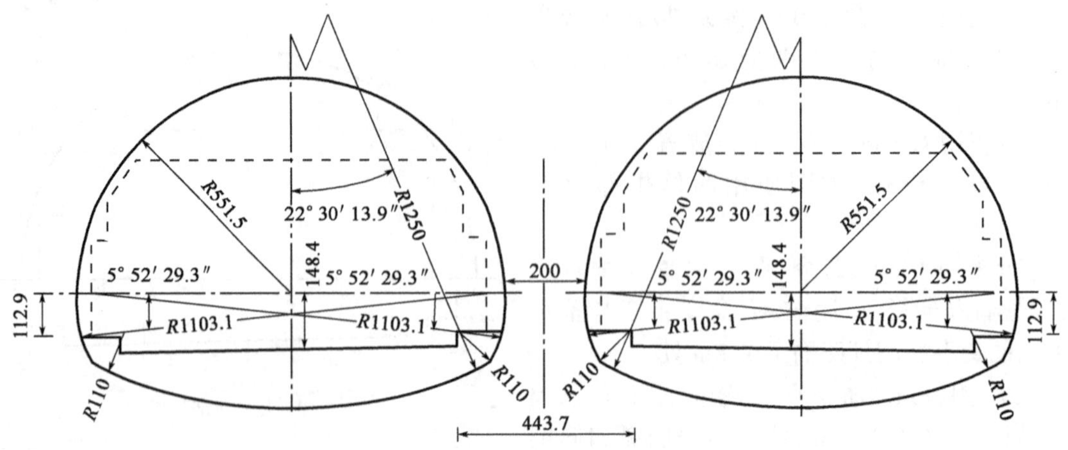

图 7-13　曲中墙连拱隧道内轮廓断面

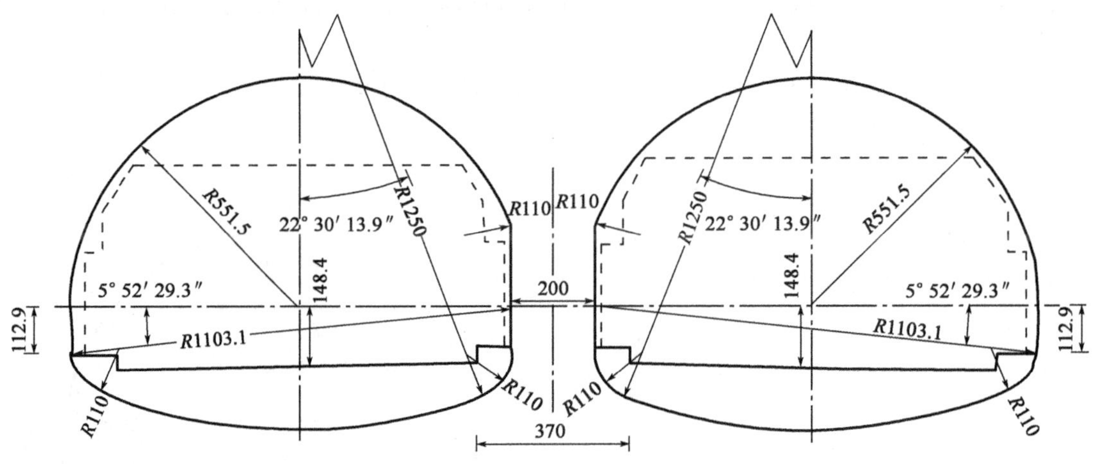

图 7-14　直中墙连拱隧道内轮廓断面

第三节　隧道衬砌结构图绘制

在隧道内轮廓的基础上可以绘制隧道衬砌结构图。

一、衬砌绘制

现在隧道的衬砌通常采用等厚度的形式，所以绘制时可以采用 Offset 命令，偏移内轮廓得到衬砌结构。当然首先应该把“隧道建筑限界及内轮廓设计图”另存为“隧道衬砌结构图”或者复制一张，在此基础上修改。

把复制好的图中的建筑限界的线条和尺寸删除，这些要素在衬砌结构图是不需要的。衬砌墙脚的下部为了装排水管并且保证有效衬砌厚度不变小，通常在这里衬砌要加厚，如图 7-15所示。

二、初期支护绘制

使用 Offset 命令或按钮,偏移衬砌的外边缘线得到喷射混凝土的厚度层。

(1)使用 Line 命令,绘制一根锚杆,锚杆绘制在拱顶弧线的端头,并且严格按放射状的绘制。

(2)使用 Array 命令或按钮,环形阵列弧线部分的锚杆。需要的角度可以使用角度标注命令 Dimangular 或按钮,标注出后手工填入,阵列的个数可以通过查询弧长或按钮,将弧长标注出,计算后并手工填入。

(3)使用 Offset 命令或按钮,偏移墙线部分的锚杆,如图 7-16 所示。

在绘制完衬砌和初期支护后,需要对该部分结构进行尺寸标注、表格绘制、工程量计算及注释说明。

(1)尺寸标注:在“隧道建筑限界及内轮廓设计图”上已经标注过的尺寸,不需要再标注,只需要标注断面的宽度、高度、半径、衬砌厚度等,如图 7-17 所示。

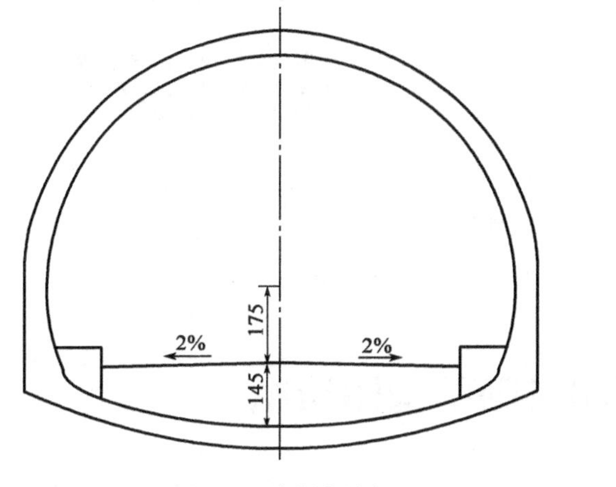

图 7-15 隧道衬砌图

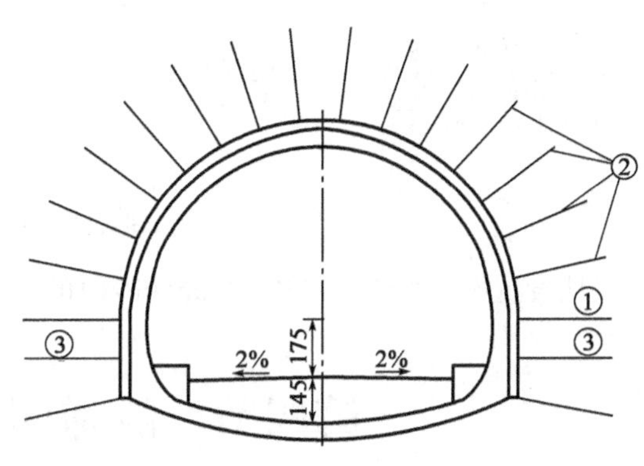

图 7-16 隧道衬砌及初期支护图

(2)表格的绘制。

①使用 Line 和 Offset 命令绘制出需要的表格或用 Excel 来制作。

②文字可用“单行文字”或“多行文字”方式输入。

这里介绍一下用制表位确定输入的位置。绘制表格后,使用 Dist 命令得到每个格子的尺寸;用制表位(制表位的使用与在 Word 中一样)确定文字具体应在的位置,输入文字即可。为了能够整齐地对应,可采用输入一行或列后(如果需要可用“移动”命令调整),用“复制”命令将表格填满,在用鼠标双击每个文字激活多行输入后,将文字改成所需要的文字即可。

(3)工程量计算:这里可以使用 AutoCAD 的查询功能,对断面的衬砌面积、仰拱面积、喷混凝土面积等查询。查询前要先使用下拉菜单:【绘图】|【边界】对需要检测的部分建立边界,然后就可以用下拉菜单:【工具】|【查询】|【列表显示】或使用按钮,选择建立的边界多义线进行查询。需要注意的是,工程量表中通常都是每延米的量,在计算出锚杆的每断面工程量、拱架的每榀工程量后,还要换算成隧道每延米工程量再填入表中,如图 7-17 所示。

(4)输入注释

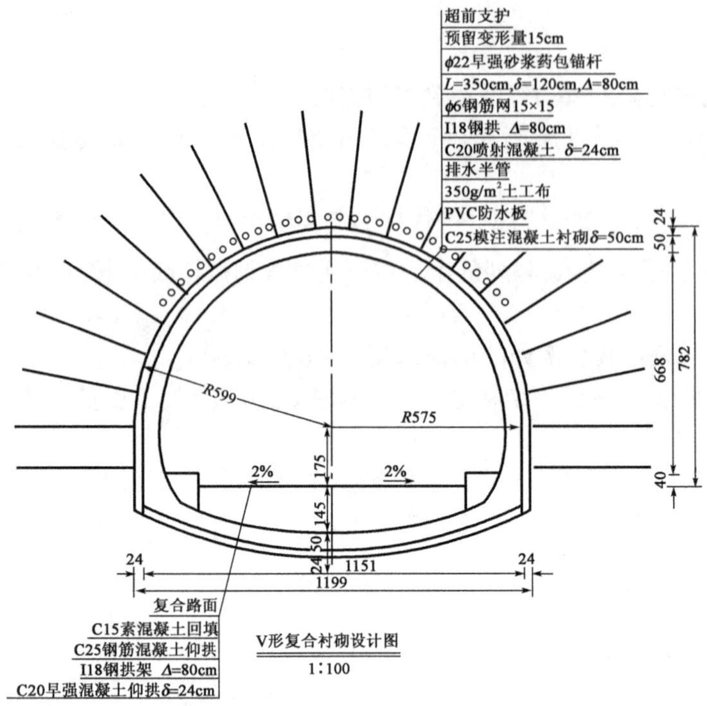

隧道每延米工程数量表

项目		单位	数量	备注
开挖	开挖	m^3	101.6	
超前支护	φ50管棚(壁厚4mm)	kg	185.7	30根
	注C30水泥浆	m^3	0.5	
初期支护	φ22早强砂浆药包锚杆	kg	156.7	12根/0.8
	φ6钢筋网	kg	73.8	
	喷C20早强混凝土	m^3	5.7	
	I18工字钢	kg	1074.4	1根/0.8
	拱架钢板	kg	134.1	1付/0.8
	φ22纵向联系钢筋	kg	130.3	1付/0.8
	螺栓，螺母	付	35	1付/0.8
	C20早强混凝土仰拱	m^3	2.9	
防水	350g/m²土工布	m^2	24.0	
	PVC防水板	m^2	24.0	厚1.2mm
衬砌	C25衬砌混凝土	m^3	11.4	
仰拱	C25现浇混凝土(仰拱)	m^3	5.9	
	C15素混凝土回填	m^3	7.0	
装饰	喷涂	m^2	19.4	

注：

1. 图中尺寸除注明者外，余均以厘米计。
2. 锚杆按梅花状布置，并与拱架焊接牢靠。
3. 开挖预留变形量正常情况下按规范要求预留。

图 7-17　隧道复合衬砌结构图

从设置好的“文字式样”中选择需要的“式样”，用 Mtext 输入即可。

第四节　隧道明洞衬砌结构图绘制

一、明洞衬砌结构图的绘制

明洞衬砌结构图的绘制与隧道衬砌结构图差别不大，只是将初期支护取消，加大衬砌厚度，有时可能采用变截面明洞衬砌。图 7-18 为等截面明洞衬砌图。

二、耳墙型明洞衬砌结构图的绘制

耳墙型明洞衬砌大部分与明洞一样，只是在明洞的一侧增加像挡土墙的类似结构，将明洞和挡土墙叠加到一起，见图 7-19。

三、隧道棚洞结构图的绘制

棚洞也是一种明洞，分为棚式和拱式两种。一般使用在一侧山势较陡的路段，可以避免开挖高边坡。棚洞也使用在对自然地貌要求较高的地方。

1. 棚洞内轮廓绘制

(1) 曲线部分内轮廓的绘制方法与隧道暗洞内轮廓的绘制是一样的。

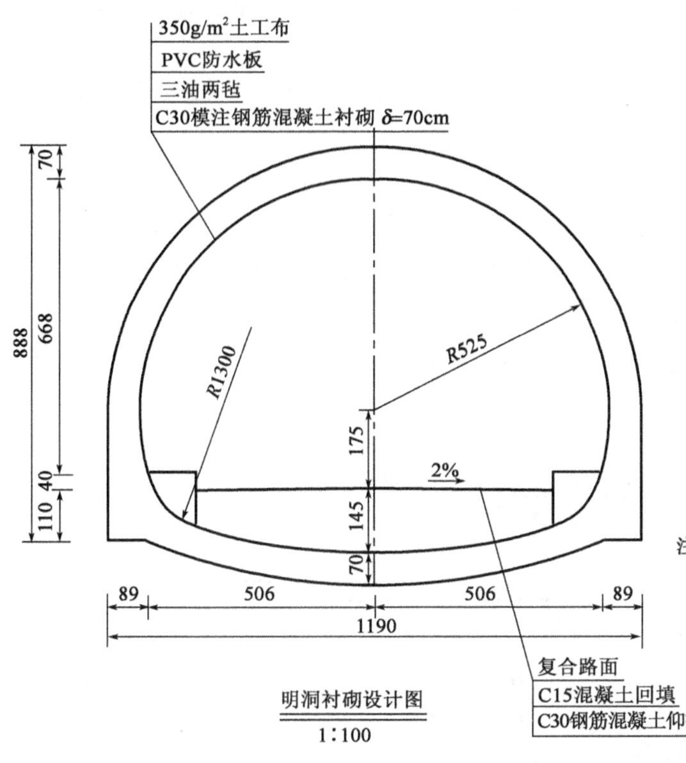

明洞衬砌每延米工程数量表

项　目		单位	数量	备注
防水	350g/m²土工布	m²	25.0	
	PVC防水板	m²	25.0	
	三油两毡	m²	50	
二次衬砌	C30衬砌混凝土	m³	17.4	
	HRB335钢筋	kg	682.0	
	HPB235钢筋	kg	287.0	
仰拱	C30仰拱衬砌混凝土	m³	7.3	
	HRB335仰拱钢筋	kg	379.0	
	HPB235仰拱钢筋	kg	136.0	
	C15素混凝土回填	m³	7.0	
装饰	喷涂	m²	19.4	

注：

1. 图中尺寸均以厘米为单位。
2. 明洞基底承载力不小于0.3MPa。
3. 明洞每8m设一道沉降缝，并用油麻填充密实。
4. 明洞外层防水板和土工布都要与洞身黏结。

图 7-18　隧道明洞衬砌结构图

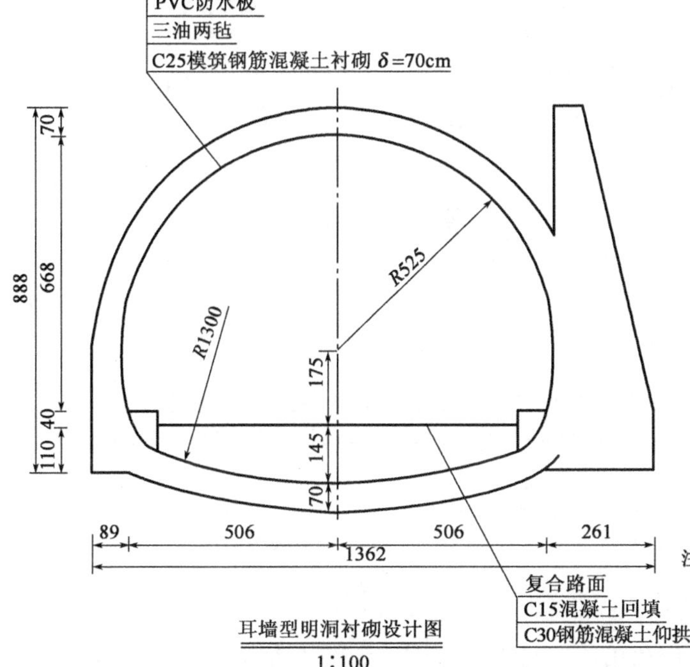

明洞衬砌每延米工程数量表

项　目		单位	数量
防水	350g/m²土工布	m²	21.0
	PVC防水板	m²	21.0
	三油两毡	m²	21.0
二次衬砌	C25衬砌混凝土	m³	24.8
	Ⅱ级钢筋	kg	808.5
	Ⅰ级钢筋	kg	448.3
仰拱	C25仰拱衬砌混凝土	m³	11.3
	Ⅱ级仰拱钢筋	kg	492.7
	Ⅰ级仰拱钢筋	kg	180.7
	C15素混凝土回填	m³	7.0
装饰	涂喷	m²	19.4

注：

1. 图中尺寸以厘米为单位。
2. 明洞基底承载力不小于0.3MPa。
3. 明洞每8m设一道沉降缝，并用油麻填充密实。
4. 明洞外层防水板和土工布都要与洞身黏结。

图 7-19　隧道耳墙型明洞衬砌结构图

(2)使用 Line 命令,第一点捕捉拱顶与隧道中心线交点处,第二点键盘输入:@495,0;第三点键盘输入:@25,-100。

(3)使用 Fillet 命令或按钮,选择最后绘制的直线和检修道的直线,就检修道和棚洞的支柱部分连接。

(4)使用 Scale 命令或按钮,将前面绘制的图形缩放至 1:100 的比例。即比例因子为0.1。

(5)标注:在预先设置好的"标注式样"中选择需要的式样,在标注图层内进行标注。在标注时注意使用"连续标注""角度标注""半径标注"和"编辑标注文字"命令。

(6)注释:本图为高速公路用图,平面设计线、纵断面设计线、隧道中心线、行车道中心线是分离的,需要分别注释,如图7-20所示。

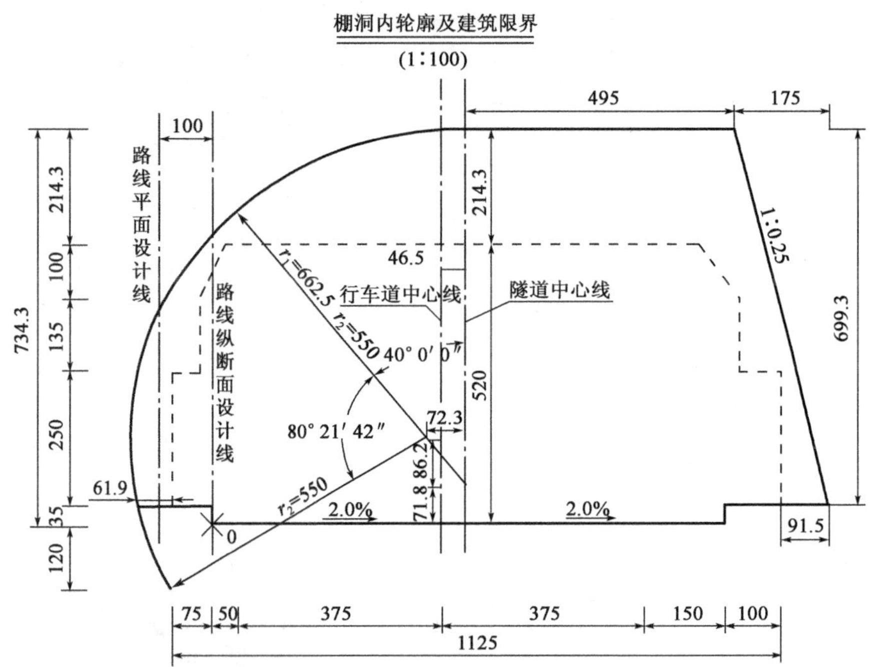

注:

1. 图中尺寸单位均以厘米计。
2. 设计行车速度80km/h。
3. 该图适用于高速公路隧道,超高形式为路面绕设计"0"点旋转,路面的最大超高不得超过±5%。
4. 本图设计依据:《公路工程技术标准》(JTG B01—2003),《陕交函[2008]1004号文件》的相关规定。

图7-20 棚洞内轮廓

2. 棚洞衬砌结构图绘制

(1)复制棚洞内轮廓,删除无关的尺寸。

(2)使用 Offset 命令或按钮,偏移出棚洞衬砌的厚度。本图为60cm;使用 Offset 命令或按钮,向外偏移80cm,成斜柱。

(3)使用 Offset 命令或按钮,选择右侧检修道,向下偏移135cm,成斜柱基础底面。再将此线向上偏移50cm和100cm，成斜柱基础的中线和顶面。

（4）使用Stretch命令或按钮，采用窗交的方式选择斜柱基础底、顶面线的右端，向右拉伸。

（5）使用Extend命令或按钮，选择斜柱基础顶面线做边界，将斜柱延长至此。

（6）使用Line命令在斜柱基础顶面线的两个交点处绘制垂线；使用Offset命令或按钮，将两条垂线分别向外偏移50cm和100cm。

（7）使用Fillet命令或按钮，圆角半径为0，将基础修剪成“凸”字形。

（8）使用与（7）同样的方法绘制出棚洞的挑檐。

（9）标注：在预先设置好的“标注式样”中选择需要的式样，在标注图层内进行标注。

（10）注释：分别对斜柱、基础、衬砌结构等进行注释。

（11）绘制工程数量表计算工程量：这里可以使用AutoCAD的查询功能，对断面的衬砌面积、仰拱面积、喷混凝土面积等查询。查询前要先使用下拉菜单：【绘图】|【边界】对需要检测的部分建立边界，然后就可以用下拉菜单：【工具】|【查询】|【列表显示】或使用按钮，选择建立的边界多义线进行查询，如图7-21～图7-23所示。

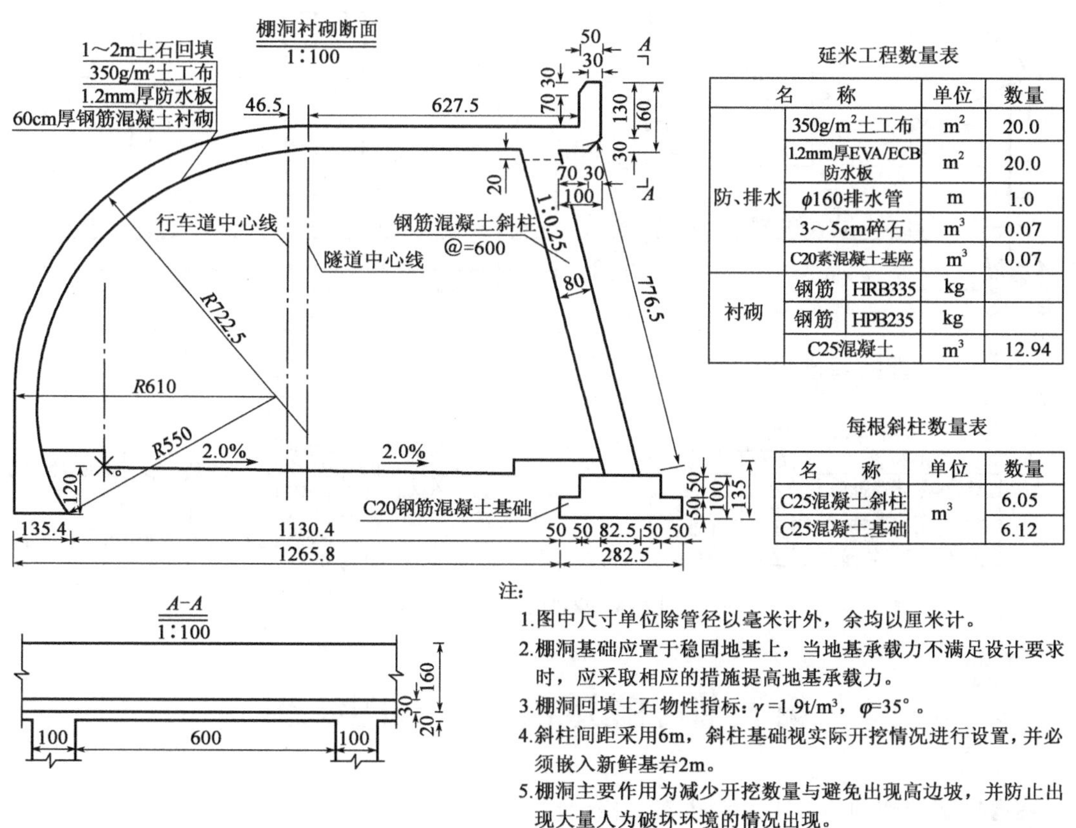

延米工程数量表

名称			单位	数量
防、排水	350g/m²土工布		m²	20.0
	1.2mm厚EVA/ECB防水板		m²	20.0
	φ160排水管		m	1.0
	3～5cm碎石		m³	0.07
	C20素混凝土基座		m³	0.07
衬砌	钢筋	HRB335	kg	
	钢筋	HPB235	kg	
	C25混凝土		m³	12.94

每根斜柱数量表

名称	单位	数量
C25混凝土斜柱	m³	6.05
C25混凝土基础		6.12

注：

1.图中尺寸单位除管径以毫米计外，余均以厘米计。

2.棚洞基础应置于稳固地基上，当地基承载力不满足设计要求时，应采取相应的措施提高地基承载力。

3.棚洞回填土石物性指标：γ=1.9t/m³，φ=35°。

4.斜柱间距采用6m，斜柱基础视实际开挖情况进行设置，并必须嵌入新鲜基岩2m。

5.棚洞主要作用为减少开挖数量与避免出现高边坡，并防止出现大量人为破坏环境的情况出现。

图7-21　棚洞衬砌结构图

图 7-22　棚洞应用实例

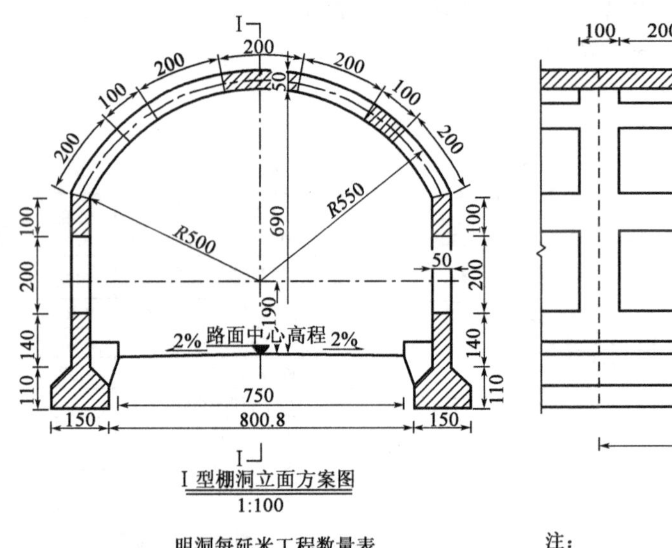

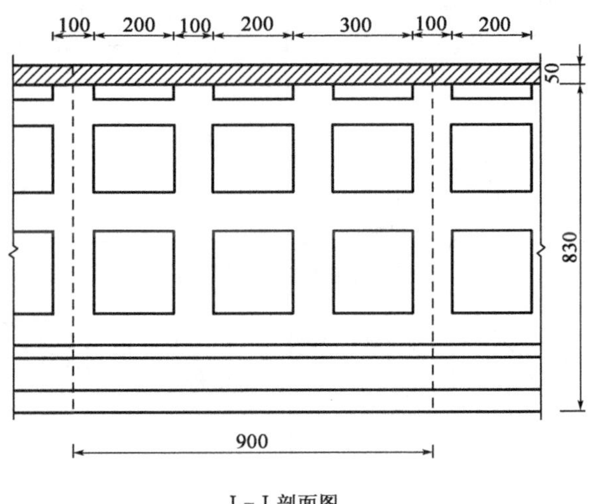

I－I 剖面图

1:100

明洞每延米工程数量表

项　目	单位	数量
拱圈C30钢筋混凝土	m^3	11.25
遮阳板	m^2	21.3
HPB235钢筋	kg	198.7
HRB335钢筋	kg	695.4

注：

1. 本图尺寸均以厘米为单位。
2. 此棚洞适用于两侧均为填方的路基段落，棚洞主拱圈，墙部均采用C30钢筋混凝土。
3. 边墙基础地基承载力应不小于250kPa。
4. 棚洞镂空部分采用遮阳板挡在外侧防雨防雪，并每隔250~300m留孔通风。

图 7-23　拱式棚洞衬砌结构图

第五节　隧道拱架结构图绘制

隧道拱架结构图包括工字钢拱架和格栅拱架等。

一、工字钢拱架构造图的绘制

1. 新建文件和设置绘图环境

利用预先做好的模板新建文件，并根据实际情况进行绘图界限更改，添加图层、图块、文字式样、标注式样等内容,建立新的绘图环境。

2. 绘制过程

(1)从“隧道衬砌结构图”中复制初期支护的外轮廓线贴入本图中。使用Offset命令或按钮,绘制工字钢及工字钢的中心线,如图7-24所示。外缘线即初期支护的外轮廓线,中心线是计算钢拱长度用的。

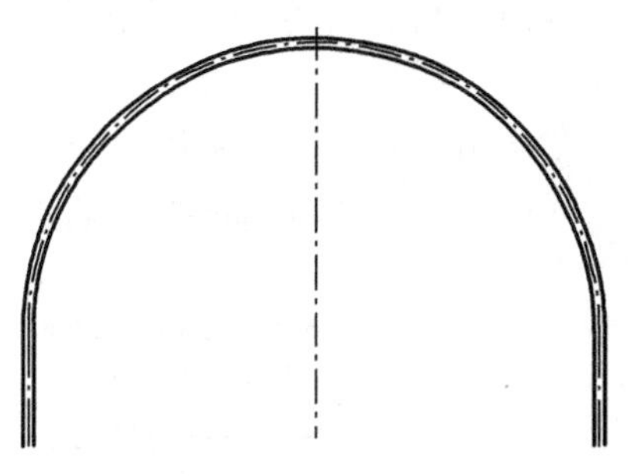

图7-24 钢拱架绘制过程

(2)绘制工字钢断面:

①使用Line命令绘制一条垂直线。线形为点划线;再绘制一条水平线。

②使用Offset命令或按钮,选择垂直线偏移3.5,26.75,50;选择水平线偏移11.5,50。

③使用Line命令,使用相对坐标的方法绘制一条(@6,1)的直线,如图7-25a)所示。

④使用Fillet命令或按钮,r为4.5,进行圆角,如图7-25b)所示。

⑤使用Mirror命令或按钮,选择制作好的工字钢的翼板,对称线为中心线镜像,如图7-25c)所示。

⑥使用Mirror命令或按钮,选择制作好的工字钢的翼板,对称线为水平线镜像;使用Trim命令或按钮,对不需要的部分修剪;使用Erase命令或按钮,对不需要的部分删除,如图7-25d)所示。

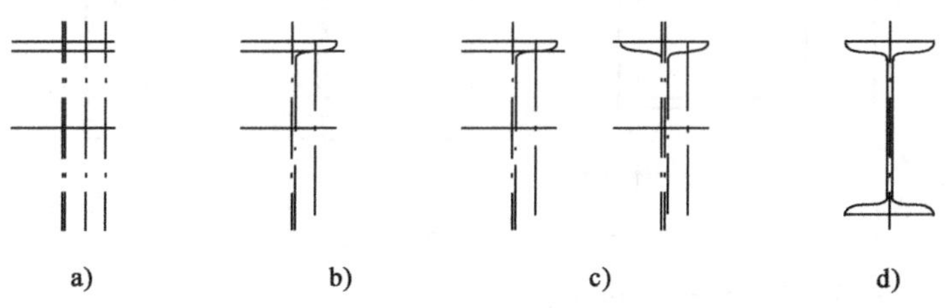

图7-25 工字钢绘制过程

(3)绘制拱架钢板:施工中钢拱架是分成若干段在隧道内再进行拼装,拱架钢板是钢拱架对接的连接法兰。钢拱架每段的长度不大于6m。具体每段长度要视施工方案而定。钢拱架的端头也要焊接一块钢板,加大工字钢端头与基岩的接触面积。

(4)细部大样绘制:拱架钢板的加工尺寸及与工字钢的焊接方式、钢拱架之间的连接方式。

①使用Offset命令或按钮,选择工字钢中心线两边偏移140,选择工字钢上下端线偏移向外20。

②使用Fillet命令或按钮,r为0,连接刚才偏移的直线成钢板轮廓。

③使用Offset命令或按钮,选择钢板左边线向内偏移40,选择钢板下边线向内偏移30;并修剪成钻孔中心线;使用Circle命令或按钮,绘制直径22的圆。

④使用Array命令或按钮,选择绘制的钻孔和中心线,2列3行,列间距200,行间距90,阵列钻孔。

⑤使用Copy命令,打开正交方式,复制钢板的左边线;使用Offset命令或按钮,选择此

线，偏移距离15，连续偏移两条。

⑥使用Line命令对齐钻孔中心绘制一条水平线；使用Offset命令和Trim命令组合，绘制螺栓。

⑦使用Copy命令，选择螺栓，对齐钻孔进行复制，如图7-26所示。

⑧同样的方法绘制钢拱架端头处钢板，如图7-27所示。

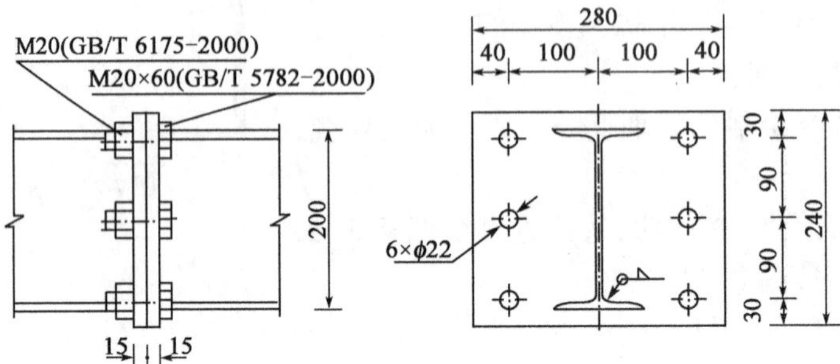

图7-26　钢拱架连接处细部图

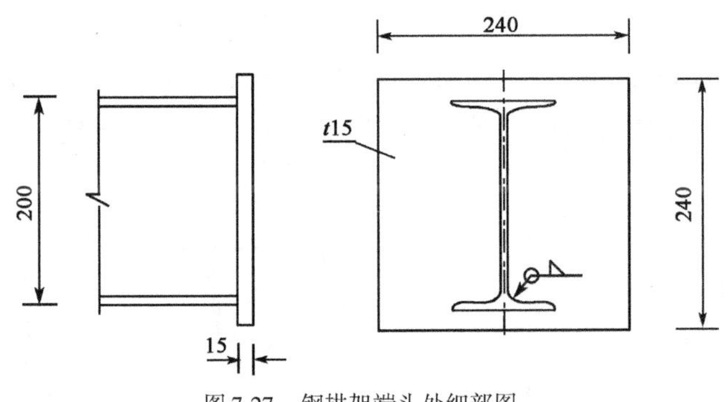

图7-27　钢拱架端头处细部图

⑨使用Scale命令或按钮调整图形的大小。

⑩选择合适的比例标注尺寸，并进行注释。图中为焊接符号，表示延轮廓一周角焊。

(5)尺寸标注：对钢拱架的弯曲半径、分段弧长标注。弧长标注用按钮，选取钢拱架的中心线进行标注。

(6)编制工程数量表：

①使用Line和Offset命令绘制出需要的表格或用Excel来制作。

②钢拱架的长度可以用每段的长度累加，也可以用Pedit多义线编辑命令的j选项，将钢拱架的中心线合并成一整条多义线，然后使用List或按钮查询其长度。

③拱架钢板就是计算体积，然后乘以钢材的重度7.85g/cm^3。

④联系钢筋是将每榀拱架在隧道的轴线方向连接，联系钢筋的间距一般是1m。

联系钢筋的长度＝两相邻拱架间距－工字钢中立版的厚度－联系钢筋直径＋2个弯头的长度

联系钢筋的弯头是将联系钢筋与工字钢中立版焊接的部分，通常是100mm左右。

⑤连接螺栓螺母每个连接点有六个，本图中有七个连接点。

⑥AutoCAD 表格功能:用下拉菜单【绘图】|【表格】可以在图中绘制一个表格。

(7)注释的输入。

从设置好的“文字式样”中选择需要的“式样”,使用 Mtext 命令输入即可,文字的大小设置参见第五章的说明。

复合衬砌钢拱架设计见图 7-28。

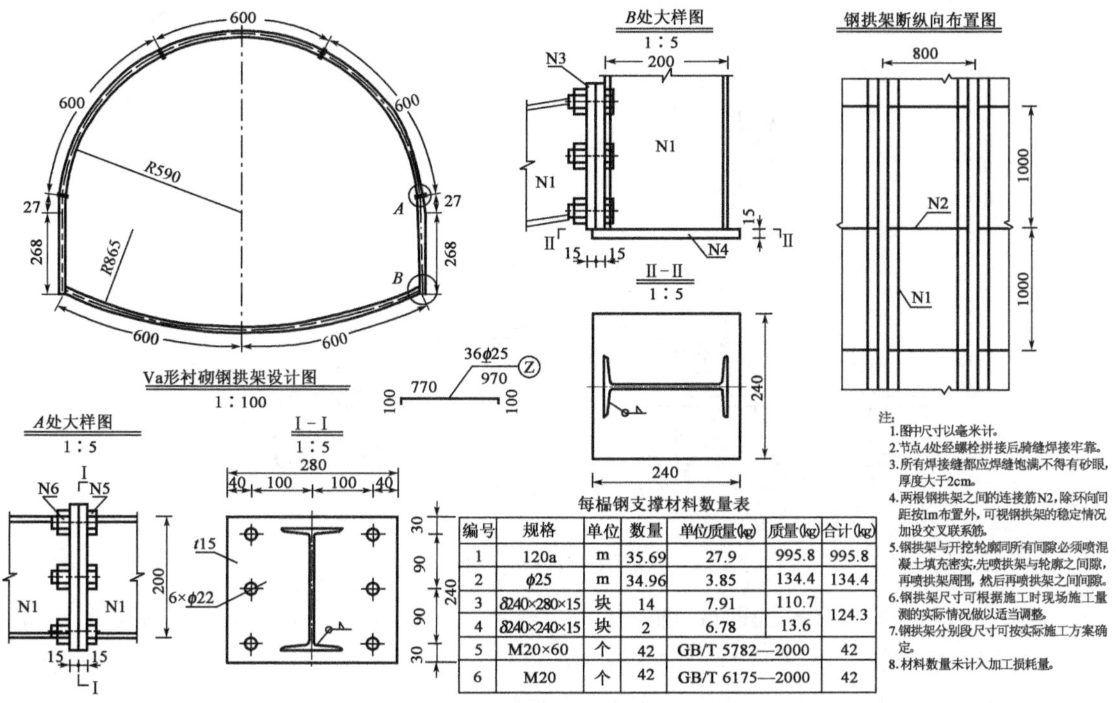

每榀钢支撑材料数量表

编号	规格	单位	数量	单位质量(kg)	质量(kg)	合计(kg)
1	120a	m	35.69	27.9	995.8	995.8
2	φ25	m	34.96	3.85	134.4	134.4
3	δ240×280×15	块	14	7.91	110.7	124.3
4	δ240×240×15	块	2	6.78	13.6	
5	M20×60	个	42	GB/T 5782—2000		42
6	M20	个	42	GB/T 6175—2000		42

图 7-28　复合衬砌钢拱架设计图

二、格栅拱构造图的绘制

1. 新建文件和设置绘图环境

利用预先做好的模板新建文件,并根据实际情况进行绘图界限更改,添加图层、图块、文字式样、标注式样等内容,建立新的绘图环境。

2. 绘制过程

(1)从“隧道衬砌结构图”中复制初期支护的外轮廓线贴入本图中。以该线作为格栅拱构的外侧钢筋,用 Offset 命令绘制格栅拱构的内侧钢筋主筋。

(2)细部绘制:

①使用 Line 和 Offset 命令绘制支撑筋和箍筋。应该从主筋直线和弧线交接处绘制,如图 7-29a)所示。使用 Copy 命令复制绘制好的一组支撑筋和箍筋,向直线部分连续复制,直至将直线部分填满。再向圆弧部分复制一组支撑筋和箍筋,并根据弧线做出调整。使用 Array 命令或按钮 ⊞,选择环形阵列的方式,圆心放在隧道隧道开挖弧线的圆心,填充角度根据实际设定,本图为 180°,填充个数通过计算得知,如图 7-29b)所示。

②格栅拱施工中钢拱架是分成若干段在隧道内再进行拼装。具体每段长度要视施工方案而定,拱架每段的长度不大于 6m。拱架连接是使用 ∟10/8 不等边角钢焊接在每段拱架端头,

使用螺栓连接。使用 Line 和 Offset 命令绘制钢筋。钢筋的断头符号使用 Spline 命令绘制，同方向的其他钢筋断头符号使用 Copy 命令复制。反方向的钢筋断头符号使用 Mirror 命令镜像，然后再使用 Move 命令调整位置，如图 7-30 所示。

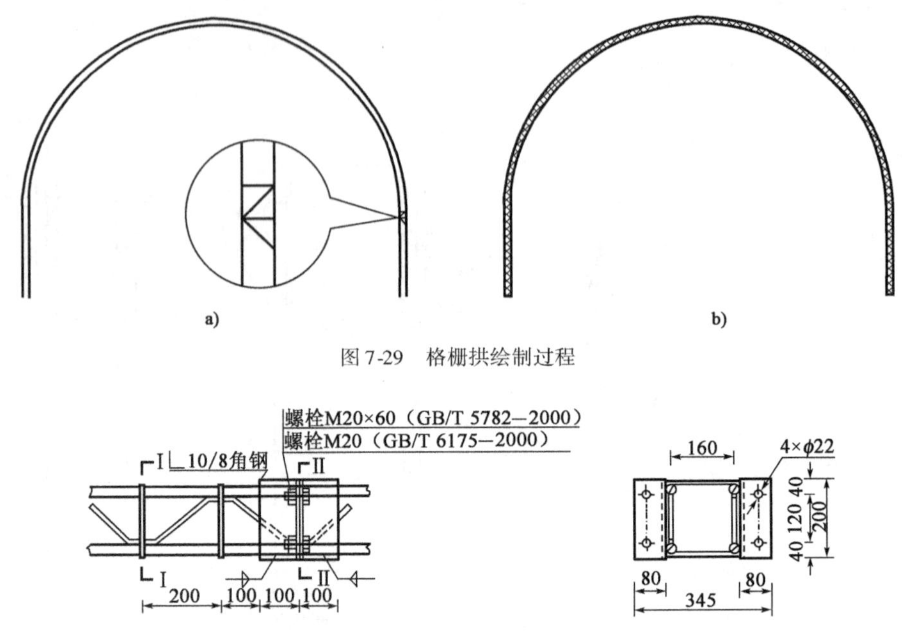

图 7-29　格栅拱绘制过程

图 7-30　格栅拱接头

③拱架的端头要焊接一块钢板，加大端头与基岩的接触面积。将上图复制，删除螺栓和对接的拱架，修改后即可，如图 7-31 所示。其中， 和 是焊接符号，前者为双面角焊，后者为单面角焊，但是焊缝在箭头所指位置的对面。

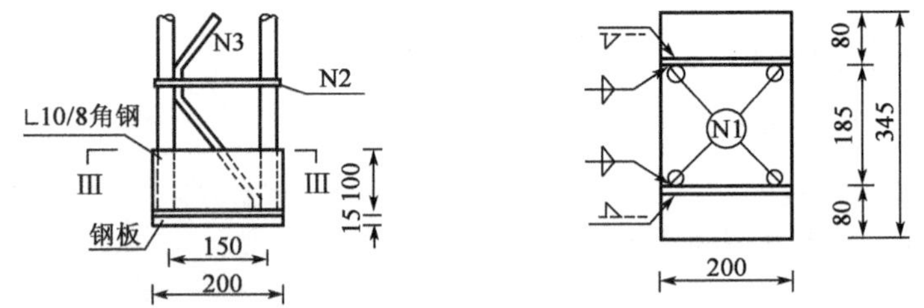

图 7-31　格栅拱端头

(3)尺寸标注：使用 Dimlinear 或 按钮和 Dimcontinue 或按钮 对线性尺寸标注，使用 Dimdiameter 或按钮 标注圆的直径。

(4)使用 Line 命令绘制钢筋大样图，使用 Text 命令注释钢筋。

(5)编制工程数量表：

①使用 Line 和 Offset 命令绘制出需要的表格或使用 Excel 来制作。

②拱架的主筋长度可以用每段的长度累加，也可以使用 Pedit 多义线编辑命令的 j 选项，将钢表示线合并成一整条多义线，然后查询其长度。

③拱架钢板就是计算体积，然后乘以钢材的重度 7.85g/cm^3。

④联系钢筋是将每榀拱架在隧道的轴线方向连接，联系钢筋的间距一般是 1m。

(6)注释的输入。

从设置好的“文字式样”中选择需要的“式样”，使用 Mtext 命令输入注释文字即可，文字的大小设置可用 Propertiesclose 命令或按钮打开“对象特性”对话框，选中要调整的注释文字，调整其中参数，注释文字的大小就会改变如图 7-32 所示。

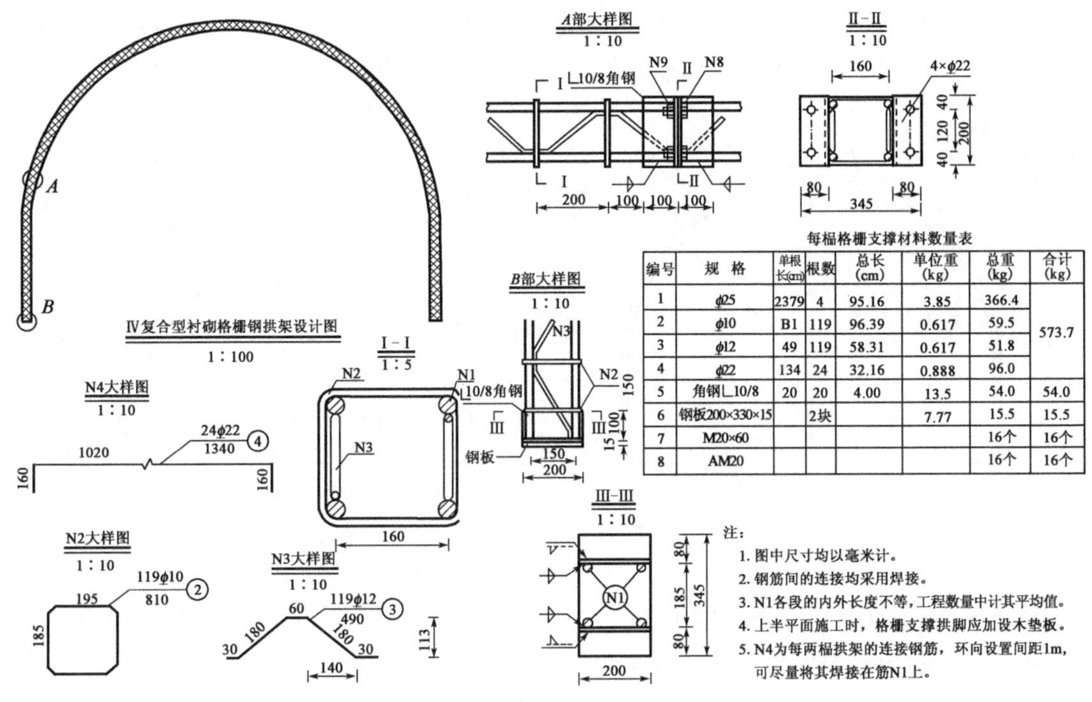

编号	规 格	单根长(cm)	根数	总长(cm)	单位重(kg)	总重(kg)	合计(kg)
1	φ25	2379	4	95.16	3.85	366.4	573.7
2	φ10	B1	119	96.39	0.617	59.5	
3	φ12	49	119	58.31	0.617	51.8	
4	φ22	134	24	32.16	0.888	96.0	
5	角钢∟10/8	20	20	4.00	13.5	54.0	54.0
6	钢板200×330×15		2块		7.77	15.5	15.5
7	M20×60					16个	16个
8	AM20					16个	16个

图 7-32　复合衬砌格栅钢拱架设计图

第六节　超前支护构造图的绘制

隧道在浅埋地段、自稳性差的软弱破碎地层，严重偏压、岩溶流泥地段，砂土层、砂卵(砾)石层、断层破碎带以及大面积淋水或涌水地段施工时，由于开挖后围岩的自稳时间小于完成支护所需的时间，往往会发生开挖面围岩失稳，或由于初期支护的强度不能够满足围岩稳定的要求以及大面积淋水、涌水而导致洞体围岩丧失稳定而产生坍塌、冒顶。这时需要进行超前支护或预加固。

超前支护及预加固的方法有：地表砂浆锚杆或地表注浆加固；超前锚杆或超前小导管支护；管棚钢架超前支护；超前小导管注浆；超前围岩深孔预注浆等。此处主要介绍超前小导管支护和管棚支护。

1. 新建文件和设置绘图环境

利用预先做好的模板新建文件，并根据实际情况进行绘图界限更改，添加图层、图块、文字式样、标注式样等内容，建立新的绘图环境。

2. 绘制过程

(1)从“隧道衬砌结构图”中复制初期支护的外轮廓线贴入本图中。以此作为隧道的开挖线。

(2)使用 Line 命令极坐标的方式绘制管棚的保护范围。在一端绘制一个小圆,再使用 Array 命令或按钮,选择环形阵列的方式,圆心放在隧道开挖弧线的圆心,项目总数可以通过弧长和相邻两管间距计算得到。管棚的相邻两管间距为 400mm,如图 7-33 所示。

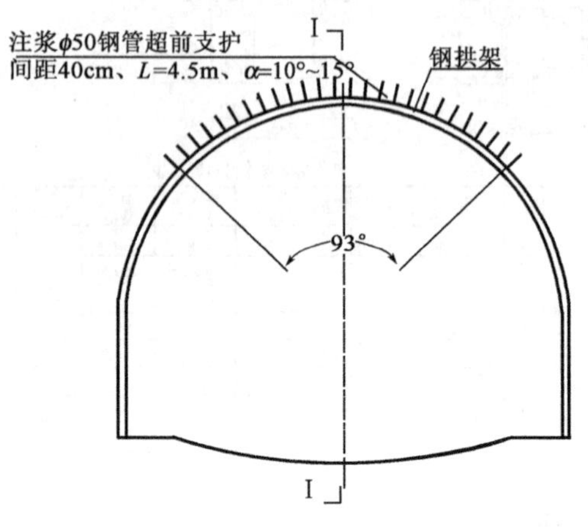

图 7-33 小管棚立面图

(3)绘制纵断面图:

①绘制一个工字钢的断面,使用 Array 命令或按钮,选择矩形阵列的方式,单行多列,绘制成工字钢的排架。

②使用 Line、Offset 命令极坐标的方式绘制管棚,管棚的外插角 10°~15°。按纵向搭接 1m 复制。

(4)尺寸标注:用 Dimaligned 或按钮标注斜向尺寸,用 Dimlinear 或按钮标注水平方向尺寸,用 Dimangular 或按钮标注角度,如图 7-34 所示。

(5)绘制小导管大样图:

①使用 Line、Offset 命令绘制小导管,使用 Line 命令绘制双折线。

②使用 Circle、Offset 命令绘制小导管横断面。使用 Offset 命令偏移中心线绘制成一个孔,再使用 Array 命令或按钮,选择该孔环形阵列 3 个,如图 7-35 所示。

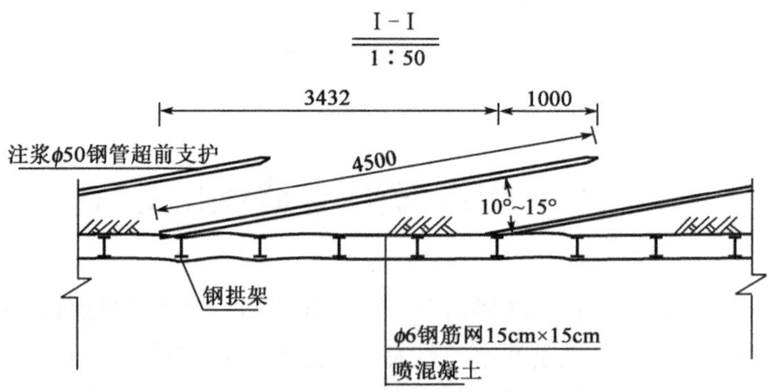

图 7-34 小管棚断面图

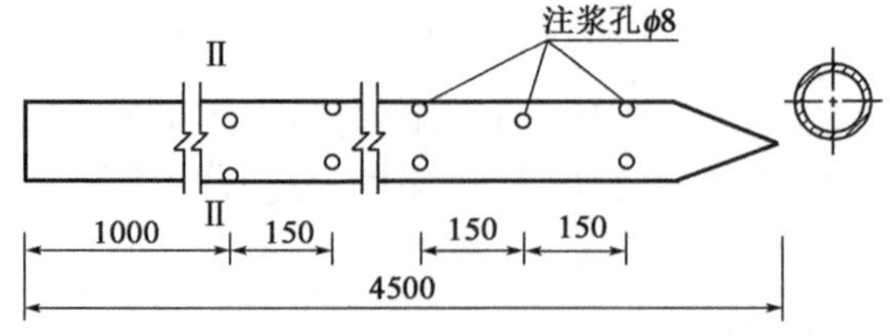

图 7-35 小导管大样图

(6)编制工程数量表:

①使用 Line 和 Offset 命令绘制出需要的表格或使用 Excel 来制作。

②小管棚的长度4.5m,隧道纵向减去两端搭接,有效长度为3.3m。

小管棚每隧道延米工程量(kg) = 钢管每米重 × 钢管根数 ×4.5/3.3

③小管棚每隧道延米注浆量一般取0.5m³。

(7)注解的输入:从设置好的"文字式样"中选择需要的"式样",使用Mtext命令输入即可,如图7-36所示。

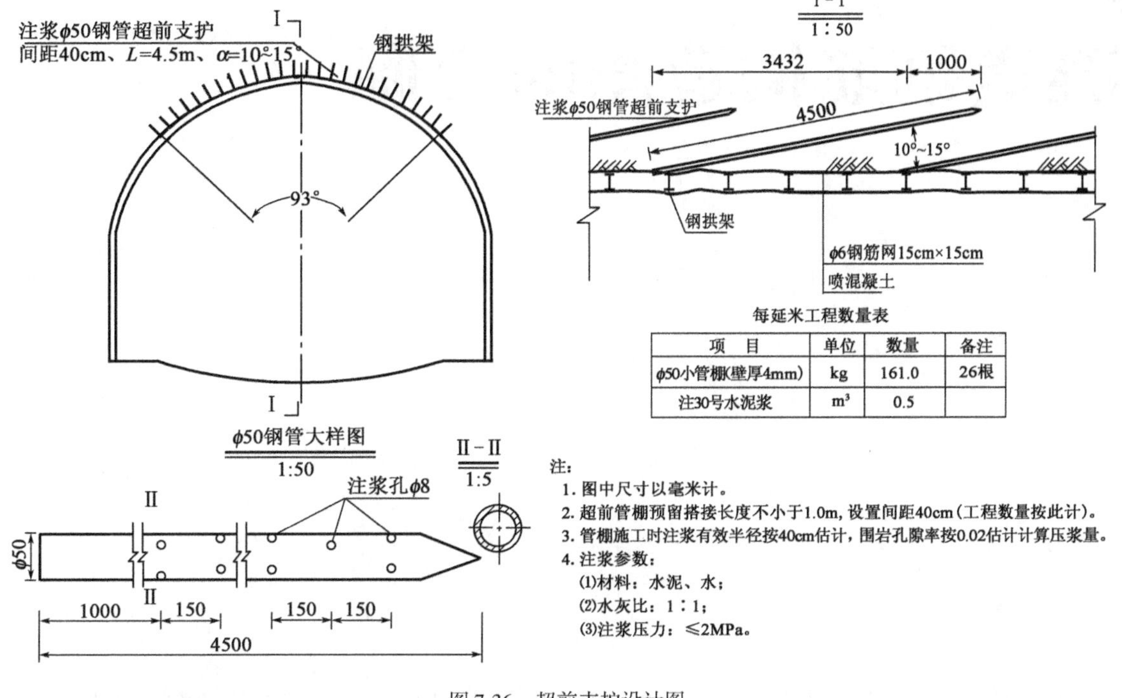

项 目	单位	数量	备注
ϕ50小管棚(壁厚4mm)	kg	161.0	26根
注30号水泥浆	m³	0.5	

图7-36 超前支护设计图

(8)大管棚的绘制方法基本与小管棚一样。只是管长22.6m,直径为89~108mm,有效长度为20m。进暗洞处的外插角为2°~5°。每延米注浆量为1.0m³。

【复习思考题】

1. 隧道建筑限界绘制中,相对坐标和绝对坐标在输入时有何区别?
2. 将AutoCAD中的图形插入Word中,有时会发现圆变成了正多边形,该如何解决?
3. 隧道中心线或路面中线设置为点划线或虚线时,结果输出却为实线,该如何解决?
4. 内轮廓为三心圆的隧道复合衬砌结构图中锚杆应该如何绘制?

第八章

隧道钢筋构造图的绘制

隧道衬砌一般为钢筋混凝土或素混凝土结构。钢筋结构图表示了钢筋的布置情况,是钢筋断料、加工、绑扎、焊接和检验的重要依据,它应包括钢筋布置、钢筋编号、尺寸、规格、根数、钢筋成型图和钢筋数量表及技术说明。

钢筋结构图主要是表达构件内部钢筋的布置情况,所以把混凝土假设为透明体,结构外形轮廓画成细实线,钢筋则画成粗实线(钢筋箍筋为中实线),以突出钢筋的表达。而在断面图中,钢筋被剖切后,用小黑圆点表示,钢筋重叠时可用小圆圈来表示。钢筋弯钩和净距的尺寸都比较小,画图时不能严格按比例来画以免重叠,要考虑适当放宽尺寸,以清楚为度,称为夸张画法。同理,在立面图中遇到钢筋重叠时,亦要放宽尺寸使图面清晰。为使图面更加清晰,在绘制钢筋结构图时,3 个视图不一定都画出来,可根据具体情况决定绘制哪些视图或局部剖面图。

第一节　各种钢筋大样图的绘制

在钢筋结构图中,为了能充分表明钢筋的形状以便于配料和施工,还必须画出每种钢筋的加工成型图(钢筋大样图或施工详图),图上注明钢筋的符号、直径、根数、弯曲尺寸、断料长度及一些特殊的要求等。

钢筋的编号和尺寸标注方式如下：

一幅图中的钢筋编号可以从1号开始，同种钢筋在不同图中其编号应相同。某段钢筋的长度用数字标注在钢筋的左侧或上面，钢筋的下料长度按图8-1所示的方式标注在钢筋符号的下面。

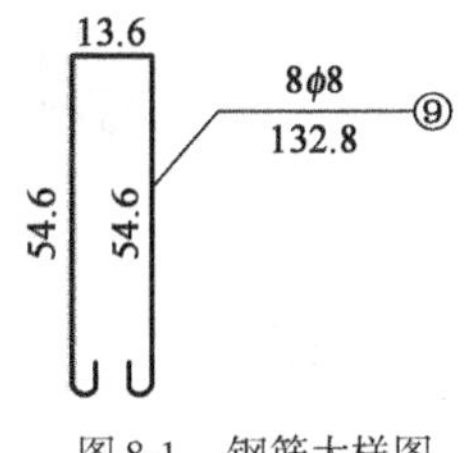

图8-1 钢筋大样图

在图8-1所示的钢筋大样图中，⑨表示为9号钢筋，8ϕ8表示8mm直径的9号钢筋共8根，132.8表示钢筋的下料长度为132.8mm（注：在现行规范中普通钢筋用HPB235、HRB335、HRB400、HRB500等符号来表示）；54.6和13.6分别表示各自的边长。"⌐o"的圆圈直径大小为6～8mm。弯钩的具体要求如图8-2所示。

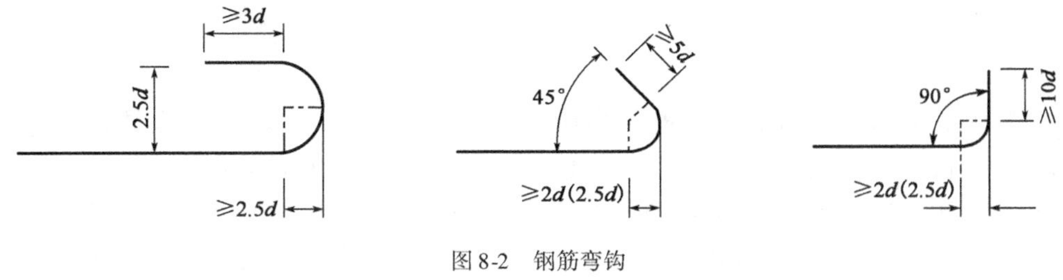

图8-2 钢筋弯钩

第二节 衬砌钢筋构造图绘制

隧道衬砌分为钢筋混凝土衬砌和素混凝土衬砌，在围岩情况较差或明洞衬砌的情况，经常要采用钢筋混凝土衬砌，因此需要绘制钢筋构造图。

一、新建文件和设置绘图环境

利用模板新建文件，并根据实际情况进行绘图界限更改，添加图层、图块、文字式样、标注式样等内容。

二、绘制过程

1.绘制立面图

立面图包括：主钢筋、箍筋等。

隧道衬砌结构图通常为对称性图，标注由直线标注及图表和文字等组成，因此在绘图过程中应考虑利用对称性、等间距等特点。绘制时采用Array、Copy、Mirror、Offset、Trim等命令组合使用。

（1）从"隧道衬砌结构图"中复制衬砌轮廓线贴入本图中。使用Offset命令或按钮，选择内轮廓线，偏移绘制出主筋。偏移距离一般是保护层的厚度，隧道设计通常是5cm，如图8-3a）所示。

（2）使用Line命令绘制一条箍筋。箍筋的两端捕捉到内外主筋的端点。并使用Dimarc命令或按钮和Dimangular命令或按钮标注出内侧主筋的弧长和圆心角度，如图8-3a）所示。

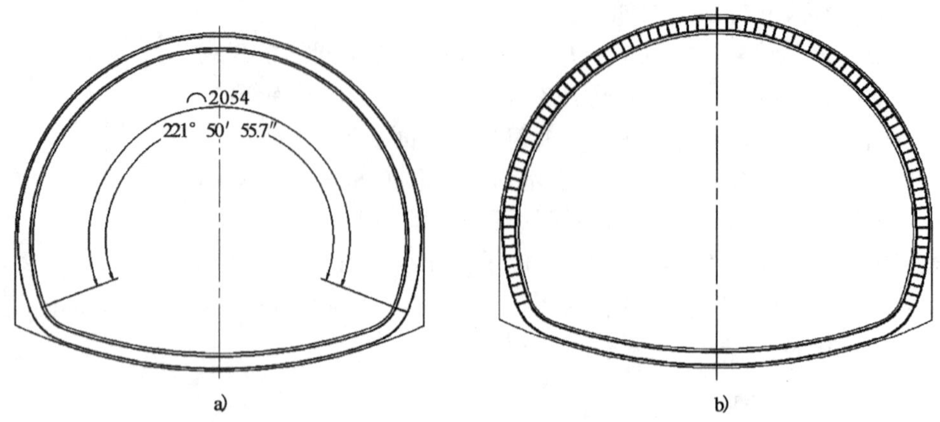

图 8-3　衬砌钢筋绘制过程

(3)使用 Array 命令或按钮,选择(2)中绘制的箍筋,环形列阵,中心点捕捉到主筋弧的圆心,选择“项目总数和填充角度”，项目总数＝主筋长度/箍筋间距＋1,填充角度按照测得的数据输入,“°”用“d”代替。也可以使用 ED 命令或按钮,点击测得的角度并复制后粘贴入“填充角度”栏。但是复制必须在执行 Array 命令前,如图 8-4 所示。绘制结果如图 8-3b)所示。

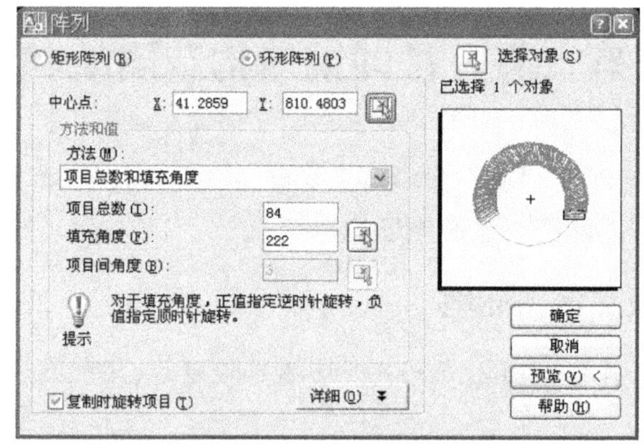

图 8-4　阵列对话框

(4)使用上述方法绘制出每段主筋的箍筋。箍筋绘制完成后将测得的角度和弧长的标注删除,如图 8-5 所示。

2. 绘制衬砌断面钢筋布置图

(1)使用 Line 命令绘制一条衬砌边线,再使用 Offset 命令偏移出另一条。

(2)使用 Offset 命令或按钮,偏移出主筋保护层的厚度,成主筋。使用 Line 命令绘制一条箍筋,再使用 Offset 命令偏移出其他箍筋,或使用 Array 命令阵列出其他箍筋。

(3)在主筋和箍筋的交叉点绘制一个小圆,并使用 Array 或 Copy 命令将每个交叉点都绘制小圆。如图 8-6a)所示。最后将先前绘制的“主筋”向外移动成为外缘箍筋,将箍筋水平移动。使用 Trim 命令修剪去多余的部分,如图 8-6b)所示。

(4)使用 Scale 命令或按钮,将前面绘制的图形缩放至所需的比例。将钢筋编号和尺寸依次标注,如图 8-7 所示。

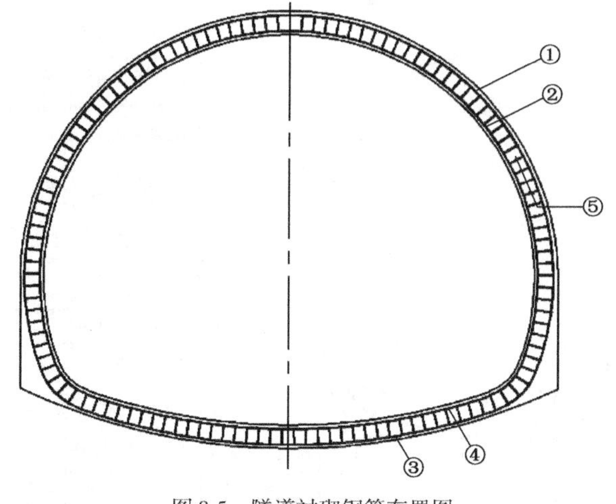

图 8-5　隧道衬砌钢筋布置图

a)

b)

图 8-6　衬砌断面钢筋绘制过程

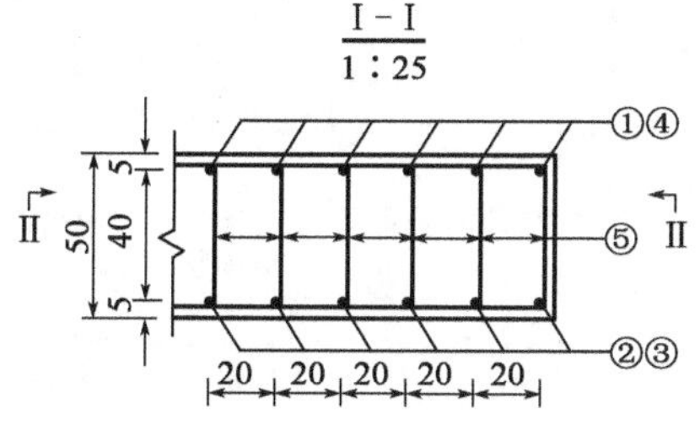

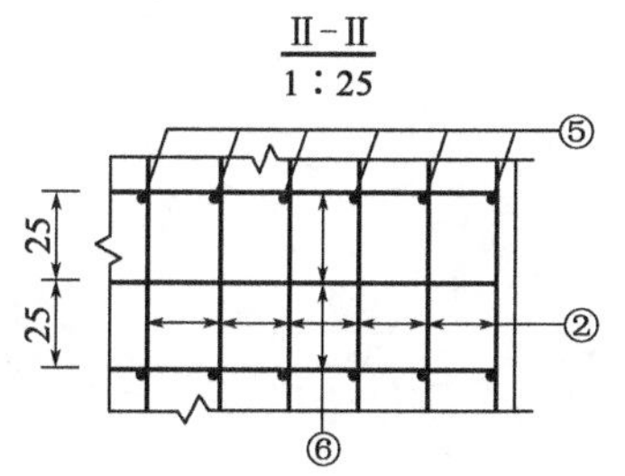

图 8-7　衬砌断面钢筋布置图

3. 绘制钢筋大样图

将每根钢筋单独画出来,并详细注明加工尺寸。

(1)使用 Copy 命令,分别将衬砌钢筋和仰拱钢筋从“隧道衬砌钢筋布置图”中复制出来,并进行标注。仰拱钢筋的两端钢筋长度各增加 1m。

(2)箍筋共两种:一种是沿着隧道方向按衬砌通长布置、一种是勾筋。勾筋可以绘制两条平行线,使用 Fillet 命令或按钮,选择两条线的同一端,将两端圆弧连接。使用 Break 命令或按钮,将其中的一条打断,如图 8-8 所示。

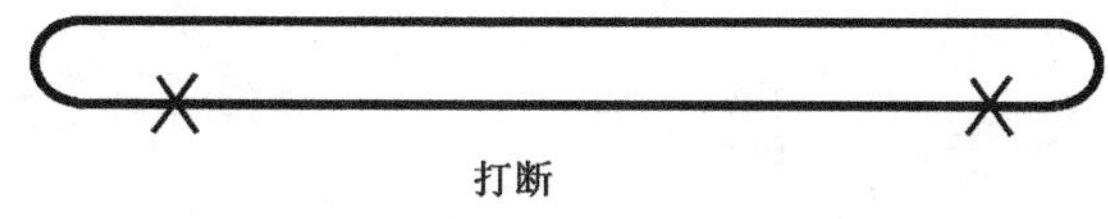

图 8-8　箍筋绘制

4. 编制工程数量表

(1)使用 Line 和 Offset 命令绘制出需要的表格或用 Excel 来制作。

(2)将编制好的钢筋编号和长度、根数填入表中。并计算钢筋的总长度和质量。

5. 注解的输入

从设置好的“文字式样”中选择需要的“式样”,用 Mtext 命令输入即可,如图 8-9 所示。

如果是偏压结构,衬砌厚度不对称,也使用上述方法,只是最后将不够长度的箍筋使用 Extend 命令延长。

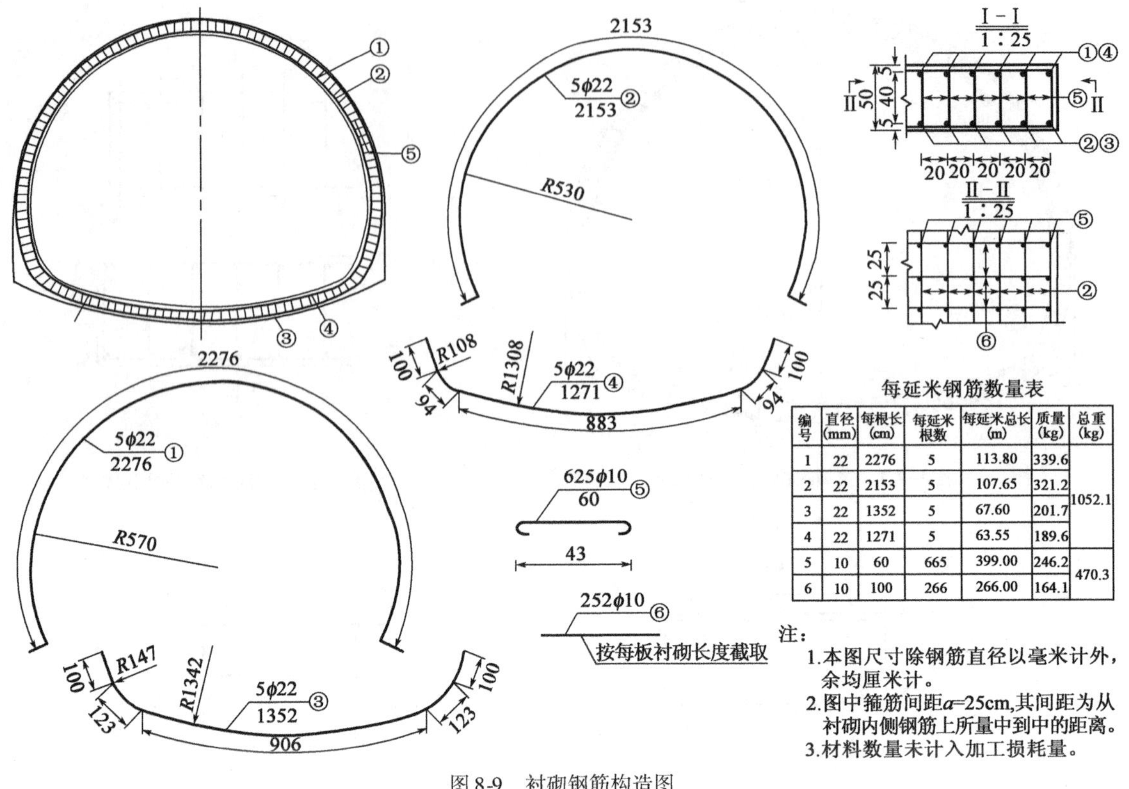

每延米钢筋数量表

编号	直径(mm)	每根长(cm)	每延米根数	每延米总长(m)	质量(kg)	总重(kg)
1	22	2276	5	113.80	339.6	1052.1
2	22	2153	5	107.65	321.2	
3	22	1352	5	67.60	201.7	
4	22	1271	5	63.55	189.6	
5	10	60	665	399.00	246.2	470.3
6	10	100	266	266.00	164.1	

注：

1.本图尺寸除钢筋直径以毫米计外，余均厘米计。

2.图中箍筋间距a=25cm,其间距为从衬砌内侧钢筋上所量中到中的距离。

3.材料数量未计入加工损耗量。

图 8-9　衬砌钢筋构造图

第三节　耳墙型明洞钢筋构造图的绘制

一、新建文件和设置绘图环境

利用预先做好的模板新建文件，并根据实际情况进行绘图界限更改，添加图层、图块、文字式样、标注式样等内容，建立新的绘图环境。

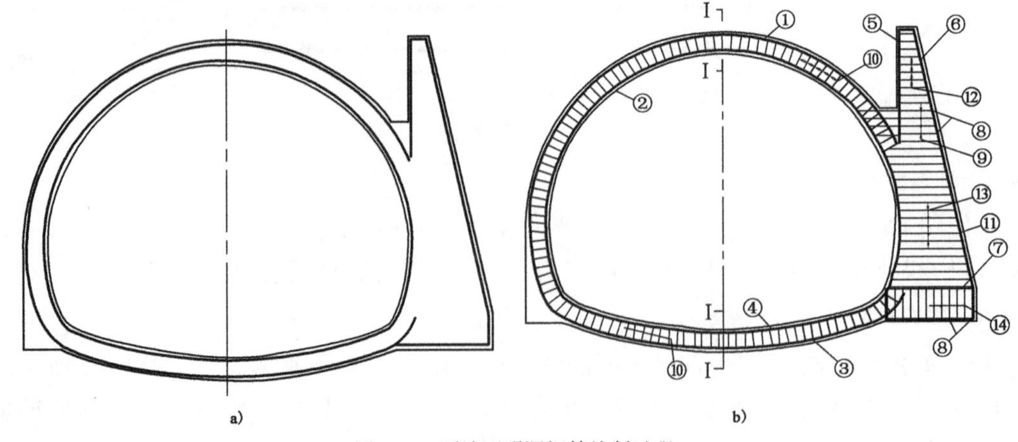

图 8-10　耳墙型明洞钢筋绘制过程

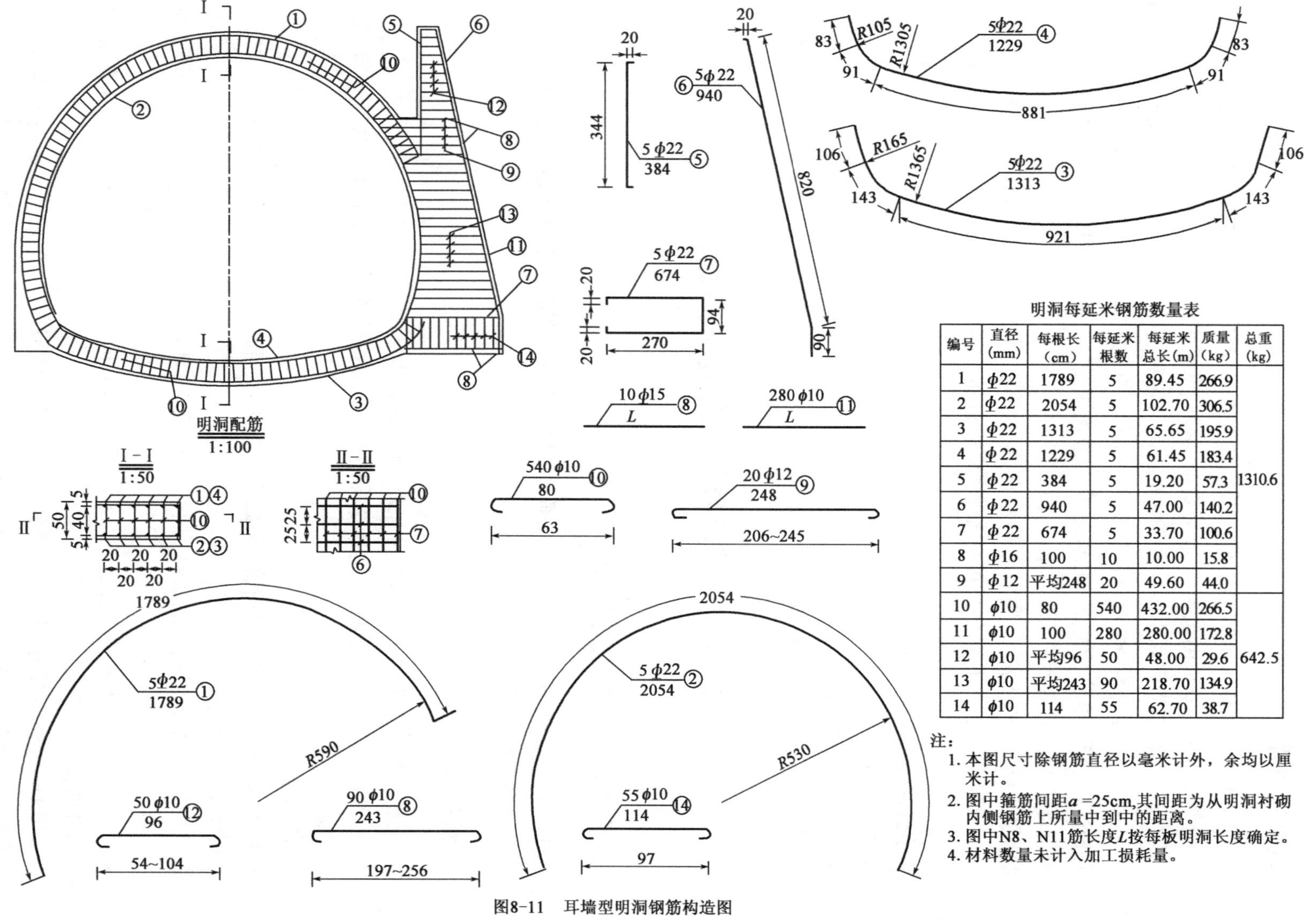

明洞每延米钢筋数量表

编号	直径(mm)	每根长(cm)	每延米根数	每延米总长(m)	质量(kg)	总重(kg)
1	φ22	1789	5	89.45	266.9	1310.6
2	φ22	2054	5	102.70	306.5	
3	φ22	1313	5	65.65	195.9	
4	φ22	1229	5	61.45	183.4	
5	φ22	384	5	19.20	57.3	
6	φ22	940	5	47.00	140.2	
7	φ22	674	5	33.70	100.6	
8	φ16	100	10	10.00	15.8	
9	φ12	平均248	20	49.60	44.0	
10	φ10	80	540	432.00	266.5	642.5
11	φ10	100	280	280.00	172.8	
12	φ10	平均96	50	48.00	29.6	
13	φ10	平均243	90	218.70	134.9	
14	φ10	114	55	62.70	38.7	

注：
1. 本图尺寸除钢筋直径以毫米计外，余均以厘米计。
2. 图中箍筋间距a=25cm,其间距为从明洞衬砌内侧钢筋上所量中到中的距离。
3. 图中N8、N11筋长度L按每板明洞长度确定。
4. 材料数量未计入加工损耗量。

图8-11 耳墙型明洞钢筋构造图

二、绘制过程

钢筋构造图包含钢筋立面图、横断面图、钢筋大样图、钢筋数量表和混凝土用量表。

(1)绘制立面图。立面图包括:主受力钢筋、箍筋、水平纵向钢筋。

①从"隧道耳墙型明洞衬砌结构图"中复制衬砌轮廓线贴入本图中。使用 Offset 命令或按钮,选择内轮廓线,绘制主筋。偏移距离一般是保护层的厚度,隧道设计通常是 5cm。同样选择外轮廓线好耳墙轮廓线,使用 Offset 命令或按钮,绘制主筋外侧主筋。并使用Extend或按钮将图中的几根钢筋延长,如图 8-10a)所示。

②明洞衬砌部分的钢筋绘制参考第八章第二节讲述的方法。挡墙部分的箍筋绘制使用 Array 或 Copy 命令。不符合长度的箍筋用 Trim 或 Extend 来修剪或延长,如图 8-10b)所示。

(2)绘制衬砌断面钢筋布置图。

(3)绘制钢筋大样图。

(4)编制工程数量表。

(5)注解的输入,如图 8-11 所示。

第四节　棚洞钢筋构造图的绘制

一、新建文件和设置绘图环境

利用预先做好的模板新建文件,并根据实际情况进行绘图界限更改,添加图层、图块、文字式样、标注式样等内容,建立新的绘图环境。

二、绘制过程

(1)复制棚洞结构图;将所有的尺寸删除,删除地面线。

(2)使用 Offset 命令或按钮,选择结构的轮廓线向内偏移 5cm 成主筋;完成后将结构的轮廓线改变成细线。

(3)绘制箍筋。

①使用 Line 命令,捕捉衬砌钢筋弧线顶部的端点绘制一根箍筋。并使用 Dimarc 命令或按钮标注出内侧主筋的弧长。

②使用 Array 命令或按钮,选择①中绘制的箍筋,环形列阵,中心点捕捉到主筋弧的圆心,选择"项目总数和填充角度", 项目总数 = 主筋长度/箍筋间距 + 1,填充角度 90°。

③使用 Offset 命令或按钮,选择①中绘制的箍筋,向右偏移 25cm;并连续向右偏移,绘制"棚"部分的箍筋。

④使用 Offset 命令或按钮,选择衬砌弧线最低的箍筋,向下偏移 25cm;并连续向下偏移,绘制"墙"部分的箍筋;使用 Extend 命令或来按钮,选择内侧主筋为边界,延长箍筋。

⑤使用 Line 命令，一端捕捉“棚”的下部梁的箍筋右端，另一端捕捉斜柱主筋的垂直点；使用 Offset 命令或 按钮，选择刚才绘制的直线向下偏移 20cm，并连续向右偏移，绘制斜柱的箍筋。

(4)绘制大样图。

①使用 Line 命令一条水平线和一条垂直线；使用 Offset 命令或 按钮，各偏移 25cm 使其成为网格。

②使用下拉菜单【绘图】|【圆环】，圆环的内径为 0，圆环的外径为 1，中心点间隔捕捉刚绘制的网格的交点绘制箍筋。

③使用 Copy 命令，分别将衬砌钢筋、斜柱钢筋、基础钢筋复制，并进行分段。

④使用 Dimlinear 命令或 按钮，对水平和垂直尺寸进行标注；使用 Dimaligned 命令或 按钮，对倾斜尺寸进行标注；使用 Dimarc 命令或 按钮，对弧长尺寸进行标注。

⑤使用 Text 命令，选择设置好的字体对钢筋进行注释。

(5)编制钢筋表。

①使用 Line 和 Offset 命令绘制出需要的表格或用 Excel 来制作。

②将编制好的钢筋编号和长度、根数填入表中。并计算钢筋的总长度和质量。

(6)注解的输入。

从设置好的“文字式样”中选择需要的“式样”，用 Mtext 命令输入即可，如图 8-12 和图 8-13所示。

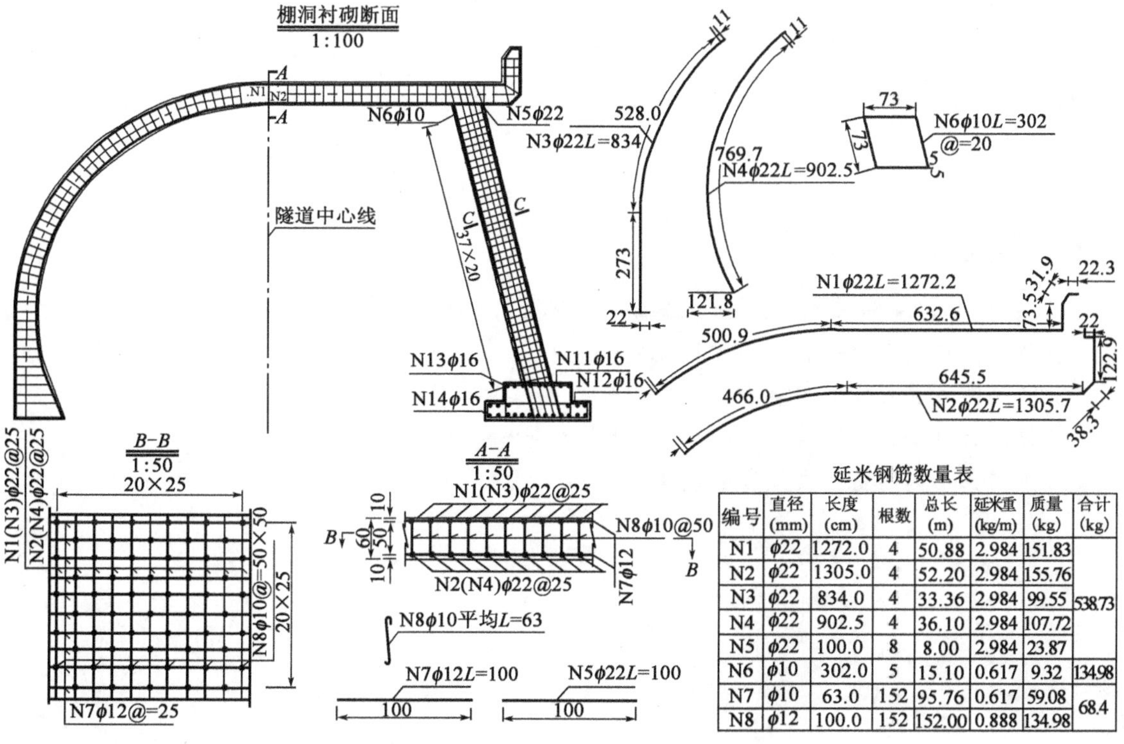

编号	直径(mm)	长度(cm)	根数	总长(m)	延米重(kg/m)	质量(kg)	合计(kg)
N1	φ22	1272.0	4	50.88	2.984	151.83	538.73
N2	φ22	1305.0	4	52.20	2.984	155.76	
N3	φ22	834.0	4	33.36	2.984	99.55	
N4	φ22	902.5	4	36.10	2.984	107.72	
N5	φ22	100.0	8	8.00	2.984	23.87	
N6	φ10	302.0	5	15.10	0.617	9.32	134.98
N7	φ10	63.0	152	95.76	0.617	59.08	68.4
N8	φ12	100.0	152	152.00	0.888	134.98	

图 8-12 棚洞钢筋构造图(一)

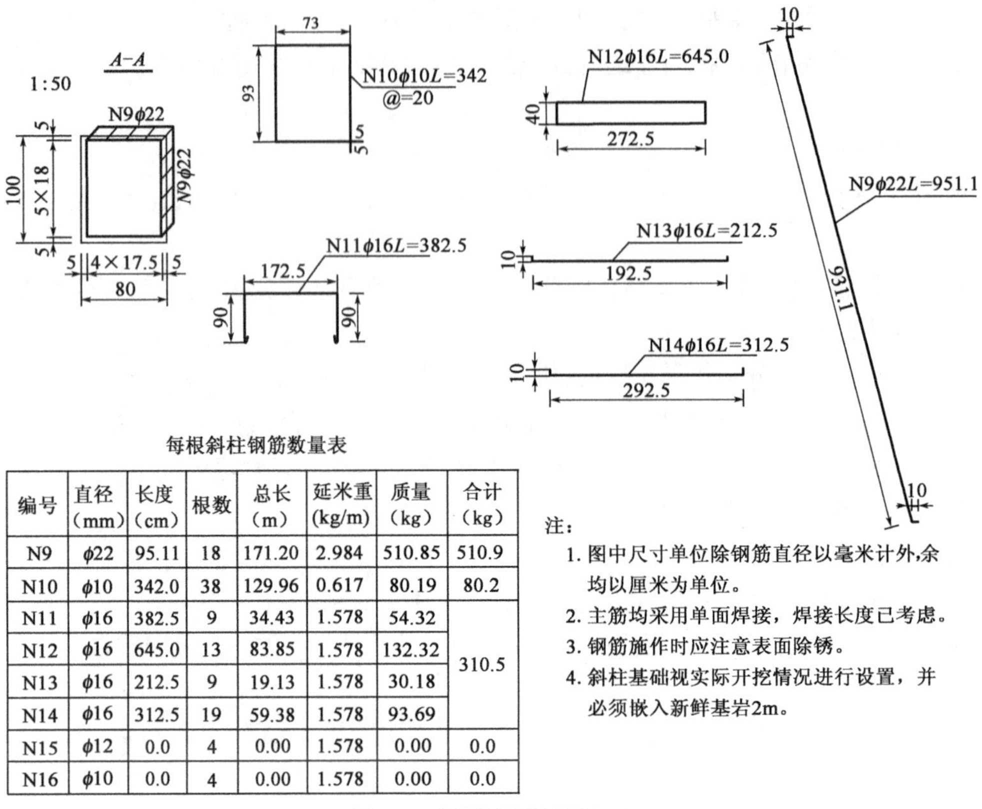

每根斜柱钢筋数量表

编号	直径(mm)	长度(cm)	根数	总长(m)	延米重(kg/m)	质量(kg)	合计(kg)
N9	ϕ22	95.11	18	171.20	2.984	510.85	510.9
N10	ϕ10	342.0	38	129.96	0.617	80.19	80.2
N11	ϕ16	382.5	9	34.43	1.578	54.32	310.5
N12	ϕ16	645.0	13	83.85	1.578	132.32	
N13	ϕ16	212.5	9	19.13	1.578	30.18	
N14	ϕ16	312.5	19	59.38	1.578	93.69	
N15	ϕ12	0.0	4	0.00	1.578	0.00	0.0
N16	ϕ10	0.0	4	0.00	1.578	0.00	0.0

注：

1. 图中尺寸单位除钢筋直径以毫米计外，余均以厘米为单位。
2. 主筋均采用单面焊接，焊接长度已考虑。
3. 钢筋施作时应注意表面除锈。
4. 斜柱基础视实际开挖情况进行设置，并必须嵌入新鲜基岩2m。

图 8-13　棚洞钢筋构造图(二)

【复习思考题】

1. 利用Excel中编辑功能进行坐标输入有什么好处?
2. 钢筋大样图在绘制时是否需按比例绘制?
3. 输入图表和文字时用制表位控制编辑输入位置有什么好处?
4. 绘图时，Copy命令和Offset命令有什么差别?
5. 如何在不同的窗口之间复制图文?

第九章
隧道防排水细部设计

防水和排水对于开放空间来说是比较容易做到的。但是隧道内的空间狭小，安装操作困难，所以隧道防排水问题较多。

第一节　隧道防水板施工图绘制

隧道防水主要指的是隧道衬砌。是在围岩和隧道之间增加隔水层，防止地下水侵蚀到衬砌和隧道内部。但是受到多种条件的限制，在围岩表面施做防水层非常困难。现在通常是在初期支护和二次衬砌之间增加隔水层。隔水层通常是土工布 + 防水板。土工布主要是在防水板与喷混凝土之间形成空隙，有利于排水。防水板由卷材焊接成整张后铺挂。铺挂方式最好是黏结，但是现在还没有一种黏结材料或黏结剂能与喷混凝土表面较好的黏结。现在使用的多是机械固定的方式，但是这种方式很容易在固定点处将防水板撕裂，造成防水失效。

一、防水板安装绘制过程

(1)使用 Spline 命令或～按钮绘制两条样条曲线；使用 Line 命令和 Trim 命令绘制岩土剖面符号；使用 Copy 命令将该符号复制；使用 Line 命令和 Trim 命令绘制折断线，并复制一条，如图 9-1a)所示。

(2)使用 Line 命令、Copy 命令绘制土工布和热融衬垫,如图 9-1b)所示。

(3)使用 Trim 命令将不需要的线段修剪删除,如图 9-1c)所示。

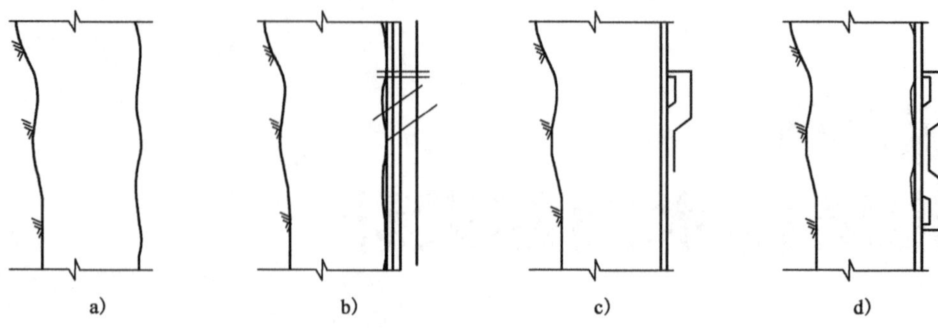

图 9-1 热融衬垫绘制过程

(4)使用 Mirror 命令将热融衬垫镜像,如图 9-1d)所示。

(5)使用 Line 命令、Copy 命令和 Trim 命令绘绘制水泥钉,如图 9-2a)所示。

(6)使用 Pline 命令或按钮,绘制一条多义线。如图 9-2b)所示图中的粗线。

(7)使用 Offset 命令或按钮,向外偏移 0.5、1;使用 Measure 命令或下拉菜单【绘图】|【点】|【定距等分】,选择中间的多义线,距离为 6。

(8)使用下拉菜单【格式】|【点样式】弹出对话框,选择样式,如图 9-2c)所示。

(9)使用鼠标右击窗口下方的对象捕捉按钮,点击设置,弹出【草图设置】|【对象捕捉】对话框,只勾选端点和节点两项;并打开对象捕捉功能;使用 Pline 命令或按钮,沿着中间的多义线,捕捉多义线的端点,键盘输入:"w"回车,"1"回车,捕捉多义线上临近的节点,结束多义线;继续如上方法绘制多义线,如果两个节点之间多义线有转折,则要按照节点、转点(端点)、节点的顺序绘制,如图 9-2d)所示。

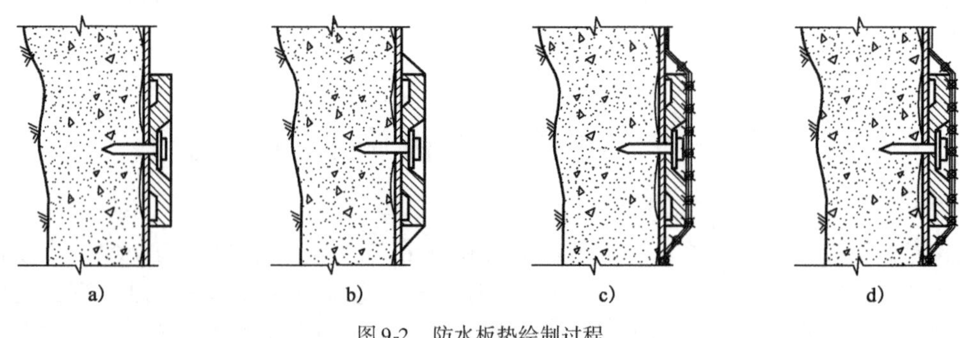

图 9-2 防水板垫绘制过程

(10)删除三条多义线的中间那条。

(11)绘制结束后,使用【格式】|【点样式】弹出对话框,选择样式,点击确定,如图 9-3 所示。

二、防水板接缝焊接绘制过程

(1)使用 Pline 命令或按钮,绘制一条多义线,如图 9-4a)所示。

(2)使用 Offset 命令或按钮,选择多义线,向下偏移 1、2。

(3)使用 Mirror 命令或按钮,选择这三条多义线向上镜像;使用 Stretch 命令或按钮,

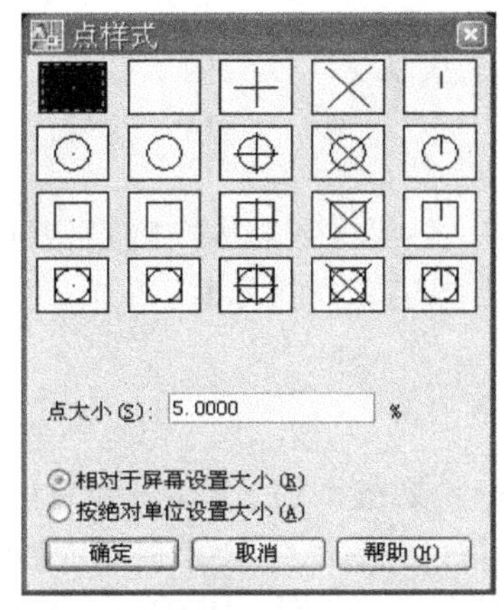

图 9-3 【点样式】对话框

调整镜像后的多义线，如图 9-4b）所示。

（4）使用 Measure 命令或下拉菜单【绘图】|【点】|【定距等分】，选择中间的多义线，距离为 7。

（5）使用下拉菜单【格式】|【点样式】弹出对话框，选择⊠样式，如图 9-4c）所示。

（6）使用鼠标右击窗口下方的对象捕捉按钮，点击设置，弹出【草图设置】|【对象捕捉】对话框，只勾选端点和节点两项；并打开对象捕捉功能；使用 Pline 命令或按钮，沿着中间的多义线，捕捉多义线的端点，键盘输入 w 回车，1 回车，捕捉多义线上临近的节点，结束多义线；继续如上方法绘制多义线，如果两个节点之间多义线有转折，则要按照节点、转点（端点）、节点的顺序绘制，如图 9-4d）所示。

（7）绘制结束后，使用下拉菜单【格式】|【点样式】弹出对话框，选择【·样式】，点击确定。

（8）使用 Dimlinear 命令或按钮，选择防水板重叠部分标注尺寸；使用下拉菜单【修改】|【对象】|【文字】|【编辑】，选择尺寸的文字，修改为“≥100mm”；符号“≥”使用软键盘输入。

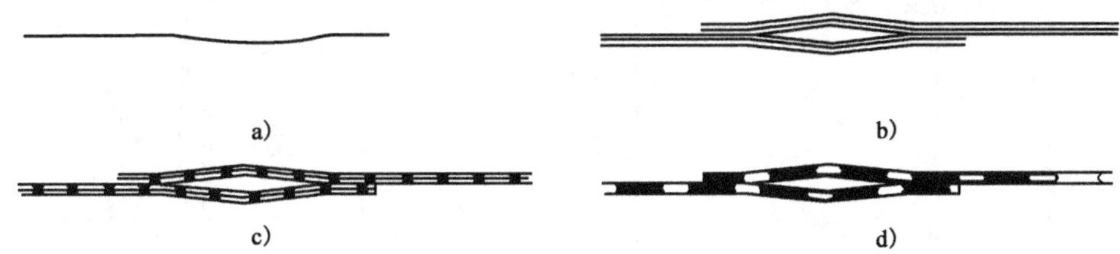

图 9-4 防水板接缝焊接绘制过程

隧道衬砌防水施工，有很多问题不能用图绘出，要结合文字的说明才能较好的将设计意图表达清楚，如图 9-5 所示。

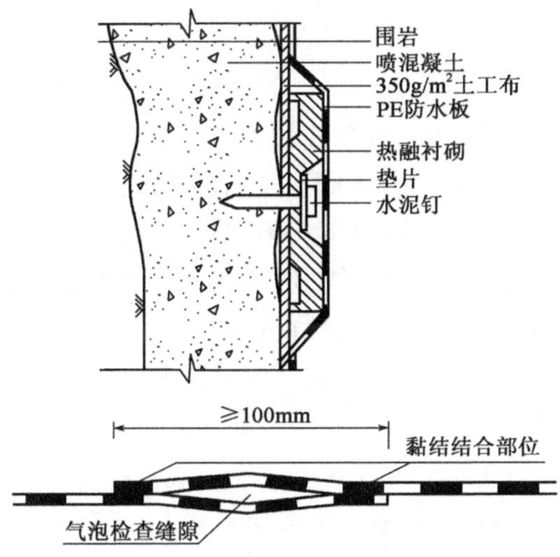

施工程序：

1.钢筋网等凸出部分，先切断后用锤铆平抹砂浆素灰。

2.有凸出的管道时，切断、铆平后用砂浆抹平。

3.锚杆有凸出部位时，螺头顶预留5mm切断后，用塑料帽处理。

4.补喷混凝土使其表面平整圆顺，凹凸量不得超过±3cm。

5.混凝土表面先把350g/m²土工布用衬垫贴上，有排水板时，同时贴，然后用射钉枪钉上水泥钉锚固，水泥钉长度不得小于50mm。平均拱顶3～4点/m²，边墙2～3点/m²。

6.铺设防水板时，采用手动专用熔接器热熔在衬垫上，两者黏结剥离强度不得小于防水板的抗拉强度。

7.防水板之间采用专用熔接器热熔黏结，结合部位不得小于80mm，且黏结剥离强度不得小于母体拉伸强度的80%。

8.防水板必须符合国标（GB 12953—2003）中优等品的要求。

9.防水板之间黏结结合部位采用真空加压检测，在0.2MPa压力作用下5min不得小于0.16MPa。

图 9-5 防水板安装示意图

第二节　隧道衬砌排水施工图绘制

地下水压力一般比较大,只靠隔水层很难将水阻隔在衬砌外。必须将围岩内向隧道侵蚀的地下室排出。排水方式多是使用半圆管或软式透水管将水引入隧道纵向排水管,再通过横向排水管进入隧道中心排水管。

1. 排水半圆管的绘制

使用Spline命令或～按钮绘制一条样条曲线;使用Offset命令或按钮,偏移该样条曲线成排水半圆管;绘制一个小圆并延半圆管复制成射钉;绘制时需要将对象捕捉和正交关闭;在半圆管的下部绘制一个矩形,注意一定要是封闭的矩形,填充使用Hatch命令或按钮,将矩形用AR-CONC图案填充,如图9-6所示。排水半管的安放位置如图9-7所示。

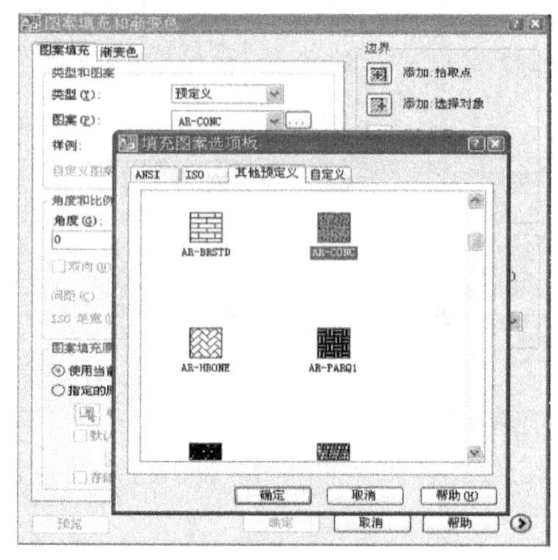

图9-6　图案填充对话框

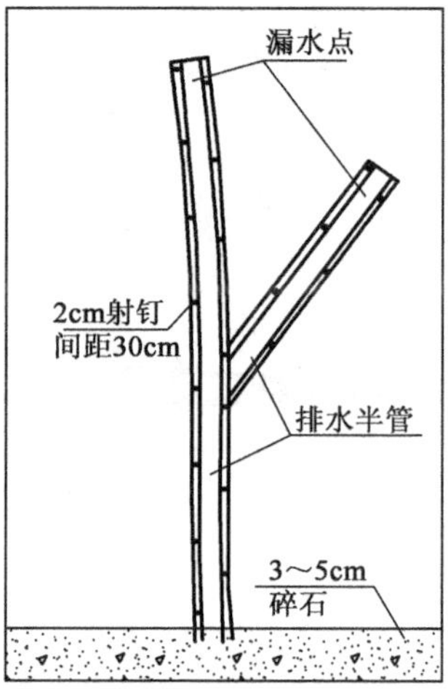

图9-7　排水半圆管的安放位置

2. 绘制衬砌防排水结构图

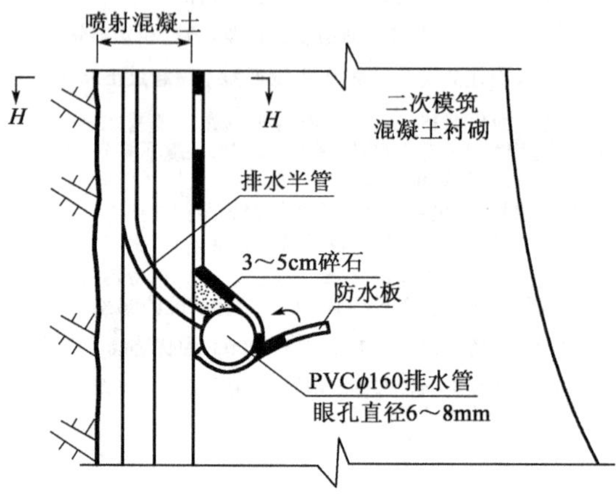

图9-8　衬砌墙脚防排水结构图

使用Spline命令或～按钮绘制一条样条曲线成岩土界面;关闭正交,使用Line命令绘制岩土剖面符号;绘制几条细实线为多层喷射混凝土;半管为粗实线,用直线和圆弧绘制;防水板用粗实线绘制平行的两条,中间间隔填充;绘制一条水平线,在其中间绘制一条折线,使用Trim命令或-/--按钮将不需要的部分剪除,如图9-8所示。

3. 绘制半管安装示意图

使用Spline命令或～按钮绘制一条样条曲线成岩土界面;关闭正交,使用Line命令绘制岩土剖面符号;绘制几条细实线为多层喷射混凝土;使用粗实线绘制一个半圆,两端绘制直线成半管;使用 Line 命令绘制射钉;使用 Copy 命令复制几个半管;防水板用粗实线绘制平行的两条,中间间隔填充;绘制一条水平线,在其中间绘制一条折线,使用 Trim 命令或-/--按钮将不需要的部分剪除成折断线;使用 Text 命令进行注释,字体高度 3,如图 9-9 所示。

使用 Copy 命令复制一个半管,放大后偏移半管的单线成半管的断面;过半管圆心绘制一条点划线,并向两边偏移成引水孔;绘制两端的折断线;使用 Text 命令进行注释,字体高度 3;成半管安装大样图,如图 9-10 所示。

隧道衬砌防排水设计见图 9-11。

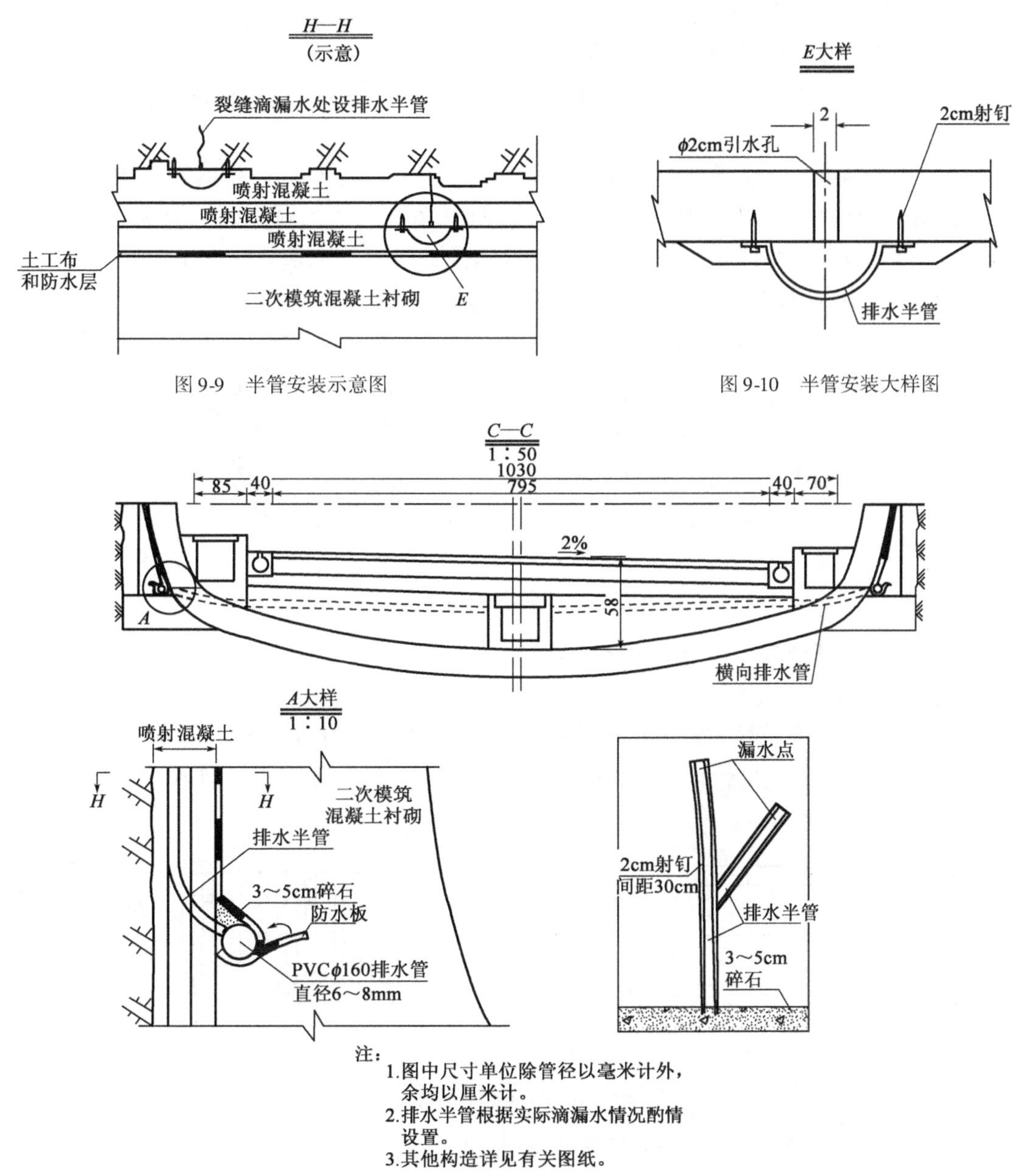

图 9-9 半管安装示意图

图 9-10 半管安装大样图

图 9-11 隧道衬砌防排水设计图

第三节 隧道中心排水管排水施工图绘制

隧道衬砌背后所有水都要排入隧道中心排水管，中心排水管有效就很重要，在寒冷地区还要考虑冻深的问题。隧道中心排水有管和沟两种形式。在排水管沟中通常间隔 100 ~ 200m 就要设一个检查井，检查井同时兼顾了沉沙井的功能。

一、中心排水管绘制过程

(1)使用 Line 命令绘制中心线，线型为点划线。

(2)以中心线的交点为圆心绘制排水管的内径，本图为 40cm；向外偏移 7.5，偏移出排水管的外径。

(3)使用 Offset 命令或按钮，向两边偏移垂直的中心线各 1.5，将两端长出排水管壁厚的部分修剪掉，只留上面的；原地复制这两条线，使用 Rotate 命令或按钮，分别单击选择这两条线(这里每个位置都是两条直线，单击就是只选择了其中的一条)，以中心线的交点为圆心旋转 45°；镜像刚旋转出来的这两条线；这就绘制出了 $\phi3$ 的三个孔，如图 9-12a)所示。

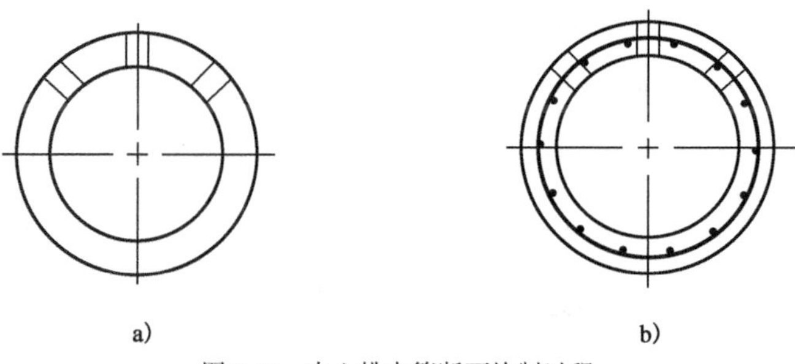

图 9-12 中心排水管断面绘制过程

(4)将外径向内偏移 3，并改为粗线作为环向钢筋；绘制一个小圆作为纵向钢筋，并环向阵列 360°，15 个，如图 9-12b)所示。

(5)在圆与垂直中心线的每个交点处绘制水平线；绘制一条垂直线并偏移 99；复制 $\phi3$ 的孔在管壁上三处；绘制一个长轴为 3，短轴为 2 的椭圆，并移动到与中心排水管断面投影对齐的位置，如图 9-13a)所示。

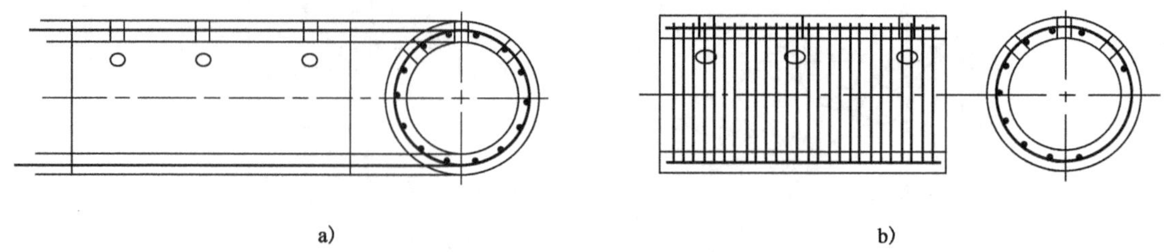

图 9-13 中心排水管绘制过程

(6)使用 Trim 命令修剪长出的部分；偏移端线 4.5，变为粗线；矩形阵列刚偏移的直线：1 行26 列，列间距 3.6，如图 9-13b)所示。

(7)捕捉刚才阵列的直线的端点绘制折线；删除中间部分的直线，如图 9-14 所示。

(8)同样的方法绘制接环，如图 9-15 所示。

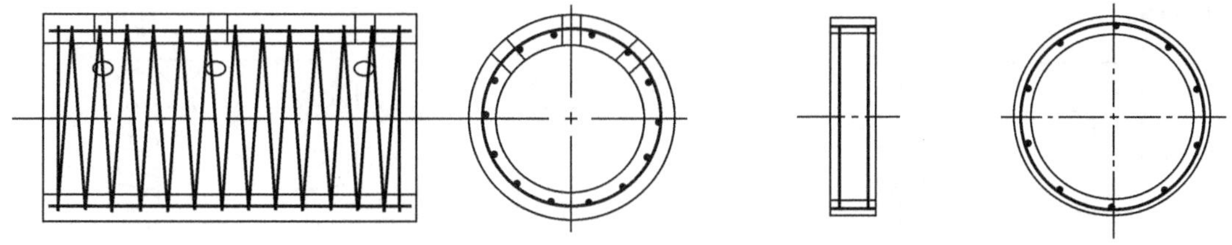

图 9-14　中心排水管　　　　图 9-15　所示中心排水管接环

(9)对绘制的中心排水管缩放，调整比例；标注尺寸，添加注释。

(10)编写工程量表，如图 9-16 所示。

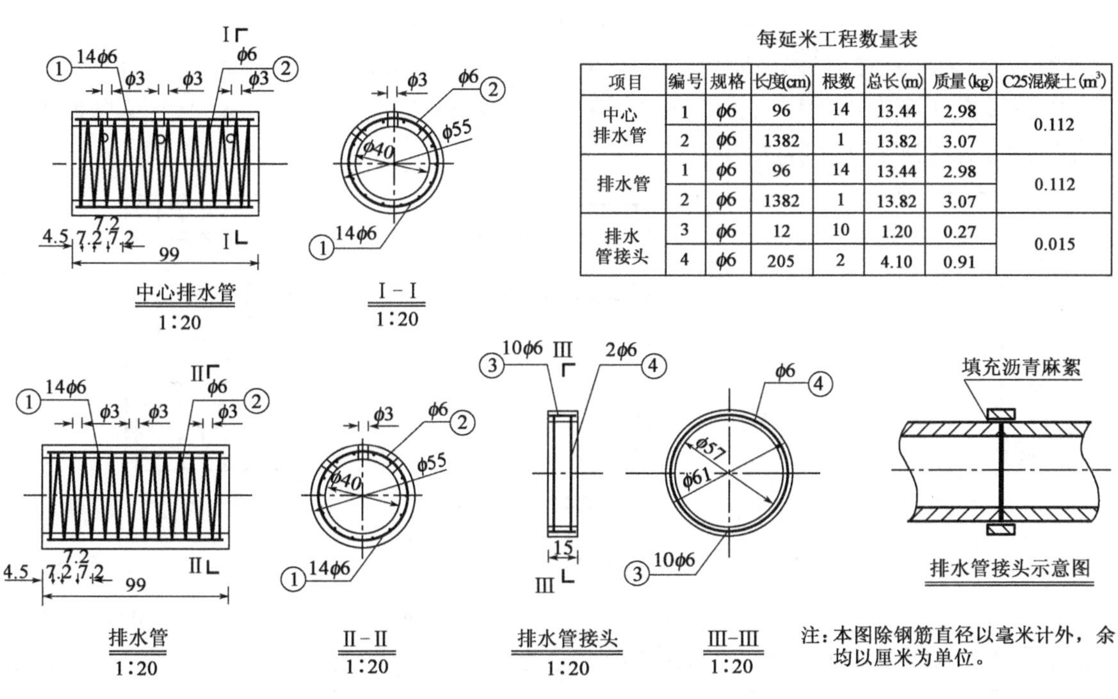

每延米工程数量表

项目	编号	规格	长度(cm)	根数	总长(m)	质量(kg)	C25混凝土(m^3)
中心排水管	1	φ6	96	14	13.44	2.98	0.112
	2	φ6	1382	1	13.82	3.07	
排水管	1	φ6	96	14	13.44	2.98	0.112
	2	φ6	1382	1	13.82	3.07	
排水管接头	3	φ6	12	10	1.20	0.27	0.015
	4	φ6	205	2	4.10	0.91	

图 9-16　中心排水管设计图

二、中心排水沟绘制过程

(1)绘制一条垂直线和水平线，使用 Offset 命令或按钮，水平偏移 60，垂直偏移 50，就是中心排水沟的内轮廓；将内轮廓的四条线分别向外偏移 20 就是中心排水沟的外轮廓。

(2)使用 Offset 命令或按钮，向外偏移 10 两条垂直的内轮廓线，并使用 Extend 命令或按钮，向上延长绘出盖板宽度，如图 9-17a)所示。使用 Fillet 命令或按钮，圆角半径设置为 0，选择内轮廓的顶线和两条刚延长的直线的上半部分，绘制出盖板；使用 Offset 命令或按钮，将盖板的左右两条边线偏移 1，并延长盖板的底线，如图 9-17b)所示。

(3)使用 Line 和 Offset 命令绘制泄水孔；使用 Copy 和 Mirror 命令复制和镜像泄水孔；使用 Hatch 命令或按钮，对中心排水沟的沟槽和盖板填充，如图 9-17c)所示。

(4)使用 Copy 命令复制出来两个盖板;下面的盖板顶线使用 Offset 命令或按钮,向下偏移 99;使用 Fillet 命令或按钮,圆角半径设置为 0,选择盖板的左右两边线和刚偏移的线,如图 9-18a)所示。

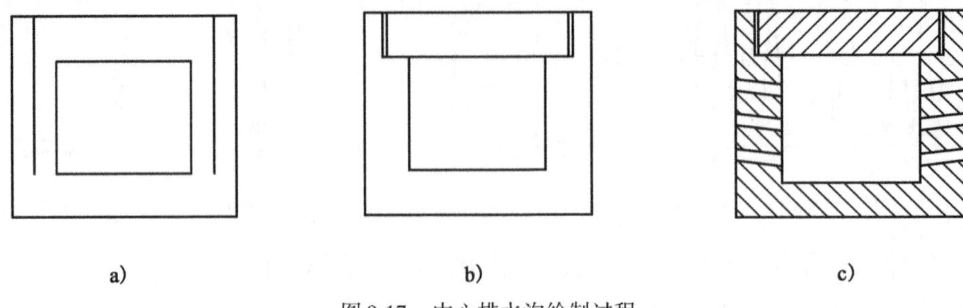

a)　　b)　　c)

图 9-17　中心排水沟绘制过程

(5)使用 Offset 命令或按钮,选择盖板立面轮廓,左右向内偏移 5,上下向内偏移 3,并使用 Trim 命令或按钮,修剪刚偏移的线;使用 Offset 命令或按钮,选择盖板平面轮廓,左右向内偏移 5,上下向内偏移 4.5,并使用 Trim 命令或按钮,修剪刚偏移的线;这些偏移成的直线就是钢筋,如图 9-18b)所示。

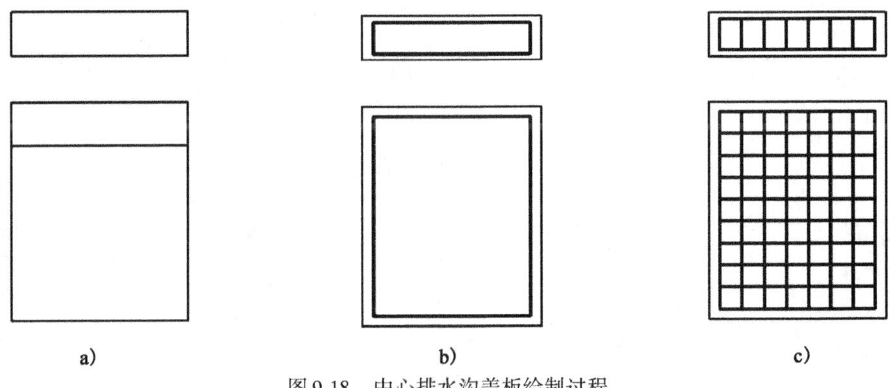

a)　　b)　　c)

图 9-18　中心排水沟盖板绘制过程

(6)使用 Array 命令或按钮,选择盖板立面的左边钢筋,1 行 7 列,列间距 10;同样选择盖板平面的左边钢筋,1 行 7 列,列间距 10;使用 Array 命令或按钮,选择盖板平面的下边钢筋,9 行 1 列,行间距 10;主、箍筋绘制完成,如图 9-18c)所示。

(7)使用 Line 命令绘制钢筋图。

(8)对每一组图进行缩放;设置、选择不同的比例标注每组图形的尺寸。

(9)复制一个单行文本放置在需要注释的位置;如果复制的是多行文本,可以将其分解成单行文本;双击后修改注释内容;文本的高度和高宽比可以使用 Propertiesclose 或按钮,选择要改变的文本进行修改。

(10)编写工程量表,如图 9-19 所示。

三、中心检查井绘制过程

(1)使用 Line 命令绘制检查井的中心线;使用 Offset 命令或按钮,分别向两边偏移 36 和 44;使用 Line 命令绘制检查井的底线;使用 Offset 命令或按钮,向上偏移 112,128 各一条线;使用 Line 命令绘制检查井的内轮廓线,如图 9-20a)所示。

(2)使用 Offset 命令或按钮,分别向外偏移检查井内轮廓线 20;使用 Fillet 命令或按钮,圆角半径设置为 0,选择检查井外壁线和最低水平线将其连接,如图 9-20b)所示。

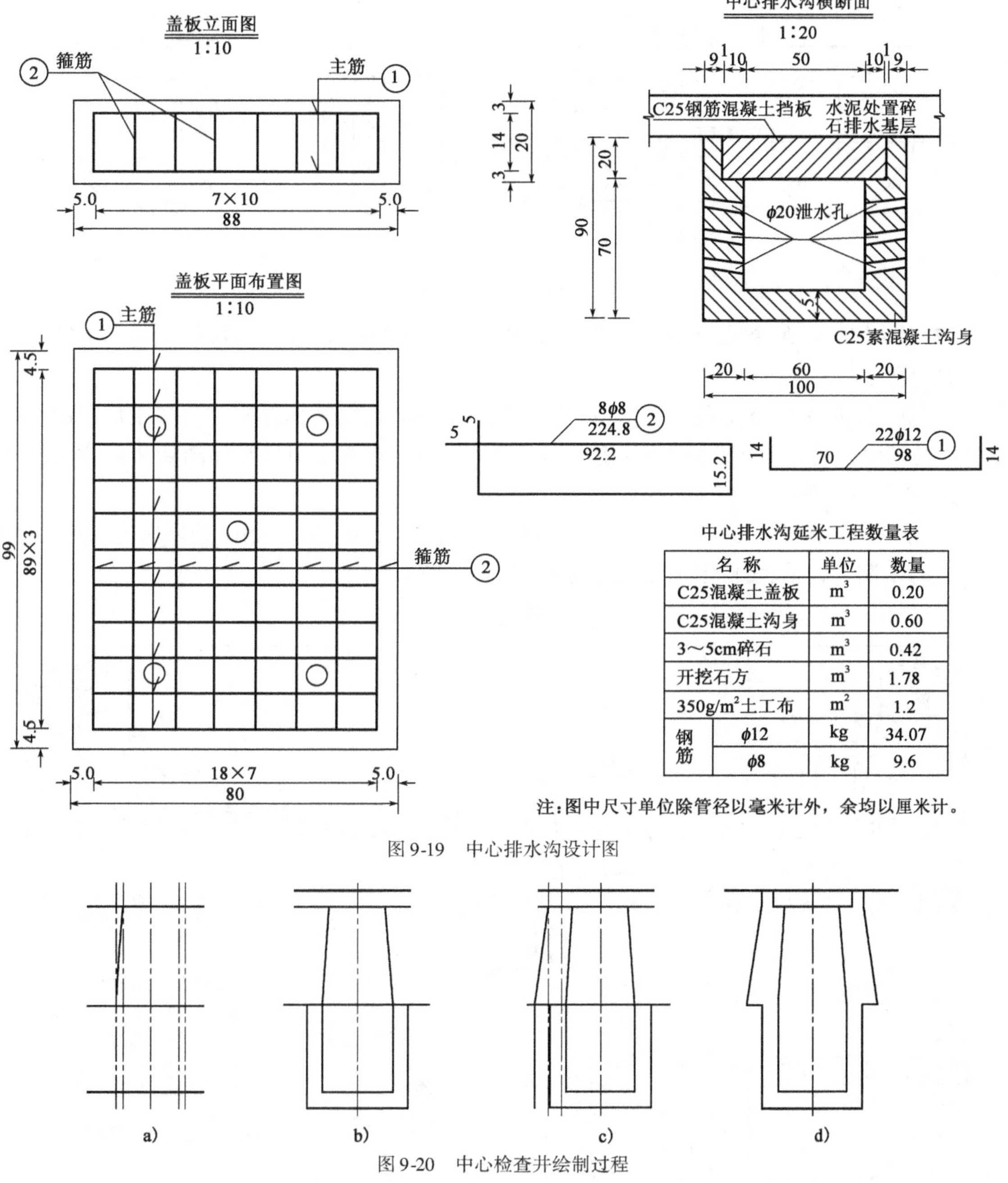

中心排水沟延米工程数量表

名 称		单位	数量
C25混凝土盖板		m^3	0.20
C25混凝土沟身		m^3	0.60
3~5cm碎石		m^3	0.42
开挖石方		m^3	1.78
350g/m^2土工布		m^2	1.2
钢筋	φ12	kg	34.07
	φ8	kg	9.6

图 9-19 中心排水沟设计图

图 9-20 中心检查井绘制过程

(3)使用 Offset 命令或按钮,向外偏移检查井外壁线 20,将中心线偏移 66 后,再向内偏移 15,1 各一条线;使用 Line 命令绘制检查井的上半部分的外壁线,如图 9-20c)所示。

(4)删除和修剪掉不需要的线和部分;使用 Mirror 命令或按钮,选择另一侧没有的线段,以中心线为对称线进行镜像,如图 9-20d)所示。

(5)复制井盖;使用 Circle 命令或按钮,输入"100/2"绘制一个圆,与井盖断面图对齐;

使用 Offset 命令或按钮，向内偏移 5；使用 L 命令过圆心绘制十字线，如图 9-21a）所示。

（6）使用 Offset 命令或按钮，选择十字线分别向两边按 10 的间距连续偏移，如图 9-21b）所示。

a)
b)
c)
d)

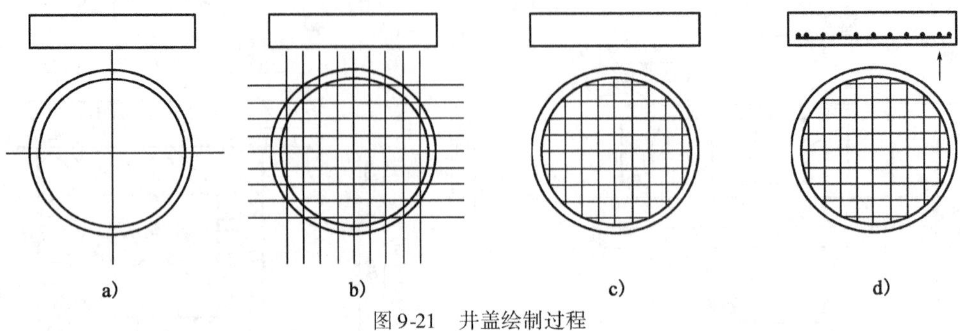

图 9-21　井盖绘制过程

（7）使用 Trim 命令或按钮，选择偏移的圆为边界，将超出偏移圆的直线剪除，如图 9-21c）所示。

（8）使用 Offset 命令或按钮，选择井盖断面的下边线，向上偏移 5；在井盖平面图的水平中心线与其他线的交点处绘制小圆；使用 M 命令，选择所有的小圆将其移动到井盖断面图的位置，如图 9-21d）所示。

（9）使用 Scale 命令或按钮，将中心检查井和井盖缩放到合适的大小，选择比例标注尺寸。

（10）编制工程量表；使用 Text 命令注释，如图 9-22 所示。

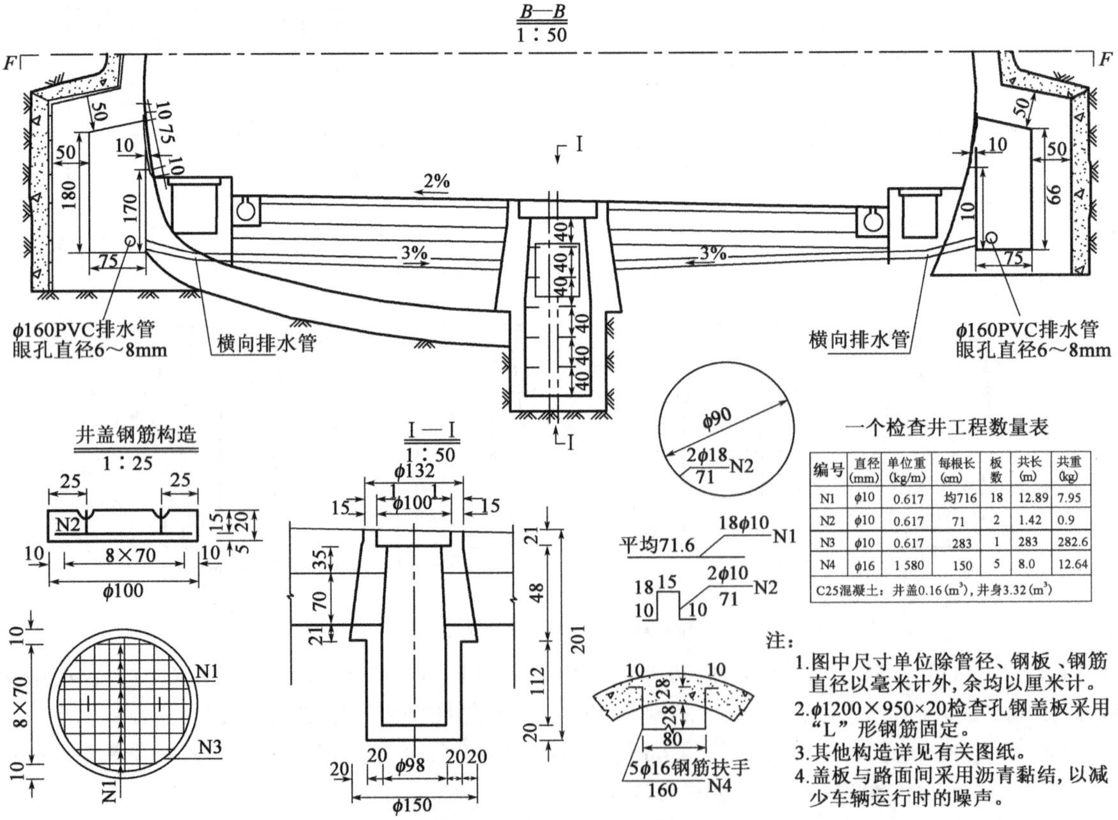

B—B
1 : 50
2%
3%
3%
ϕ160PVC排水管
眼孔直径6～8mm
横向排水管
横向排水管
ϕ160PVC排水管
眼孔直径6～8mm
井盖钢筋构造
1 : 25
I—I
1 : 50
ϕ132
ϕ100
ϕ98
ϕ150
ϕ90
2ϕ18
N2
18ϕ10
N1
平均71.6
2ϕ10
N2
5ϕ16钢筋扶手
N4
一个检查井工程数量表
注：
1.图中尺寸单位除管径、钢板、钢筋直径以毫米计外，余均以厘米计。
2.ϕ1200×950×20检查孔钢盖板采用“L”形钢筋固定。
3.其他构造详见有关图纸。
4.盖板与路面间采用沥青黏结，以减少车辆运行时的噪声。

一个检查井工程数量表

编号	直径(mm)	单位重(kg/m)	每根长(cm)	板数	共长(m)	共重(kg)
N1	ϕ10	0.617	均716	18	12.89	7.95
N2	ϕ10	0.617	71	2	1.42	0.9
N3	ϕ10	0.617	283	1	283	282.6
N4	ϕ16	1 580	150	5	8.0	12.64
C25混凝土：井盖0.16(m^3)，井身3.32(m^3)						

图 9-22　中心检查井设计图

第四节 隧道路面排水施工图绘制

正常情况下隧道路面是不应该有水的。但是实际运营中,大气中的水汽、运行车辆、仰拱上反水、衬砌防水失效都可能将水带入隧道,在路面形成积水。路面积水对行车安全影响很大,必须排除。由于路面水杂物较多,路面排水通常是单独的一套系统,并且路面排水要考虑养护清理方便。

一、隧道路面下排水施工图绘制

路面下排水是为了将仰拱上反滤水排除的结构。通常的做法是在仰拱回填和路面之间增加排水基层,缺点是排水基层强度较低,违反了路面设计原则。还有就是在路面下增加排水盲沟,缺点是容易引起路面反射裂纹。

1. 排水基层绘制过程

(1)复制隧道衬砌结构图的仰拱和路面部分。使用 Offset 命令或按钮,选择路面线,分别向下偏移 10、32,绘制出沥青混凝土面层、水泥混凝土路面。

(2)使用 Line 命令,捕捉中心排水沟盖板右边线,键盘输入:@ 10,0.1 回车;使用 Line 命令,捕捉中心排水沟盖板左边线,键盘输入:@ −10,0.1 回车;绘制出水泥稳定碎石基层。

(3)使用 Text 命令或复制四行单行文本,双击各行修改文字。使用 Line 命令绘制流水方向符号,并注释,如图 9-23 所示。

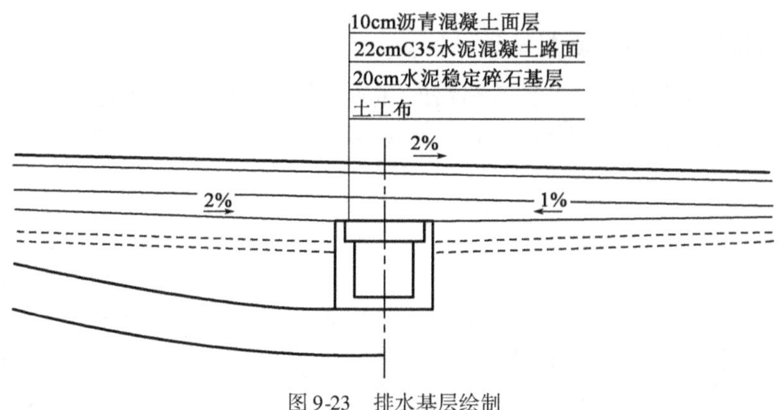

图 9-23 排水基层绘制

(4)中心排水管则需要在管纵向间隔一段距离(如 10m),设置碎石集水井,如图 9-24 所示。

2. 排水盲沟绘制过程

方法同上,只是在注释时将基层注释改为 20cm×20cm 碎石盲沟,如图 9-25 所示。

二、隧道路面排水施工图绘制

隧道路面排水结构分为开放式和封闭式。开放式占用路面边缘部分,但是清理方便;封闭式清理较困难,容易堵塞。

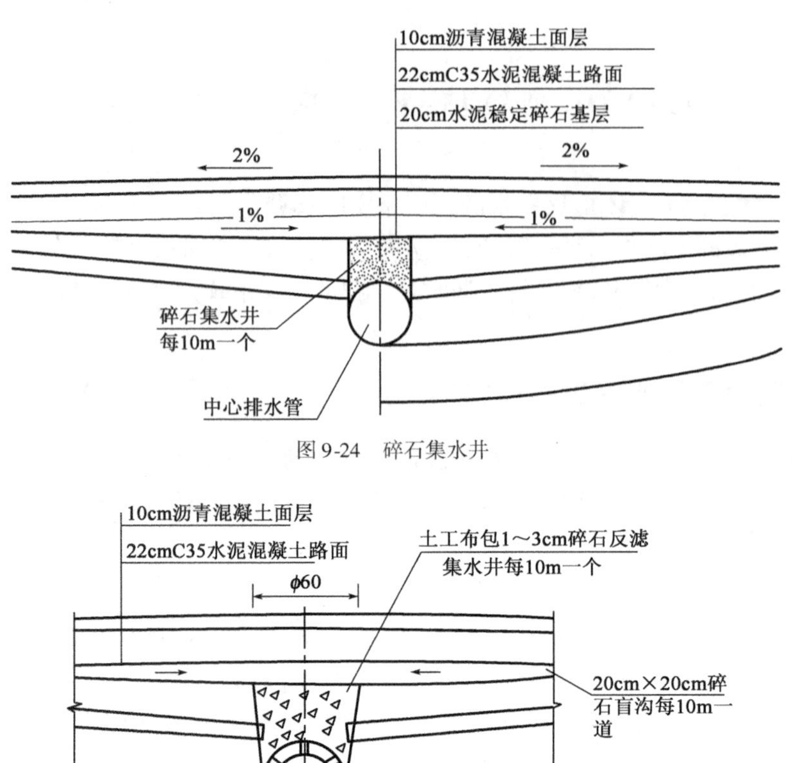

图9-24　碎石集水井

图9-25　排水盲沟图

1. 开放式隧道路面排水沟绘制过程

(1)复制隧道衬砌结构图的人行道和路面部分。使用Offset命令或按钮,选择道牙线,分别向外偏移5、20、40;选择路面线,分别向下偏移10、30,如图9-26a)所示。

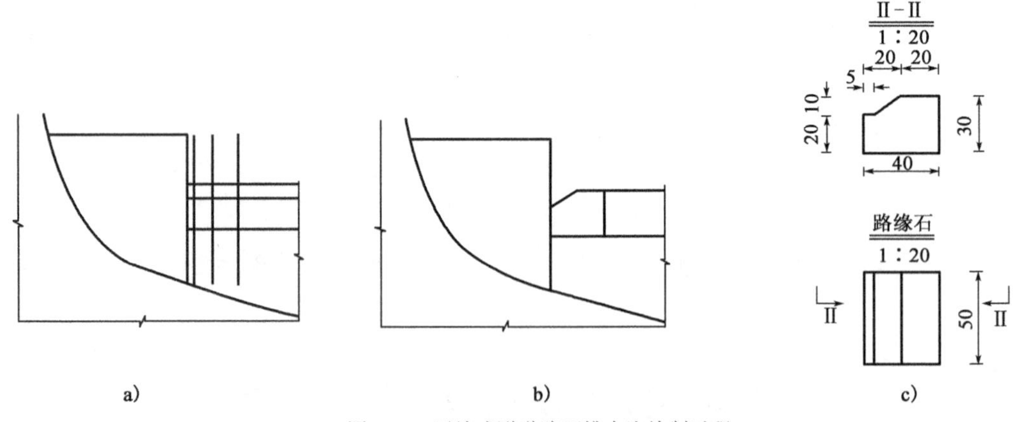

图9-26　开放式隧道路面排水沟绘制过程

(2)使用Line命令,捕捉纵横直线的交点绘制;使用删除和修剪命令删除不需要的部分,如图9-26b)所示。

(3)使用Copy命令复制出路缘石,使用Line命令对齐向下绘制路缘石平面图。

(4)使用 Scale 命令或按钮,对绘制的路缘石进行缩放;选择合适的比例标注尺寸并注释,如图 9-26c)所示。

2. 封闭式隧道路面排水沟绘制过程

(1)复制隧道衬砌结构图的人行道和路面部分。使用 Offset 命令或按钮,选择道牙线,分别向外偏移 5、25、30;选择路面线,分别向下偏移 10、30,如图 9-27a)所示。

(2)使用 Trim 命令或按钮,选择全部的线作为边界;使用删除和修剪命令删除不需要的部分,如图 9-27b)所示。

(3)使用 Copy 命令,选择排水沟底线,向下复制一倍沟深;并将排水沟侧壁线向下延长;成为沉砂井。将盖板底线向上偏移 5,成为铸铁蓖,如图 9-27c)所示。

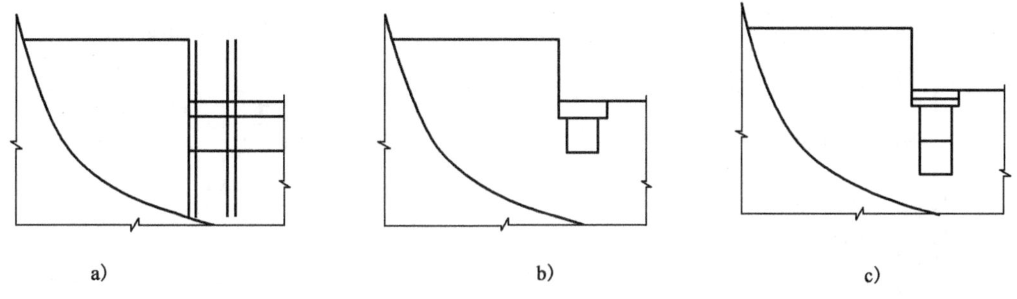

图 9-27 封闭式隧道路面排水沟绘制过程

3. 隧道路面排水沟盖板绘制过程

(1)使用 Line 命令一条折线;使用 Offset 命令或按钮,选择折线向右偏移 50,向上偏移 3,10;成为排水沟盖板的立面图。

(2)同样使用 Line 命令一条折线;使用 Offset 命令或按钮,选择折线向右偏移 4,14.5,25,35.5,46,50,向上偏移 3,15,27,30,如图 9-28a)所示。

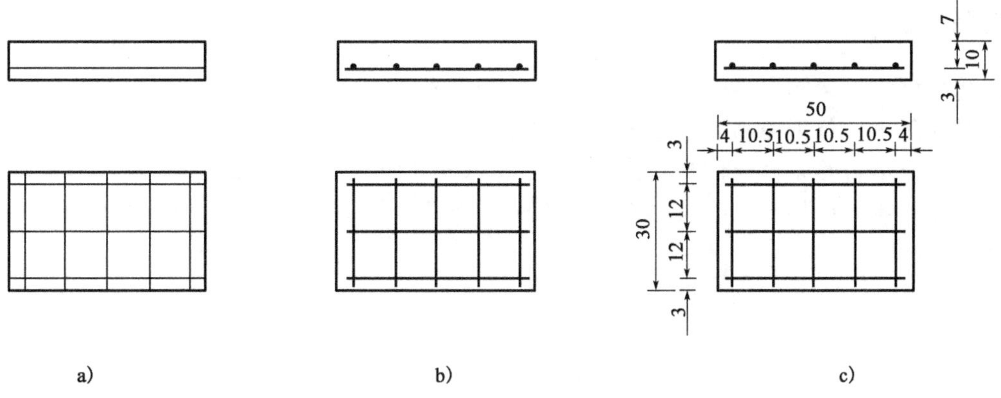

图 9-28 隧道路面排水沟盖板绘制过程

(3)将表示钢筋的线调整为粗线,并修剪;在盖板平面图中钢筋的交叉处绘制小圆,然后移动到盖板立面图,如图 9-28b)所示。

(4)使用 Scale 命令或按钮,将盖板缩放到合适的大小,选择合适比例标注尺寸;标注尺寸时依次捕捉端点,完成后打开正交,平移尺寸至合适位置,如图 9-28c)所示。

隧道路面排水沟设计见图9-29。

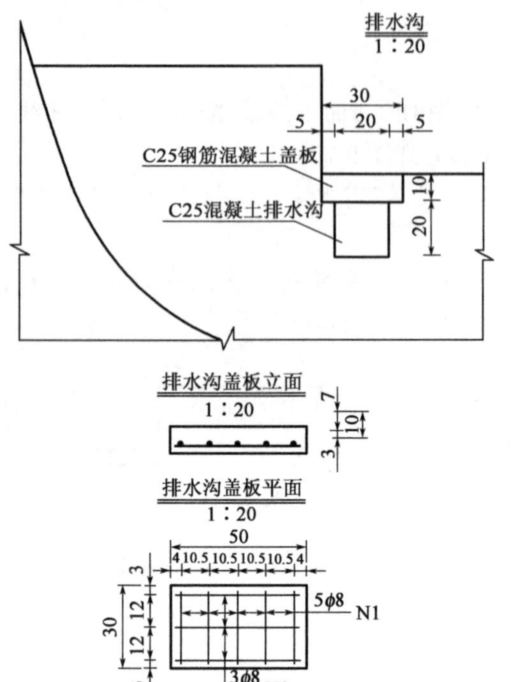

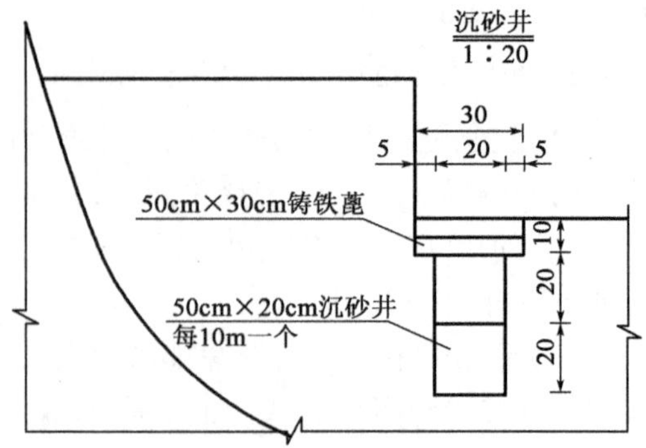

每延米工程数量表

项　目	单位	数量	备注
C25沟身混凝土	m^3	0.30	
C25盖板混凝土	m^3	0.06	
N1钢筋	kg	1.2	3.00m
N2钢筋	kg	1.2	3.00m

注：本图除钢筋直径以毫米计外，余均以厘米为单位。

图9-29　隧道路面排水沟设计图

【复习思考题】

1.防水板施工安装图的绘制过程应该注意哪些问题？

2.拱部防水板与下部矮边墙搭接，该如何解决？

3.中心排水沟的深度如何确定，绘制时应注意什么问题？

4.隧道衬砌背后排水系统与路面排水系统之间是什么关系，两者是否可以合并为一个排水系统？

第十章

隧道洞门结构图绘制

洞门的作用主要是保证洞口边坡的安全和仰坡的稳定，汇集引离在洞口附近的仰、边坡上的地表水。作为隧道唯一暴露在外的构造物，与环境的协调，也是要考虑的因素。

第一节　削竹式洞门

削竹式洞门因其暴露的面积小，容易与环境协调，是现代应用较多的洞门形式。

一、新建文件和设置绘图环境

利用预先做好的模板新建文件，并根据实际情况进行绘图界限更改，添加图层、图块、文字式样、标注式样等内容，建立新的绘图环境。

二、绘制过程

1. 立面图绘制

从“隧道明洞衬砌结构图”中复制明洞衬砌断面，即可作为洞门的立面图。如果隧道洞门的回填仰坡需要防护，只需要引用防护工程设计图，而不需要在洞门图中绘出防护结构。

2. 剖面图绘制

剖面图通常在隧道的对称线处剖开。

(1)可以在洞门立面图的对称线与衬砌内外轮廓线相交处绘制水平线,绘制时要把对象捕捉打开,并捕捉到交点,形成隧道的剖面图,如图10-1所示。

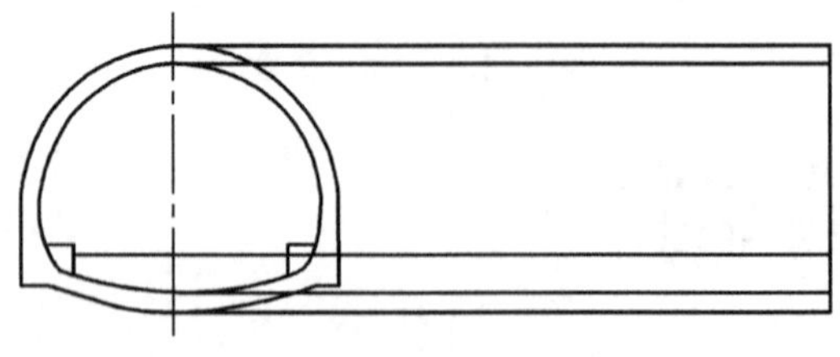

图10-1 削竹式洞门断面图绘制过程

(2)回填仰坡线可以用相对坐标的方式绘制。如回填仰坡坡率为1:1.5,使用Line命令,第一点任选,第二点键盘输入:@ -150,100回车结束命令。

(3)然后将绘制的线段平移至需要的位置。再将被明洞遮挡的部分在明洞顶处用Break命令或按钮打断,将被明洞遮挡的部分改变成虚线。

(4)剖切的实体部分用Hatch命令或按钮加以填充,填充图案在选项卡中选择,如图10-2所示。

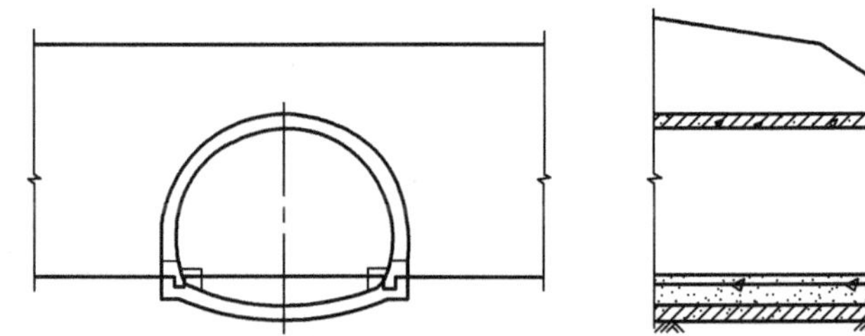

图10-2 削竹式洞门立面图和断面图

3. 平面图绘制

(1)将立面图制作成块:Block命令或按钮,块名dm。在立面图的下方位置插入块dm,其中,Y方向的变形系数与明洞削切的坡率一致,如图10-2中为1:1.5,则填入1.5,如图10-3所示。

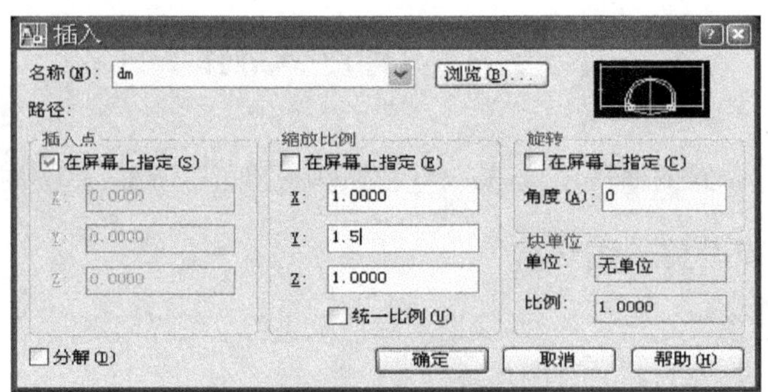

图10-3 插入块对话框

(2)将dm块的中心线与立面图的中心线对齐后,将dm块用Explode命令或按钮分解。删除明洞地面线以下的部分,边沟拉长。将明洞顶的线向上复制1m成明洞与地面的交线,如图10-4所示。

图10-5所示的洞门形式也称为切竹式洞门。只是它更简单,就是用明洞代替了洞门,基

本上省去了洞门工程量的计算,切竹式洞门应用实例见图 10-6。

图 10-7 所示的洞门形式也称为喇叭口式洞门,其设计图见图 10-7。它也是削竹式洞门一类的,在洞口处加装喇叭口,可以起到减光及防护的作用,喇叭口洞门应用实例见图 10-8。

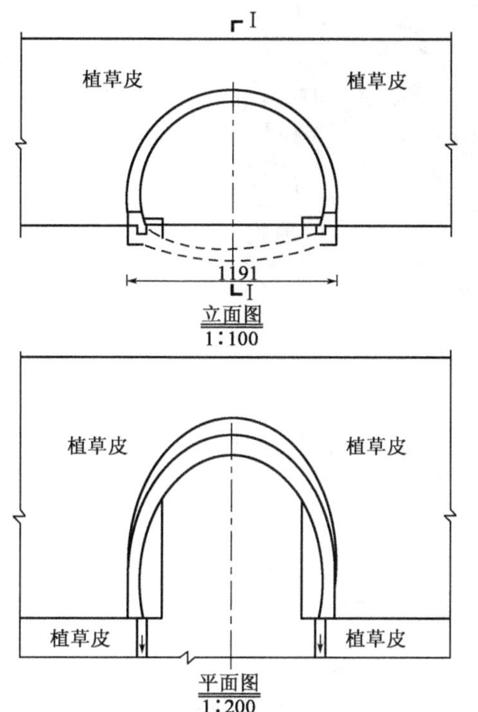

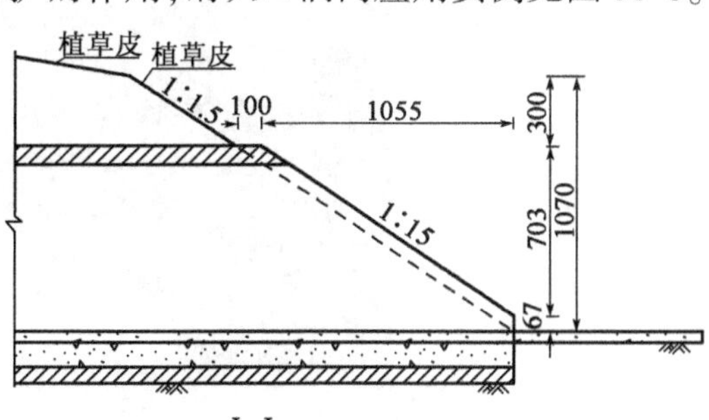

洞门工程数量表

项 目		单位	数量
防护	回填土	m^3	556.0
	植草皮	m^2	1228.0
二次衬砌	C30衬砌混凝土	m^3	88.0
	HRB335钢筋	kg	3430.0
	HPB135钢筋	kg	1440.0
仰拱	C30仰拱衬砌混凝土	m^3	75.3
	HRB335仰拱钢筋	kg	3799.0
	HPB235仰拱钢筋	kg	1368.0
	C15素混凝土回填	m^3	71.0
装饰	喷涂	m^2	97.0

注:本图尺寸均以厘米计。

图 10-4 削竹式洞门设计图

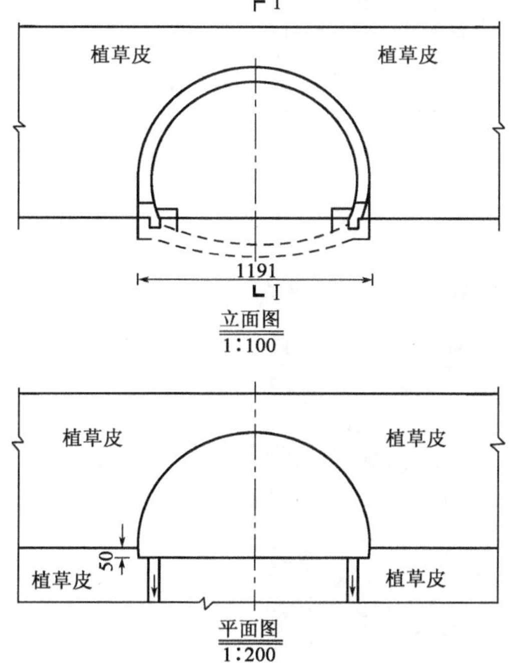

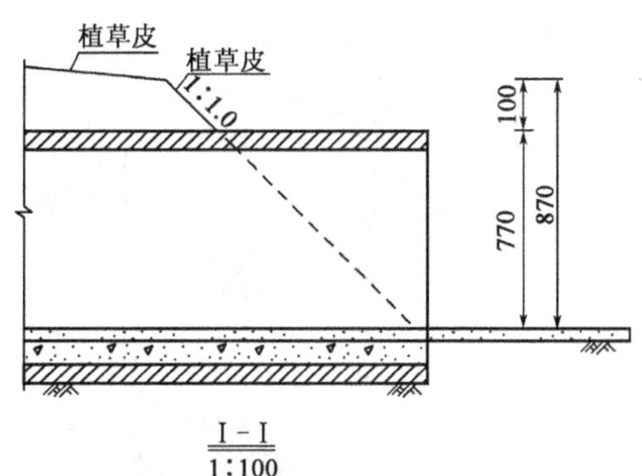

洞门工程数量表

项 目		单位	数量	备注
防护	回填土	m^3	556.0	
	植草皮	m^2	1228.0	

注:本图尺寸均以厘米计。

图 10-5 切竹式洞门设计图

图10-6　切竹式洞门应用实例图

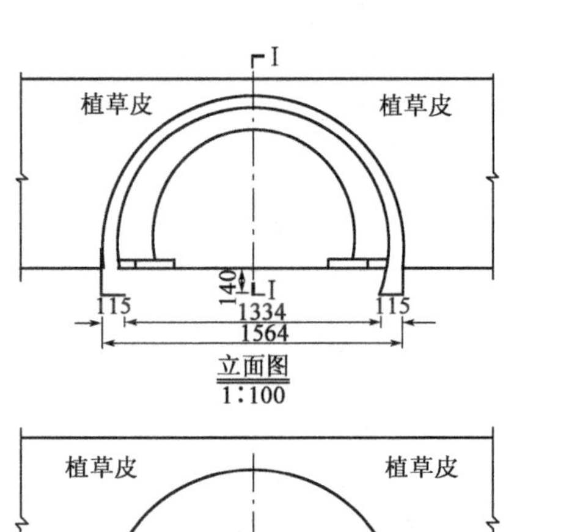

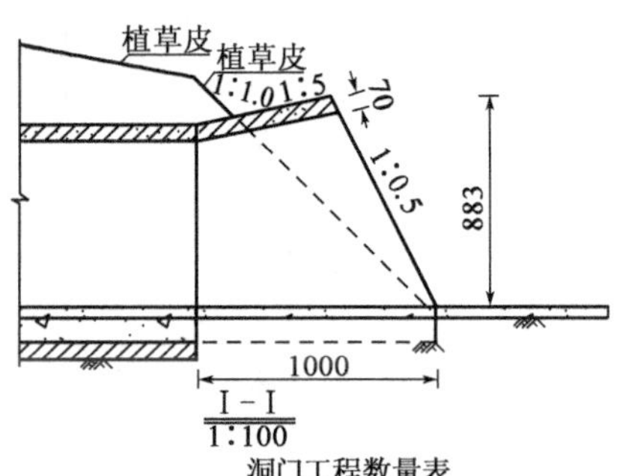

洞门工程数量表

项目		单位	数量
防护	回填土	m^3	556.0
	植草皮	m^2	1228.0
衬砌	C30衬砌混凝土	m^3	108.0
	HRB335钢筋	kg	3930.0
	HPB235钢筋	kg	1840.0
装饰	喷涂	m^2	107.0

注：本图尺寸均以厘米计。

图10-7　喇叭口洞门设计图

图10-8　喇叭口洞门应用实例

图 10-9 所示的洞门为反削竹式洞门。一般用在仰坡较陡处，对落石有一定的防护作用。

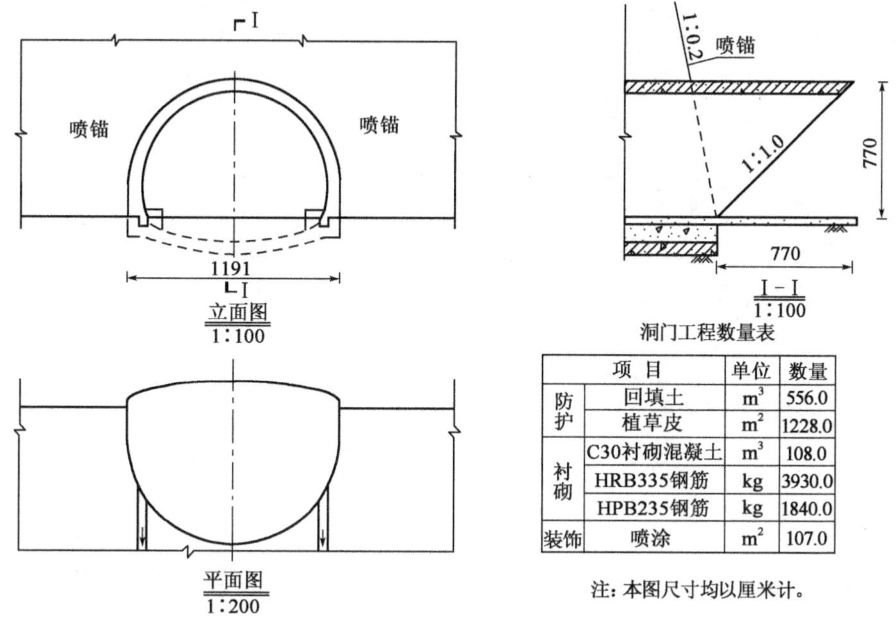

洞门工程数量表

项目		单位	数量
防护	回填土	m^3	556.0
	植草皮	m^2	1228.0
衬砌	C30衬砌混凝土	m^3	108.0
	HRB335钢筋	kg	3930.0
	HPB235钢筋	kg	1840.0
装饰	喷涂	m^2	107.0

图 10-9　反削竹式洞门设计图

第二节　端墙式洞门

适用于岩质稳定的Ⅲ级以上围岩和地形开阔的地区，是最常使用的洞门形式。

一、新建文件和设置绘图环境

利用预先做好的模板新建文件，并根据实际情况进行绘图界限更改，添加图层、图块、文字式样、标注式样等内容，建立新的绘图环境。

二、绘制过程

1. 立面图绘制

(1)从“隧道复合衬砌结构图”中复制衬砌断面。在设计高程处绘制一条水平线，并偏移出洞门墙的高度。

(2)使用 Offset 命令将洞门中心线向两边偏移，绘制出洞门墙的宽度，并将偏移好的洞门墙宽度线变成粗实线。如果宽度过大，就要考虑增加沉降缝。沉降缝的绘制同样使用 Offset 命令在洞门墙上绘制一条垂直线表示，如图 10-10 所示。

2. 剖面图绘制

剖面图通常在隧道的对称线处剖开。

(1)可以在洞门立面图的对称线与衬砌内外轮廓线相交处绘制水平线,绘制时要把对象捕捉打开,并捕捉到交点,形成隧道的剖面图,如图 10-11 所示。

(2)仰坡线可以用相对坐标的方式绘制。如仰坡坡率为 1:0.1,使用 Line 命令,第一点任选,第二点键盘输入:@ -10,100 回车结束命令。然后将绘制的线段平移至需要的位置。同样的方式绘制洞门墙底面线和墙的厚度。用 Trim 命令或按钮将洞门墙外的洞身剪除,再将仰坡线被洞身遮挡的部分在洞顶处用 Break 命令或按钮打断,将被洞身遮挡的部分变成虚线。

(3)在洞门墙的顶端绘制帽石。绘制时使用 Line 和 Offset 命令。

(4)在墙顶的背面绘制排水沟。绘制时使用 Line 和 Offset 命令。

(5)在洞门墙的下部通常制作成扩大基础。绘制时使用 Line 和 Offset 命令。

(6)按照隧道纵断面图中洞门部分的地面线或者按照地形图将洞门出的地面线绘出,如图 10-11 所示。

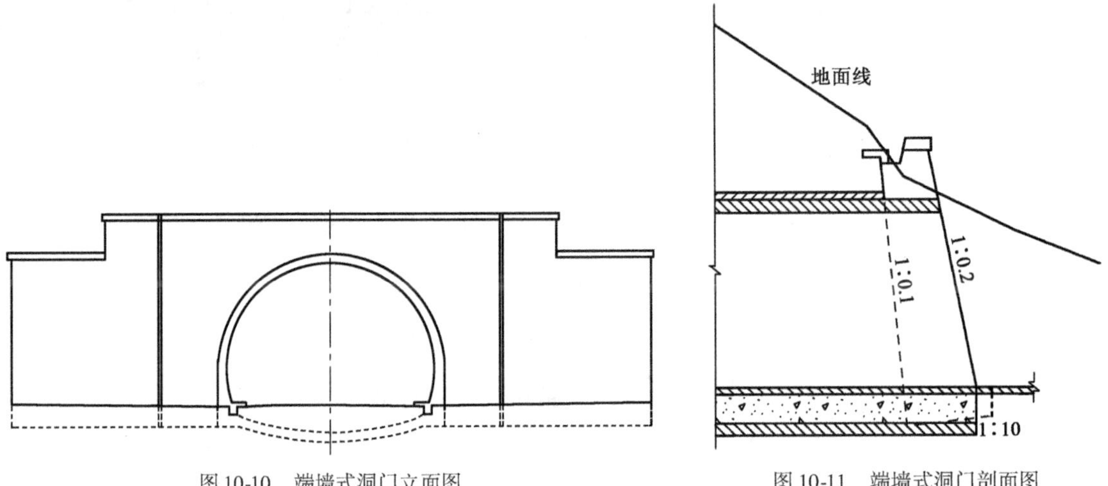

图 10-10　端墙式洞门立面图　　图 10-11　端墙式洞门剖面图

3. 平面图绘制

(1)将立面图制作成块:Block 命令或按钮,块名 dm。在立面图的下方位置插入块 dm,其中,Y 方向的变形系数与洞门墙的坡率一致。

(2)将 dm 块的中心线与立面图的中心线对齐后,将 dm 块用 Explode 命令或按钮分解。删除明洞地面线一下的部分。按照路基设计的要求,在隧道外侧绘制路基宽度和排水沟,如图 10-12 所示。

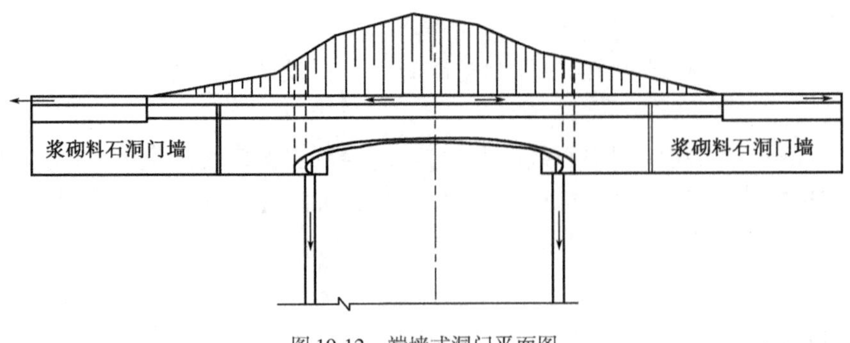

图 10-12　端墙式洞门平面图

(3)结合洞门平面图,使用 Pline 命令或按钮绘制开挖线;使用 Line 命令和 Copy 命令绘制示坡线。

4. 标注尺寸

5. 编制工程数量表

洞门墙的体积可以参照查询方法得到。

6. 注释

完成端墙式洞门设计图,如图 10-13 所示。端墙式洞门应用实例见图 10-14。

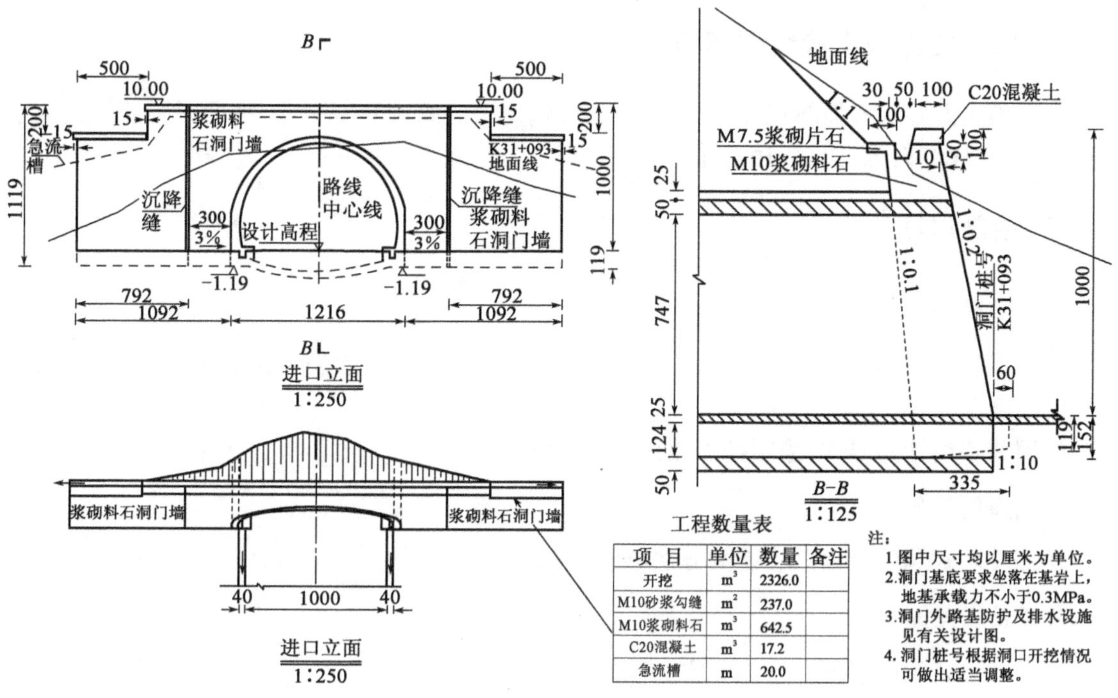

工程数量表

项目	单位	数量	备注
开挖	m^3	2326.0	
M10砂浆勾缝	m^2	237.0	
M10浆砌料石	m^3	642.5	
C20混凝土	m^3	17.2	
急流槽	m	20.0	

图 10-13 端墙式洞门设计图

图 10-14 端墙式洞门应用实例

第三节　翼墙式洞门

适用于地质较差的Ⅳ级以下围岩以及需要开挖路堑的地方。翼墙式洞门由端墙及翼墙组成。

翼墙式洞门与端墙式洞门的差别只是在洞门墙的外侧增加起到支撑作用的翼墙，使洞门墙的稳定性更好。

一、新建文件和设置绘图环境

利用预先做好的模板新建文件，并根据实际情况进行绘图界限更改，添加图层、图块、文字式样、标注式样等内容，建立新的绘图环境。

二、绘制过程

1. 立面图绘制

从“隧道复合衬砌结构图”中复制衬砌断面。在设计高程处绘制一条水平线，并偏移出洞门墙的高度。

按照路基设计的要求，绘制挖方路段的路槽断面。

2. 剖面图绘制

按照端墙式洞门剖面图绘制的方法绘制出剖面图。

3. 平面图绘制

按照端墙式洞门平面图绘制的方法绘制出平面图。

4. 绘制翼墙

(1)按照翼墙断面的高度在立面图上绘制翼墙最高部分的投影以及最低部分的投影。

(2)在剖面图中绘制翼墙的形状。

(3)结合立面图和剖面图绘制出平面图中的翼墙投影。

(4)在排水不便的情况下，可以在翼墙的顶部设计水沟，将洞门墙顶部的水引出到路基排水沟。

5. 标注尺寸

6. 编制工程数量表

洞门墙和翼墙的体积可以参照查询的方法得到。

7. 注释

完成翼墙式洞门设计图，如图10-15所示。

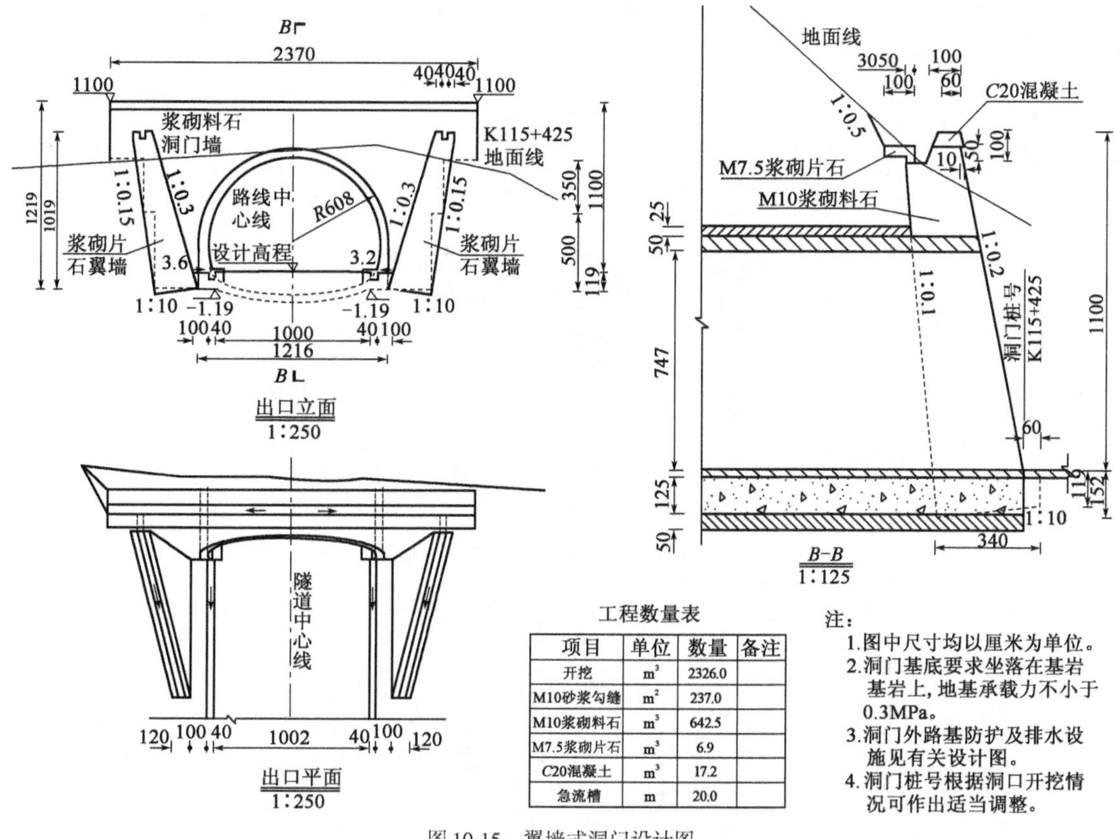

项目	单位	数量	备注
开挖	m^3	2326.0	
M10砂浆勾缝	m^2	237.0	
M10浆砌料石	m^3	642.5	
M7.5浆砌片石	m^3	6.9	
C20混凝土	m^3	17.2	
急流槽	m	20.0	

图 10-15 翼墙式洞门设计图

第四节 洞门平面图

设计规范要求洞门平面图比例应为 1:500，这么大比例的地形图通常都是由设计单位现场测绘的。

(1)在平面图的模型空间中绘制道路中线，并就里程桩号绘出。

(2)新建布局。后续步骤都是在该布局中进行。

(3)将洞门设计图中的平面图制作成块，块的基点为洞门桩号点。插入到洞门平面图的布局中，插入点为隧道进出口的桩号，并按照洞门平面图的比例对块进行缩放，如图 10-16 所示。

使用 Rotate 命令或按钮，选择块，以插入点为旋转基点，r 选项，第一点选基点，第二点选洞门中心的端点，第三点在道路中心线上选一点。将洞门与道路中心线对齐，如图 10-17 所示。

一、按照洞门开挖的边坡和仰坡的坡率绘制开挖线

(1)在洞门顶面的碎落台外缘绘制一条 U 形多义线。

(2)洞门顶面的碎落台高度 + 路线设计高程就是多义线的高程，将此线两端延长至同等高程的等高线。

(3)将多义线偏移的距离 = 临近等高线高差 × 放坡坡率;为了节省开挖量,可以将多义线的转折处圆角,圆角半径 = 偏移的距离。

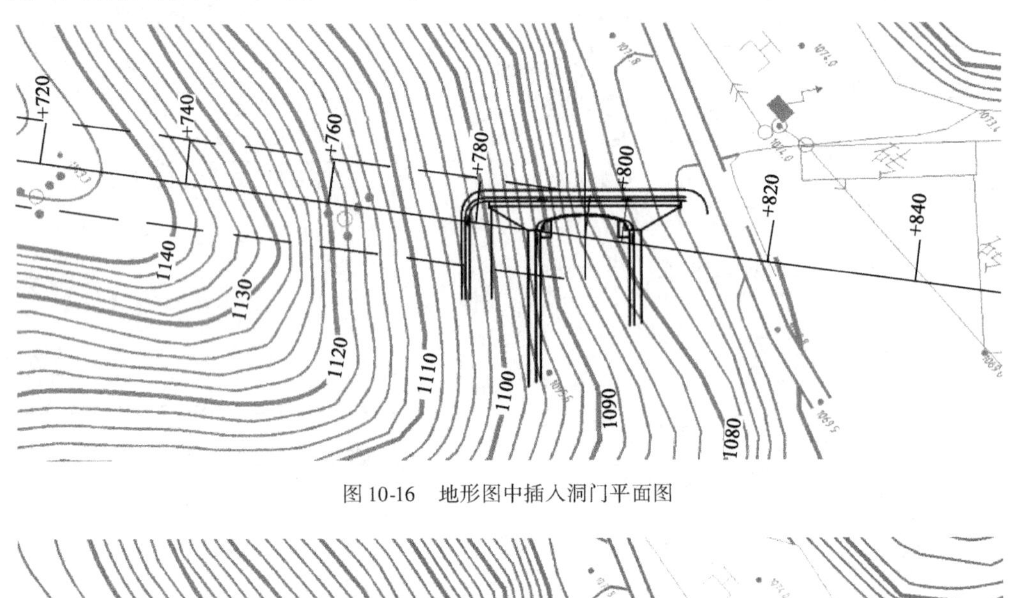

图 10-16　地形图中插入洞门平面图

图 10-17　洞门平面安置图

(4)将圆角后的多义线一直偏移下去,直至判断够开挖高度;如果开挖放坡中有平台,则在偏移的多义线中要加入平台的宽度,如图 10-18 所示。

(5)使用 Pline 命令或按钮绘制一条多义线,起点为碎落台外缘条多义线的端点,以下的每一点都是向外偏移的多义线与对应的等高线的交点,如图 10-19 所示。

如果没有交点了,则表明开挖线已经到了最高点,后面的点向下转折,直到碎落台外缘多义线的另一端点,最后用 c 选项来封闭多义线;这条多义线就是开挖线,如图 10-20 所示。

(6)绘制删除两个平台之间的多义线;以开挖线为边界,用 Trim 命令或按钮剪除平台线开挖线外的部分。

二、绘制示坡线

(1)使用 Line 命令或按钮在两个平台之间绘制一条直线,直线要垂直平台的边缘。

(2)使用 Offset 命令或按钮偏移直线三条,将中间的直线用 Break 命令或按钮打断。

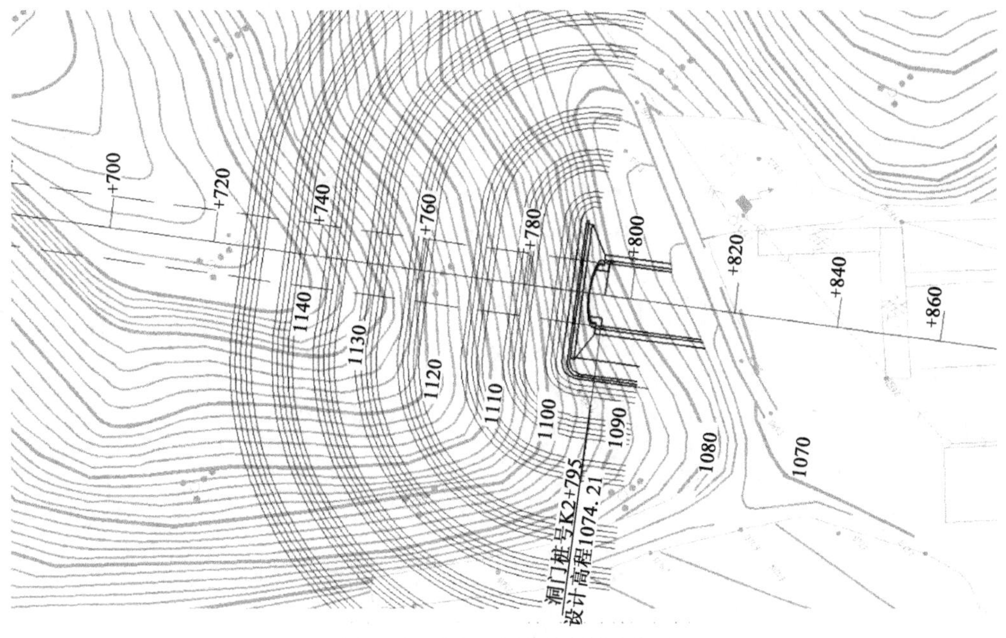

图 10-18 洞门开挖线绘制辅助线图

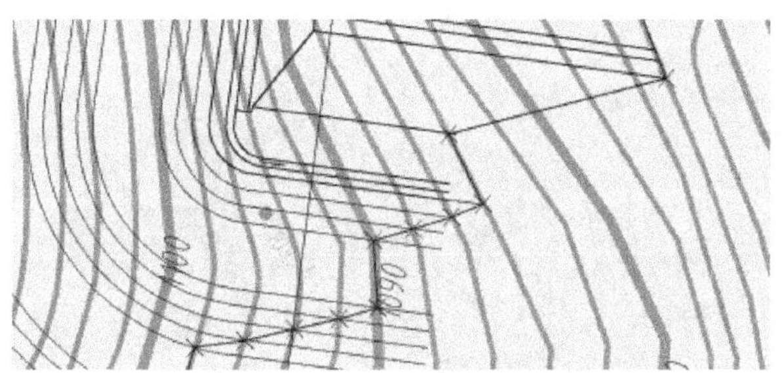

图 10-19 洞门开挖线局部放大图

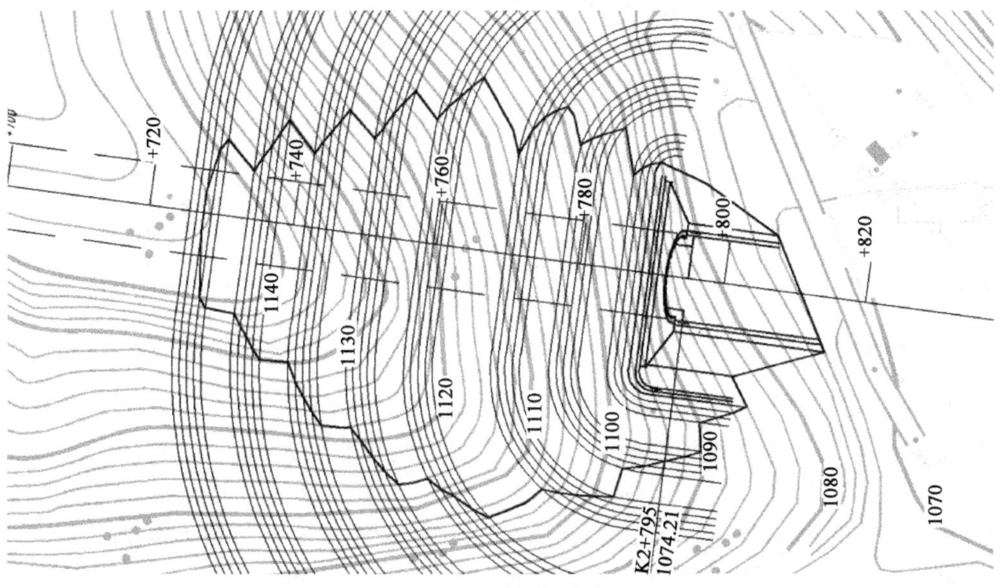

图 10-20 洞门开挖线绘制

(3)选择一长一短直线,基点为未选的直线的端点,连续向前复制;直至将所有平台之间绘制满,如图10-21所示。

另两个方向的示坡线可以复制后旋转90°并平移至需要的位置。

(4)使用Array命令或按钮,环形阵列,对象为圆弧边的一条示坡线,中心点使用对象捕捉工具捕捉到圆弧的圆心,项目间角度90°,项目总数应为奇数(具体多少要试);用Break命令或按钮间隔打断阵列的直线成示坡线,如图10-22所示。

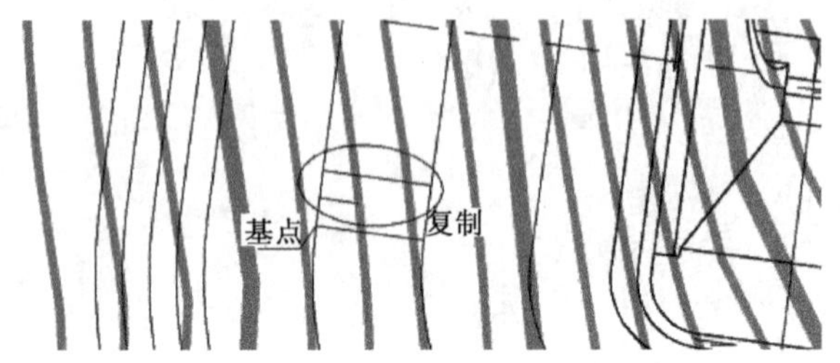

图10-21 绘制示坡线过程

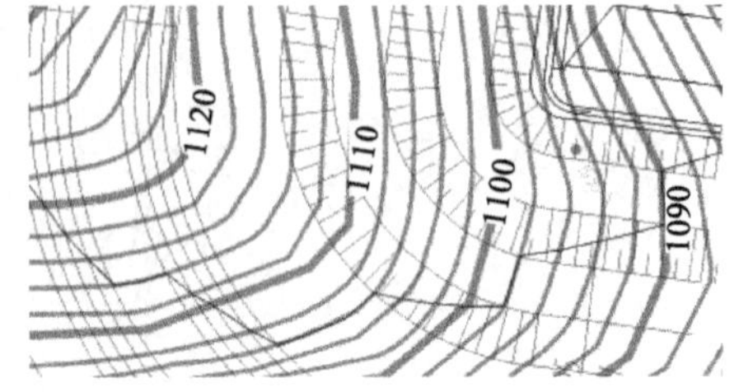

图10-22 绘制示坡线

(5)继续将各个转角的示坡线绘出;使用Mirror命令或按钮将各个转角示坡线镜像到道路中线的对面,如图10-23所示。

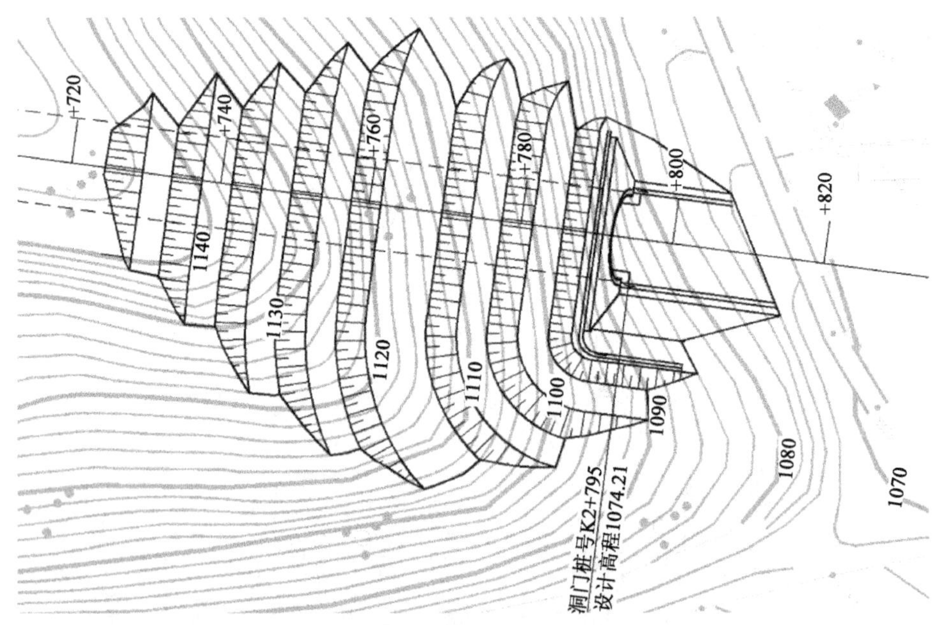

图10-23 洞门平面图绘制过程

三、绘制水沟

(1)使用Offset命令或按钮偏移平台边线成平台排水沟。

(2)使用Line命令或按钮在两个之间平台排水沟绘制两条直线成急流槽,急流槽的数量按规范要求。

(3)在开挖线外用Pline命令或按钮绘制一条多义线,并偏移成截水沟。

(4)最后使用Line命令或按钮在排水沟和急流槽中间绘制水流方向标识。

四、遮挡等高线

(1)使用 Gradient 命令或按钮,选择双色,颜色 1、颜色 2 均为白色,点 添加:选择对象按钮,选择开挖线,确定;这时开挖线内为白色,所有对象均被遮挡,如图 10-24 所示。

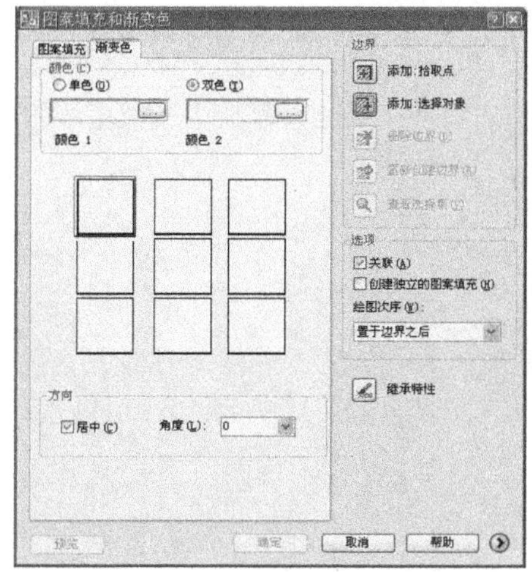

图 10-24 图案填充对话框

(2)右键点击【菜单】,选择图层【次序】,图层次序菜单就会弹出;使用按钮,选择【填充色】,将填充色置于底层,这时除了开挖线内的等高线被遮挡,其余的对象都会显示出来。打印时也是如此。

五、将截水沟、排水沟、急流槽的长度在图中标出

由于截水沟、排水沟都是用多义线绘制,可以用 List 命令或按钮查询长度,如图 10-25 所示。

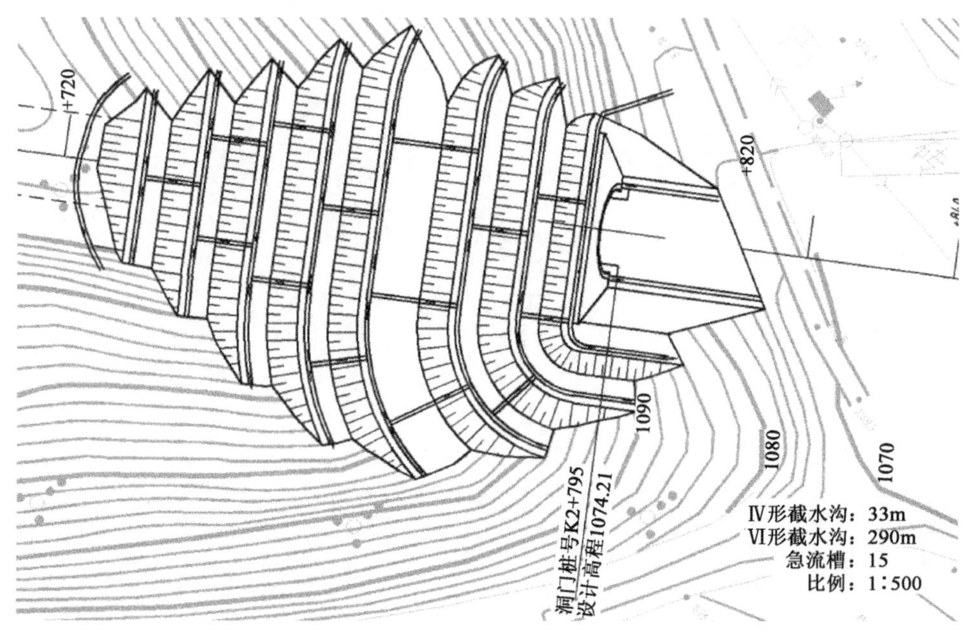

图 10-25 洞门平面图

【复习思考题】

1. 在绘制洞门平面图时,没有大比例地形图怎么办?
2. 洞门设计过程中,什么情况采用受力洞门更适合?
3. 削竹式洞门可以细分为哪几种?
4. 洞门设计中环境协调,美观大方,与结构安全怎样有机结合在一起?

第十一章

隧道机电设计

公路隧道机电工程,是指在公路隧道这一特殊路段上根据交通工程学原理和方法,为使车辆安全、快速、舒适地通过而设置的通风、照明、监控、消防、供电、安全及管理等设施、设备和系统。公路隧道机电工程主要由下列系统组成:

(1)公路隧道通风系统。

(2)公路隧道照明系统。

(3)公路隧道交通控制系统。

(4)公路隧道计算机控制系统。

(5)公路隧道火灾报警系统。

(6)公路隧道视频监视系统。

(7)公路隧道供电系统。

(8)公路隧道消防系统。

(9)公路隧道交通安全设施。

第一节　隧道通风照明图的绘制

一、隧道风机布置图绘制

隧道是否需要机械通风与交通量和长度密切相关。一般来说,长度小于400m的直线隧道通常不装风机,采用自然通风方式。长度为400~1500m的隧道,风机通常在隧道的动力电落地端布设。长度为1500~3000m的隧道,要求双向供电,通常风机布置在两侧洞门附近。风机通常使用射流风机,两台一组,组与组的间隔为120~150m,采用纵向通风的方式。

绘制过程:

(1)使用Line命令绘制一条水平线,线形为点划线。

(2)使用Offset命令或按钮,向两边偏移中心线20,并改变为连续线形;在两端绘制垂直线,成隧道平面示意。

(3)使用Rectang命令或按钮,绘制一个矩形;使用Line命令绘制矩形的两条对角线,成风机示意。

(4)使用Move命令或按钮,捕捉对角线交点,移动风机至端线与中心线的交点;并继续向上移动相对5。

(5)使用Mirror命令或按钮,以中心线为对称线镜像风机。

(6)使用Array命令或按钮,选择两个风机,1行4列,列偏移50。

(7)使用Dimlinear命令或按钮,捕捉风机交叉线的交点,标注风机间的尺寸;并标注隧道长度的尺寸;删除端线上的风机。

(8)使用ED命令,点击尺寸的数字,将其修改为"120m";并修改隧道长度,如图11-1所示。

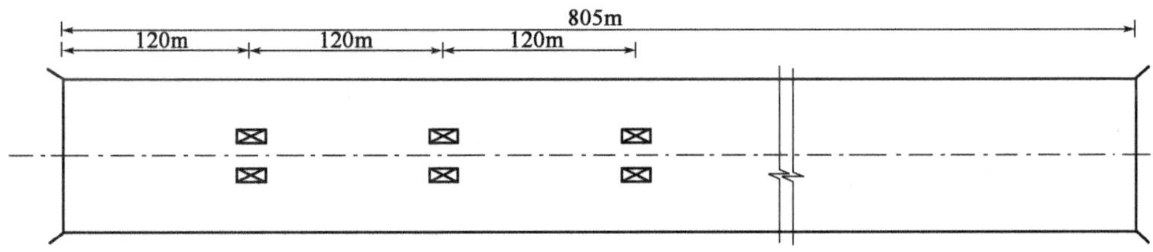

图11-1 风机平面布置图

二、隧道风机安装位置图绘制

(1)复制隧道建筑限界和内轮廓,删除尺寸和注释。

(2)使用Offset命令或按钮,向两边偏移中心线12,如图11-2a)所示。

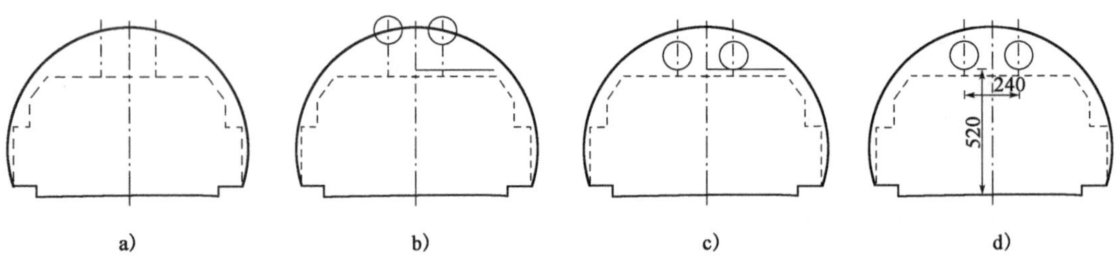

图11-2 风机安装位置图绘制过程

(3)在偏移中心线上绘制两个半径为6的圆。

(4)在设计高程的位置绘制一条水平线,并向上偏移52,如图11-2b)所示。

(5)使用Move命令或按钮,移动圆,并使其下缘与偏移52的线对齐,如图11-2c)所示。

(6)标注尺寸,删除作图线,如图11-2d)所示。

三、隧道照明灯具布置图绘制

车辆由明亮的外部进入一个较暗的隧道，驾驶员视觉会有一定的适应时间，然后才能看清隧道内部的情况。所有隧道的进口段的照明亮度要逐渐变暗，让驾驶员有一个适应时间。

长度小于100m的直线隧道通常不设照明设施。

绘制过程：

(1)绘制一条水平线，线形为点划线；如果隧道长度是1000m，使用Line/鼠标输入一点/@5000,0。长度方向比例1:5。

(2)使用Offset命令或按钮，向两边偏移中心线18，并改变为连续线形；在两端绘制垂直线，成隧道平面示意。

(3)使用Rectang命令或按钮，绘制一个2×3的矩形；复制四个矩形，并绘制，如图11-3所示。将绘制好的四个图例分别制作成四个块。

图11-3　灯具绘制图例

(4)将基本块移动到隧道端线上；使用Array命令或按钮，选择基本块，1行144列，列偏移35；把端线上的基本块删除。

将应急块移动到隧道端线上；使用Array命令或按钮，选择应急块，1行51列，列偏移100；把端线上的应急块删除。

将加强2块移动到隧道端线上；使用Array命令或按钮，选择加强2块块，1行22列，列偏移10；把端线附近的5个加强2块删除。

将加强1块移动到加强2块的最后一个上；使用Array命令或按钮，选择基本块，1行10列，列偏移17.5；把第一个加强1块删除。

(5)使用Dimlinear命令或按钮，标注尺寸；使用ED命令对需要增加注释的尺寸增加注释，并将隧道长度的尺寸和基本段的尺寸键盘重新，以防止调整长度时尺寸数值改变；尺寸主单位设置如图11-4所示；而且尺寸的文字样式必须是包含汉字的文字样式。

(6)使用Line命令在入口段与适应段分界处绘制一条垂直线，并修改成折断线；使用Copy命令复制折断线至洞门端线处，再使用Copy命令复制折断线，基点在洞门端线处，第二点在折断线处，共四段；使用Group命令将五处折断线组成"xj" 选择组，如图11-5所示。

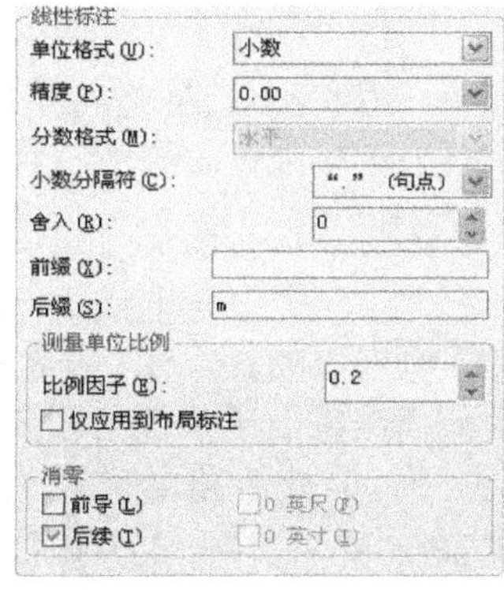

图11-4　尺寸主单位设置

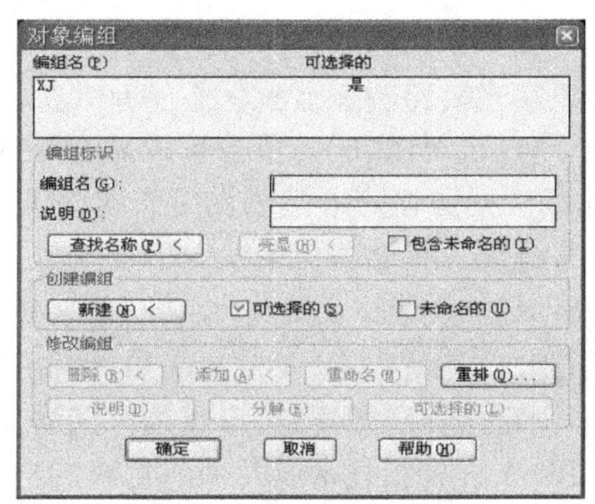

图11-5　选择组设置对话框

(7)使用 Copy 命令复制前面绘制完成的隧道照明平面,使用"窗交"的方法,选择两相邻折断线之间的部分至图框中;使用 Trim 命令或-/--按钮选择两个折断线为剪切边界,将两个折断线之外的尺寸线、隧道线、点划线剪切掉;继续复制修剪下一段;每个图框可以安排四段。

(8)使用 Move 命令或+按钮,键盘输入"/g/xj/",基点为第一个折断线,移动至最后一个折断线;重复前一步操作,直至全隧道照明平面都放入图框,如图 11-6 所示。

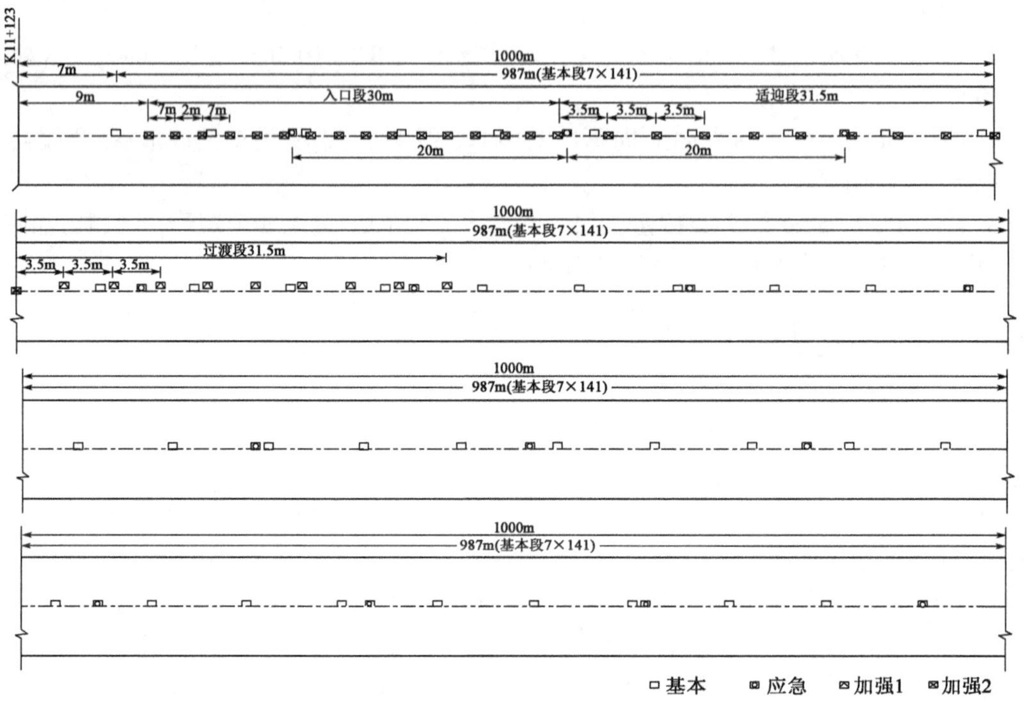

图 11-6 隧道照明平面布置图

第二节 隧道其他机电设备图的绘制

隧道机电系统的子系统较多,涉及的专业面广,主要包括电控专业、信息专业、交通工程专业等,除隧道通风照明平面布置图外,其他子系统均由其他专业独立完成,下面简单给出其他几大系统的组成。

1. 交通控制系统

为了实现公路隧道运营状态的有效控制,保持隧道的安全、舒适和高效,通过特定的设备、设施和计算机软件组成的监控系统对隧道进行有效的管控,对隧道内的交通流进行控制和诱导。图 11-7 是隧道交通控制设施布置图。

2. 隧道火灾报警消防系统

隧道是管状结构,存在潜在的交通事故和火灾危险,公路隧道火灾的特点是:烟雾大、温度高、疏散困难、扑救困难、成灾时间短、传播迅速等。火灾报警系统是机电子系统的重要组成部分,按照国家相关法规规定,应贯彻以消防为主、防消结合的方针。为此公路隧道对火灾的监测、报警和灭火控制技术以及消防系统的自动化水平提出了较高的要求。图 11-8 是隧道火灾报警系统的框图,图 11-9 是隧道消防系统平面图。

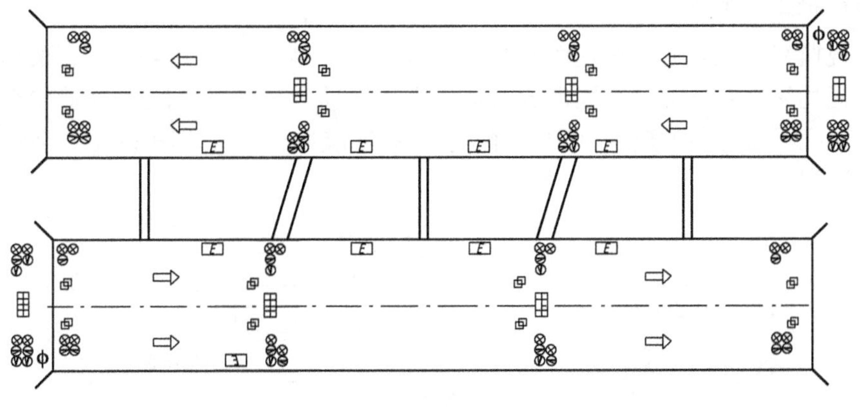

图 11-7　隧道交通控制设施布置图

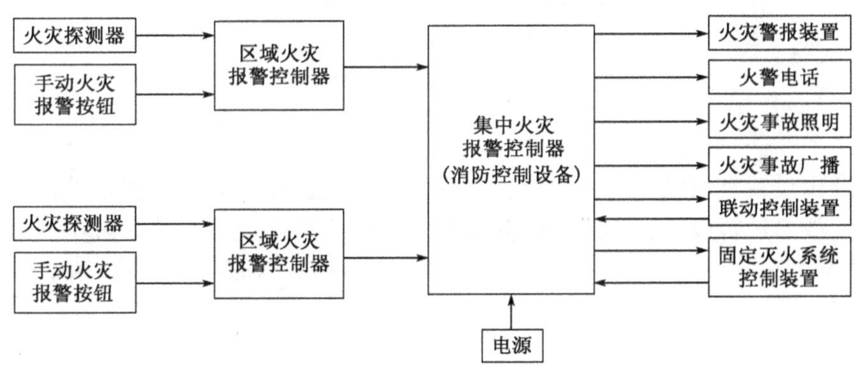

图 11-8　隧道火灾报警系统

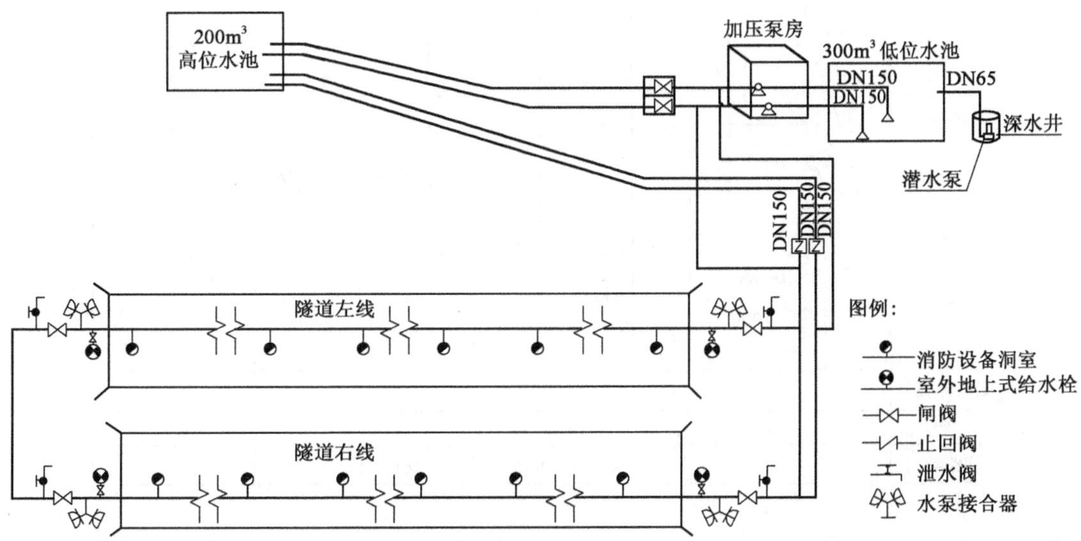

图 11-9　隧道消防系统

3. 隧道电视监视系统

隧道电视监视系统是通过对现场的监视，结合一些控制手段来达到对目标的监视和控制。隧道闭路电视均采用对隧道全路段进行完全的可视性监视。正常工况用以掌握交通状况，紧急工况用以通报设备上传的信息，以及监控消防活动、疏散行动等。图 11-10 是隧道内闭路电视监控系统。

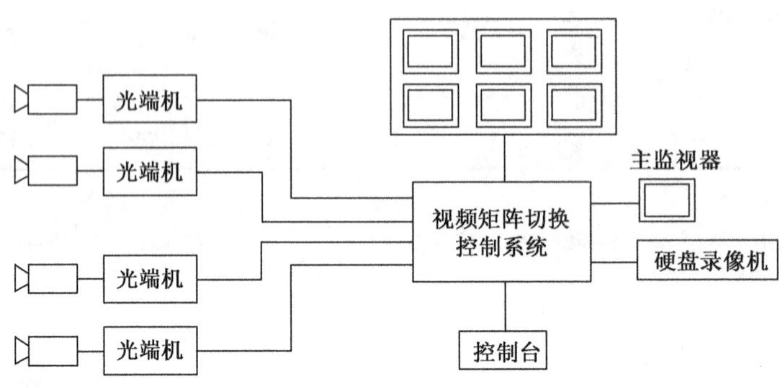

图 11-10　隧道闭路电视监控系统

4. 隧道供电系统

公路隧道内设置有通风、照明、监控、消防报警等设施，为了确保这些设施的正常运行，要求供电系统无故障运行以保证隧道的运营安全。公路隧道供配电系统一般由变电所、高压供电线路、低压配电线路、静态交流不停电电源系统（UPS）和接地系统组成。图 11-11 是隧道电力系统平面图。

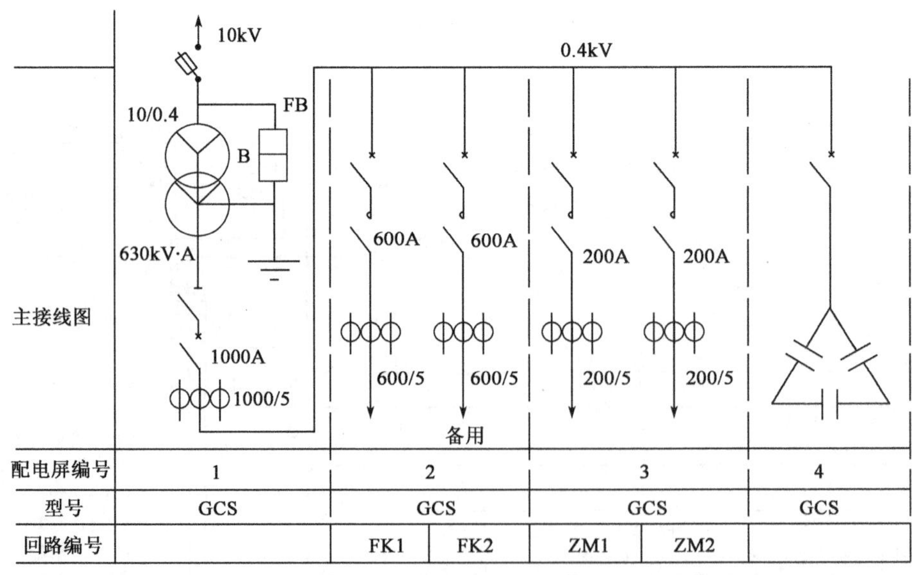

图 11-11　隧道电力系统

【复习思考题】

1. 通风设计中,风机布置分为全长均匀布置和洞口集中布置,各有什么优缺点?
2. 照明设计中,照明灯具的布置方式分为哪几种?
3. 曲线隧道照明设计中应注意什么问题?
4. 隧道消防系统布设的原则包括哪些内容?

第十二章
隧道三维建模技术

在隧道初步设计方案中，需要设计者将隧道设计方案制作成三维模型，以显示其立体效果，找出设计方案中不合理之处，并对缺陷进行逐次修改，使隧道设计在方案设计阶段得以优化并趋向合理。由此可见，隧道三维建模是检验隧道设计方案是否合理的重要手段。本章主要介绍三维建模的基础知识和创建三维面及三维实体的几种方法，最后介绍几个常用的隧道三维建模实例，以期收到举一反三的功效。

第一节　三维建模基础

一、三维构造模型

准确描述一个三维物体的形态和空间位置对于产品设计是至关重要的，在计算机中表示三维物体的构造模型主要有：线框模型、表面模型和实体模型。

1. 线框模型

线框模型描绘的是三维物体的框架，模型中没有面，只有描绘物体边界的点、直线和曲线。线框模型由三维空间直线和曲线组成，用直线和曲线来表示物体的轮廓线，这些线是沿物体表面边界绘制的，只显示模型中的中空轮廓。它所描述的三维物体没有实在的面和体的信息，因而不能对线框模型进行消隐、渲染和阴影处理。用它表示复杂物体存在着很大的局限性。线框模型是三维物体最简单的描绘方法,通常用于描述一些简单的三维物体。

2. 表面模型

表面模型描绘的是三维物体的表面,它用空间平面、曲面及面之间的相贯线来模拟物体的表面。在建模时,需要确定用以模拟物体表面的每一个平面的空间位置,对于不规则形体,可以通过增加模拟平面(曲面)的个数来实现模拟物体的表面特征。例如,不规则的曲面可以划分成有限个规则平面,用这些更小的面来拟合物体的表面。

3. 实体模型

实体模型描述的是物体的面和体的特征,在各类三维建模中,实体模型的信息最完整,歧义最少,不仅可以像表面模型那样对实体模型进行渲染处理,而且可以对实体模型进行剖切,得到其内部特征。隧道建模一般采用实体模型。

二、设置三维坐标系

1. UCS 命令

绘制三维图形必须在三维坐标系中进行,在 AutoCAD 中,用户可以根据需要来设置三维坐标系,即建立用户自己的坐标系——UCS。建立三维坐标系的命令是 UCS,具体操作步骤如下。

命令:UCS

当前 UCS 名称:*世界*

指定 UCS 的原点或[面(F)/命名(NA)/对象(OB)/上一个(P)/视图(V)/世界(W)/X/Y/Z/Z 轴(ZA)] <世界>:

各选项的含义和功能介绍如下。

(1)【新建】(N)

选择该选项将建立新坐标系。当输入 N 并按 Enter 键后,系统出现如下提示:

指定新 UCS 的原点或[Z 轴(ZA)/三点(3)/对象(OB)/面(F)/视图(V)/X/Y/Z] <0,0,0>:

①【指定新 UCS 的原点】:该选项用于确定新的坐标原点,坐标轴的方向保持不变。用户可输入新的坐标原点值,或用鼠标在屏幕上直接选取。坐标原点改变后,屏幕上的 UCS 图标会立即移动至新的位置。

注意:只有将 UCSICON(UCS 图标显示参数)的值设为在原点显示状态时,屏幕上的 UCS 图标才会随着原点位置的改变而变化。否则,即使设置了新的原点,UCS 图标也可能在原位不动。

②【Z 轴】(ZA):该选项用于将当前坐标系沿 *Z* 轴正方向移动一段距离,该选项的优点是快速明确地确定 *Z* 轴的方向。

③【三点】(3):该选项用三点定义坐标系。三点分别为原点、*X* 轴正方向上的一点和坐标值为正的 *XOY* 平面上的一点。

④【对象】(OB):该选项用于指定实体定义新的坐标系。被指定的实体将与新坐标系有相同的 *Z* 轴方向,原点及 *X* 轴正方向的取法如表 12-1 所示。确定了 *X* 轴和 *Z* 轴之后,*Y* 轴方

向则由右手定则确定。

坐标轴原点及 *X* 轴正向取法　　表 12-1

实体类别	坐标轴原点及 *X* 轴正向取法
圆弧	圆心为新原点，*X* 轴通过拾取点最近点的端点
圆	圆心为新原点，*X* 轴通过拾取点
直线	离拾取点较近的端点为新原点，*X* 轴正向沿此直线方向
2D 多段线	多段线的起点为新原点，*X* 轴通过多段线的第二个顶点
点	选取点为新原点，*X* 轴方向由系统随机确定
文本	文本插入点为新原点，用户坐标系被旋转到与文本角度相匹配的位置
轨迹	轨迹第一点为新原点，轨迹自身为 *X* 轴方向
块	块插入点为新原点，块旋转角方向为 *X* 轴正向
尺寸标注	尺寸文本中心点为新原点，*X* 轴平行于绘制尺寸文本时的 *X* 轴

⑤【面】(F)：该选项用于通过选取平面来设置坐标系。

⑥【视图】(V)：该选项将坐标系的 *XY* 平面设为与当前视图平行，且 *X* 轴指向当前视图的水平方向，原点不变。

⑦【X】/【Y】/【Z】：这 3 个选项可以将当前坐标系分别绕 *X*，*Y*，*Z* 轴旋转一指定角度。以【X】选项为例，选择该选项，AutoCAD 出现如下提示：

指定绕 X 轴的旋转角度 <90>：

用户可在此提示符下输入旋转角度，逆时针为正，顺时针为负。

(2)【移动】(M)

该选项用于将坐标系移动到指定的位置。

(3)【正交】(G)

该选项通过选取系统定义的标准正交视图方向来设置用户坐标系的位置。

(4)【上一个】(P)

该选项用于返回上一坐标系统。重复使用此选项，可以退回至任意一个用户曾经设置过的坐标系。

(5)【恢复】(R)

该选项用于调用存储的 UCS 系统，使之成为当前坐标系。

(6)【保存】(S)

该选项用于存储当前坐标系统。

(7)【删除】(D)

该选项用于删除已存储的坐标系统。

(8)【应用】(A)

该选项用于将某一视口应用为当前视口。

(9)【?】

该选项用于显示已保存的坐标系。

(10)【世界】(W)

该选项为默认选项,即将坐标系统设置为世界坐标系 WCS。

2. DDUCS 命令

在 AutoCAD 中,除了可以用 UCS 命令设置用户坐标系统外,还可以使用对话框进行设置。使用对话框来设置用户坐标系统的命令是 DDUCS 或 DDUCSP。

DDUCS 命令使用对话框管理用户坐标系统,当存储的坐标系统较多时比较方便。启动 DDUCS 命令后,将弹出如图 12-1 所示的对话框,该对话框中有 3 个选项卡。

(1)【命名 UCS】选项卡

通过该选项卡可以对已经存在的 UCS 坐标系进行重命名设置。在当前 UCS 列表框中,列出了所有的 UCS 名称,用户双击 UCS 名称,可以重新修改该 UCS 名称。单击【置为当前】按钮,可以将选中的 UCS 设置为当前坐标系。还可以单击【详细信息】按钮,查看被选中 UCS 的详细信息。

(2)【正交 UCS】选项卡

单击【正交 UCS】选项卡,出现如图 12-2 所示的对话框。该对话框是用列表视图方式来选择 6 个正交面定义用户坐标系。在该对话框中,用户可以选择任意一个面,然后单击【置为当前】按钮,将选中的面设为当前坐标系。

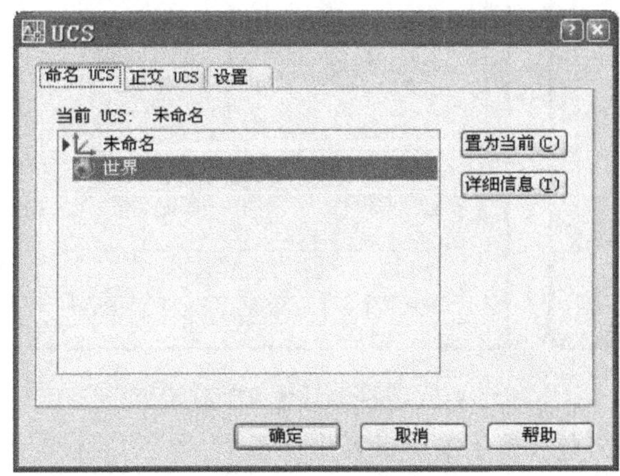

图 12-1 DDUCS 对话框

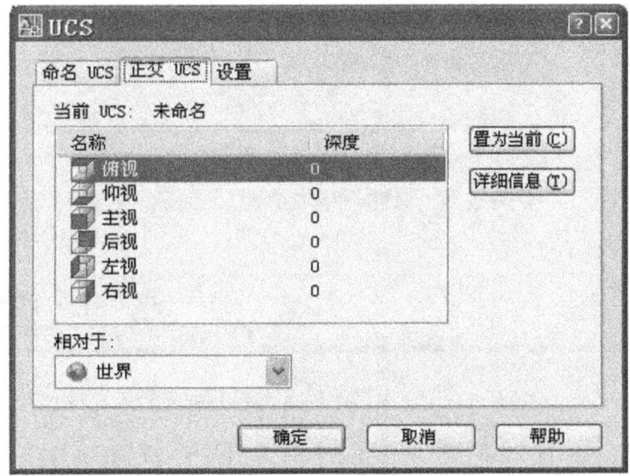

图 12-2 【正交 UCS】选项卡

(3)【设置】选项卡

该选项卡用来设置 UCS 图标显示方式和用户坐标系保存方式。单击【设置】选项卡,出现如图 12-3 所示的对话框。

①【UCS 图标设置】区

a.【开】复选框:选中该复选框后,系统将显示 UCS 图标,否则不显示。

b.【显示于 UCS 原点】复选框:选中该复选框后,系统将在当前坐标系原点处显示 UCS 图标。

c.【应用到所有活动视口】复选框:选中该复选框后,系统将在所有激活的视口中显示 UCS 图标。

②【UCS 设置】区

a.【UCS 与视口一起保存】复选框:选中该复选框后,系统将 UCS 图标与视口一起保存。

b.【修改 UCS 时更新平面视图】复选框：选中该复选框后，当改变 UCS 时，视图也随之变化。

三、设置三维视点

所谓三维视点是指用户观察立体图形的位置及方向，假定用户绘制了一个正方体，如果用户位于平面坐标系中，即 Z 轴垂直于屏幕，则此时仅能看到正方体在 XY 平面上的投影，即一个正方形。如果用户将视点置于当前坐标系的左上方，则可以看到一个正方体。

AutoCAD 提供了多种灵活方便的选择视点的方法，下面分别介绍这些方法。

1. 用 DDVpoint 命令设置视点

用户可以在命令行内直接输入 DDVpoint 或 Vp 并按 Enter 键，即可启动该命令。启动后，将弹出如图 12-4 所示的对话框，用此对话框可以方便地设置视点。

下面介绍此对话框中各选项的含义和功能。

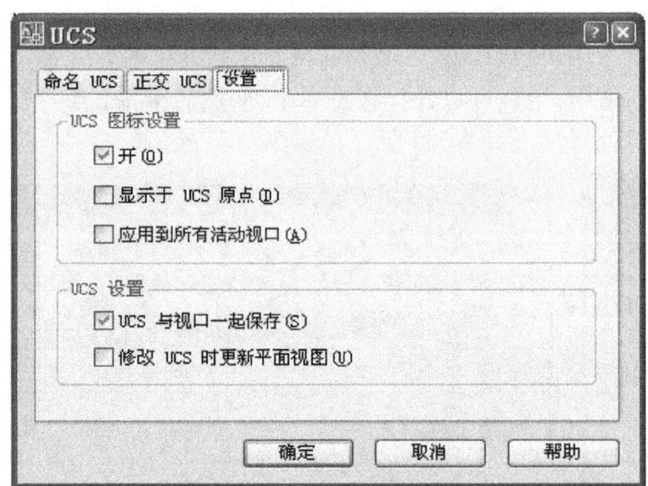

图 12-3 【设置】选项卡

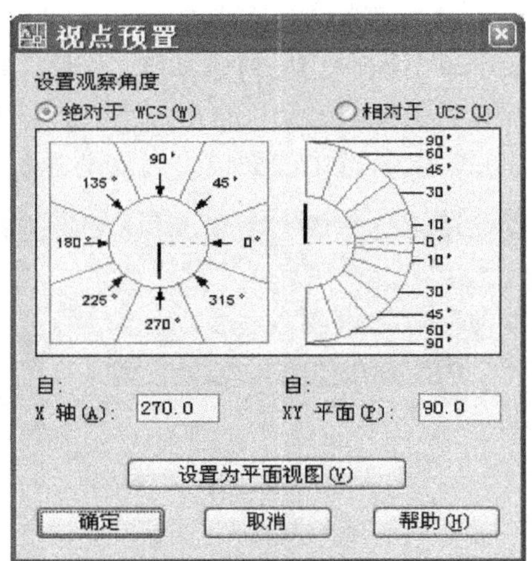

图 12-4 【视点预置】对话框

(1)【绝对于 WCS】单选按钮：该选项用于确定是否使用绝对世界坐标系。

(2)【相对于 UCS】单选按钮：该选项用于确定是否使用用户坐标系。

(3)【自：X 轴】文本框：在该文本框中用户可以输入新的视点方向在 XY 平面内的投影与 X 轴正向的夹角。

(4)【自：XY 平面】文本框：在该文本框中用户可以输入新视点方向与 XY 平面的夹角。

(5)【设置为平面视图】按钮：单击该按钮，可以返回到 AutoCAD 初始视点状态，即与 Z 轴正方向相同的视点方向。

2. 用预置视点

预置视点就是系统预先设置的标准视图，它包括 6 个视图和 4 个轴测视图。预置视点的命令是 View。启动 View 命令的方法有 3 种。

(1)从【视图】工具栏上启动。

(2)下拉菜单：【视图】|【三维视图】、【俯视】、【仰视】等。

(3)命令行:View。

6个视图分别是:俯视图(Top)、仰视图(Bottom)、左视图(Left)、右视图(Right)、主视图(Front)和后视图(Back)。4个轴测视图分别是:西南等轴测视图(SWIsometric)、东南等轴测视图(SEIsometric)、东北等轴测视图(NEIsometric)、西北等轴测视图(NWIsometric)。

3. 三维动态观察器

三维动态观察器是 AutoCAD 2000 的新功能,在 AutoCAD 2002 中,该功能得到进一步增强,通过它用户可以动态地观察三维图形。三维动态观察器的启动命令是 3Dorbit,在命令行输入 3Dorbit 并按 Enter 键。启动 3Dorbit 命令后,屏幕显示如图 12-5 所示。

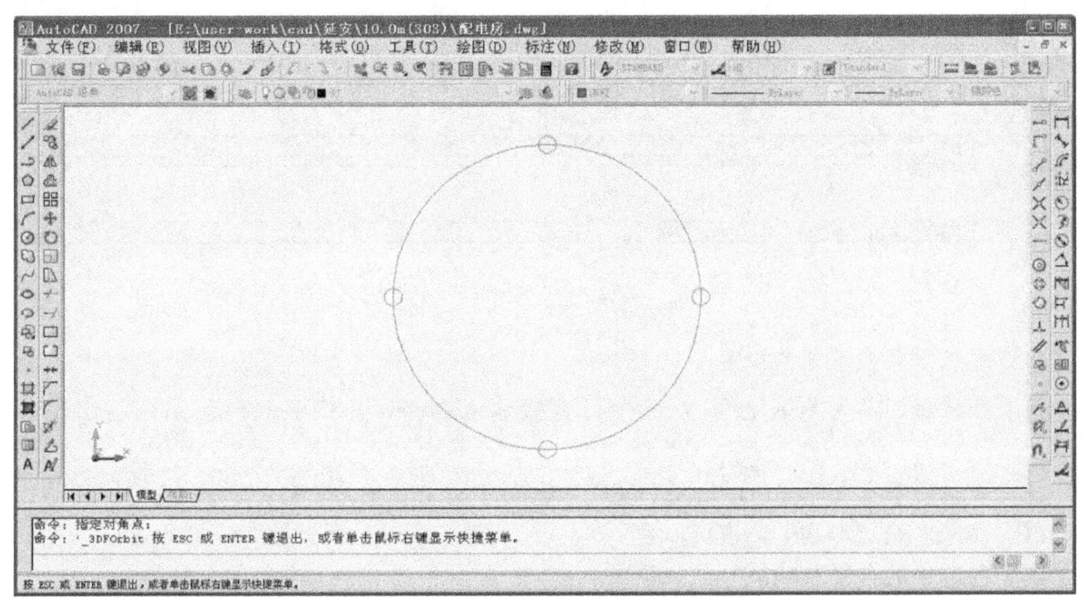

图 12-5 三维动态观察器

三维动态观察器的操作方法:光标在观察器内,用户按住鼠标左键沿任意方向拖动时,坐标轴随拖动方向旋转;光标在观察器外,当按住鼠标左键上下拖动时,坐标轴才随拖动方向旋转;光标在上下两个小圆圈中,按住鼠标左键上下拖动,坐标轴作上下方向旋转;光标在左右两个小圆圈中,按住鼠标左键左右拖动,坐标轴作左右方向旋转。

四、设置多视窗

在绘制二维图形时,我们总是把整个绘图区域作为一个视窗来观察和绘制图形。在绘制三维图形时,为了更加全面地观察物体,要将一个绘图区分割成几个视窗,每个视窗设置不同的视点,如图 12-6 所示,屏幕被分割成三个视窗。

设置多视窗的命令有两个,在图纸空间中建立多视窗的命令是 Mview,而在模型空间中建立多视窗的命令是 Vports。通常我们在模型空间中按尺寸绘图,而在图形空间中,图形以不同比例的视图进行搭配,再添加些文字注释,从而形成一幅完整的图形。

图纸空间与模型空间的切换很简单,只需用户在状态栏上单击【模型】/【图纸】按钮,即可实现两者之间的切换。

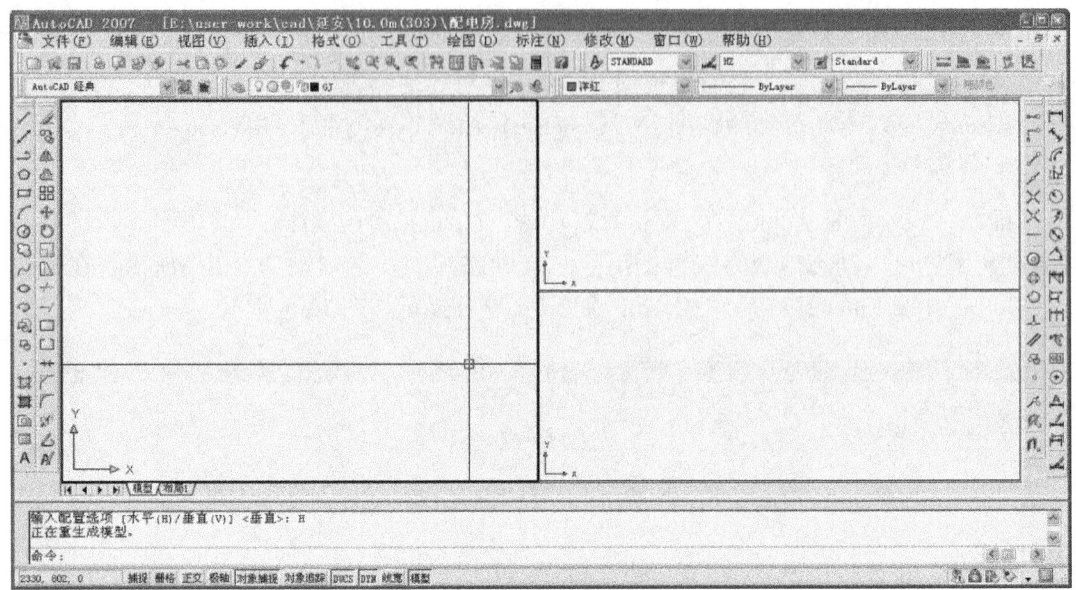

图 12-6　三视窗屏幕

1. 在图纸空间中设置多视窗

将绘图状态切换为图纸空间,在命令行直接输入 Mview 并按 Enter 键,系统将出现如下提示:

指定视口的角点或［开(ON)/关(OFF)/布满(F)/着色打印(S)/锁定(L)/对象(O)/多边形(P)/恢复(R)/2/3/4］<布满>:

其中各选项的含义和功能介绍如下。

(1)【开】(ON)/【关】(OFF):这两个选项用于打开或关闭被选择的视区,一个视区被关闭后,该视区内的实体将不再参加重新生成视图的操作,可提高绘图速度。

注意:在关闭的视区中,用户不能直接回到模型空间中工作,只有打开该视区才可返回到模型空间中。

(2)【布满】(F):该选项使视窗充满整个绘图区域。

(3)【着色打印】(S):该选项用于选择着色打印模式。当选择该选项后,系统接着提示:

是否进行着色打印?［按显示(A)/线框(W)/隐藏(H)/视觉样式(V)/渲染(R)］<按显示>:

(4)【锁定】(L):该选项用于决定视窗是否锁定。当选择此选项后,系统提示如下:

视口视图锁定［开(ON)/关(OFF)］:

选项【开】(ON)锁住视窗,当视窗锁住后,视窗不能缩放和移动。选项【关(OFF)】打开锁定的视窗。当选择 ON 或 OFF 后,系统提示如下:

选择对象:(选择要进行操作的视窗)

(5)【对象】(O):该选项是 AutoCAD 2000 以后新增的功能,系统允许用户选择任何连续封闭实体作为浮动视口,比如圆形、矩形、多边形等。

(6)【多边形】(P):创建多边形视口。用户根据提示,直接在图纸空间下建立由折线或弧段构成的封闭实体。

(7)【恢复】(R):调用由 Mview 命令创建并存储的视窗分区。选择该选项,AutoCAD 提示:

输入视口配置名或[?]< * Active >:

在此提示符下,用户可直接输入要调用的视窗名,也可输入"?",AutoCAD 将列表显示当前图形文件保存的所有视窗设置。

(8)【2】:该选项表示将屏幕分为两个视区。选择该选项,AutoCAD 有下面提示:

输入视口排列方式[水平(H)/垂直(V)]<垂直>:

【水平】(H)选项表示将当前视区从水平方向分割成两个视图,【垂直】(V)选项则表示将当前视区分割为两个垂直方向的视图。

(9)【3】:该选项将当前视区分成 3 个视区。选择该选项,AutoCAD 提示:

输入视口排列方式[水平(H)/垂直(V)/上(A)/下(B)/左(L)/右(R)](右):(选择不同选项分割视区)

(10)【4】:该选项将当前视区等分成 4 个视区。

注意:如果用户在模型空间中使用 Mview 命令,则 AutoCAD 将自动转换到图纸空间,在执行 Mview 命令后,再返回模型空间。

2. 在模型空间中设置多视窗

在模型空间中设置多个视窗的命令是 Vports 命令,启动该命令后,系统将弹出如图 12-7 所示的对话框。

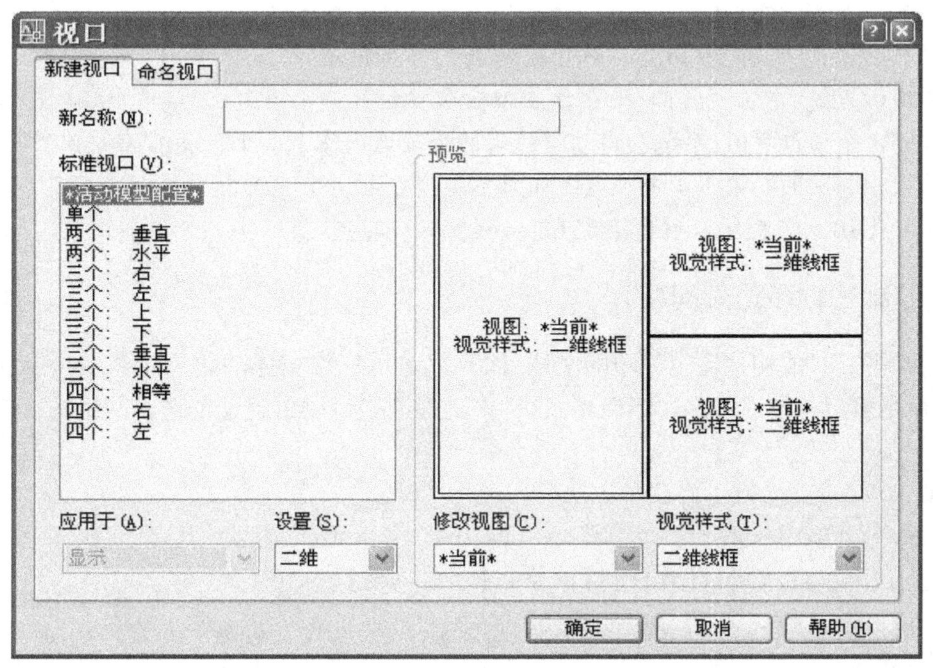

图 12-7 【视口】对话框

在该对话框中的【新建视口】选项卡的【标准视口】选区中,用户可以选择要设置视口的类型,右边的视口预览区将显示视口的布局。

第二节　绘制三维面

构造三维实体的方法之一是用三维面来表示三维形体的表面。在 AutoCAD 中三维面有三维平面和曲面两种。

一、绘制三维平面

绘制三维平面的命令是 3Dface，系统规定用该命令可以构造空间中任意位置的三维平面，平面的顶点可以有不同的 X、Y、Z 坐标，但不能超过 4 个顶点。构造的三维平面在屏幕上只显示其轮廓线。

启动 3Dface 命令有下面两种方法。

(1)命令行：3Dface。

(2)下拉菜单：【绘图】|【建模】|【网格】|【三维面】。

启动该命令后，系统将会出现如下提示：

命令：3dface

指定第一点或[不可见(I)]：<输入第 1 顶点>

指定第二点或[不可见(I)]：<输入第 2 顶点>

指定第三点或[不可见(I)]：<退出>：(输入第 3 顶点)

指定第四点或[不可见(I)]：<创建三侧面>：(输入第 4 顶点)

指定第三点或[不可见(I)]：<退出>：(输入第 3 顶点)

指定第四点或[不可见(I)]：<创建三侧面>：(输入第 4 顶点)

当输完 4 个顶点之后，系统会自动将最后两个顶点当作下一个平面的第 1、2 个顶点，并要求用户输入相邻平面的第 3、4 个顶点。如果不想建立下一个三维面，可在"指定第三点或[不可见(I)]<退出>："提示符下直接按 Enter 键，结束本次命令。

二、绘制三维多边形网格

用三维平面只能构造比较简单的实体，而且只显示三维实体的轮廓线。AutoCAD 提供的 3DMesh 命令可以构造三维多边形网格，这种多边形网格可以由若干个平面网格构成近似曲面或平面。

启动 3DMesh 命令有下面两种方法。

(1)命令行：3DMesh。

(2)下拉菜单：【绘图】|【建模】|【网格】|【三维网格】。

启动该命令之后，系统将给出如下提示：

命令：3dmesh

输入 M 方向上的网格数量：3(输入 M 方向的网格顶点数目)

输入 N 方向上的网格数量：2(输入 N 方向的网格顶点数目)

指定顶点(0,0)的位置：(输入第 1 行，第 1 列的顶点坐标)

指定顶点(0,1)的位置:(输入第1行,第2列的顶点坐标)
指定顶点(1,0)的位置:(输入第2行,第1列的顶点坐标)
指定顶点(1,1)的位置:(输入第2行,第2列的顶点坐标)
指定顶点(2,0)的位置:(输入第3行,第1列的顶点坐标)
指定顶点(2,1)的位置:(输入第3行,第2列的顶点坐标)
⋮
指定顶点($m-1,n-1$)的位置:(输入第m行,第n列的顶点坐标)

当输入完所有的顶点坐标之后,若无错误,系统将自动生成一组多边形网格曲面。规定在行和列方向上最多允许有256个顶点。使用3DMesh命令可以绘制较复杂的曲面,如构造道路模型、地形模型等。但使用3DMesh命令绘制三维实体非常麻烦,而且很难创建出理想的曲面,用户一般用得较少。

三、绘制直纹曲面

所谓直纹曲面是指由两条指定的直线或曲线为相对的两边而生成的一个用三维网格表示的曲面,该曲面在两相对直线或曲线之间的网格是直线。

绘制直纹曲面的命令是Rulesurf,启动该命令有下面两种方法。

(1)命令行:Rulesurf

(2)下拉菜单:【绘图】|【建模】|【网格】|【直纹网格】

启动该命令之后,系统将给出如下提示:

选择第一条定义曲线:(选择第一条曲线)

选择第二条定义曲线:(选择第二条曲线)

选择完两条曲线之后,系统检查满足要求后,便会自动在两条曲线之间生成一个直纹曲面。用来创建直纹曲面的曲线可以是线、点、弧、圆、样条曲线、二维多段线和三维多段线。直纹曲面的网格密度由系统变量SURFTABl控制,其初始值为6,值越大其网格密度越大。图12-8显示了不同的SURFTABl值对网格密度的影响。

【例12-1】 用Rulesurf命令绘制一个圆台直纹曲面。

①单击菜单项【视图】|【三维视图】|【东南等轴测】,设置为东南等轴测视图。

②在命令行输入SURFTABl,按Enter键后,输入20(将系统变量SURFTABl设为20)。

③用Circle命令绘制两个圆,如图12-9a)所示。

④命令:Rulesurf。

⑤选择第一条定义曲线:(选择小圆)。

⑥选择第二条定义曲线:(选择大圆)。

结束后绘图区就出现了如图12-9b)所示的圆台图形。

四、绘制旋转曲面

和数学中的曲面一样,在AutoCAD中,有些曲面是由旋转曲面构成的,它是利用一条曲线围绕某一个轴旋转一定的角度,而生成的一个光滑的旋转曲面。旋转曲面是由三维多边形网格表示的,网格的密度在旋转方向和轴线方向分别由两个系统变量控制。绘制旋转曲面的命令是 Revsurf。启动该命令有下面两种方法。

图 12-8　不同 SURFTABl 的直纹曲面

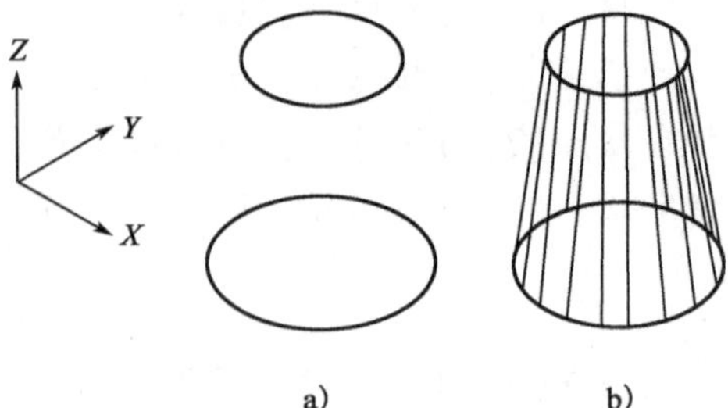

图 12-9　绘制圆台直纹曲面示意图

(1)命令行:Revsurf

(2)下拉菜单:【绘图】|【建模】|【网格】|【旋转网格】

启动该命令之后,系统将给出如下提示:

命令:revsurf

当前线框密度:SURFTABl = 20　SURFTAB2 = 6

选择要旋转的对象:(选择旋转曲线)

选择定义旋转轴的对象:(选择旋转轴)

指定起点角度 <0>:(输入旋转起始角)

指定包含角(+ = 逆时针, - = 顺时针) <360>:(输入旋转角度,逆时针为正,顺时针为负)

【例 12-2】　用 Revsurf 命令来绘制一个旋转曲面。

①单击菜单项【视图】|【三维视图】|【东南等轴测】,设置为东南等轴测视图。

②设置系统变量 SURFTABl = 20,SURFTAB2 = 6。

③绘制如图 12-10 所示的旋转轴和旋转曲线。

④命令:Revsurf。

⑤选择要旋转的对象:(选择旋转曲线)。

⑥选择定义旋转轴的对象:(选择旋转轴)。

⑦指定起点角度 <0>):(按 Enter 键)。

⑧指定包含角(+ = 逆时针, - = 顺时针) <360>:360(按 Enter 键)。

命令执行后,绘图区就出现了如图 12-11 所示的旋转曲面。

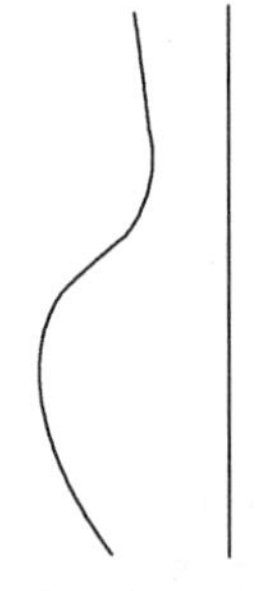

图 12-10　旋转轴和旋转曲线

图 12-11　旋转曲面

五、绘制平移曲面

平移曲面是直纹曲面的一个特例，在直纹曲面中，当两条曲线具有相同的形状，而且相互平行，由此而生成的曲面就是平移曲面，但平移曲面的生成方法与其不同。平移曲面是由一条初始轨迹线沿指定的矢量方向伸展而成的曲面。绘制平移曲面的命令是 Tabsurf，启动该命令有如下两种方法：

(1)命令行：Tabsurf

(2)下拉菜单：【绘图】|【建模】|【网格】|【平移网格】

启动该命令之后，系统将会出现如下提示：

命令：Tabsurf

选择用作轮廓曲线的对象：(选择欲拉伸的轨迹线)

选择用作方向矢量的对象：(确定轨迹线的拉伸方向)

平移曲面是由多边形网格构造而成，其网格密度由系统变量 SURFTAB1 控制。

第三节　绘制三维实体

前面所学的三维形体表面只是一个空壳，本节中要讲的三维实体(Solid)具有实体的特征，即其内部是实体的，是三维图形中最重要的部分。用户可以对三维实体进行打孔、挖槽等布尔运算，从而形成具有实用意义的物体。创建三维实体，可以通过两种途径，一种是直接输入实体的控制参数，由 AutoCAD 相关函数自动生成；另一种是由二维图形以旋转或拉伸等方式生成。前者只能创建一些基本的规则实体，后者则可以创建出更为复杂的实体。

创建三维实体可以输入命令，也可使用屏幕菜单或工具栏按钮。AutoCAD 2007 主菜单中【绘图】下拉菜单中的【建模】子菜单基本是绘制三维实体的命令。用户还可以通过实体工具栏绘制三维实体。加载【建模】工具栏的方法如下：

右击任何菜单，选中左侧列表框中的【建模】项，将【建模】工具栏加载到屏幕上；【建模】工具栏如图 12-12 所示。

图 12-12 【建模】工具栏

本节将先介绍用命令直接绘制三维实体的方法，然后再介绍用二维图形生成三维实体的方法。

一、用命令直接绘制三维实体

在 AutoCAD 中用命令可以直接绘制的三维实体有：长方体(Box)、圆锥体(Cone)、球体(Sphere)、圆柱体(Cylinder)、楔形体(Wedge)和圆环(Torus)。

1. 绘制长方体(Box)

绘制长方体的命令是 Box，启动该命令有下面 3 种方法。

(1)命令行:Box。

(2)下拉菜单:【绘图】|【建模】|【长方体】。

(3)单击【建模】工具栏上 按钮。

启动 Box 命令之后,系统将会出现如下提示:

命令:Box

指定第一个角点或【中心】(C):

上述提示中有如下两个选项。

(1)【长方体的角点】:该选项为默认选顶,要求输入长方体的一个角点坐标。

(2)【中心点】(CE):该选项要求输入长方体中心点。

当用户输入长方体的一个角点坐标后,系统接着提示:

指定其他角点或[立方体(C)/长度(L)]:

这3个选项为:

(1)【指定角点】:该选项指定对角点,接着要求用户输入长方体的高度。

(2)【立方体】(C):该选项绘制立方体。

(3)【长度】(L):允许用户选择长方体的长宽高。当用户输入 L 并按 Enter 键,系统提示:

指定长度:(输入长方体的长度)

指定宽度:(输入长方体的宽度)

指定高度或[两点(2P)]:(输入长方体的高度)

2. 绘制球体(Sphere)

绘制球体的命令是 Sphere,启动该命令有下面 3 种方法:

(1)命令行:Sphere。

(2)下拉菜单:【绘图】|【建模】|【球体】。

(3)单击【建模】工具栏上的 按钮。

启动【球体】命令之后,系统将会出现如下提示:

命令:Sphere

定中心点或[三点(3P)/两点(2P)/相切、相切、半径(T)]:

指定球体球心 <0,0,0>:(确定球体中心位置)

指定半径或[直径(D)]:(确定球体的直径或半径)

用【球体】命令绘制的球体是用线框形式来表示的,线框的密度由系统变量 ISOLINES 控制。其值越大线框越密。

3. 绘制圆柱体(Cylinder)

该命令用来绘制圆柱体或椭圆柱体,启动 Cylinder 命令有如下 3 种方式。

(1)命令行:Cylinder。

(2)下拉菜单:【绘图】|【建模】|【圆柱体】。

(3)单击【建模】工具栏上的 按钮。

启动 Cylinder 命令后,用户可执行如下命令序列:

命令:Cylinder

指定底面的中心点或[三点(3P)/两点(2P)/相切、相切、半径(T)/椭圆(E)]:

该提示符中各选项含义和功能分别如下：

(1)【圆柱体底面的中心点】:该选项为默认选项，用来绘制圆柱体。

在该选项下确定圆柱体底面中心点的位置，AutoCAD便出现如下提示：

指定底面半径或［直径(D)］:(输入圆柱体的半径或直径)

(2)【三点】(3P):该选项为三点确定圆。

(3)【两点】(2P):该选项为两点确定圆。

(4)【相切、相切、半径(T)】:该选项为与两条线相切，指定半径的方式确定圆。

前四项每项完成后AutoCAD便出现如下提示：

指定高度或［两点(2P)/轴端点(A)］ <10.0000 >:(输入圆柱体的高度)

或［两点(2P)］:(输入两点来确定圆柱体的高度)

或［轴端点(A)］:(输入一点来确定圆柱体的轴的另一端点)

(5)【椭圆(E)】:该选项用来生成椭圆柱体。选择该选项后，AutoCAD提示：

指定圆柱体底面椭圆的轴端点或［中心点(C)］:(在此提示符下确定椭圆柱底面的形状，与绘椭圆命令相同，这里不再叙述)

4. 圆锥体(Cone)

该命令用来绘制圆锥体或椭圆锥体，启动该命令有如下3种方式：

(1)命令行：Cone。

(2)下拉菜单：【绘图】|【实体】|【圆锥体】。

(3)单击【实体】工具栏上按钮。

启动Cone命令后，用户可执行如下命令序列：

命令：Cone

指定圆锥体底面的中心点或［椭圆(E)］<0,0,0 >:

该提示符中两个选项含义和功能分别如下：

(1)【圆锥体底面的中心点】:该选项为默认选项，用来绘制圆锥体。

在该选项下确定圆锥体底面中心点的位置，AutoCAD便出现如下提示：

指定圆锥体底面的半径或［直径(D)］:(输入圆锥体底面的直径或半径)

指定圆锥体高度或［顶点(A)］:(输入圆锥体或顶点位置)

(2)【椭圆】(E):该选项用来生成椭圆锥体。

选择该选项后，AutoCAD提示：

指定圆锥体底面椭圆的轴端点或［中心点(C)］:(在此提示符下确定椭圆锥底面的形状，与绘制椭圆命令相同，这里不再叙述)

5. 楔形体(Wedge)

该命令用来绘制楔形体，启动Wedge命令有如下3种方式。

(1)命令行：Wedge。

(2)下拉菜单：【绘图】|【建模】|【楔体】。

(3)单击【建模】工具栏上的按钮。

启动Wedge命令后，用户可执行如下命令序列：

命令：Wedge

指定楔体的第一个角点或[中心点(CE)]<0,0,0>:

该提示符中两个选项含义和功能分别如下:

①【指定楔体的第一个角点】:该选项为默认选项,用户可以指定楔形体的任意一个角点。

②【中心点(CE)】:该选项用于确定楔形体底面中心点位置。

指定了楔体第一个角点或中心点后,系统提示:

指定角点或[立方体(C)/长度(L)]:(该提示中选项【立方体(C)】和【长度(L)】的用法与前面相同)

指定高度:(输入高度)

6. 圆环体(Torus)

用该命令可以绘制实体圆环,绘制圆环体的命令是Torus,启动该命令的方法有如下3种。

(1)命令行:Torus。

(2)下拉菜单:【绘图】|【建模】|【圆环体】。

(3)单击【建模】工具栏上的按钮。

启动Torus命令后,用户可执行如下命令序列:

命令:_Torus

指定圆环体中心<0,0,0>:(确定圆环中心的位置)

指定圆环体半径或[直径(D)]:(输入圆环中心线的直径或半径)

指定圆管半径或[直径(D)]:(输入圆环管体的直径或半径)

上面6种方法绘制的三维实体图形如图12-13所示。

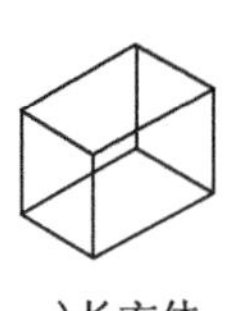

a)长方体　b)球体

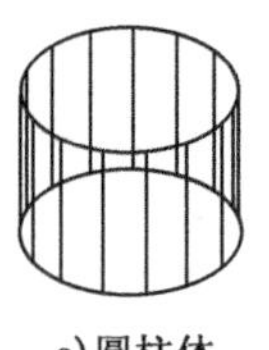

c)圆柱体

d)圆锥体

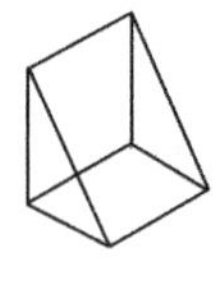

e)楔形体

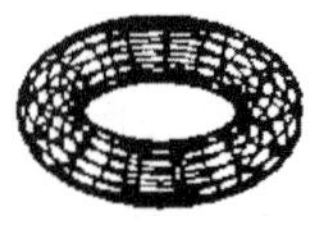

f)圆环体

图12-13　实体图形

二、拉伸二维实体

用命令直接绘制的三维实体都比较简单,对一个二维实体进行拉伸而可以得到较为复杂的三维实体。被拉伸的二维实体必须是封闭的,它包括闭合多段线、多边形、三维多段线、圆和椭圆,以及上述二维实体组合而成的闭合体。

拉伸实体的命令是Extrude,启动该命令有下面3种方法。

(1)命令行:Extrude。

(2)下拉菜单:【绘图】|【建模】|【拉伸】。

(3)单击【建模】工具栏上的按钮。

启动该命令之后,系统将出现如下提示:

命令:Extrude

选择对象:(选择被拉伸的二维实体)

选择对象:(按Enter键结束选择)

指定拉伸高度或[路径(P)]:

指定拉伸的倾斜角度<0>:(要求用户输入拉伸实体的侧面倾斜角度;角度的范围从-90°~+90°;默认值为0°,即为柱体)

上述提示中各选项含义和功能如下:

(1)【指定拉伸高度】:按指定高度进行拉伸,该选项为默认项。选择该选项后,系统要求用户输入拉伸的高度,拉伸方向与 Z 轴相同。

(2)【路径】(P):选择某实体作为要拉伸的路径。

【例 12-3】 用 Extrude 命令拉伸二维实体来创建一个三维实体

①在 XOY 平面上用 Ploygon 命令绘制一个闭合六边形。

②命令:_Extrude(按 Enter 键)。

③选择对象:(选择闭合六边形)。

④选择对象:(按 Enter 键)。

⑤指定拉伸高度或[路径(P)]:80(按 Enter 键)。

⑥指定拉伸的倾斜角度<0>:25(按 Enter 键)。

拉伸结束后的实体如图 12-14 所示。

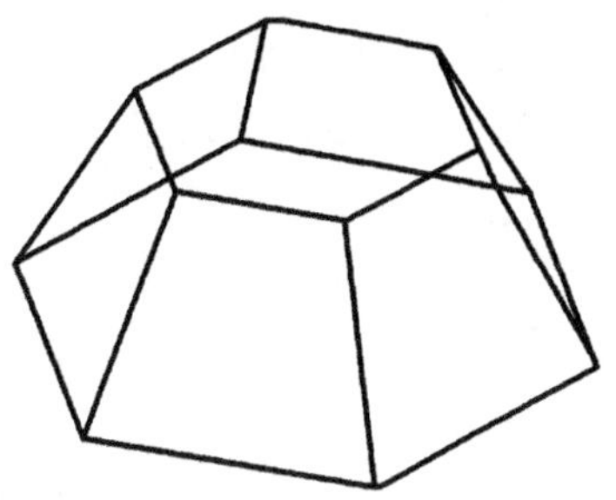

图 12-14 拉伸后的实体

三、旋转实体

旋转实体是将二维封闭的图形绕指定的旋转轴,旋转一周而生成的三维实体。用于旋转的二维对象包括圆、椭圆、二维多段线及面域。

旋转实体的命令是 Revolve,启动该命令有如下 3 种方法。

(1)命令行:Revolve。

(2)下拉菜单:【绘图】|【建模】|【旋转】。

(3)单击【建模】工具栏上的按钮。

启动该命令之后,系统将出现如下提示:

选择对象:(选择要旋转的二维实体)

选择对象:(按 Enter 键结束选择)

指定旋转轴的起点或定义轴依照[对象(O)/X 轴(X)/Y 轴(Y)]:

上述提示中各选项的含义和功能如下。

(1)【指定旋转轴的起点】:该选项为默认选项,它是通过确定两点来指定旋转轴。

指定第一点后,系统提示:

指定轴端点:(输入另一端点)

当用户确定旋转轴后,系统接着提示:

指定旋转角度<360>:(输入旋转角度,默认值为 360°)

(2)【对象】(O)要求用户指定一条直线作为旋转轴。选定之后,系统出现如下提示:

指定旋转角度<360>:(输入旋转角度,默认值为 360°)

(3)【X 轴】(X)/【Y 轴】(Y):这两个选项要求用户指定 X 或 Y 轴作为旋转轴。

选择之后,系统出现如下提示:

指定旋转角度<360>:(输入旋转角度,默认值为 360°)

【例12-4】 用Revolve命令旋转一个二维实体从而生成一个三维实体。

①在*XOY*平面上绘制如图12-15a)所示的二维封闭图形。

②命令:Revolve(按Enter键)。

③选择对象:(选择二维实体)。

④选择对象:(按Enter键)。

⑤指定旋转轴的起点或定义轴依照[对象(O)/X轴(X)/Y轴(Y)]:(选择旋转轴的一个端点)。

⑥指定轴端点:(选择旋转轴的另一个端点)。

⑦指定旋转角度<360>:(按Enter键)。

操作结束后,得到如图12-15b)所示的三维实体图形。

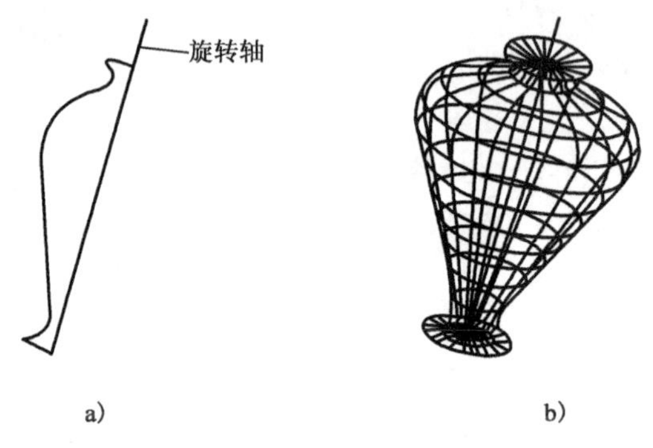

图12-15 旋转生成的三维实体

四、布尔操作生成实体

用前述三种方法只能生成形态规则的三维实体,但在实际工程中还存在大量的不规则实体,如隧道衬砌、洞门墙等。为了表示这些不规则的三维实体,可以将它们分解成几个规则实体,然后经过布尔运算形成组合实体。AutoCAD中的布尔运算有布尔并、布尔差和布尔交3种。

1.布尔并

布尔并是将几个实体合并成一个实体,AutoCAD中布尔并的命令是Union,也可以单击【实体编辑】工具栏上的按钮。用户可以选择几个简单的实体,用该命令生成新的实体,这些实体可以相交,也可以分离。图12-16a)所示的图形是两个彼此独立的实体,图12-16b)所示的图形是合并后的实体。

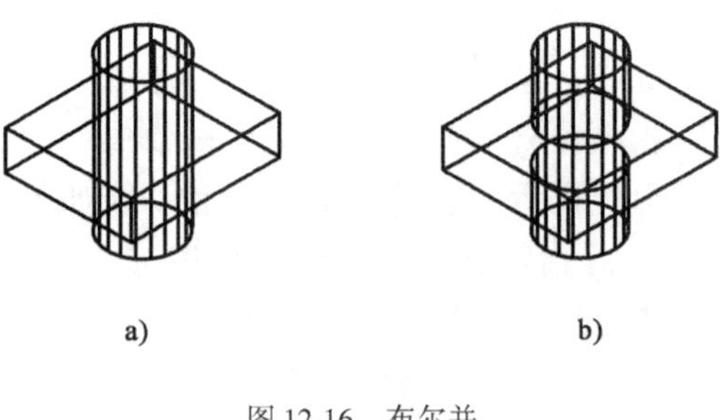

图12-16 布尔并

2.布尔差

布尔差是从一个实体中去掉一个或多个实体。AutoCAD中布尔差的命令是Subtract,也可以单击【实体编辑】工具栏上的按钮。启动该命令后,用户先选择被减实体,再选要减去的实体,进行布尔差运算的实体必须相交。图12-17a)所示的图形是两个彼此独立的实体,图12-17b)所示的图形是求差后的实体。

3. 布尔交

布尔交是将多个实体的公共部分形成一个新的实体。AutoCAD 中布尔交的命令是 Intersect,也可以单击【实体编辑】工具栏上的 按钮。图 12-18a)所示的图形是两个彼此独立的实体,图 12-18b)所示的图形是求交后的实体。

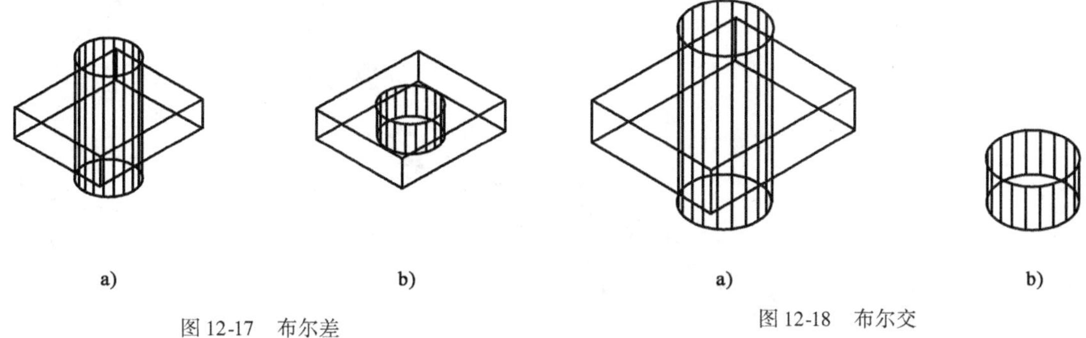

a) b)

图 12-17 布尔差

a) b)

图 12-18 布尔交

第四节 隧道三维建模示例

一、洞身建模

(1)打开一张已经绘制好的隧道复合衬砌结构图,用剪贴板复制该图的隧道内轮廓和衬砌外轮廓。

(2)新建一张新图,通过【视图】|【三维视图】|【主视】将当前视图调整为主视。再将剪贴板的内容贴入新图。用【绘图】|【边界】将隧道衬砌外轮廓生成多义线。同样方式将隧道内轮廓也生成多义线。其间不要移动内、外轮廓的位置,如图 12-19 所示。

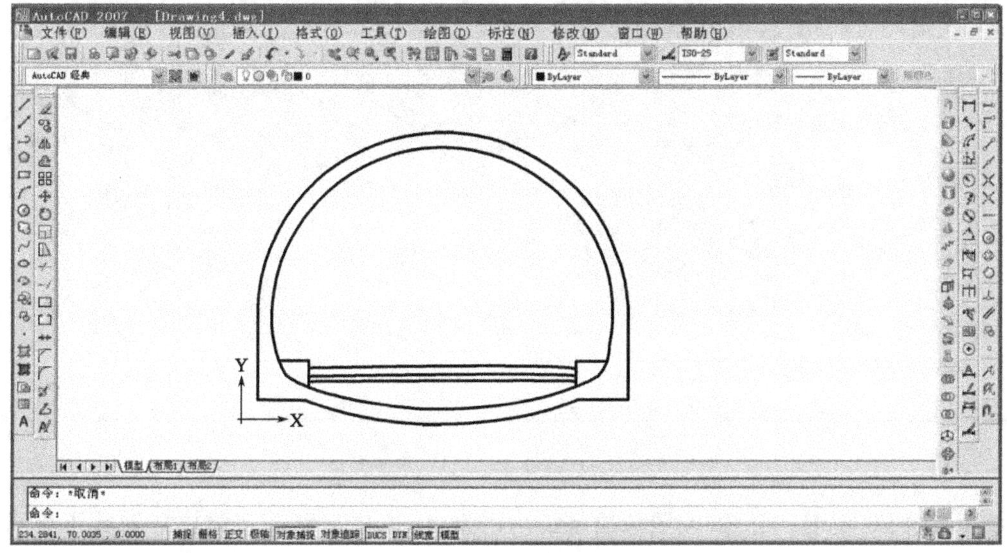

图 12-19 隧道内、外轮廓

(3)用【绘图】|【建模】|【拉伸】或【建模】菜单中的按钮或命令:“Extrude”将生成的两个多义线拉伸成实体。拉伸最好大于隧道宽度的10倍,如图12-20所示。

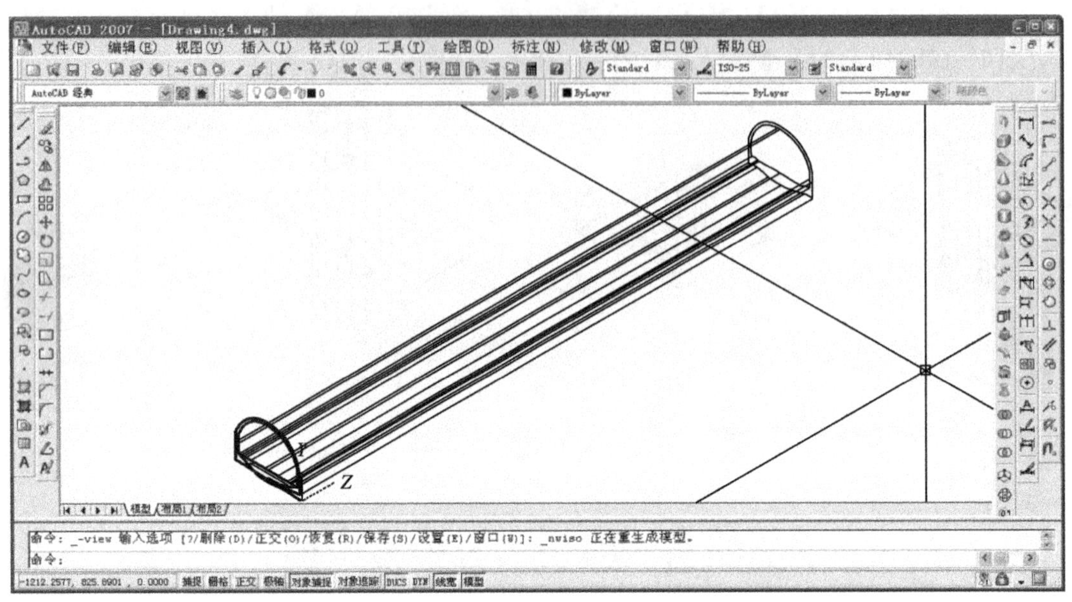

图12-20 拉伸成实体

(4)用【修改】|【实体编辑】|【差集】或【建模】菜单中的按钮先选外轮廓实体再选内轮廓实体,形成隧道衬砌实体,如图12-21所示。

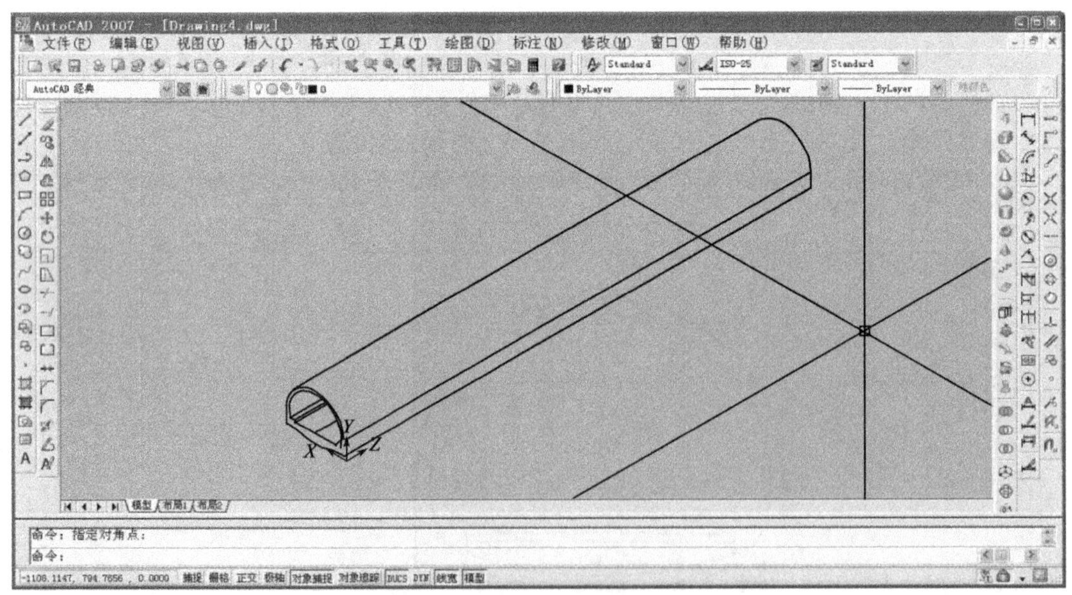

图12-21 隧道衬砌实体三维模型

注意:最好将隧道、洞门的绘图单位都统一以米计,这样与路基实体拼接时就不必再调整模型大小了。

二、削竹式洞门建模

(1)新建一张名为“削竹式立体洞门”的新图,通过【视图】|【视口】|【两个视口】创建左右两个视口。通过【视图】|【三维视图】|【主视】,点击左边视口,将其设置为主视图;同样将右边视口设置为左视图。

(2)打开一张已经绘制好的隧道削竹式洞门设计图,用剪贴板复制该图的立面图,将其粘贴入“立体洞门”的主视图中。将三维图中不需要的对象删除。通过【绘图】|【边界】,分别将内外洞身、洞外地面绘制成多义线。

(3)右键点击图形菜单,打开“建模”和“实体编辑”图形菜单。使用建模菜单中的按钮(命令为 Extrude)拉伸内外洞身、洞外地面为隧道宽度的10倍左右,如图12-22所示。

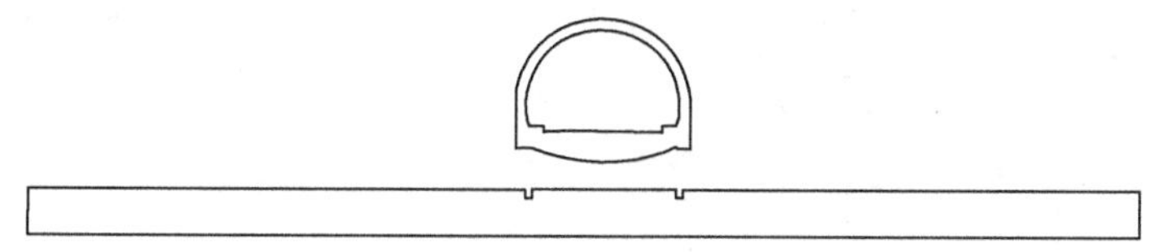

图12-22 隧道洞身、洞外地面三维模型

(4)在主视图中将洞外地面向上移动,路面的中心点和隧道路面中心点对齐。在左视图中将洞外地面向右水平移动,如图12-23所示。

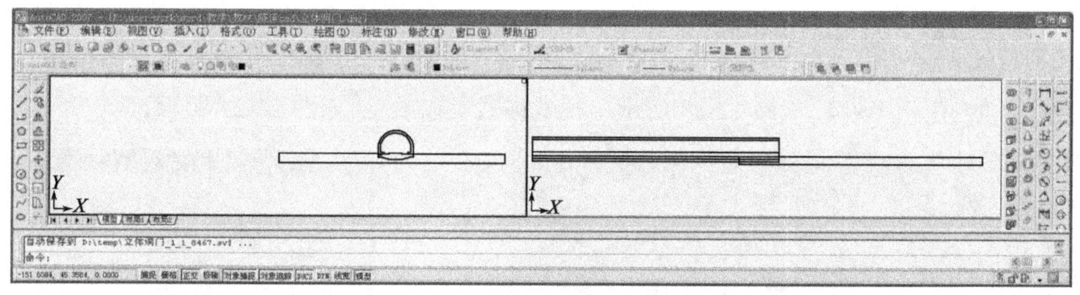

图12-23 隧道洞身、洞外地面三维模型拼合

(5)使用按钮创建一个立方体正面宽度与洞外地面等宽,高度为隧道高度的四五倍或更高,长度比隧道模型长度略长作为山体,如图12-24所示。

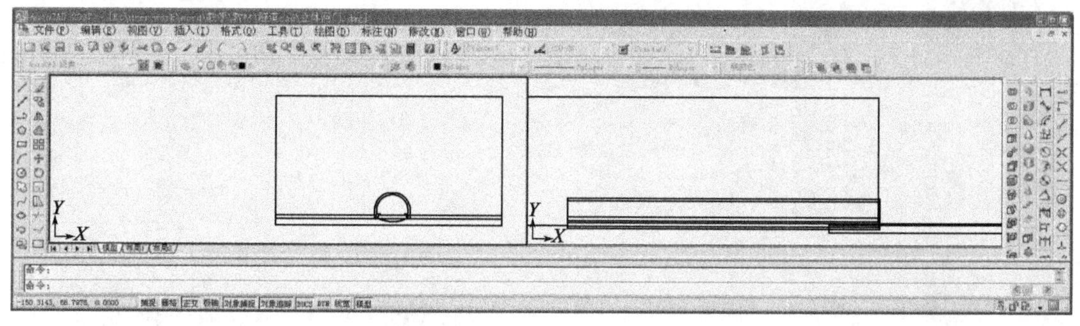

图12-24 添加山体

(6)使用按钮再创建一个立方体,比前面的略大,并复制三个。使用按钮分别将三个立方体转成削竹和仰坡角度,如图12-25所示。

(7)在原位置复制一个隧道外轮廓实体,并使用按钮与山体立方体做差运算,在山体中挖洞。使用按钮将另一个隧道外轮廓实体和隧道内轮廓实体做差运算,形成隧道衬砌。使用按钮将隧道衬砌做差运算,做出隧道削竹的斜口。使用按钮将山体做差运算,做出山体的仰坡。

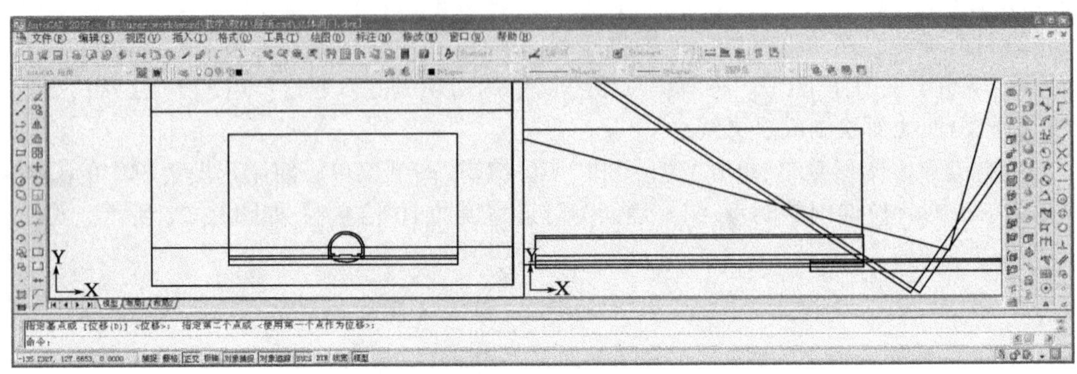

图 12-25 修剪山体坡面

(8)点击激活主视图,通过【视图】|【动态观察】|【自由动态观察】将主视图转至合适观察角度。将山体设为绿色,隧道设为浅灰色,洞外地面设为土黄色;使用按钮将洞外地面的路面部分设为深灰色,同样将隧道内路面设为深灰色,如图 12-26 所示。

(9)通过【视图】|【创建相机】设置一个相机,相机的位置和对焦点可以通过夹点来编辑,编辑时 AutoCAD 就会弹出一个通过相机观察的窗口,如图 12-27 所示。相机的焦距可以通过对象特性按钮来改变,如图 12-28 所示。视觉样式可以改变,如图 12-29 所示。

图 12-26 削竹式洞门三维模型

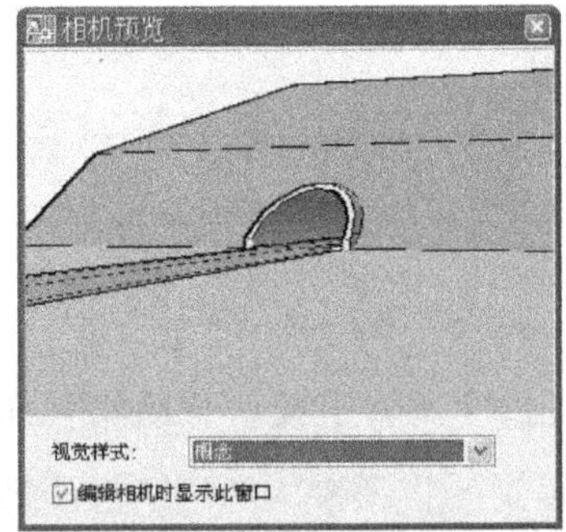

图 12-27 相机预览

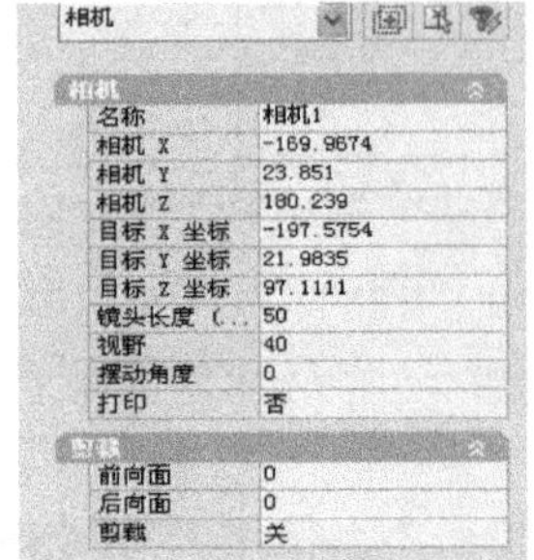

图 12-28 相机参数

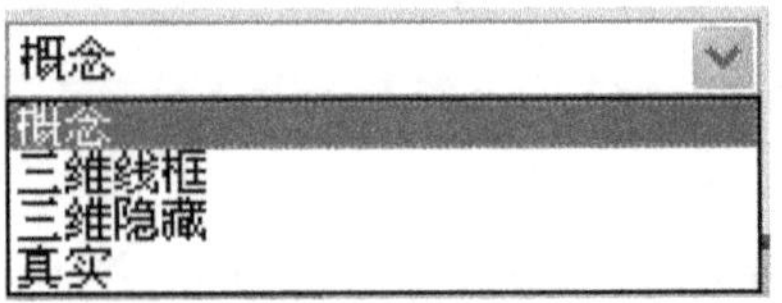

图 12-29 视觉样式

AutoCAD 的三维功能不是很强大,尤其是三维材质、贴图,创建光源、相机等不是很方便,界面不友好。但是 Autodesk 公司的另一款软件 3ds Max 的三维功能非常强大,而且它还可以将 *.dwg 格式的文件导入。我们就可以将在 AutoCAD 中制作的三维模型导入 3ds Max 中制作渲染图。

三、端墙式洞门建模

(1)新建一张名为“端墙式立体洞门”的新图,通过【视图】|【视口】|【两个视口】创建左右两个视口。通过【视图】|【三维视图】|【主视】,点击左边视口,将其设置为主视图;同样将右边视口设置为左视图。

(2)打开一张已经绘制好的隧道端墙式洞门设计图,用剪贴板复制该图的立面图,将其粘贴入“立体洞门”的主视图中。将三维图中不需要的对象删除。

点击左视图使之成激活视图。从绘制好的隧道端墙式洞门设计图,用剪贴板复制该图的剖面图,将其粘贴入“立体洞门”的左视图中。只保留端墙的轮廓,其余的删除。

通过【绘图】|【边界】,分别将内外洞身、洞外地面和端墙绘制成多义线,在左视图中将端墙的剖面也绘制成多义线,如图 12-30 所示。

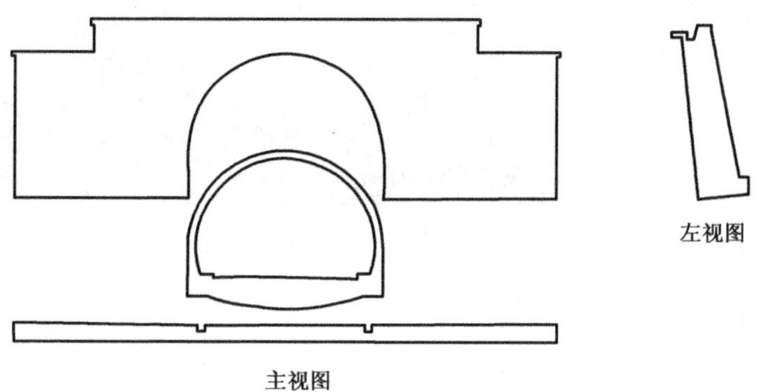

图 12-30 端墙式洞门建模过程

(3)右键点击图形菜单,打开“建模”和“实体编辑”图形菜单。使用建模菜单中的按钮(命令为 Extrude)拉伸内外洞身、洞外地面为隧道宽度的 10 倍左右。同样使用建模菜单中的按钮拉伸端墙为隧道宽度的 1 倍左右。使用建模菜单中的按钮拉伸端墙的剖面为端墙长度的 1 倍以上。

(4)使用 Move 命令或按钮,配合对象捕捉工具,移动端墙正面拉伸和剖面拉伸为图 12-31所显示的主、左视图的位置。

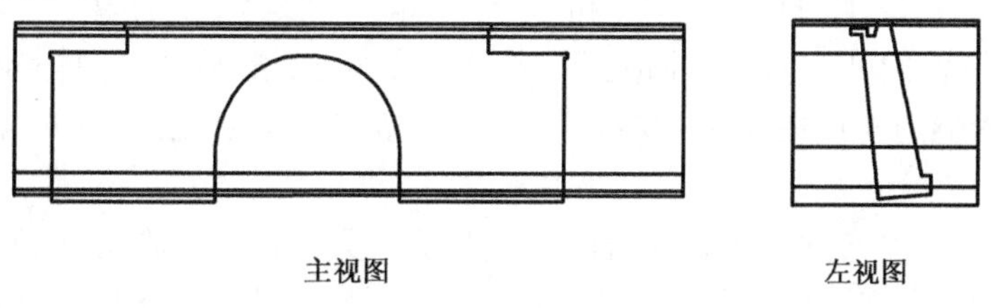

图 12-31 端墙建模过程

(5)使用按钮对端墙正面拉伸和剖面拉伸做交运算,结果如图12-32所示。端墙的体积可以通过Massprop命令或按钮来查询。在洞门设计图中可以通过这个方法得到端墙的工程量。

(6)复制一个隧道外轮廓实体。使用按钮再创建一个立方体,作为山体。并使用按钮与山体立方体做差运算,在山体中挖洞。

使用按钮将另一个隧道外轮廓实体和隧道内轮廓实体做差运算,形成隧道衬砌。

参照前一节的方法,使用布尔运算,做出山体的仰坡。同样参照前一节的方法,使用布尔运算,做出洞身的仰坡。

(7)点击激活主视图,通过【视图】|【动态观察】|【自由动态观察】将主视图转至合适观察角度。将山体设为绿色,隧道设为浅灰色,洞外地面设为土黄色;使用按钮将洞外地面的路面部分设为深灰色,同样将隧道内路面设为深灰色,如图12-33和图12-34所示。

图12-32　端墙三维模型

图12-33　端墙式洞门三维模型

四、翼墙式洞门建模

(1)新建一张名为"翼墙式立体洞门"的新图,通过【视图】|【视口】|【两个视口】创建左右两个视口。通过【视图】|【三维视图】|【主视】,点击左边视口,将其设置为主视图;同样将右边视口设置为左视图。

(2)打开一张已经绘制好的隧道翼墙式洞门设计图,用剪贴板复制该图的立面图,将其粘贴入"立体洞门"的主视图中。将三维图中不需要的对象删除。

点击左视图使之成激活视图。从绘制好的隧道端墙式洞门设计图,用剪贴板复制该图的剖面图,将其粘贴入"立体洞门"的左视图中。只保留端墙的轮廓,其余的删除。

通过【绘图】|【边界】,分别将内外洞身、洞外地面和端墙绘制成多义线。在左视图中将端墙的剖面也绘制成多义线,如图12-35所示。

(3)右键点击图形菜单,打开"建模"和"实体编辑"图形菜单。使用建模菜单中的按钮(命令为Extrude)拉伸内外洞身、洞外地面为隧道宽度的10倍左右。同样使用建模菜单中的按钮拉伸端墙为隧道宽度的1倍左右。使用建模菜单中的按钮拉伸端墙的剖面为端墙长度的1倍以上。

(4)使用Move命令或按钮,配合对象捕捉工具,移动端墙正面拉伸和剖面拉伸为图12-36所显示的主、左视图的位置。如果不能按照预想的方向移动,可以通过【工具】|【新建】|【面】,点击某个面,这个面将成为 XY 面, Z 方向成为垂直当前窗口即可。

图 12-34 端墙式洞门相机预览

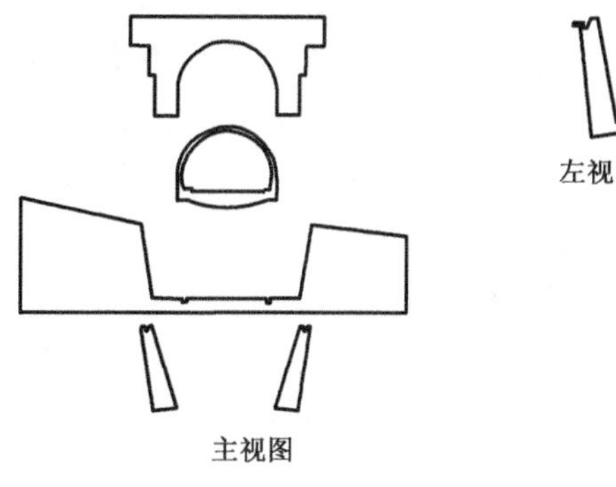

图 12-35 翼墙式洞门建模过程

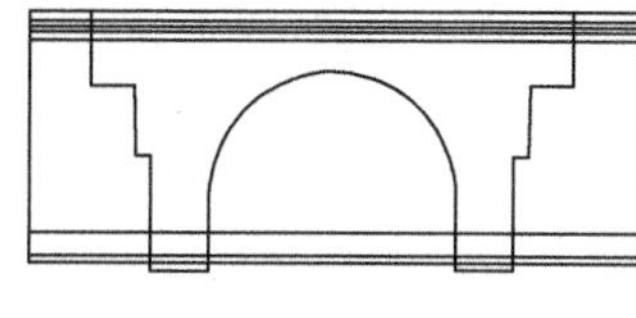

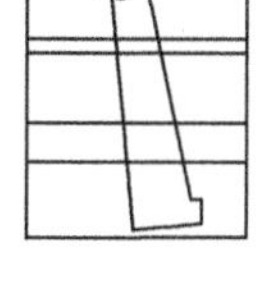

图 12-36 墙体建模过程

(5)使用按钮对端墙正面拉伸和剖面拉伸做交运算,结果如图 12-37 所示。

(6)复制一个隧道外轮廓实体。使用按钮再创建一个立方体,作为山体。并使用按钮与山体立方体做差运算,在山体中挖洞。

使用按钮将另一个隧道外轮廓实体和隧道内轮廓实体做差运算,形成隧道衬砌。

使用布尔运算,做出山体的仰坡和洞身的仰坡。

同样将洞外地面做修剪,使之有一些起伏。

翼墙断面通过拉伸形成的是一个等截面的物体,必须通过修剪使之成为翼墙。可以对拉伸的翼墙在下部倾斜修剪去一部分得到。修剪好的翼墙还必须旋转,这时要再开一个视口形成主、俯、左三个视图三个方向都要转动将位置放好。翼墙只做一侧即可,另一侧的镜像过去,如图 12-38 所示。

图 12-37 墙体三维模型

图 12-38 翼墙式洞门相机预览

【复习思考题】

1. 在计算机中构造三维物体有哪些模型?
2. 在 AutoCAD 中有哪几种构造三维实体的方法?
3. 如何建立三维坐标系和设置三维视点?
4. 绘制一个立方体和一个圆柱体,然后进行布尔并和布尔差运算。
5. 绘制一个圆锥体和一个圆柱体,然后进行布尔并运算。
6. 用 Revolve 命令绘制一个旋转体。
7. 绘制一个圆锥体,然后用 Slice 命令进行不同斜面的切割。
8. 绘制削竹式三维洞门实体模型。

第十三章

布局与图形输出

绘制好的工程图最后要通过输出设备输出到图纸上，提交给工程建设单位和工程施工单位进行审核和施工，所以图形输出是绘图工作的最后阶段，也是图形的最后检查、改正阶段。在 AutoCAD 2000 以后的系统中增加了图纸布局功能，利用该功能，用户可以更加方便地输出绘制的图形，还可以批量出图。在本章中，主要介绍模型空间和图纸空间的概念；如何创建、设置和管理图纸布局；浮动视口的创建和管理；图形输出。

第一节　模型空间与图纸空间

一般情况下，用户是在模型空间中绘制图形实体，而在图纸空间中输出图形。进一步讲，用户可以根据需要，将模型空间中的某个图形实体，在图纸空间中以任意比例、视口进行批量或组合输出。为了弄清楚这个问题先要知道模型空间和图纸空间的概念。

一、模型空间

当我们按默认方式进入 AutoCAD 的绘图环境时，即在模型空间（Model Space）进行绘图，见图 13-1。模型空间中实体都有具体的大小和空间位置（三维坐标）。为了方便绘图，用户可以用命令创建多个视口，不同视口反映了实体的不同侧面，使用户可以方便地观察到实体的主要细节。但各视口之间不能重叠,也不能同时输出多个视口图形,这很难表达复杂图形的全貌。如果能将不同视口的图形组合在一张图纸中输出,这样在解决一些复杂问题上,可以得到令人满意的效果。例如模型空间中有一个三维实体,将三维实体的俯视图、前视图和左视图组合在一起输出就可以得到该实体的三视图,这种构想就是图纸空间的概念。

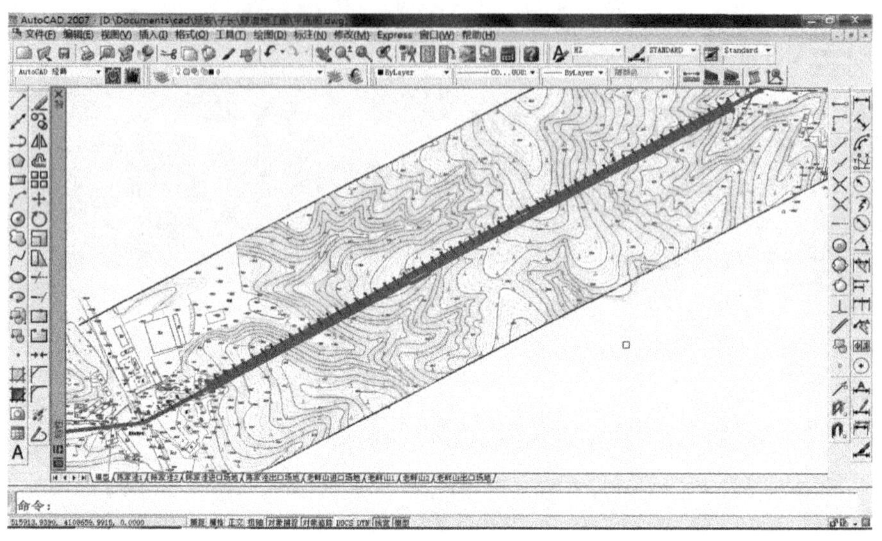

图 13-1　模型空间窗口显示

二、图纸空间

图纸空间(Paper Space)是相对模型空间而言的,用户可以在图纸空间中绘制、编辑和保存图形实体。在 AutoCAD 2007 中,在图纸空间中可以添加图纸布局(Layout),一个布局代表一张图纸,理论上图纸布局的数量是不限的。

在图纸空间中,重要的应用是在图纸空间开创浮动视口,通过浮动视口来展现模型空间中的图形实体,浮动视口中的图形实际上是模型空间中实体的某种映射,见图 13-2。用户可以冻

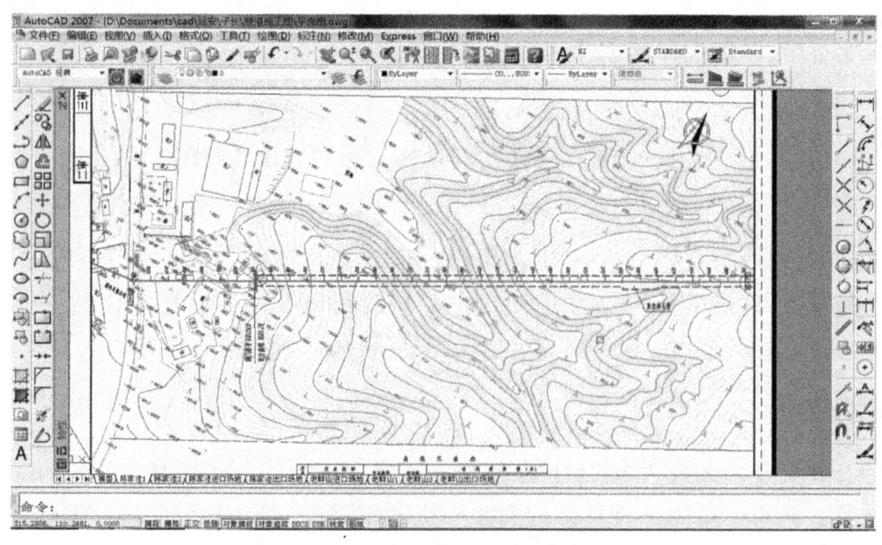

图 13-2　布局窗口显示

结或解冻每个视口中的特定图层,还可以对视口和视图进行编辑、组合等操作。操作完成后的结果可直接进行打印出图,可以说图纸布局是 AutoCAD 中重要的出图手段。

第二节　图 纸 布 局

一、创建图纸布局

在 AutoCAD 2007 新建图形文档中,系统默认有两个图纸布局:Layoutl(布局 1)和 Layout2(布局 2)。用户可以通过下面的方法创建新的图纸布局。

(1)用鼠标右击任一布局选项卡,从弹出的快捷菜单项中选择【新建布局】选项,将新建一个图纸布局,布局名称为布局 3 或按最大布局数顺延。

(2)选择【工具】|【向导】|【创建布局】菜单,系统将弹出【创建布局】对话框,使用向导来创建新布局,用户可以指定打印设备、图纸尺寸、图形打印方向及视口设置。

(3)在命令行输入"Layout"命令,系统出现如下提示:

输入布局选项【复制(C)/删除(D)/新建(N)/样板(T)/重命名(R)/另存为(SA)/设置(S)/?】(设置):

选择【新建】选项后,系统接着提示:

输入新布局名 <布局 3>:(按 Enter 键确认或输入新布局名称)

二、页面设置

用户可以用下面 4 种方法对布局进行页面设置。

(1)下拉菜单:【文件】|【页面设置管理器】。

(2)单击【布局】工具栏上按钮。

(3)命令行:Pagesetup。

(4)右击当前布局选项卡,在弹出的快捷菜单上选择【页面设置管理器】选项。

启动页面设置命令后,系统将弹出如图 13-3 所示的【页面设置管理器】对话框。

该对话框中有【新建】、【修改】和【输入】三个按钮。

1.【页面设置】

该区中的下拉列表框显示所有已命名或已保存的页面设置。用户可以选择其中某个页面设置作为当前页面设置,并对其修改,还可以通过【新建】按钮来添加一个新的页面设置。

当选择了【新建】或【修改】按钮,AutoCAD 就会弹出如图 13-4 所示的【页面设置】对话框。

(1)【打印机/绘图仪】区

①【名称】下拉列表框:列出可用的 PC3 文件或系统打印机,可以从中进行选择,以打印或发布当前布局或图纸。设备名称前面的图标识别其为 PC3 文件还是系统打印机。

PC3 文件图标:表示 PC3 文件。

系统打印机图标:表示系统打印机。

②【特性】按钮:单击该按钮后系统将打开【打印机配置编辑器】对话框,在该对话框中可

以查看或修改绘图仪的配置、端口、设备和介质等参数。

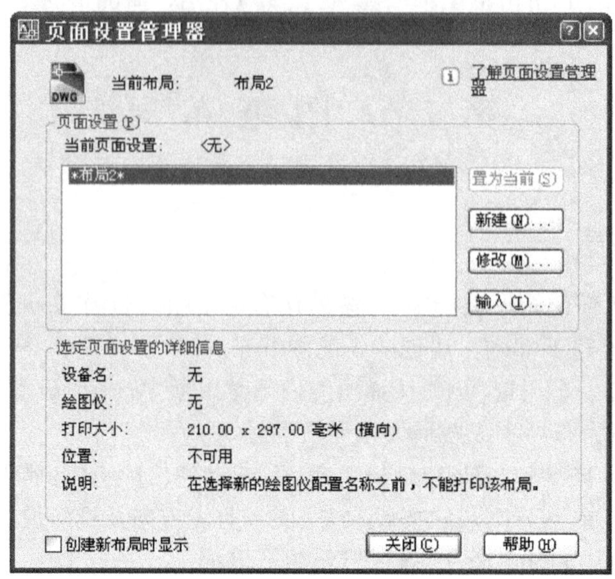

图 13-3 【页面设置管理器】对话框

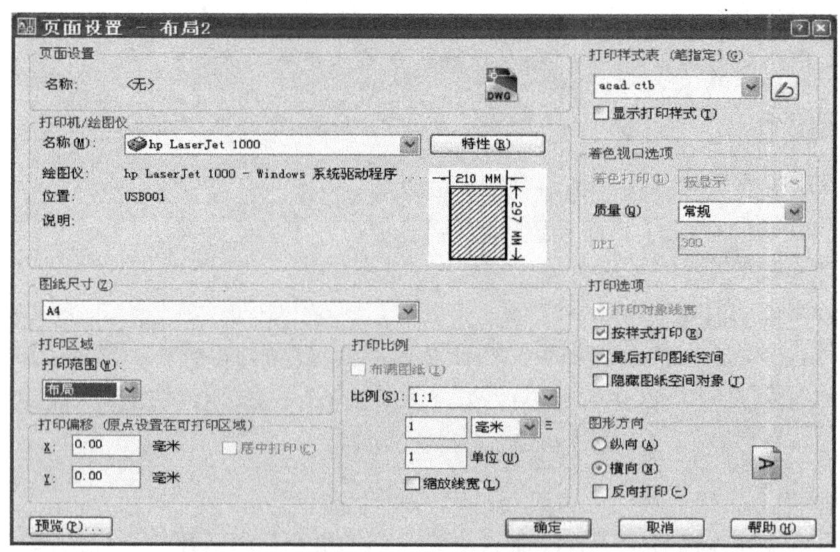

图 13-4 【页面设置】对话框

(2)【打印样式表(笔指定)】区

①下拉列表框:该下拉列表框中显示当前图形或布局中可以配置的绘图样式。

②按钮:单击该按钮系统将弹出【打印样式表编辑器】对话框,用户可以编辑选定笔和颜色等绘图样式。

③【名称】下拉列表框中有新建选项,该选项用于创建新的绘图样式。

(3)【图纸尺寸】(Paper size)区

【图纸尺寸】下拉列表框:该下拉列表框显示可用的图纸尺寸。

(4)【打印区域】区

指定要打印的图形区域。在“打印范围”下,可以选择要打印的图形区域。

①【布局】。打印布局时,将打印指定图纸尺寸的可打印区域内的所有内容,其原点从布局中的 0,0 点计算得出。

从“模型”选项卡打印时,将打印栅格界限定义的整个图形区域。如果当前视口不显示平面视图,该选项与“范围”选项效果相同。

②【范围】。打印包含对象的图形的部分当前空间。当前空间内的所有几何图形都将被打印。打印之前,可能会重新生成图形以重新计算范围。

③【显示】。打印“模型”选项卡当前视口中的视图或布局选项卡上当前图纸空间视图中的视图。

④【视图】。打印以前使用 VIEW 命令保存的视图,可以从列表中选择命名视图。如果图形中没有已保存的视图,此选项不可用。

⑤【窗口】。打印指定的图形部分。指定要打印区域的两个角点时,“窗口”按钮才可用。

单击“窗口”按钮,使用定点设备指定要打印区域的两个角点或输入坐标值。

(5)【图形方向】区

①【纵向】单选按钮:选中该项将指定绘图仪图纸默认方向为纵向。

②【横向】单选按钮:选中该项将指定绘图仪图纸默认方向为横向。

③【反向打印】复选框:选中该项后,图纸图标代表图纸的方向,字母图标代表图纸上的图形方向。

(6)【打印比例】区

控制图形单位与打印单位之间的相对尺寸。打印布局时,默认缩放比例设置为 1:1。从“模型”选项卡打印时,默认设置为“布满图纸”。

注意:如果在【打印区域】中指定了【布局】选项,则无论在“比例”中指定了何种设置,都将以 1:1 的比例打印布局。

①【布满图纸】复选框:缩放打印图形以布满所选图纸尺寸,并在“比例”“英寸 =”和“单位”框中显示自定义的缩放比例因子。

②【比例】下拉列表框:定义打印的精确比例。“自定义”可定义用户定义的比例。可以通过输入与图形单位数等价的英寸(或毫米)数来创建自定义比例。

③【英寸 =/毫米 =/像素 =】:指定与指定的单位数等价的英寸数、毫米数或像素数。

【英寸/毫米/像素】在“打印”对话框中指定要显示的单位是英寸还是毫米。默认设置为根据图纸尺寸,并会在每次选择新的图纸尺寸时更改。“像素”仅在选择了光栅输出时才可用。

【单位】:指定与指定的英寸数、毫米数或像素数等价的单位数。

④【缩放线宽】复选框:与打印比例成正比缩放线宽。线宽通常指定打印对象的线的宽度并按线宽尺寸打印,而不考虑打印比例。

(7)【打印偏移】区

①【居中打印】复选框:选中该项表示将图形置于图纸正中间出图。

②【X】和【Y】文本框:这两个文本框用于指定 X 和 Y 方向上的偏移值。

(8)【打印选项】区

指定线宽、打印样式、着色打印和对象的打印次序等选项。

①【打印对象线宽】复选框:指定是否打印为对象和图层指定的线宽。如果选定“按样式打印”,则该选项不可用。

②【按样式打印】复选框:指定是否打印应用于对象和图层的打印样式。如果选择该选项,也将自动选择“打印对象线宽”。

③【最后打印图纸空间】复选框:首先打印模型空间几何图形。通常先打印图纸空间几何图形,然后再打印模型空间几何图形。

④【隐藏图纸空间对象】复选框:指定 HIDE 操作是否应用于图纸空间视口中的对象。此选项仅在布局选项卡中可用。此设置的效果反映在打印预览中,而不反映在布局中。

第三节　浮动视口

模型空间的视口即我们常说的绘图窗口,可以创建多个视口,这些视口相互不能重叠,称为平铺视口。在图纸空间中要显示模型空间中的图形,必须先创建图纸空间的视口。由于这些视口可以缩放、移动、重叠,视口形状可以是任意的,甚至可以消隐,所以称为浮动视口。

一、创建浮动视口

用户可以用下面 3 种方法创建浮动视口。

(1)打开【视图】菜单,单击【视口】选项下除【命名视口】和【合并】两个子项外的任一子项。

(2)单击【布局】工具栏上按钮。

(3)命令行:Vports。

启动 Vports 命令后,系统将弹出如图 13-5 所示的【视口】对话框。

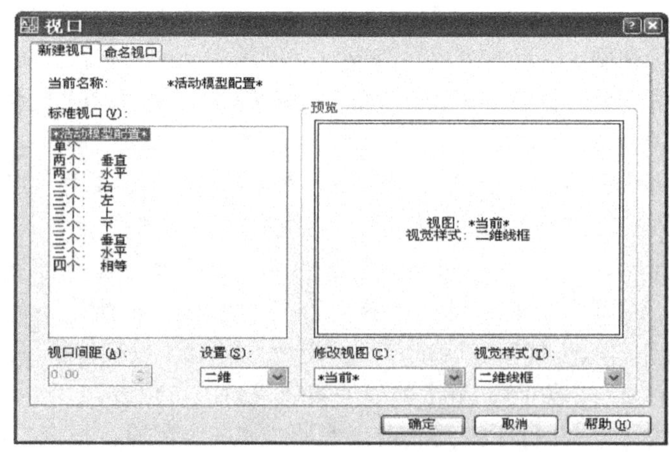

图 13-5　【视口】对话框

该对话框可以用于在模型空间中创建平铺视口,也可以用于在图纸空间创建浮动视口。

二、浮动视口的管理

1. 删除视口

当创建的浮动视口不再需要时,可以将其删除。删除浮动视口实际上只是删除浮动视口边界线,并非删除视口中的图形,用户可单击视口边界线,然后按 Del 键删除。

2. 移动、缩放、复制、拉伸浮动视口

用户可以用 Move、Scale、Copy、Stretch 等命令对视口进行移动、缩放、复制、拉伸等操作,还可以用夹点技术对其进行编辑。浮动视口的这些特性与在模型空间中对图形实体进行编辑很相似。

3. 创建任意形状的浮动视口

用【视口】对话框只能创建矩形视口,有时为了获得一些特殊效果要采用特殊形状视口,例如要创建一个扇形视口。具体操作如下:

(1)在图纸空间先用绘图命令绘制一个圆或多边形。

(2)用 Region 命令将其生成一个面域。

(3)单击【视图】|【视口】|【对象】菜单,选择图形面域,操作结束后就有了一个圆或多边形视口。

4. 视口中图层的控制

用户可以用图层控制技术对视口进行关闭、冻结和加锁操作,而不影响其他视口,利用此技术可以将模型空间的三维实体在图纸空间输出三视图。具体操作如下:

(1)在模型空间绘制一个三维实体,如图 13-6 所示。

(2)在图纸空间新定义一个“T”图层。

(3)用 Vports 命令创建 4 个浮动视口。

(4)打开【视图】|【三维视图】菜单,将左上视口设为“主视”,左下视口设为“俯视”,右上视口设为“左视”,右下视口设为“西北等轴测”。

(5)在命令行输入 Zoom 命令,选择【比例】参数,将 4 个视图设置成相同比例,如输入“0.25XP”。

(6)启动 Mvsetup 命令,选择(对齐)参数,对齐左右,上下视口。

(7)关闭“T”图层。操作结束后得到如图 13-7 所示的三视图。

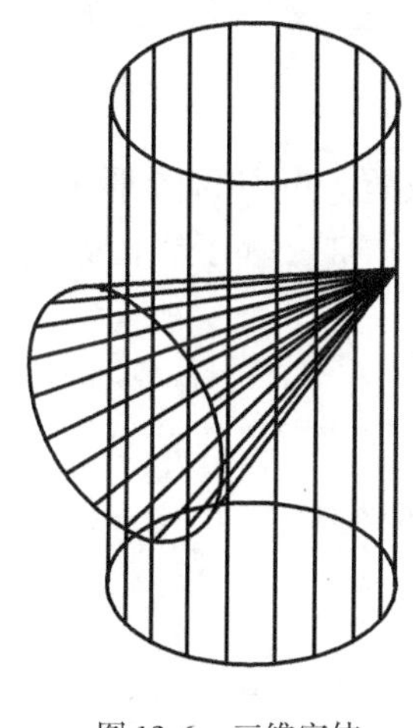

图 13-6　三维实体

图 13-7　浮动视口组成三视图

因为4个视口边界线均在“T”图层上，关闭了“T”图层，也就隐藏了视口边界，4个视图在视觉上组成一幅三视图，这完全得益于图层的控制。

第四节　配置出图设备

当你第一次用绘图机出图时，首先要选择绘图设备，然后按照设备使用说明把出图设备安装并连接好，将绘图机驱动程序（由设备商提供）装入计算机中。接下来就要把绘图机与AutoCAD连接起来，这项工作称为配置出图设备。

配置出图设备的命令是Plot，启动该命令后，系统将打开如图13-8所示的【打印】对话框。该对话框与【页面设置】对话框基本相同，有异曲同工之用。但两者之间还是有不同之处，【页面设置】对话框是用于图纸布局的，而【打印】对话框主要是用于某次打印操作的，除非选中【应用到布局】复选框。

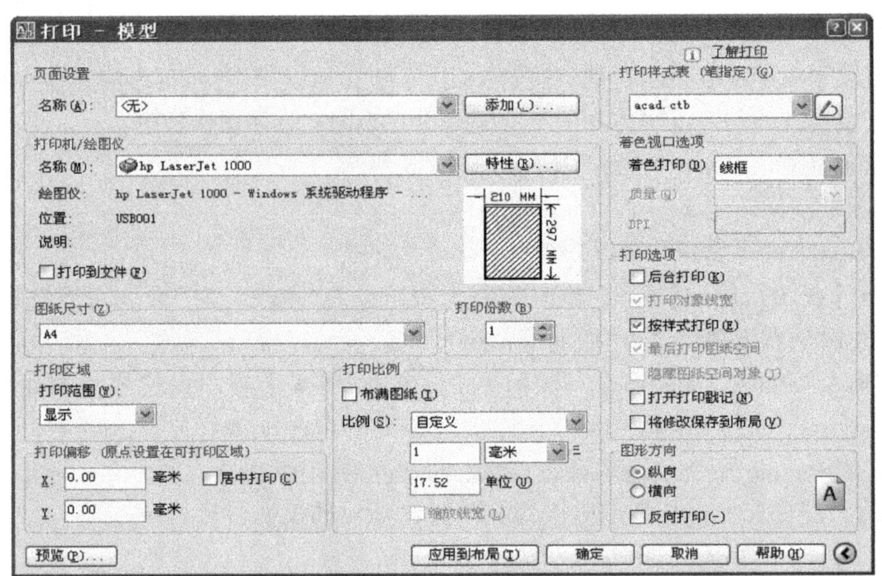

图13-8　【打印】对话框

（1）【页面设置】区。列出图形中已命名或已保存的页面设置。可以将图形中保存的命名页面设置作为当前页面设置，也可以在“打印”对话框中单击“添加”，基于当前设置创建一个新的命名页面设置。

①名称：显示当前页面设置的名称。

②添加：显示【添加页面设置】对话框（图13-9），从中可以将“打印”对话框中的当前设置保存到命名页面设置。可以通过“页面设置管理器”修改此页面设置。

（2）【打印机/绘图仪】区。

指定打印布局时使用已配置的打印设备。

如果选定绘图仪不支持布局中选定的图纸尺寸，将显示警告，用户可以选择绘图仪的默认图纸尺寸或自定义图纸尺寸。

①名称:列出可用的 PC3 文件或系统打印机,可以从中进行选择,以打印当前布局。设备名称前面的图标识别其为 PC3 文件还是系统打印机。

PC3 文件图标:表示 PC3 文件。

系统打印机图标:表示系统打印机。

②特性:显示绘图仪配置编辑器(PC3 编辑器),从中可以查看或修改当前绘图仪的配置、端口、设备和介质设置。

如果使用"绘图仪配置编辑器"更改 PC3 文件,将显示"修改打印机配置文件"对话框。

③绘图仪:显示当前所选页面设置中指定的打印设备。

④位置:显示当前所选页面设置中指定的输出设备的物理位置。

⑤说明:显示当前所选页面设置中指定的输出设备的说明文字。可以在绘图仪配置编辑器中编辑这些文字。

⑥打印到文件:打印输出到文件而不是绘图仪或打印机。打印文件的默认位置是在【工具】下拉菜单【选项】对话框【打印和发布】选项卡中【打印到文件操作的默认位置】中指定的。

如果"打印到文件"选项已打开,单击"打印"对话框中的"确定"将显示"打印到文件"对话框(标准文件浏览对话框)。

⑦局部预览:精确显示相对于图纸尺寸和可打印区域的有效打印区域,见图 13-10。工具栏提示显示图纸尺寸和可打印区域。

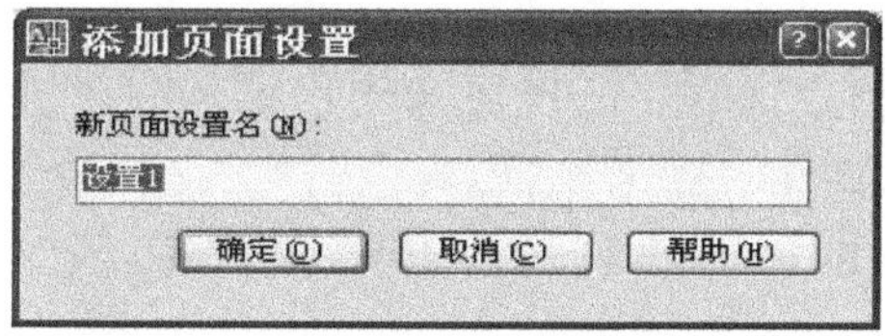

图 13-9 【添加页面设置】对话框

210 mm
297 mm

图 13-10 局部预览

(3)【图纸尺寸】区。显示所选打印设备可用的标准图纸尺寸。如果未选择绘图仪,将显示全部标准图纸尺寸的列表以供选择。

如果所选绘图仪不支持布局中选定的图纸尺寸,将显示警告,用户可以选择绘图仪的默认图纸尺寸或自定义图纸尺寸。

使用"添加绘图仪"向导创建 PC3 文件时,将为打印设备设置默认的图纸尺寸。

页面的实际可打印区域(取决于所选打印设备和图纸尺寸)在布局中由虚线表示。

如果打印的是光栅图像(如 BMP 或 TIFF 文件),打印区域大小的指定将以像素为单位而不是英寸或毫米。

(4)【打印份数】区。指定要打印的份数。打印到文件时,此选项不可用。

(5)【打印区域】区。指定要打印的图形部分。在【打印范围】下,可以选择要打印的图形区域。

①布局/图形界限:打印布局时,将打印指定图纸尺寸的可打印区域内的所有内容,其原点从布局中的 0,0 点计算得出。

从"模型"选项卡打印时,将打印栅格界限定义的整个图形区域。如果当前视口不显示平面视图,该选项与"范围"选项效果相同。

②范围：打印包含对象的图形的部分当前空间。当前空间内的所有几何图形都将被打印。打印之前，可能会重新生成图形以重新计算范围。

③显示：打印选定的“模型”选项卡当前视口中的视图或布局中的当前图纸空间视图。

④视图：打印以前使用 VIEW 命令保存的视图。可以从列表中选择命名视图。如果图形中没有已保存的视图，此选项不可用。

选中“视图”选项后，将显示“视图”列表，列出当前图形中保存的命名视图。可以从此列表中选择视图进行打印。

⑤窗口：打印指定的图形部分。如果选择“窗口”，“窗口”按钮将称为可用按钮。单击“窗口”按钮以使用定点设备指定要打印区域的两个角点，或输入坐标值。

(6)【打印偏移】区。通过在“*X* 偏移”和“*Y* 偏移”框中输入正值或负值，可以偏移图纸上的几何图形。图纸中的绘图仪单位为英寸或毫米。

居中打印：自动计算 *X* 偏移和 *Y* 偏移值，在图纸上居中打印。当“打印区域”设置为“布局”时，此选项不可用。

(7)【打印比例】区。控制图形单位与打印单位之间的相对尺寸。打印布局时，默认缩放比例设置为 1:1。从“模型”选项卡打印时，默认设置为“布满图纸”。

注意：如果在【打印区域】中指定了【布局】选项，则无论在“比例”中指定了何种设置，都将以 1:1 的比例打印布局。

①【布满图纸】复选框：缩放打印图形以布满所选图纸尺寸，并在“比例”“英寸 =”和“单位”框中显示自定义的缩放比例因子。

②【比例】下拉列表框：定义打印的精确比例。“自定义”可定义用户定义的比例。可以通过输入与图形单位数等价的英寸(或毫米)数来创建自定义比例。

③【英寸 =/毫米 =/像素 =】：指定与指定的单位数等价的英寸数、毫米数或像素数。

【英寸/毫米/像素】在“打印”对话框中指定要显示的单位是英寸还是毫米。默认设置为根据图纸尺寸，并会在每次选择新的图纸尺寸时更改。“像素”仅在选择了光栅输出时才可用。

【单位】：指定与指定的英寸数、毫米数或像素数等价的单位数。

④【缩放线宽】复选框：与打印比例成正比缩放线宽。线宽通常指定打印对象的线的宽度并按线宽尺寸打印，而不考虑打印比例。

(8)【打印样式表(笔指定)】区。

①下拉列表框：该下拉列表框中显示当前图形或布局中可以配置的绘图样式。

②按钮：单击该按钮系统将弹出【打印样式表编辑器】对话框，用户可以编辑选定笔和颜色等绘图样式。

③【名称】下拉列表框中有新建选项，该选项用于创建新的绘图样式。

(9)【着色视口选项】区。指定着色和渲染视口的打印方式，并确定它们的分辨率大小和每英寸点数(DPI)。

(10)【打印选项】区。指定线宽、打印样式、着色打印和对象的打印次序等选项。

①后台打印：指定在后台处理打印。

②打印对象线宽：指定是否打印指定给对象和图层的线宽。如果选定【按样式打印】，则

该选项不可用。

③按样式打印:指定是否打印应用于对象和图层的打印样式。如果选择该选项,也将自动选择【打印对象线宽】。

④最后打印图纸空间:首先打印模型空间几何图形。通常先打印图纸空间几何图形,然后再打印模型空间几何图形。

⑤隐藏图纸空间对象:指定 HIDE 操作是否应用于图纸空间视口中的对象。此选项仅在布局选项卡中可用。此设置的效果反映在打印预览中,而不反映在布局中。

⑥打开打印戳记:打开打印戳记。在每个图形的指定角点处放置打印戳记并/或将戳记记录到文件中。

打印戳记设置可以在【打印戳记】对话框中(图 13-11)指定,可以从该对话框中指定要应用于打印戳记的信息,例如图形名称、日期和时间、打印比例等。要打开【打印戳记】对话框,请选择【打开打印戳记】选项,然后单击该选项右侧显示的按钮。

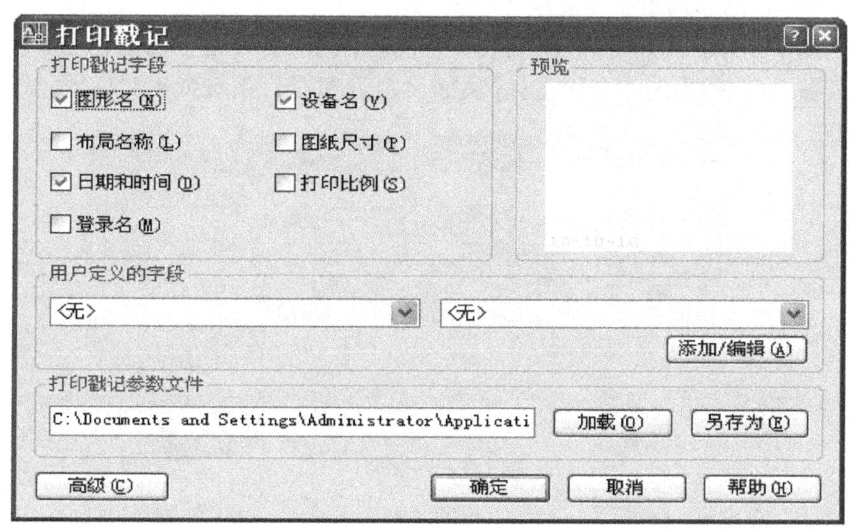

图 13-11 【打印戳记】对话框

也可以通过单击【工具】|【选项】|【打印和发布】选项卡中的【打印戳记设置】按钮来打开【打印戳记】对话框。

⑦将在“打印”对话框中所做的修改保存到布局。

(11)【图形方向】区。

①【纵向】单选按钮:选中该项将指定绘图仪图纸默认方向为纵向。

②【横向】单选按钮:选中该项将指定绘图仪图纸默认方向为横向。

③【反向打印】复选框:选中该项后,图纸图标代表图纸的方向,字母图标代表图纸上的图形方向。

(12)【预览】按钮。单击【预览】按钮,将要绘制的图形完全显示出来。要退出预览,可单击右键,在弹出的快捷菜单中选择【退出】选项。也可以选择【打印】选项进行打印操作。

(13)【应用到布局】。将当前“打印”对话框设置保存到当前布局。

第五节　布局应用实例

在公路设计中平面图是沿路线布设，使用1:2000的比例，一张A3的图纸在直线段只能安排700m的长度。而地形图通常都是在模型空间连续绘制的。如何才能打印出1:2000的地图，又不破坏地形图？使用布局能够解决这个问题。具体操作如下：

（1）命令输入：Layout（按Enter键）。

输入布局选项［复制(C)/删除(D)/新建(N)/样板(T)/重命名(R)/另存为(SA)/设置(S)/?］<设置>输入：n（按Enter键）

输入新布局名 <布局1>输入布局名：平面图（按Enter键）

或使用下拉菜单：【插入】|【布局】|【新建布局】或使用按钮。

这时，“平面图”的布局就新建完毕。

（2）左键单击绘图窗口下面的“平面图” 布局选项卡，使其处于激活粘贴。然后右击“平面图” 布局选项卡，在弹出的菜单中选择【页面设置管理器】，系统弹出对话框，见图13-12。

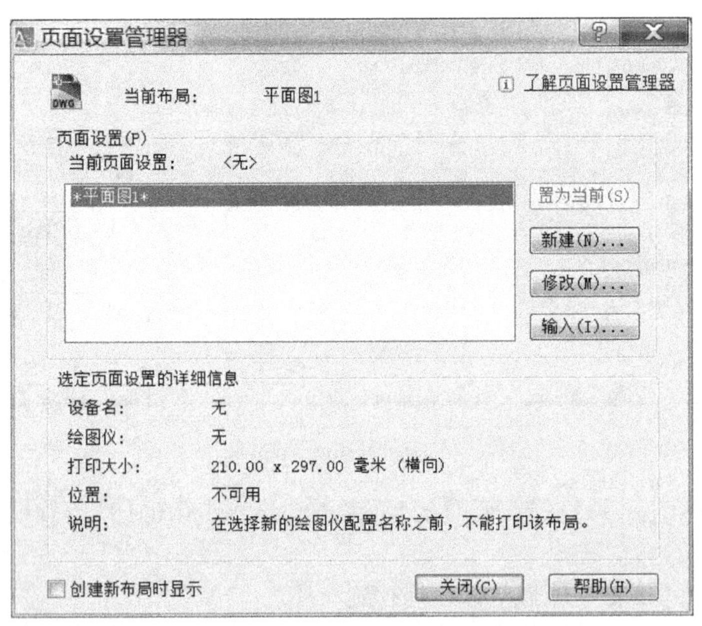

图13-12　【页面设置管理器】对话框

点击“修改”系统，弹出【页面设置】对话框，见图13-13。

在图纸尺寸下拉框中选择“ISO A3”，点击“确定”，点击“关闭”。

（3）这时布局就右击已经设置完毕。通常布局中都有一个视口，如果没有可以使用下拉菜单：【视图】|【视口】|【一个视口】然后在布局中使用鼠标拉出一个视口。

（4）使用下拉菜单：【插入】|【DWG参照】选择一个图框插入。将图框对正布局。点击视口，使用夹点，将视口调整到图框的有效部分中。

（5）双击视口内部，这时视口框变粗，命令输入：Zoom（按Enter键）。

指定窗口的角点，输入比例因子 (nX 或 nXP)，或者[全部(A)/中心(C)/动态(D)/范围(E)/上一个(P)/比例(S)/窗口(W)/对象(O)] <实时>：.5xp (按 Enter 键)

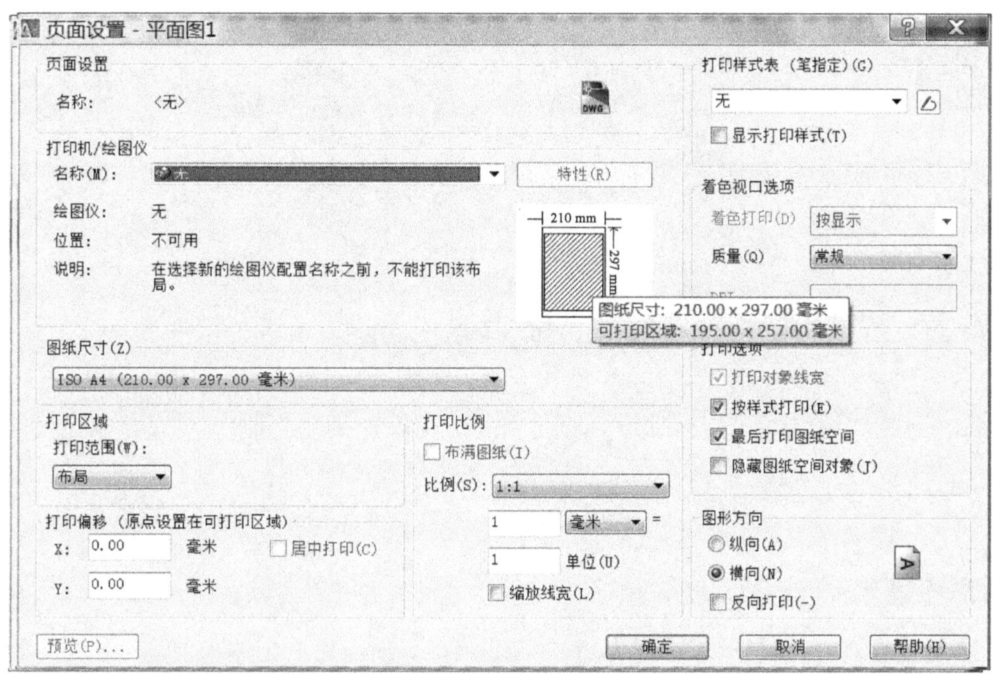

图 13-13 【页面设置】对话框

系统会将视口内的显示的内容调整为1∶2000 的比例(A3 打印)。这时不要滚动鼠标的滚轮。

使用按钮来移动视口内的显示部分到需要的位置。调整完成后双击视口外部退出视口激活状态。

(6)如果视口内显示部分角度不合适可以使用。

命令输入：mvsetup (按 Enter 键)

输入选项 [对齐(A)/创建(C)/缩放视口(S)/选项(O)/标题栏(T)/放弃(U)]： a (按 Enter 键)

输入选项 [角度(A)/水平(H)/垂直对齐(V)/旋转视图(R)/放弃(U)]： r (按 Enter 键)

指定视口中要旋转视图的基点：使用鼠标在视口中点击，选择旋转中心。

指定相对基点的角度：这时可以输入旋转角度。是按照用户设定的0°和正方向旋转，如果用户没有设定，系统默认的是：东方为0°(3 点钟方向)，逆时针为正，360°一周制度。

输入选项 [角度(A)/水平(H)/垂直对齐(V)/旋转视图(R)/放弃(U)]：如果旋转合适，就可以按 Enter 键退出。如果不合适可以选择“r”最新输入旋转角度。这时的角度不是与前面输入的角度累加，而还是从 0 度开始旋转。

(7)右击“平面图” 布局选项卡，选择“移动或复制”系统弹出对话框。

勾选“创建副本”并点击“(移到结尾)”，复制一个布局。双击视口内部，激活视口，使用按钮来移动视口内的显示部分到下一个需要的位置。这时每个视口内可以容纳约 700m 长度的内容。

依次循环,将全部隧道依次安排到各个布局中,如图13-14所示。

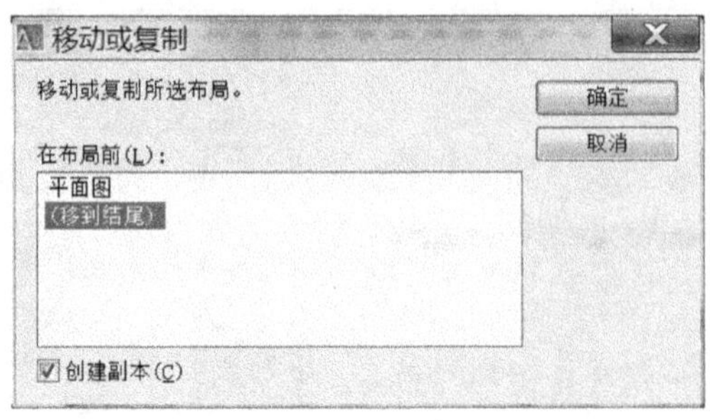

图13-14 【移动或复制】对话框

【复习思考题】

1. 如何设置非矩形视口?
2. 如何不显示或不打印视口边界线?
3. 如何创建新布局?
4. 如何将各视口中的实体缩放成同一比例?
5. 如何对齐各视口中的实体?
6. 如何生成带孔的视口?
7. 如何将彩色线条打印成一种颜色?
8. 如何添加自定义图纸尺寸?
9. 如何配置打印机或绘图仪?
10. 如何设置绘图区域、旋转、图纸尺寸和打印比例?

第十四章

数据交换与格式转换

第一节　数据交换

为了方便地与 Windows 程序进行数据交换，AutoCAD 系统提供了两种数据交换的方式，下面将详细介绍。

一、用剪贴板进行数据交换

剪贴板是 Windows 环境下最早的数据交换方式，剪贴板是一个临时存储区，把数据(文本和图形)从一个应用程序(源)复制到另一个应用程序(目标)中，要先把复制内容放到剪贴板中，然后再“粘贴”到目标处，如图 14-1 所示。当然在 AutoCAD 与 Windows 之间也可以用剪贴板来进行图形和数据的交换，可以把 AutoCAD 中的图形插入到 Windows 应用程序中，也可以将 Windows 应用程序中的数据插入到 AutoCAD 中。

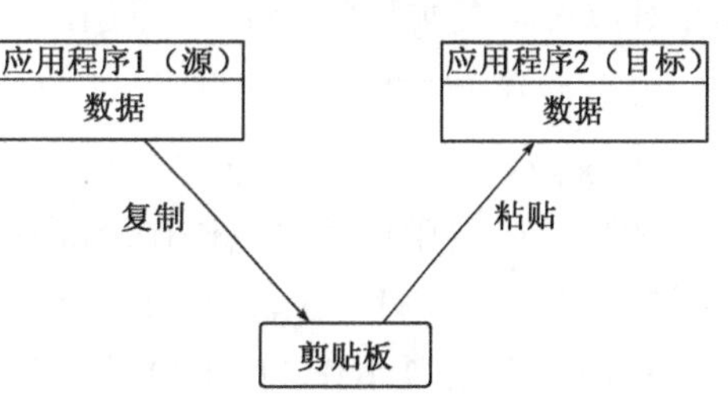

图 14-1　用剪贴板交换数据

在 AutoCAD 中，用于剪贴板操作的命令有 3 个，它们分别是 Cutclip、Copydip、Pasteclip。用户可以直接在命令行内输入以上命令名启动它们,也可以打开【编辑】菜单,选择【剪切】、【复制】、【粘贴】选项来启动。还可以用 Windows 下的标准快捷键 Ctrl + X、Ctrl + C、Ctrl + V 来执行这 3 个命令。Ctrl + X 等同于 Cutclip,Ctrl + C 等同于 Copyclip,Ctrl + V 等同于 Pasteclip,建议用户采用快捷键来操作。

下面通过一个例子来说明剪贴板在 AutoCAD 中的应用。

【例 14-1】 利用剪贴板把 AutoCAD 中图形复制到 Word 文档中。

①先后启动 AutoCAD 和 Word。

②在 AutoCAD 中,绘制如图 14-2 所示的明洞衬砌图形。

③命令:Copyclip(或 Ctrl + C)

④选择对象:(选择空心板图形)

⑤在 Word 文档中,按 Ctrl + V,将图 14-2 的图形复制到当前光标所在位置。操作之后,其结果如图 14-3 所示。

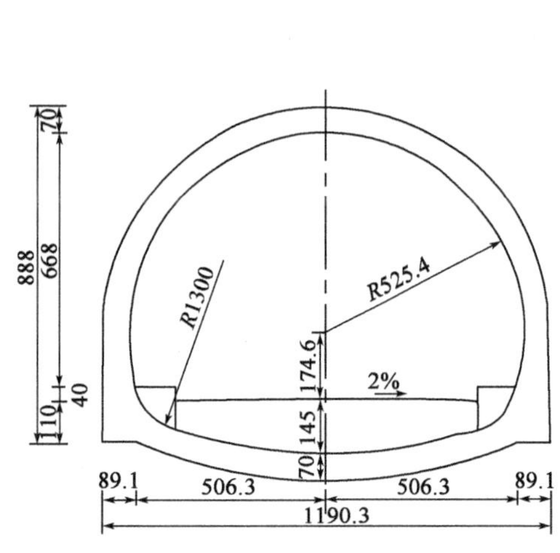

图 14-2 明洞衬砌图形

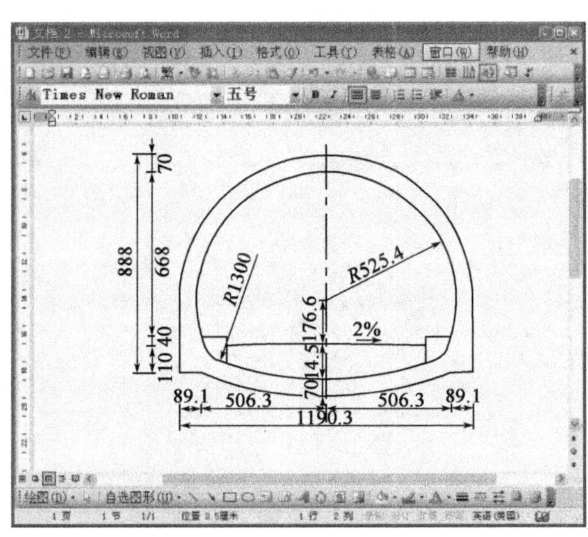

图 14-3 复制到 Word 中的图形

二、虚拟打印

在 AutoCAD 中可以使用物理打印机打印绘制结果,也可以“打印”成为电子文档。这里使用“打印”一词是因为所有的设置都与打印出图没有差别,只是在选择打印机时按照需要选择不同的打印机。如图 14-4 所示。比如将 CAD 图插入 Word 文档,使用剪贴板粘贴的方式则图线的粗细和颜色调整就非常困难。而使用虚拟打印的方式将 CAD 图“打印”成图片就很容易控制。

1. 打印成 DWF 文件

DWF 文件是不可以编辑的二维矢量文件,用户可使用这种格式在 Web 或 Intranet 网络上发布图形。任何用户均可以使用 Autodesk Design Review 或 Autodesk DWF Viewer 打开、查看以及打印 DWF 文件。DWF 文件支持实时平移和缩放,还可以控制图层和命名视图的显示。

在【打印】选项卡中“打印机/绘图仪”选择“DWG6 ePlot. pc3”,点击【确定】系统,会弹出一个对话框,要求用户确定文件名,用户可以更改文件路径和文件名。最后点击【保存】。

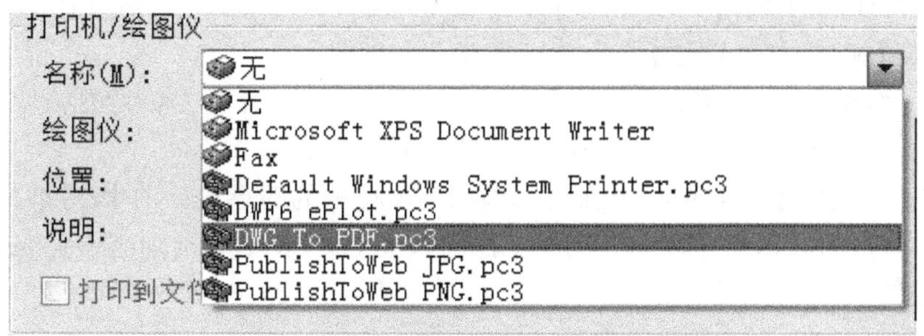

图 14-4 【打印】选项卡中“打印机/绘图仪”选项

2. 打印成 PDF 文件

PDF 是 Portable Document Format(便携文件格式)的缩写,是一种电子文件格式,与操作系统平台无关,由 Adobe 公司开发而成。PDF 文件是以 PostScript 语言图像模型为基础,无论在哪种打印机上都可保证精确的颜色和准确的打印效果,即 PDF 会忠实地再现原稿的每一个字符、颜色以及图像。

在【打印】选项卡中“打印机/绘图仪”选择“DWG to PDF. pc3”,点击【确定】系统会弹出一个对话框,要求用户确定文件名,用户可以更改文件路径和文件名。最后点击【保存】。

3. 打印成 JPG 文件

JPG 文件是最常见的一种图像文件。

在【打印】选项卡中“打印机/绘图仪”中选择“PublishToWeb JPG. pc3”,在“图纸尺寸”中选择合适的像素尺寸,点击【确定】系统会弹出一个对话框,要求用户确定文件名,用户可以更改文件路径和文件名。最后点击【保存】。

4. 打印成 PNG 文件

PNG 文件也是一种图像文件。

在【打印】选项卡中“打印机/绘图仪”选择“PublishToWeb PNG. pc3” ,在“图纸尺寸”中选择合适的像素尺寸,点击【确定】系统会弹出一个对话框,要求用户确定文件名,用户可以更改文件路径和文件名。最后点击【保存】。

三、用对象链接与嵌埋来进行数据交换

对象链接与嵌埋是一种较为复杂的、以文档为中心的数据(对象)交换模型,对象链接与嵌埋即 Obiect Linking and Embedding,简称 OLE。它可以在一个文档中嵌埋一个对象,也可以把一个对象从一个应用程序链接到另一个应用程序中,并且这两个应用程序还保持着一定联系。它是 Windows 早期的客户/服务器数据模式,OLE 容器(客户端)是一个嵌入或链接了对象的应用程序,而 OLE 服务器则是建立被链接或嵌埋对象的应用程序。例如把 Word 表格嵌入或链接到 AutoCAD 中,Word 应用程序是服务器,AutoCAD 应用程序为客户端,Word 表格是对象。

在 AutoCAD 中对象链接的命令是 Inserobj,用户可以在命令行内直接输入 Inserobj,也可以打开【插入】|【OLE 对象】菜单来启动此命令。

启动该命令后,系统将弹出如图 14-5 所示的【插入对象】对话框。用户在【对象类型】列

表框中选择将要插入的对象类型，比如 Microsoft Word 文档、Microsoft Excel 图表等。该对话框的左边有【新建】和【由文件创建】两个单选按钮。

如果选中【新建】选项，单击【确定】按钮后，将启动选中的对象类型的应用程序，比如 Word 应用程序。用户在该应用程序中新建要插入的文档。

如果选中【由文件创建】选项，将显示如图 14-6 所示的对话框。在该对话框的【文件】文本框中输入要插入的文档路径(可以借助【浏览】按钮)，如果要链接则选中【链接】复选框，再单击【确定】按钮。

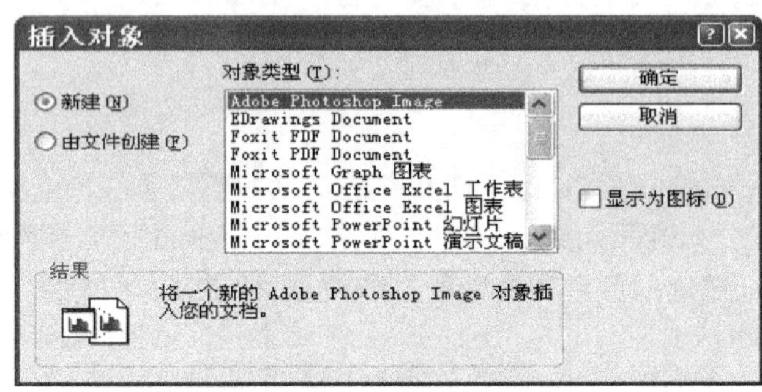

图 14-5　插入新建对象

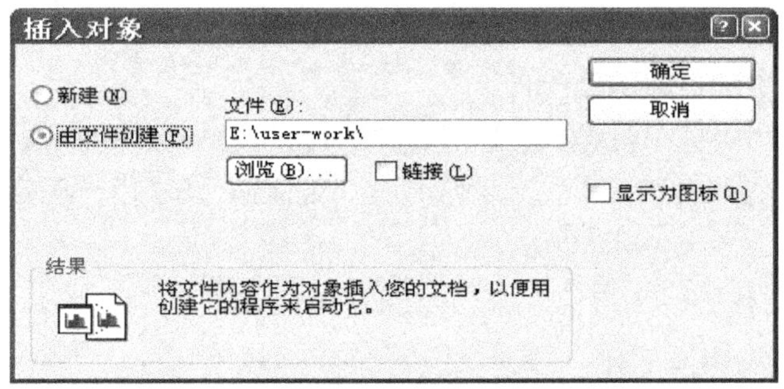

图 14-6　插入已有文件对象

【例 14-2】　应用 OLE 功能将 Word 文档中的表格插入到 AutoCAD 中。

①先启动 AutoCAD 2007，打开【插入】菜单，再选择【OLE 对象】选项，启动 Insertobj 命令。

②启动该命令后，系统会自动弹出如图 14-6 所示的【插入对象】对话框，在该对话框中选择【新建】单选按钮，再选择【对象类型】列表框中的【Microsoft Word 文档】，按【确定】按钮启动 Word 应用程序。

③在 Word 环境中，用户编辑如图 14-7 所示的表格。

④编辑完表格后，打开【文件】中的【关闭并返回】菜单，此时系统自动返回到 AutoCAD 2007 环境。Word 中的表格将会插入到 AutoCAD 图形中，如图 14-8 所示。

⑤在 AutoCAD 中，双击该表格，系统将会自动打开 Word 并显示该表格。

⑥在 Word 中将 1 号钢筋的根数改为 15，并改动相应的总长和重量。再按上面的方法返回到 AutoCAD 中。

⑦返回到 AutoCAD 后，用户将会发现表格中的 1 号钢筋的根数、总长和重量都已经改变成 Word 文档中的数据。由此可见，利用 OLE 链接功能可以轻松实现 AutoCAD 2007 与 Word 之间的数据交换。

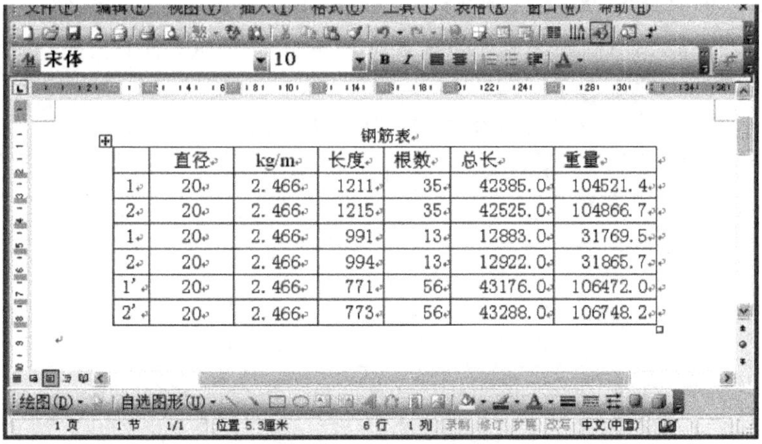
宋体
10
钢筋表
直径 kg/m 长度 根数 总长 重量
1 20 2.466 1211 35 42385.0 104521.4
2 20 2.466 1215 35 42525.0 104866.7
1 20 2.466 991 13 12883.0 31769.5
2 20 2.466 994 13 12922.0 31865.7
1' 20 2.466 771 56 43176.0 106472.0
2' 20 2.466 773 56 43288.0 106748.2
绘图(D)
自选图形(U)
1 页 1 节 1/1 位置 5.3厘米 6 行 1 列
中文(中国)

图 14-7　Word 中的表格

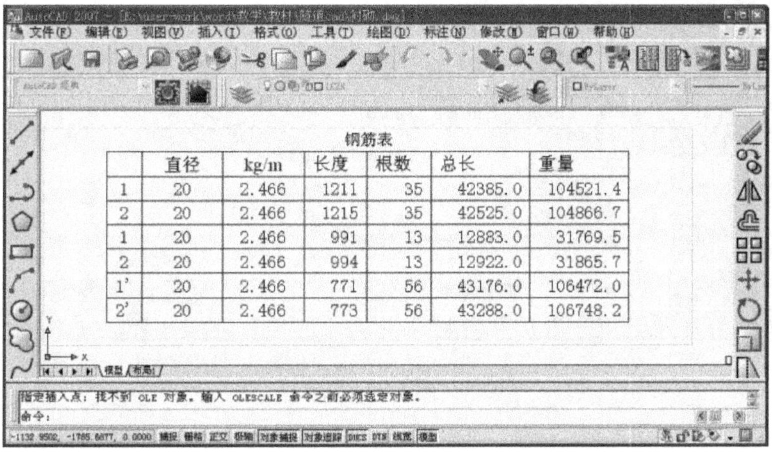
钢筋表
直径 kg/m 长度 根数 总长 重量
1 20 2.466 1211 35 42385.0 104521.4
2 20 2.466 1215 35 42525.0 104866.7
1 20 2.466 991 13 12883.0 31769.5
2 20 2.466 994 13 12922.0 31865.7
1' 20 2.466 771 56 43176.0 106472.0
2' 20 2.466 773 56 43288.0 106748.2

图 14-8　嵌埋在 AutoCAD 2007 中的表格

第二节　格 式 转 换

AutoCAD 图形是以 DWG 格式进行存储的,这种格式只有在 AutoCAD 应用程序下才能打开。若要想将 DWG 图形文件应用到其他应用程序中,就需要将 DWG 文件转换成其他应用程序能够接受的文件格式。在 AutoCAD 中,系统可以将 DWG 文件转换成其他多种格式的文件,如国际上通用的 DXF 文件、BMP 文件等,以便 AutoCAD 与其他应用程序之间的联系,扩大其应用范围。

在 AutoCAD 中进行格式转换的方法有两种:一种是在命令行内直接输入相应的转换命令,然后按系统提示给出转换之后的文件名,系统便自动将 DWG 文件转换成用户需要的文件格式。表 14-1 是命令名及相应的文件格式。

格式转换的第二种方法是利用【输出数据】对话框,将 DWG 文件转换成表 14-1 中的格式的数据文件。用户可以在命令行内直接输入 Expon 并按 Enter 键，系统将会弹出如图 14-9 所示的【输出数据】对话框，在该对话框中选择文件名和文件格式，单击【保存】按钮就可以实现文件格式的转换。

命令名与对应的文件格式　　表 14-1

命　令　名	文 件 格 式	命　令　名	文 件 格 式
3dout	3ds	Attext	dxx
Bmout	bmp	Psout	ep
Dwfout	dwf	Acisout	sat
Dxfout	dxf	Wmfout	wmf
Stlout	stl		

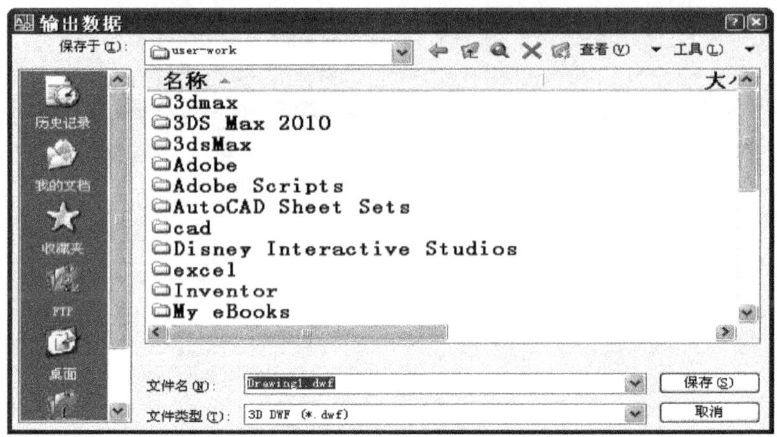

图 14-9　【输出数据】对话框

第三节　DXF　文　件

DXF 文件是标准的图形交换文件，它是以后缀名为“.dxf”的 ASCII 格式保存在计算机中，用户可以用任何文字处理软件，如写字板、Word 等来读取或修改文件内容，这就为高级语言与 AutoCAD 之间提供了一个“接口”。用户采用高级语言如 Basic 进行编程，就可以获取丰富的 AutoCAD 图形信息，也可以实现在 AutoCAD 中绘制图形和编辑图形。要正确应用 DXF 文件，实现上述功能，首先要了解和熟悉 DXF 文件格式。

一、DXF 文件格式

通常一个 DXF 文件都很长，为了方便了解其格式，用户可先将一个简单图形用 Dxfout 命令生成一个 DXF 文件，作为参考。一个完整的 DXF 文件由下面 6 个段组成：

(1)HEADER(标题)段。此段区包含图形的基本信息，它由一个 AutoCAD 数据库版本号和许多系统变量组成。

(2)CLASSES(类)段。此段处理要出现在 BLOCKS、ENTITIES、OBJECTS 等段数据库中的

应用程序定义说明。

(3)TABLES(表)段。此段专门记录图形文件中有关特殊列表的定义。如 APPID、DIMSTYLE、LAYER、LTYPE、STYLE、UCS、VIEW、VPORT 等列表定义。

(4)BLOCKS(块)段。此段包括块定义和组成图形中每个块引用的图形图元。

(5)ENTITIES(实体)段。此段包含图形文件中的所有图形对象(图元)。

(6)OBJECTS(非图形图元)段。此段包含图形文件中的所有非图形对象,包括非符号表记录的对象、符号表记录的对象和非图元对象。

DXF 文件的最小组成单元是组(Group),即一个 DXF 文件由一系列组构成。每个组在文件中占两行,第一行称为组码(GroupCode),第二行称为组值(GroupValue)。组码是一种标识,组码在不同的段区中有不同的含义;组值则是表示组码所代表内容的数值,在不同的段区中其含义也是有区别的。组值的数据类型取决于组码的数值,如表 14-2 所示。

组值的数据类型 表 14-2

组码数值范围	组值数据类型	组码数值范围	组值数据类型
0 ~ 9	字符串	60 ~ 99	整型数
10 ~ 59	浮点数		

标题段的内容是由数十个变量给出的,表段的内容是由诸表项给出的,而块段和实体段的内容由实体描述来说明。所有变量、表项、实体描述总是先由一个组来给出名称(如变量)或类型(如表类型或实体类型),后面跟着几个组来说明该项的内容(如变量的值、实体说明等)。

除此之外,还有几个特殊的组作为文件段落分隔符,如 SECTION 表示一个新段开始;ENDSEC 表示该段结束;TABLE 表示新表开始,ENDTAB 表示该表结束;文件结束则以 EOF 表示等。

下面给出一个仅有段标记的 DXF 文件的格式说明示例:

```
0                              组码:表示段、表项、实体、文件的开始或结束
SECTION                组值:SECTION 表示新段开始
2                              组码:属性特征值、段、块、实体名称等
HEADER                 组值:HEADER 表示标题段开始
9                              组码:变量名称标识,仅用于标题段
 $ ACADVER             组值:变量名称
;                      段内容描述
0                              组码:同上
ENDSEC                 组值:ENDSEC 表示 HEADER 段结束
0                              组码:同上
SECTION                组值:新段开始
2
CLASSES                CLASSES 段开始
0
CLASS
.
```

```
.
.                    CLASS 节段内容描述
0
ENDSEC               CLASSES 段结束
0
SECTION              新段开始
2
TABLES               TABLES 段开始
0
TABLE
.
.
.                    TABLE 节段内容描述
0
ENDSEC               TABLES 段结束
0
SECTION              新段开始
2
BLOCKS               BLOCKS 段开始
0
BLOCK
.
.
.                    BLOCK 节段内容描述
0
ENDSEC               BLOCKS 段结束
0
SECTION              新段开始
2
ENTITIES             ENTITIES 段开始
.
.
.                    ENTITIES 节段内容描述
0
ENDSEC               ENTITIES 段结束
0
SECTION              新段开始
2
OBJECTS              OBJECTS 段开始
```

```
.
.
.                    OBJECTS 节段内容描述
0
ENDSEC               OBJECTS 段结束
0
EOF                  文件结束
```

二、由 DXF 文件生成 DWG 文件

在 AutoCAD 中可以将一个 DXF 文件生成 AutoCAD 图形文件,其操作如下:

(1)在命令行输入 Dxfin,按 Enter 键。

(2)弹出【选择文件】对话框,如图 14-10 所示,在【文件名】中选择要转换的 DXF 件。

(3)单击【打开】按钮,结束。系统自动将选中的 DXF 文件生成 DWG 文件。

也可打开(即 Open 命令)一个 DXF 文件后,另存为 DWG 文件即可。

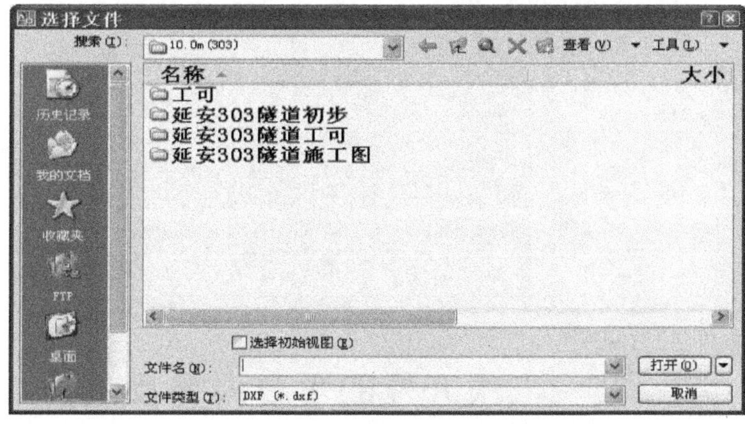

图 14-10 【选择文件】对话框

【复习思考题】

1. 怎样将 Word 中的表格链接到 AutoCAD 中?

2. DXF 文件有何用处?怎样将一个 AutoCAD 图形文件转换为 DXF 文件?

3. 一个 DXF 文件由哪些段组成?

第十五章

隧道 CAD 二次开发技术

第一节　二次开发的主要内容及工具

一、二次开发的主要内容

隧道 CAD 二次开发是指在已有图形支撑系统下进行隧道绘图和设计方面的开发工作。作为隧道 CAD 系统的图形支撑系统，应该满足功能和开放性两个方面的要求。功能上应满足绘图、造型等要求；开放性包括良好的二次开发能力、实体扩充机制、数据交换和数据库链接能力。图形支撑系统可以由用户自主开发，也可以引进性能稳定、功能强大的通用 CAD 软件。考虑到自主研制 CAD 图形支撑系统有很多困难，短期内引用商品化 CAD 图形系统是一种可行方案。AutoCAD 系统是目前应用最为广泛的通用图形软件，其功能强大、性价比高、易学易用，选择 AutoCAD 作为隧道工程 CAD 集成系统的图形支撑系统，不仅具有广泛的应用基础和广阔的推广前景，而且系统本身具备良好的开放性，能够满足隧道 CAD 的要求。本章主要讲述以 AutoCAD 通用软件为平台的隧道 CAD 二次开发技术。

隧道 CAD 二次开发不同于隧道系统软件的开发，其主要目的是使隧道常规设计和重复工作实现可视化、自动化，为隧道设计提供一个可视化、专业化的工作环境。因此，隧道 CAD 二次开发的主要内容可考虑以下5个方面。

(1)建立专业样板图形:设定图层、线型、颜色、单位、文本样式和尺寸样式。

(2)系统库文件的用户化:定制专业线型库、剖面线图案库、专业符号库及图块库。

(3)定制专业用户界面:专业菜单、工具栏和对话框的开发。

(4)设计专业宏命令。

(5)开发专业应用程序。

二、二次开发的主要工具

AutoCAD 系统良好的开放性和拥有的多种开发工具,是解决专业绘图和设计问题最为有效的途径之一。它的主要开发工具包括 AutoLISP 语言和 VisualLISP 开发环境、VBA 语言、ObjectARX。

1. AutoLISP 语言和 VisualLISP

AutoLISP 是内嵌于 AutoCAD 中的一种编程语言,其语法简单,易学易用,直接针对 AutoCAD 进行编程,交互性强,用户可以用 AutoLISP 对 AutoCAD 命令进行扩展,开发出满足专业需要的绘图命令和应用软件。但由于 AutoLISP 是一种解释型语言,运行速度较慢,加之程序不能加密等原因,因此只能开发一些小型应用程序,无法应用于商业软件的开发。为了解决这个问题,AutoDesk 公司在 AutoCAD 2000 中推出了 VisualLISP 的正式版,该版本与以前的 AutoLISP 完全兼容,并具有独立的开发环境,增加了应用程序的开发和调试功能,还引进了面向对象技术和 ActiveX 对象,使 VisualLISP 开发的程序功能更强大,运行速度更快。通过实现反映器函数,扩展了 VisualLISP 响应事件的能力。另外,VisualLISP 还提供了用于发布独立的应用程序的工具。

2. VBA

VBA 的全称是 Visual Basic for Application,它有两个特点:一是与 Visual Basic 有着几乎相同的开发环境和语法,功能强大且容易掌握;二是它具有面向对象的功能,针对性强,结构精简,代码运行效率高。

VBA 可提供强大的窗体创建功能,为应用程序建立对话框及其他用户界面,非常方便;提供与其他应用程序通信的功能,如 Word、Excel、Access、Chart 和 Graph 等;可建立功能强大的模块级宏指令,宏名实质上就是模块的过程名;提供建立类模块的功能,利用类的重用组件功能为开发大型应用软件提供了技术支持;具备完善的数据访问与管理能力,通过 DAO 和 ADO 可以对 Access、DBase、FoxPro 等数据库实现访问和管理;可以使用 SQL 语句检索数据,与 RDO(远程数据对象)结合起来,能够建立客户/服务器级的数据通信;能够使用 Win32API 函数提供的功能,建立应用程序与操作系统之间的通信。

3. ObjectARX(AutoCAD Runtime eXtension)

ObjectARX 应用与 AutoCAD 共享同样的内存空间,具有比 AutoLISP 和 VBA 等应用程序更快的运行速度,能够直接利用 AutoCAD 的内核代码,直接访问 AutoCAD 的数据库、图形系统及几何造型核心,扩展 AutoCAD 固有的类及其功能,建立与 AutoCAD 内部命令操作方式相同的新命令。ObjectARX 建立在 C++的基础上,具有完全面向对象的 AutoCAD 接口。用户可以创建自定义对象,使之继承 AutoCAD 对象的属性。用 ObjectARX 开发的 CAD 应用程序具有模块性好、独立性强、使用方便、高效实现内部功能及代码可重用等优点，并且支持 MFC 基础类库。

第二节　ObjectARX 编程初步

一、ObjectARX 类库简介

ObjectARX 的类库有一系列通用工具，用户利用 AutoCAD 平台开放性的特点，凭借这些工具可以直接访问 AutoCAD 的图形数据库结构和图形系统，同时还可以自定义内部命令。下面给出 ObjectARX 部分主要类库的简介。

1. AcRx 类库

该类库提供了系统级的类，用于 ObjectARX 应用程序初始化、链接及实时类的注册及标识。该类库的基类为 AcRxObject，主要提供以下功能：

(1)对象实时类的标识及继承分析。

(2)对现有类的扩充定义。

(3)对象的比较及检验。

(4)对象的拷贝。

AcRx 类库也提供了一系列的 C + + 宏，利用这些宏可以以 AcRxOjbect 为基类派生出新的 ARX 类。在 AcRx 类库中，AcRxDictionary 是另一重要的类。词典是对象的字符映射，AcRx 类库中的所有对象、类及功能放置在一个全局对象词典中，这就是 AcRxDictionary 类。应用程序可以在该词典中加入对象，以便其他应用程序利用所加入的对象。

2. AcEd 类库

该类库用于定义和注册新的内部命令(所定义的新的内部命令与 AutoCAD 内部命令具有相同的运行模式)。所定义的新的内部命令与 AutoCAD 本身内部命令占有相同的内部堆栈(AcEdCommandStack)，本类库中的一个重要的类是 AcEditorReactor，它能监测 AutoCAD 编辑器的运行状态，并根据特定的事件(如开始绘图、结束绘图及取消命令等事件)运行相应的程序。

3. AcDb 类库

该类库提供了可直接访问 AutoCAD 数据库的类。AutoCAD 数据库中包含了各种构成 AutoCAD 图形的图形对象(即实体)及非图形对象(层、线型、字体风格等)的信息。利用该类库提供的类，开发者可以对已经存在的 AutoCAD 实体及对象进行查询等操作，并可创建新的数据库对象。

AutoCAD 的数据库包含以下主要元素：

(1)9 个命名唯一的符号表对象，这些对象被 AcDbDatabase 对象引用并作为 AcDbDatabase 对象的数据成员。

(2)对象词典(即由 AcDbDictionary 类初始化的)提供了 AutoCAD 的初始目录表，该表在图形初始化时只有两项内容，即被 AutoCAD 引用的两个数据词典。应用程序可以无限制地在对象词典中加入其他新的对象。

(3) AutoCAD 的其他非对象特性的系统变量。

4. AcGi 类库

该类库提供了许多图形界面工具用来绘制 AutoCAD 的实体,该类库中的函数 WorldDraw()、ViewportDraw()及 SaveAs()主要作为 AcDbEntity 类的成员函数;在所有用户自定义的实体类中,必须重新定义 WorldDraw()函数。AcGiWorldDraw 对象提供了 API 接口,通过该接口用户要以在各个视口中同时对实体进行操作。同理,AcGiViewportDraw 对象提供了 API 接口,使用户在每一视口中定制不同的视口状态。

5. AcGe 类库

该类库可以被 AcDb 类所引用并提供诸如向量、点及转换矩阵等用于普通二维及三维的几何操作,同时也提供简单的几何对象,如点、曲线及曲面。

AcGe 类库主要包括两个子集:二维操作类及三维操作类。主要的抽象基类为 AcGeEntity2d 及 AcGeEntity3d。另外,其他一些基类(非派生类)包括 AcGePoint2d、AcGeVector2d, AcGeMatrix2d。这些基类可以用来实现许多普通的操作,诸如在点上附加微量、两向量相交及转换矩阵操作。类库中的高级类是由该类库中的基类组成的,在该类库的基类中,数据成员都被定义成公有的,在所有的几何类中,只有该类库有公有数据成员。

二、ObjectARX 应用程序的结构

ObjectARX 应用程序是一个动态链接库。与一般的 C 或 C + + 程序不同,AutoCAD 调用 ObjectARX 应用程序的入口由 AcrxEntryPoint()函数建立,而不用 Main()函数或 WinMain()函数。

acrxEntryPoint 函数的格式如下:

```
extern "C" AcRx::AppRetCode acrxEntryPoint( AcRx::AppMsgCode msg, void * pkt)
```

其中,msg 是 ARX 内核向应用程序发出的消息;pkt 是回调数据信息指针;AppRetCode 是返回给 AutoCAD 的状态码。

1. AutoCAD 与 ARX 程序之间的消息传递

AutoCAD 与 ObjectARX 应用程序之间传递的各类消息如表 15-1 所示。

AutoCAD 与 ObjectARX 应用程序之间传递的各类消息 表 15-1

kinitAppMsg	当函数加载并打开 AutoCAD 与应用程序之间的通信机制时,AutoCAD 发送的消息
kUnloadAppMsg	当 ARX 应用程序卸载时,AutoCAD 发送该消息,仅当关闭当前文件和清除所有的操作后 AutoCAD 才会发送该消息
kLoadDwgMsg	当打开一幅图时,AutoCAD 发送该消息
kOleUnloadAppMsg	有 ActiveX(OLE)控件对象的程序时,AutoCAD 才会发送该消息,发送该消息主要是确定应用程序能否卸载
kUnloadDwgMsg	当用户结束绘图及将 ADS 函数库从内存中卸载时,AutoCAD 发送该消息

续上表

kDependencyMsg	当 ARX 应用程序中注册了一个 AcRxService 对象,并且调用 AcRxService:addDependency()函数使从属计算器从 0 到 1 时,AutoCAD 向应用程序发送该消息
kNoDependencyMsg	当 ARX 应用程序中注册了一个 AcRxService 对象,并且调用 AcRxService:removeDependency()函数使从属计算器从 1 到 0 时,AutoCAD 向应用程序发送该消息
kInvkSubrMsg	当调用 ads_defun()函数注册函数,AutoCAD 才向应用程序发送该消息
kEndMsg	当在 AutoCAD 命令行使用 End 命令并且要保存对当前图形所做的改动时(dbmode! =0),AutoCAD 向应用程序发送该消息
kPreQuitMsg	当退出 AutoCAD 但没有卸载所有的 ARX 应用程序时,AutoCAD 发送该消息
kQuitMsg	当退出 AutoCAD 并且不保存对当前图形所做的改动时,AutoCAD 向应用程序发送该消息。对于 End 命令,当 dbmode =0 时,AutoCAD 也向应用程序发送该消息
kSaveMsg	当在 AutoCAD 命令行上执行 Save、Save As、New 及 Open 命令并且保存了对当前图形所做的改动时,AutoCAD 向应用程序发送该消息
kCfgMsg	当运行了设置程序并且只对显示驱动程序进行了修改后,AutoCAD 向应用程序发送该消息
kNullMsg	空消息

如果在应用程序中仅有利用 ObjectARX 定义的命令,而没有被 AutoLisp 调用的函数(即完全没有用 ads_defun()函数注册函数),AutoCAD 只可能向应用程序发送以下消息:

kInitAppMsg

kUnloadAppMsg

kLoadDwgMsg

kSaveMsg

kUnloadDwgMsg

kPreQuitMsg

2. 注册新命令

AutoCAD 的命令是用 AcEdCommandStack 类定义并成组地保存在命令堆栈中,对于每一个 AutoCAD 进程都有唯一的命令堆栈句柄。在该堆栈中既包含了 AutoCAD 的内部命令,也包含有用户添加的自定义命令。利用 AcedRegCommands()宏可以对 AutoCAD 的命令堆栈进行操作。

当向 AutoCAD 命令堆栈中加入一个新的命令时,必须对该命令赋予一个命令组名,最好的办法就是利用您所注册的开发者前缀作为命令组名,以避免与其他命令命名冲突。同一个命令组中的命令名必须唯一,不同的应用程序所加入的命令可以重名,因为命令组名可以将它们区分开来。

用户可以利用 AcEdCommandStack::addCommand()函数来向 AutoCAD 命令堆栈加响应新的命令组及命令名,利用 AcEdCommandStack::removeGroup()函数从 AutoCAD 命令堆栈中注销所加入的命令组及命令名,同时可以利用 AcEdCommandStack::removeCmd()函数从命令堆栈中注销所加入的一条命令。应用程序卸载时,应将所有注册的新命令全部注销掉。

AddCommand()函数的定义如下:

```
virtual Acad::ErrorStatus addCommand(const ACHAR * cmdGroupName,
                                     const ACHAR * cmdGlobalName,
                                     const ACHAR * cmdLocalName,
                                     Adesk::Int32 commandFlags,
                                     AcRxFunctionPtr FunctionAddr,
                                     AcEdUIContext * UIContext = NULL,
                                     int fcode = -1,
                                     HINSTANCE hResourceHandle = NULL,
                                     AcEdCommand * * cmdPtrRet = NULL) = 0;
```

下面说明主要参数的意义。cmdGroupName:加入到 AutoCAD 命令堆栈中的命令组名,如果命令组未被创建,则在命令加入之前创建它。cmdGlobalName:所加入到 AutoCAD 命令堆栈中的命令名,该命令名是通用命令名,该命令名不能被 AutoCAD 翻译为其他语言。cmdLocalName,所加入到 AutoCAD 命令堆栈中的命令名,是本地化命令名,该命令名能被 AutoCAD 翻译成其他语言。commandFlags:这是命令的标志,有效值为:ACRX_CMD_TRANSPARENT、ACRX_COM_MODAL、ACRX_CMD_USEPICKSET、ACRX_CMD_REDRAW。FunctionAddr:是在 AutoCAD 中运行本命令时函数的入口地址。

RemoveCmd()函数定义如下:

```
virtual Acad::ErrorStatus removeCmd(const ACHAR * cmdGroupName,
                                    const ACHAR * cmdGlobalName) = 0;
```

RemoveGroup()函数的定义如下:

```
virtual Acad::ErrorStatus removeGroup(const ACHAR * groupName) = 0;
```

RemoveCmd()及 RemoveGroup()的作用在于从 AutoCAD 命令堆栈中将对应的命令或命令组删除。

三、开发支撑环境

1. 支撑软件

为进行基于 ObjectARX 的 AutoCAD 二次开发,需要安装 Windows 操作系统、Visual Studio、AutoCAD、ObjectARX 及 AppWiz for Visual Studio。目前流行的 Windows 操作系统有 32 位及 64 位版本。一般来讲,32 位的 AutoCAD 可以在 32 位或 64 位的 Windows 上运行。然而,如果要运行 64 位的 AutoCAD,则必须采用 64 位的 Windows。

在本开发环境中,采用了 64 位的 Windows 7 旗舰版、Visual Studio 2010 professional 英文版、AutoCAD 2012 简体中文 x64 版、ObjectARX 2012、AppWiz 2012 for Visual Studio。

在上述软件中,AutoCAD 是通用的绘图软件平台。Visual Studio 是 Windows 平台下的通用软件开发平台。ObjectARX 2012 是 Autodesk 公司提供的 AutoCAD 2012 的 C/C++开发接口。AppWiz 2012 for Visual Studio 为 Visual Studio 的扩展,通过它的支持可以方便地开发 ObjectARX 应用程序。

只有 AutoCAD 与 ObjectARX 版本必须匹配,所开发的程序才能正常运行。ObjectARX 的版本必须与 Visual Studio 的版本匹配,否则也不能顺利开发基于 ObjectARX 的应用程序。AutoCAD 2012 与 ObjectARX 2012 相匹配,开发平台软件可以选择 Visual Studio 2010 或 Visual Studio 2008 中所带的 Visual C++。

ObjectARX 2012 同时提供了 32 位及 64 位的开发接口。Visual Studio 2010 可以将代码编译为 32 或 64 位应用程序。如果为 32 位的 AutoCAD 开发软件,则在 Visual Studio 中将编译的目标平台设置为 Win32。如果为 64 位的 AutoCAD 开发软件,则在 Visual Studio 中将编译的目标平台设置为 x64。在进行程序调试时,将配置设为"Debug"模式;但生成向用户分发的应用程序发布版本时,应当将配置改为"Release"模式。图 15-1 是为 64 位的 AutoCAD 开发调试程序时的项目配置信息。

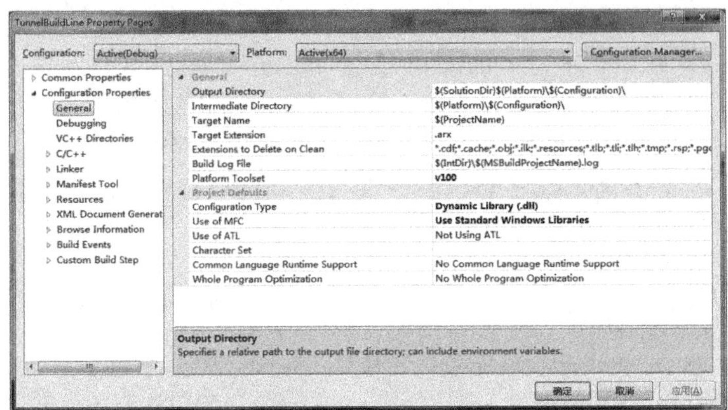

图 15-1 项目属性设置

2. 开发环境配置

在安装完 Windows 7 后,就可以安装 AutoCAD 2012、Visual Studio 2010 Professional、ObjectARX 2012、ObjectARX Wizards for AutoCAD 2012。

当上述软件都安装完成时,就可以开始进行 ObjectARX 应用程序开发了。在具体生成工程时,须将 ObjectARX 的头文件库的具体路径及在 ObjectARX 工程项目中填写上。

图 15-2 是启动完成后的 Visual Studio 界面,在其中选择"File""New""Project"生成新的工程,如图 15-3 所示。

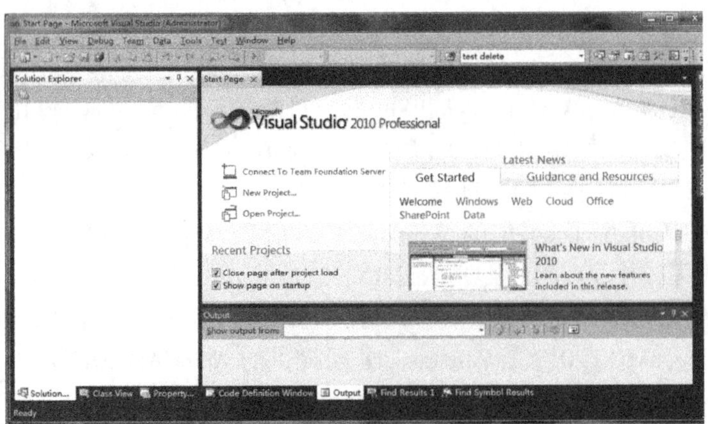

图 15-2 Visual Studio 启动完成后的界面

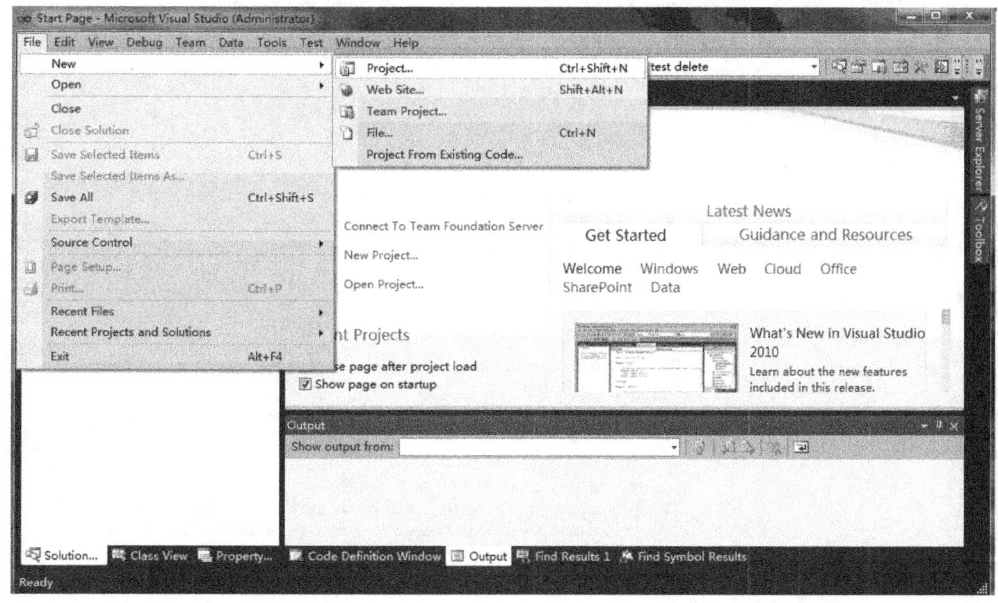

图 15-3 选择生成新工程

然后，在如图 15-4 所示的界面中选择 Visual C + + 的 ObjectARX 模板，生成 ObjectARX/DBX/OMF Project，并输入工程名及路径所在位置。

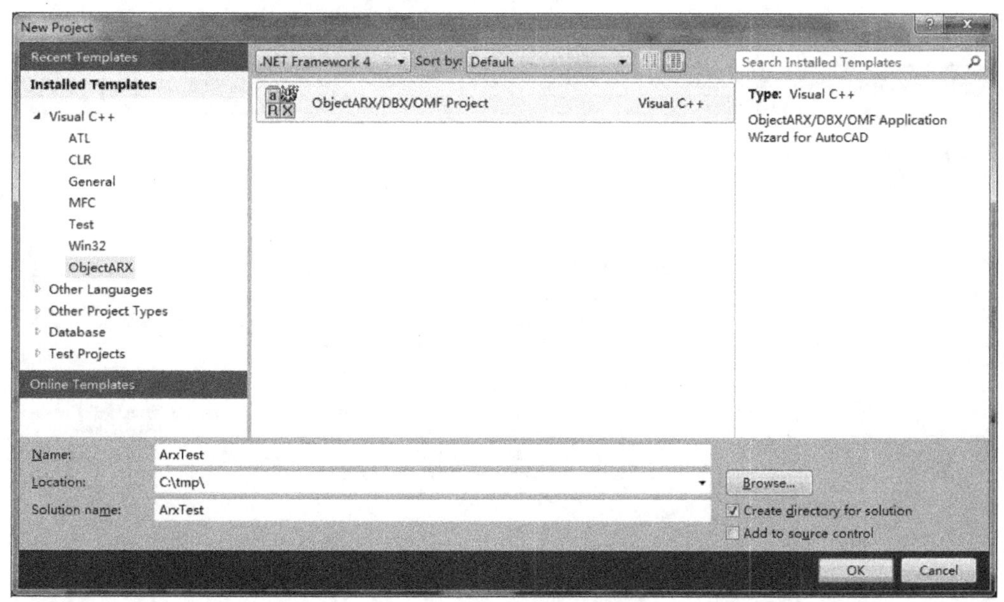

图 15-4 工程类型设置

然后单击【OK】进行如图 15-5 所示的工程类型详情设置界面，单击【Next】。

在如图 15-6 所示的界面中选择程序的类型为 ObjectARX。

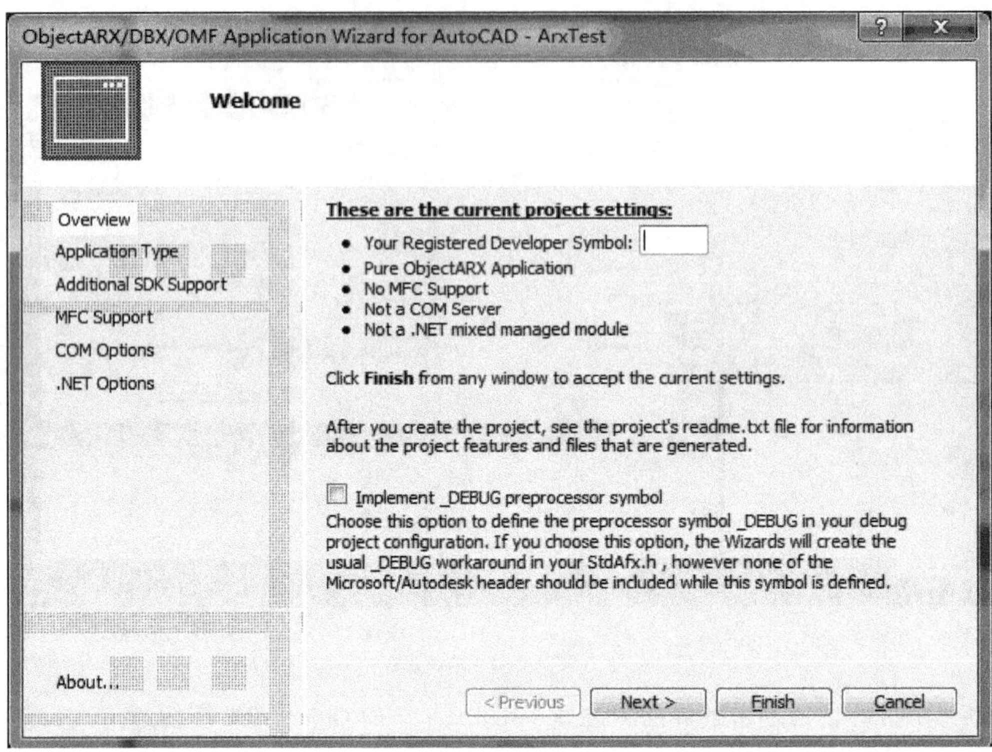

图 15-5　工程类型详情设置开始

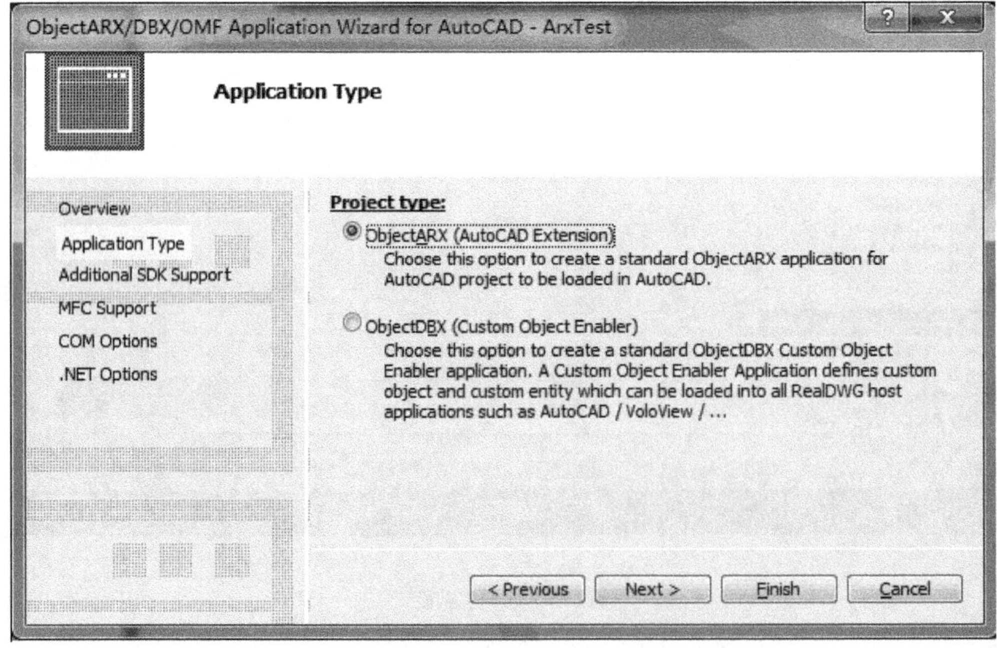

图 15-6　工程类型应用程序类型询问

然后,选择是否需要附加的 SDK 支持,如图 15-7 所示。

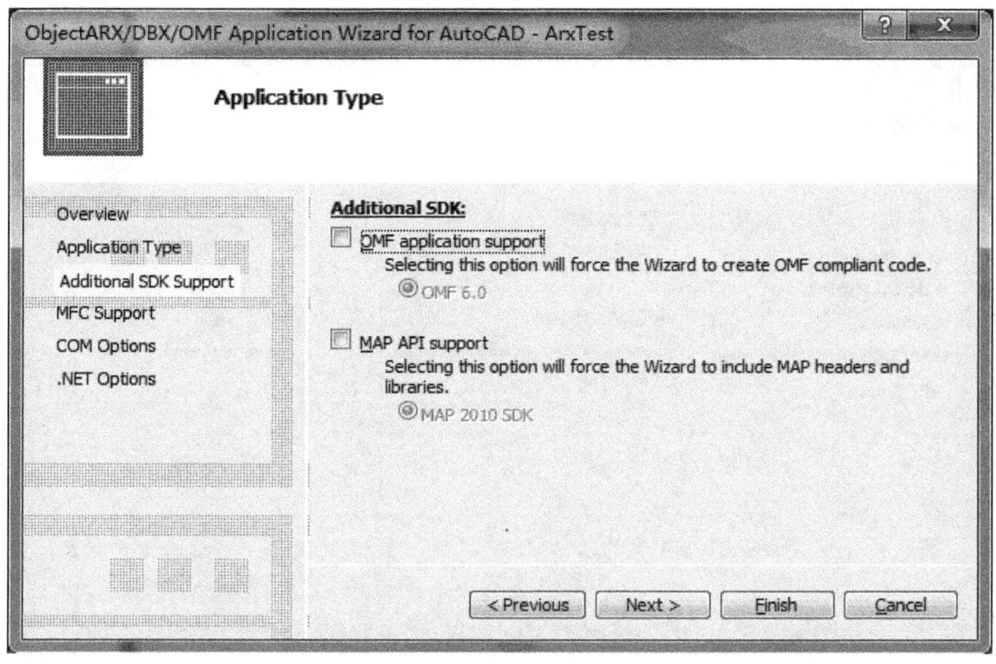

图 15-7 工程类型附加 SDK 询问

单击"Next"进入如图 15-8 所示的界面,在此,则选择要使用 MFC。MFC 是微软提供的基础类库,可以方便地生成诸如窗体、输入框等界面。

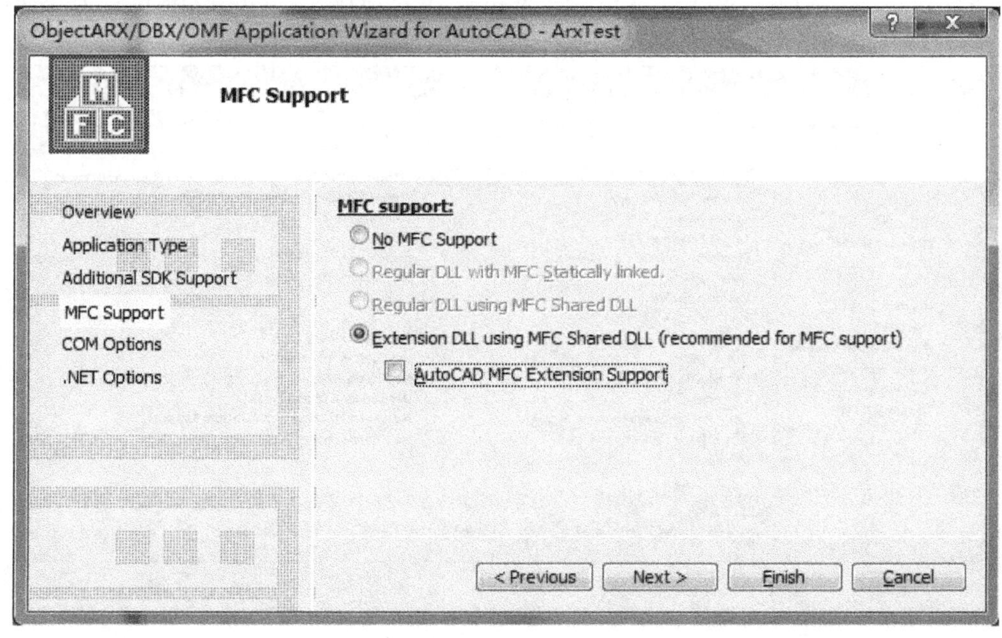

图 15-8 工程类型 MFC 支持询问

再选择是否要用到.net 框架,如图 15-9 所示。然后,单击【Finish】,生成工程。

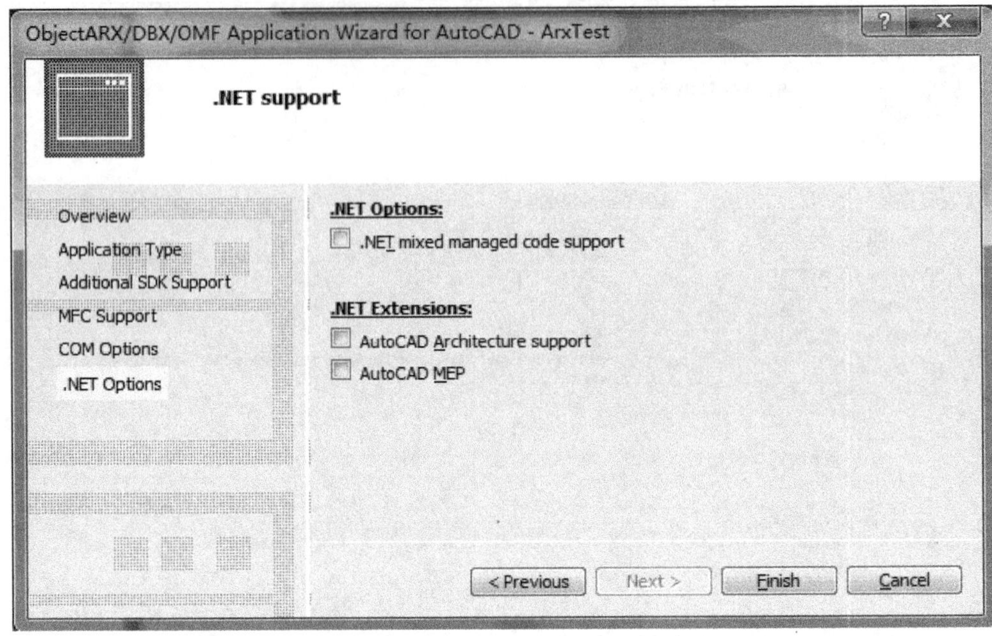

图 15-9　工程类型.net 型询问

在工程基本属性设置(图 15-10)中,由于要生成 ObjectARX,所以将 Target Extension 改为“.arx”。若程序编译中遇到问题,则可能需要将 Platform toolset 设置为 v100;另外可能需要将 StdAfx.h 文件的 WINVER、_WIN32_WINNT、_WIN32_WINDOWS、_WIN32_IE 设置为 0x0501。

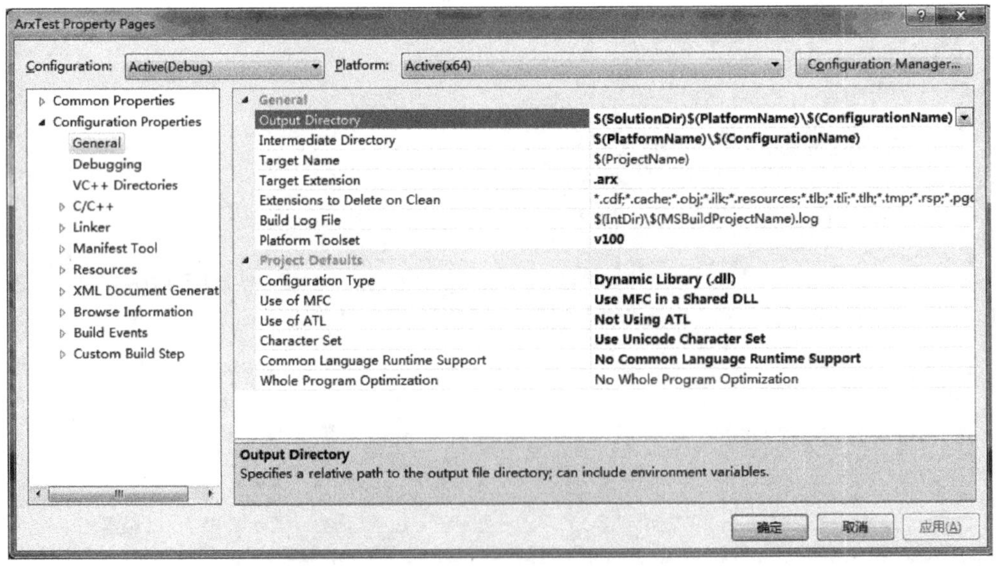

图 15-10　工程基本属性设置

在工程属性中的调试设置中，需要将“Command”设置为 AutoCAD 的应用程序文件名，包括完整路径，如图 15-11 所示。

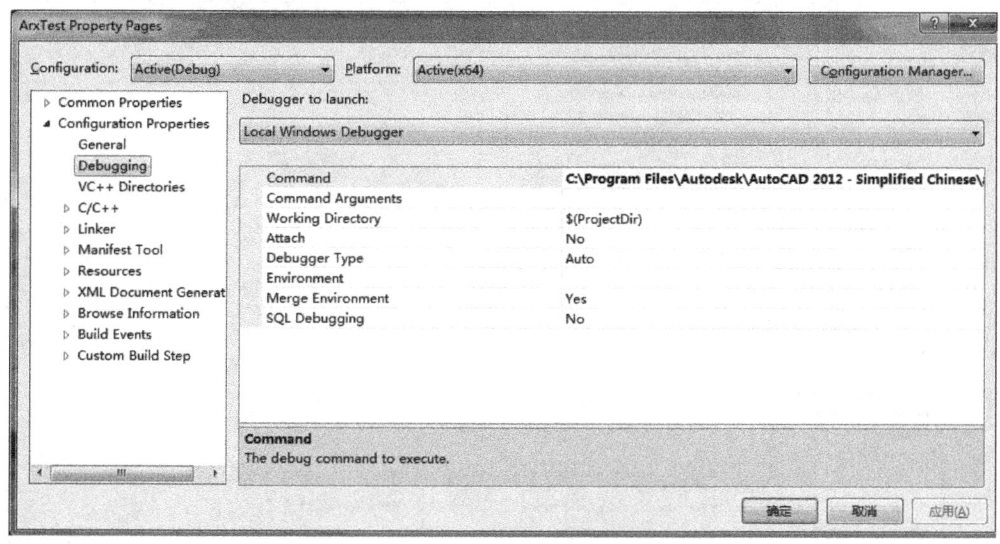

图 15-11　调试命令设置

在 C + + Directories 部分中，需要在 Include Directories 和 Library Directories 中，将 ObjectARX 2012 的头文件及库文件所在路径包含进来，如图 15-12 所示。

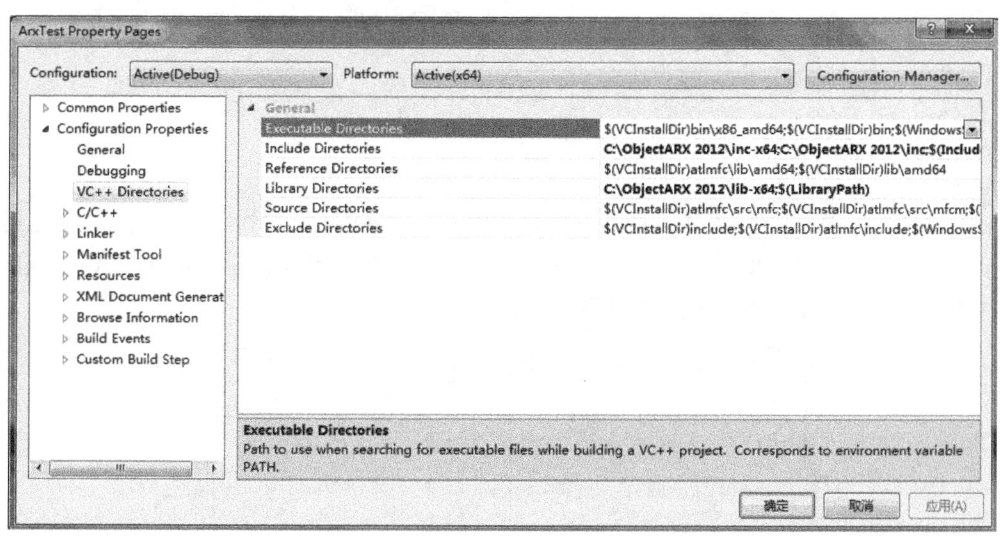

图 15-12　C + + 路径设置

在 Linker 的 Input 部分，在附加依赖库部分加上“acad. lib; acui18. lib; adui18. lib;”，如图 15-13 所示。

以上部分的设置是对 Debug 配置及 x64 平台设置的。如果进行 Release 版本开发及采用 Win32 平台的情况，也必须进行相应的设置才能保证所编译的程序正常运行。

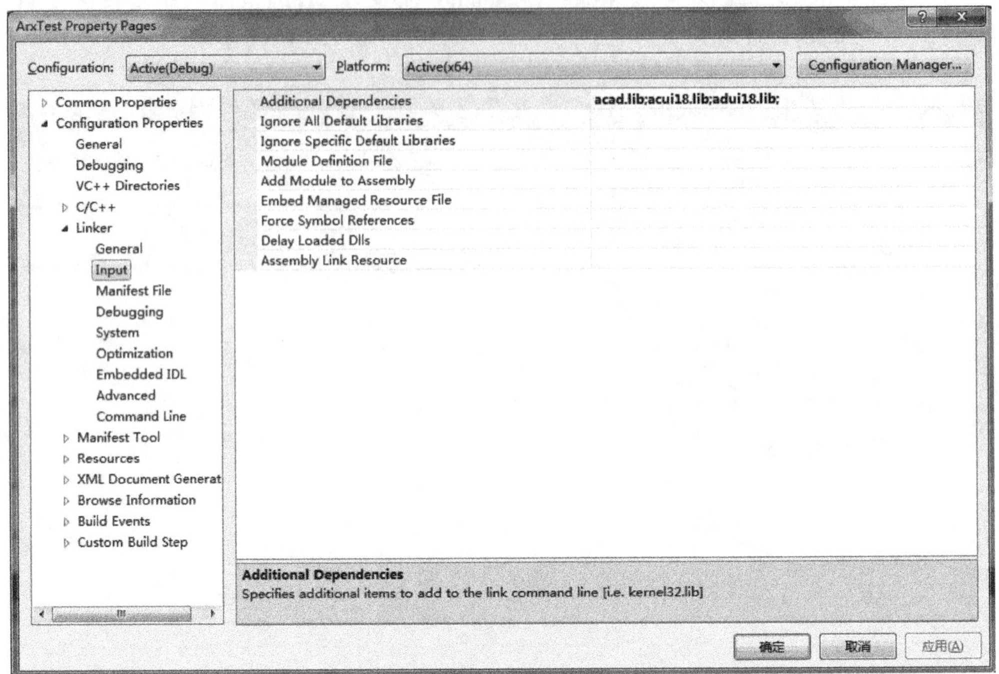

图 15-13 链接附加依赖库

第三节 基于 ObjectARX 的隧道 CAD 开发实例

一、开发目标

在《公路隧道设计规范》(JTG D70—2004)中的隧道横断面设计部分,对公路隧道建筑限界进行了详细说明。在此以高速公路单幅隧道断面为例进行程序设计,实现在 AutoCAD 绘图空间中自动绘制,公路隧道建筑限界见图 15-14。

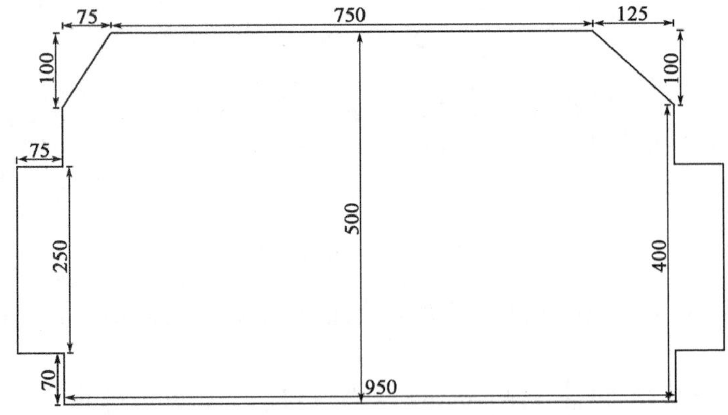

图 15-14 公路隧道建筑限界图(尺寸单位:cm)

在该图中,车道宽度、侧向宽度、检修道宽度如表 15-2 所示。

高等级公路隧道建筑限界横断面组成最小宽度(单位:m)　　表 15-2

公路等级	设计速度 (km/h)	车道宽度 W	左侧侧向余宽 L_L	右侧侧向余宽 L_R	左侧检修道 J_L	右侧检修道 J_R	步道高度 h
高速公路 一级公路	120	3.75×2	0.75	1.25	0.75	0.75	0.6～0.8
	100	3.75×2	0.50	1.00	0.75	0.75	0.4～0.6
	80	3.75×2	0.50	0.75	0.75	0.75	0.3～0.4
	60	3.75×2	0.50	0.75	0.75	0.75	0.25～0.3

建筑限界左顶角宽度与左侧侧向宽度相等。当右侧侧向宽度小于或等于 1m 时,右顶角宽度与右侧侧向宽度相等。当右侧侧向宽度大于 1m 时,右顶角宽度为 1m。

二、实现思路

1. 交互设计

由于对于高等级公路来讲,公路设计时速在进行道路基本参数选择时就已经确定下来。不同的设计时速对应不同的隧道建筑限界的宽度组成。因此,在进行建筑限界设计时,只需依据公路的不同设计速度就可以确定隧道的建筑限界宽度组成。

因此在本例中,先让用户选择高速公路的设计车速,然后程序根据用户的输入数据就可以参照《公路隧道设计规范》(JTG D70—2004)确定隧道建筑限界横断面的各具体组成部分的尺寸。

在绘图时,根据用户的要求,可以让用户确定绘图的基点。在绘图之前,可以先让用户点取绘图空间中的一点,然后以该点为基准绘制高速公路建筑限界图。

2. 建筑限界坐标推算

在图 15-14 中,隧道建筑限界图中各点和坐标之间的差值是由建筑限界横断面各宽度、高度尺寸确定。一旦这些尺寸确定下来,各点坐标之间的相对关系就可以确定。当建筑限界图中任意一点的坐标确定下来后,其他点的坐标就可以通过坐标之间的相对关系确定下来。

在本例中,以建筑限界图中左下角步道下顶点作为初始点。首先假定该点的坐标为(0,0),然后按顺时针方向隧道建筑限界中点之间的坐标关系计算各点的坐标。

在实际绘图时,由用户点取绘图空间中任意一点坐标作为初始点的坐标,其他各顶点的坐标按初始点坐标平移量进行变换,最终得到建筑限制中各顶点在绘图空间中的坐标。然后,以各顶点坐标为基础,采用 ObjectARX 提供的 AcDbPolyline 类生成隧道建筑限界图。

3. 标注实现

在进行图形尺寸标注时,在隧道建筑限界图中所涉及的主要是长度标注。在进行长度标注时,主要考虑的因素为标注的起点、终点,标注字体的大小等。在此示例中,采用直接绘制标注线及标注文字的方式进行。通过对标注的起终点坐标计算长度,并在被标注线段旁边绘制标注线,然后将长度数值添加在标注线中央。

这里主要涉及标注线段方向确定、标注线位置确定等问题。在此示例中,采用复数进行坐标位置计算,可以解决这些问题。

4. 图形绘制

在绘制隧道建筑限界图时,以各顶点坐标为基础,采用 ObjectARX 提供的 AcDbPolyline 类生成隧道建筑限界图。在绘制标注线时,直接采用 AcDbPolyline 类绘制标注线,然后采用 AcDbText 并绘制标注文本。

在进行图形绘制之前,需要获得活动绘图数据库指针。代码如下,其中,pCadDB 为指向绘图数据库的指针。

```
AcDbDatabase * pCadDB;
//取得当前给图数据库的指针
pCadDB = acdbHostApplicationServices() - > workingDatabase();
```

在图形空间中绘制 PolyLine 的实现过程参见 createNewPolyLine 函数。

```
AcDbObjectId CadDrawer::createNewPolyLine( CArray < AcGePoint2d, AcGePoint2d > * Point2dArray, double Width )
{
    //生成 PolyLine 对象
    AcDbPolyline * pPolyline = new AcDbPolyline;
    //将所有的点加入到到 PolyLine 对象中
    for( INT_PTR i = Point2dArray- > GetSize()-1; i > =0; i-- )
    {
        //给 PolyLine 加一个点
        pPolyline- > addVertexAt( 0, Point2dArray- > GetAt(i) );
        //设置该点处的宽度
        pPolyline- > setWidthsAt( 0, Width,Width );

    }
    AcDbBlockTable * pBlockTable;
    //以可读方式打开块表,并将 pBlockTable 指向该块表
    pCadDB- > getSymbolTable( pBlockTable, AcDb::kForRead );
    AcDbBlockTableRecord * pBlockTableRecord;
    //以写方式打开块表的模型空间,并将 pBlockTableRecord 指向它
    pBlockTable- > getAt( ACDB_MODEL_SPACE, pBlockTableRecord, AcDb::kForWrite );
    pBlockTable- > close();
    AcDbObjectId PolylineId;
    //将创建的 PolyLine 对象加入到块表中,并由 PolylineId 返回其 id
    pBlockTableRecord- > appendAcDbEntity( PolylineId, pPolyline );
    pBlockTableRecord- > close();
    pPolyline- > close();
    return PolylineId;
}
```

在图形空间中绘制文本的实现过程参见 AddText 函数。

```
AcDbObjectId CadDrawer::AddText( CString Text, TPoint startpoint, TPoint BP, TPoint BP-
Data, Color newColor, double Height, double Rotation)
{
    TPoint GrInsP;
    //将逻辑坐标变换为实际绘图空间的坐标
  Point2Draw( startpoint, GrInsP, BPData, BP);
    AcGePoint3d InsP( GrInsP.x, GrInsP.y, 0 );
    //生成文本对象,并指定位置、内容、样式、高度及旋转方向
    AcDbText *pText = new AcDbText( InsP, Text.GetBuffer(0), TextStyleId, Height, Ro-
tation );
    //设置字体的宽度系数
    pText->setWidthFactor(0.6666667);

    AcDbBlockTable * pBlockTable;
    //以可读方式打开块表,并将 pBlockTable 指向该块表
    pCadDB->getSymbolTable( pBlockTable, AcDb::kForRead );
    AcDbBlockTableRecord * pBlockTableRecord;
    //以写方式打开块表的模型空间,并将 pBlockTableRecord 指向它
    pBlockTable->getAt( ACDB_MODEL_SPACE, pBlockTableRecord, AcDb::kForWrite );
    pBlockTable->close();
    AcDbObjectId TextId;
    //将生成的文字加入到图形空间中
    pBlockTableRecord->appendAcDbEntity( TextId, pText );
    pBlockTableRecord->close();
    pText->close();
    changeColor( TextId, newColor );
    return TextId;
}
```

在上面的例子中,AcDbPolyline 和 AcDbText 都采用 new 生成。当这些对象没有被采用 appendAcDbEntity 函数加入到图形空间时,可以随时用 delete 销毁。然而,当对象被采用 appendAcDbEntity 函数加入 AutoCAD 空间的对象后,再用 delete 销毁时,则出现如图 15-15 所示的问题。

图 15-15 图形对象删除错误

三、具体实现

1. 坐标推算

坐标点采用 TPoint 表示。其中 x 成员表示横坐标,y 成员表示纵坐标。TPoint 类的定义

如下：

```
class TPoint
{
public:
        double x,y;
        TPoint(void){
           x =0;    y =0;
        }
        TPoint(double in_x,double in_y){
           x = in_x; y = in_y;
        }
}
```

在本例中，进行坐标推算时，采用复数模型进行计算。定义了 TComplex 复数类，该类可以通过 TPoint、TComplex 或两个 TPoint 的差值构建。在此类中，实现了复数的加、减、乘、除计算，通过这些计算，实现坐标的平移、方向偏转等功能。

```
class TComplex
{
public:
        TComplex& operator  =(TPoint &in);//用 TPoint 给复数赋值
        double GetAngle();//取得复数的方向角(-pi,pi)
        double image();//取得本复数的虚部
        double real();//取得本复数的实部
        TPoint ToPoint();//将本复数转化为一个点 TPoint
        void SetAngle( double Angle );//在不改变本复数的模的情况下将其方向改为 Angle
        TComplex ToOne();//在不改变本复数方向的情况下,将其模变为 1
        TComplex( TPoint P ); //采用 TPoint 类构建复数 TComplex 类
        TComplex(TPoint P1,TPoint P2); //以两个点的差值构建复数类
        TComplex( TComplex& in ); //以一个复数构建复数类
        TComplex operator * ( TComplex Des); //乘以 Des 并返回结果
        TComplex operator - ( TComplex Des); //减去 Des 并返回结果
        TComplex( double in_x,double in_y ); //以两个分别为实部及虚部的实数为参数,构建
                                                复数
        TComplex operator + ( TComplex Des ); //加上 Des 并返回结果
        TComplex operator /(TComplex Des);//除以复数 Des 并返回结果
        TComplex operator /(double Des);//除以实数 Des
        double abs();//求复数的模
        TComplex( double in );//以实数 in 为实部构建复数
```

```
    TComplex& operator =(TComplex &Src); //以 Src 给复数赋值
    TComplex& operator =(double in_a);  //以实数 in_a 给复数赋值
    TComplex();
    virtual ~TComplex();
  protected:
    double x,y;
}
```

该复数类 TComplex 实现如下:

```
#include "TComplex.h"
#include <complex>

TComplex::TComplex()
{
    x=1; y=0;
}

TComplex::~TComplex()
{


}

TComplex& TComplex::operator =(TComplex &Src)
{
    x = Src.x;   y = Src.y;
    return ( *this );
}

TComplex::TComplex(double in)
{
    x=in; y=0;
}

double TComplex::abs()
{
    return sqrt( pow(x,2) +pow(y,2) );
}
```

```
TComplex TComplex::operator +(TComplex Des)
{
    TComplex Res;  Res.x = x + Des.x;  Res.y = y + Des.y;  return Res;
}

TComplex::TComplex(double in_x, double in_y)
{
    x = in_x; y = in_y;
}

TComplex& TComplex::operator =(double in_a)
{
    x = in_a;  y = 0;
    return ( * this );
}

TComplex TComplex::operator -(TComplex Des)
{
    TComplex Res;  Res.x = x - Des.x;  Res.y = y - Des.y;  return Res;
}

TComplex TComplex::operator *(TComplex Des)
{
    TComplex Res;  Res.x = x * Des.x - y * Des.y;  Res.y = x * Des.y + y *
    Des.x; return Res;
}

TComplex::TComplex(TComplex& in)
{
    x = in.x; y = in.y;
}

TComplex TComplex::operator /(TComplex Des)
{
    TComplex Res;  Res = ( * this ) * TComplex( Des.x, - Des.y );
    double tAbs2 = pow( Des.x, 2 ) + pow( Des.y, 2 );
    Res.x /= tAbs2;  Res.y /= tAbs2;  return Res;
}
```

```
TComplex::TComplex(TPoint P1, TPoint P2)
{
	x = P2.x - P1.x;  y = P2.y - P1.y;
}

TComplex::TComplex(TPoint P)
{
	x = P.x;  y = P.y;
}

TComplex TComplex::ToOne()
{
	return ( * this ) / abs();
}

TComplex TComplex::operator /(double Des)
{
	TComplex Res; Res = ( * this );
	Res.x /= Des;  Res.y /= Des;
	return Res;
}

void TComplex::SetAngle(double Angle)
{
	double tAbs = abs();
	TComplex t;  t.x = cos( Angle );  t.y = sin( Angle );
	x = t.x * tAbs;  y = t.y * tAbs;
}

TPoint TComplex::ToPoint()
{
	TPoint Res;  Res.x = x;  Res.y = y;  return Res;
}

double TComplex::real()
{
	return x;
}
```

```
double TComplex::image()
{
    return y;
}

double TComplex::GetAngle()
{
    TComplex t = ToOne();
    if( !(t.y < 0 )  ) return acos( t.x );
    else return - acos( t.x );
}

TComplex& TComplex::operator =(TPoint &in)
{
    x = in.x; y = in.y; return ( * this );
}
```

2. 标注设计

在绘图空间中,采用文本对图形进行必要的标注。由于在工程图中,还需要有标注线。所以,在本例中不仅采用了文本实现了数据的绘制,另外还采用线条绘制了标注线。

由于在标注时要考虑到标注线的位置,在这里采用了复数模型推算标注线的位置、文字方向、位置等参数。AddDimLen 函数是对 P1 和 P2 之间的距离进行标注。由于不能让标注线与被标注的 P1 及 P2 点重合,故在绘制标注线时对位置进行了偏移。通过这种方法,将标注线及标注内容绘制在被标注图形的旁边。

```
//在 P1 及 P2 的旁边标注长度
AcDbObjectId CadDrawer::AddDimLen(TPoint P1, TPoint P2, TPoint BP, TPoint BPData, Color color, int mirro,double inFactor,double offset){
    TPoint t1,t2;  Mirro(P1,t1,BPData,mirro);  Mirro(P2,t2,BPData,mirro); P1 = t1; P2 = t2;
    TComplex c1,c2,tP1,tP2,t;  c1 = P1,c2 =P2;  t.SetAngle( Pi/2 );
    //将 P1 及 P2 的位置向左偏移
    tP1 = c1 + ( c2 - c1 ).ToOne() * t * 0.4 * offset; tP2 = c2 + ( c1 - c2 ).ToOne() / t * 0.4 * offset;
    //按偏移后的位置绘制标注线
    return DimLen( tP1.ToPoint(),tP2.ToPoint(),BP,BPData,color,NoMirro,inFactor);
}
```

```
//标注 P1 与 P2 之间的距离,不偏移
AcDbObjectId CadDrawer::DimLen(TPoint P1, TPoint P2, TPoint BP, TPoint BPData, Color color, int mirro,double factor)
{
    //标注两点之间的长度
    TPoint tP1,tP2;  Mirro(P1,tP1,BPData,mirro);  Mirro(P2,tP2,BPData,mirro);
    //确保标注是从左到右或从下到上
    if( H_Abs(tP1.x  - tP2.x ) > H_Abs(tP1.y - tP2.y) ){
        if(tP1.x < tP2.x) { P1 = tP1;  P2 = tP2; }else{ P1 = tP2;  P2 = tP1; }
    }else{
        if(tP1.y < tP2.y) { P1 = tP1;  P2 = tP2; }else{ P1 = tP2;  P2 = tP1; }
    }

    CPA L,SL,EL; TPoint P0,P3, TextP; TComplex c0,c1,c2,c3,t,textc, Dire1,Dire2,dp, s1,s2,e1,e2;
    AcDbObjectId one; double LittleAngle = Pi/12;  t.SetAngle( LittleAngle );

    double Scale = 1; c1 = P1;  c2 = P2; Dire1 = c2 - c1; Scale *= factor;
    c0 = c1 + t * Dire1.ToOne() * 0.2 * Scale;
    Dire2 = c1 - c2; c3 = c2 + Dire2.ToOne() * t * .2 * Scale;
    dp.SetAngle( Pi/2 );
    textc = ( c1 + c2 ) / 2 + Dire1.ToOne() * -0.4 * Scale + Dire1.ToOne() * dp * 0.1 * Scale;
    P0 = c0.ToPoint();  P3 = c3.ToPoint(); TextP = textc.ToPoint();

    s1 = c1 + Dire1.ToOne() * dp * 0.15 * Scale;  s2 = c1 + Dire1.ToOne() * dp * ( - 0.15 ) * Scale;
    e1 = c2 + Dire2.ToOne() * dp * 0.15 * Scale;  e2 = c2 + Dire2.ToOne() * dp * ( - 0.15  * Scale);

    SL.Add( s1.ToPoint() );  SL.Add( s2.ToPoint() );
    EL.Add( e1.ToPoint() );  EL.Add( e2.ToPoint() );
    L.Add( P0 ); L.Add( P1 ); L.Add( P2 ); L.Add( P3 );
    //标注线
    AddPolyLine(&SL, BP, BPData,0.0, color);  AddPolyLine(&EL, BP, BPData,0.0, color);
    AddPolyLine( &L,BP,BPData,0.0,color );
    //标注文字
```

```
    CString tS; tS. Format( CString("% -5.0f") ,Dire1. abs( ) );
    one = AddText( tS, TextP, BP, BPData, color,0.4 * Scale, Dire1. GetAngle( ) );
    return one;
}
```

由于在进行实际工程绘图时,要考虑将图形分为多张 A3 图纸。对于每一次绘图时,都要考虑当前图纸的基点 BPGraph,还要考虑当前绘制内容相的逻辑基点 BPData。通过 Point2Draw( )函数变换后得到的 out 是实际绘图位置。此函数的实际定义如下。

```
//计算与逻辑坐标相对应的绘图空间的坐标,考虑绘图基点
  void CadDrawer::Point2Draw(TPoint in, TPoint &out, TPoint BPData, TPoint BPGraph)
{
    out. x = -(BPData. x - BPGraph. x - in. x);
    out. y = -(BPData. y - BPGraph. y - in. y);
}
```

3. 设计过程实现

由于高速公路的隧道建筑限界的具体尺寸主要受设计时速的影响。因此,在进行建筑限界图绘制时,首先在 AutoCAD 环境中弹出一个窗体,让用户选择高速公路的设计车速。然后,依据用户所输入的设计车速确定车道宽度、左侧侧向宽度、右侧侧向宽度、检修道宽度、步道高度、左顶角宽度、右顶角宽度。以这些数据为参数,再绘制隧道建筑限界图。具体过程参见 td( )函数的实现。

```
void td( )  //绘制道路建筑限界图的功能函数
{
      // When resource from this ARX app is needed, just;
      // instantiate a local CAcModuleResourceOverride;
      CAcModuleResourceOverride resOverride;
      //生成基于 MFC 窗体 myTest,该窗体用于设计速度输入
      CDlgTest *myTest = new CDlgTest(CWnd::FromHandle(adsw_acadMainWnd()));
    //生成绘图的对象
    CadDrawer * pCd = new CadDrawer( );
    //显示模态窗口
    myTest - > DoModal( );
    ads_printf( myTest - > m_edtText + "\n" );
    ads_printf( myTest - > m_cbxText + "\n");

    //车道宽度、左侧侧向宽度、右侧侧向宽度、检修道宽度、步道高度、左顶角宽度、右顶角
宽度
```

```
    double W,LL,LR,J,h,EL,ER;
    //取出用户选择输入的设计速度值
    CString m_strSpeed  =  myTest - >m_cbxText;
    //高速公路不同时速时,建筑限界的取值
    if(0  = =  m_strSpeed. Compare( CString( "120" ) ) ) {
      W =375 * 2; LL =75; LR =125; J =75; h =70;
    }
    if(0  = =  m_strSpeed. Compare( CString( "100" ) ) ) {
      W =375 * 2; LL =50; LR =100; J =75; h =50;
    }
    if(0  = =  m_strSpeed. Compare( CString( "80" ) ) ) {
      W =375 * 2; LL =50; LR =75; J =75; h =35;
    }
    if(0  = =  m_strSpeed. Compare( CString( "60" ) ) ) {
      W =375 * 2; LL =50; LR =75; J =75; h =27;
    }

    if( LR < =100)
        ER = LR;
    else
      ER =100;

    EL = LL;



    TPoint tP  =  pCd - >GetPoint( "请点击绘图范围输入一点 - > " );
    ads_printf( _T( "您输入的点为 (%7.4f,%7.4f) \n" ) ,tP. x ,tP. y    );
    ///绘制隧道建筑限界图
    pCd - >addTunnelBuildLine( 500 ,W ,LL ,LR ,J ,h ,EL ,ER ,tP ,TPoint( 100 ,0 ) ,0. 0 ,tolay-
er,NoMirro,tolayer) ;
    //销毁基于 MFC 的窗体
    delete myTest;
}
```

根据规范规定,隧道建筑限界图可以大体视为由 14 个顶点组成的多边形。在进行公路隧道建筑限界绘制时,首先得计算出此 14 个顶点的坐标。然后以此 14 个顶点构建 PolyLine 并将其加入图形空间中,则完成了隧道建筑限界绘制。最后,给需要标注的尺寸加以标注。

在进行坐标计算时,采用复数的加减法运算,借助前面定义的复数类 TComplex 实现。具体过程参见 addTunnelBuildLine 函数代码。

```
AcDbObjectId CadDrawer::addTunnelBuildLine(double inH, double inW,double inLL, double inLR, double inJ, double inh, double inEL, double inER,TPoint bpGraph, TPoint BPData, double inWidth,Color inColor, int inMirro, Color inDimColor)
{
    //采用复数计算建筑限界图中各点的坐标,参见《公路隧道设计规范》(JTG D70—2004)第 17 页的图
    TComplex m_Ps[14];
    //推算左侧的坐标
    m_Ps[0] =TComplex(0,0);
    m_Ps[1] =m_Ps[0] +TComplex(0,inh);
    m_Ps[2] =m_Ps[1] +TComplex( -inJ,0);
    m_Ps[3] =m_Ps[2] +TComplex(0,250);
    m_Ps[4] =m_Ps[3] +TComplex(inJ,0);
    m_Ps[5] =m_Ps[4] +TComplex(0,400 -250 -inh);
    m_Ps[6] =m_Ps[5] +TComplex(inEL,inH -400);

    //推算右侧的坐标
    m_Ps[13] =m_Ps[0] +TComplex(inLL +inW +inLR,0);
    m_Ps[12] =m_Ps[13] +TComplex(0,inh);
    m_Ps[11] =m_Ps[12] +TComplex(inJ,0);
    m_Ps[10] =m_Ps[11] +TComplex(0,250);
    m_Ps[9] =m_Ps[10] +TComplex( -inJ,0);
    m_Ps[8] =m_Ps[9] +TComplex(0,400 -250 -inh);
    m_Ps[7] =m_Ps[8] +TComplex( -inLR,inH -400);

    CArray <TPoint,TPoint> m_PA;
    for(int i =0; i <14; i + +)
    {
      m_PA. Add(m_Ps[i]. ToPoint());
    }
    m_PA. Add(m_Ps[0]. ToPoint());
    AcDbObjectId m_Res;
    //采用 PolyLine 绘制隧道建筑限界图
    m_Res =AddPolyLine( &m_PA, bpGraph, BPData, inWidth, inColor, inMirro);

    //标注隧道建筑限界中的相关尺寸数据
    AddDimLen(m_Ps[4]. ToPoint(),m_Ps[1]. ToPoint(),bpGraph,BPData,inDimColor,inMirro,25.0,25.0);
```

```
    AddDimLen(m_Ps[0].ToPoint(),m_Ps[1].ToPoint(),bpGraph,BPData,inDimColor,inMirro,25.0,25.0);
    AddDimLen(m_Ps[0].ToPoint(),m_Ps[13].ToPoint(),bpGraph,BPData,inDimColor,inMirro,25.0,25.0);
    AddDimLen(m_Ps[3].ToPoint(),m_Ps[4].ToPoint(),bpGraph,BPData,inDimColor,inMirro,25.0,25.0);
    AddDimLen(m_Ps[6].ToPoint(),m_Ps[7].ToPoint(),bpGraph,BPData,inDimColor,inMirro,25.0,25.0);
    AddDimLen(m_Ps[13].ToPoint(),m_Ps[8].ToPoint(),bpGraph,BPData,inDimColor,inMirro,25.0,25.0);

    AddDimLen(TComplex(m_Ps[5].real(),m_Ps[6].image()).ToPoint(),m_Ps[6].ToPoint(),bpGraph,BPData,inDimColor,inMirro,25.0,25.0);
    AddDimLen(m_Ps[5].ToPoint(),TComplex(m_Ps[5].real(),m_Ps[6].image()).ToPoint(),bpGraph,BPData,inDimColor,inMirro,25.0,25.0);

    AddDimLen(TComplex(m_Ps[8].real(),m_Ps[7].image()).ToPoint(),m_Ps[8].ToPoint(),bpGraph,BPData,inDimColor,inMirro,25.0,25.0);
    AddDimLen(m_Ps[7].ToPoint(),TComplex(m_Ps[8].real(),m_Ps[7].image()).ToPoint(),bpGraph,BPData,inDimColor,inMirro,25.0,25.0);

    TComplex tCp1,tCp2;
    tCp1 = ((m_Ps[0] + m_Ps[13])/2);
    tCp2 = TComplex(tCp1.real(),m_Ps[6].image());
    AddDimLen(tCp1.ToPoint(),tCp2.ToPoint(),bpGraph,BPData,inDimColor,inMirro,25.0,25.0);

    return m_Res;
}
```

4. 绘图过程

下面对隧道建筑限界绘制程序的运行效果进行说明。如果是在进行程序调试,则在 Visual Studio 的项目属性部分将 AutoCAD 主程序的路径及文件名设置为调试命令。选择开始调试功能,则可以进入 AutoCAD 主界面,如图 15-16 所示。如果是用户在使用此程序进行设计时,则直接启动 AutoCAD 进入如图 15-16 所示的界面。

然后在图 15-16 所示的界面中点击"加载应用程序",进入如图 15-17 所示的界面。

在图 15-17 所示的界面中选择要加载的 ObjectARX 格式的隧道建筑限界绘制程序,点击"加载"。此时,AutoCAD 会提示"AutoCAD 正在试图加载与 AutoCAD 不兼容的 tunnelbuildline. arx。希望执行什么操作?"。此时,直接选择加载此应用程序,如图 15-18 所示。

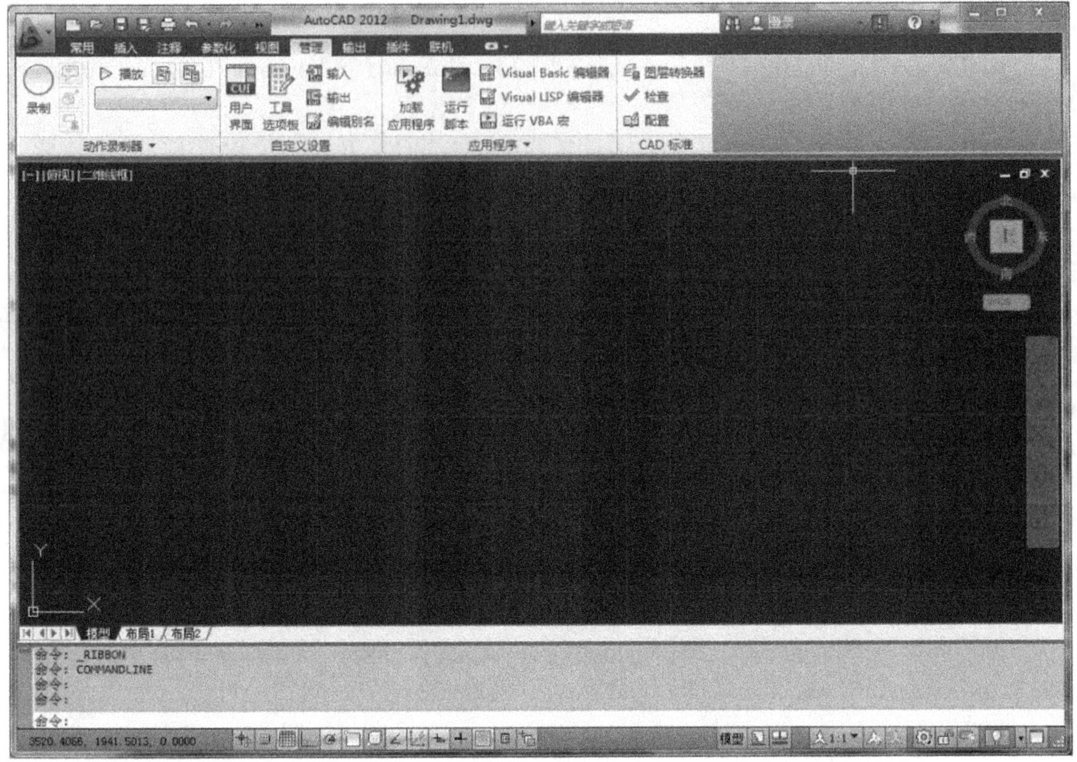

图 15-16 启动完毕的 AutoCAD 界面

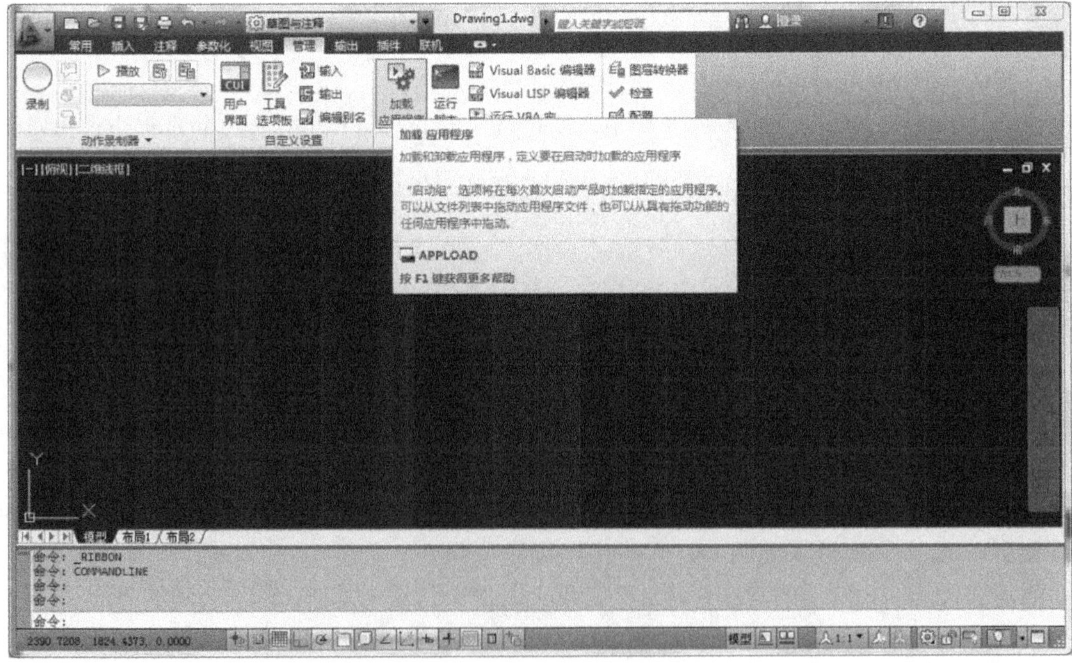

图 15-17 点击加载程序按钮

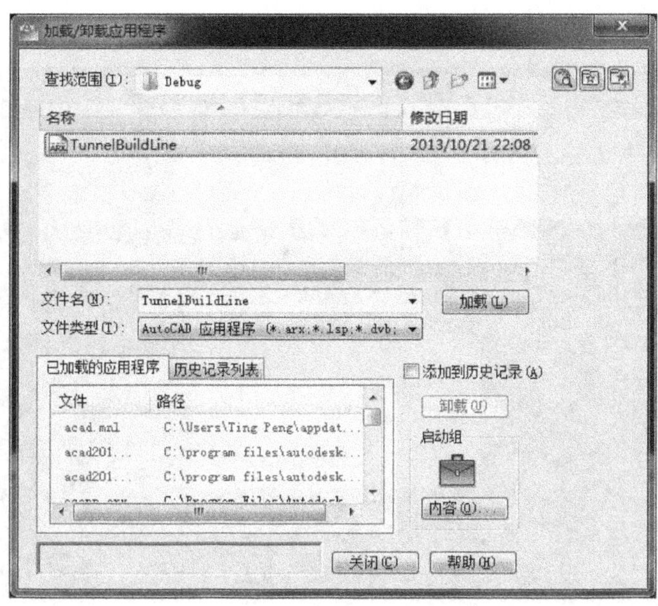

图 15-18 选择要加载的 OjbectARX 应用程序

然后该程序加载成功，如图 15-19 所示。此时，系统提示输入“td”可以开始绘制高速公路隧道建筑限界图。

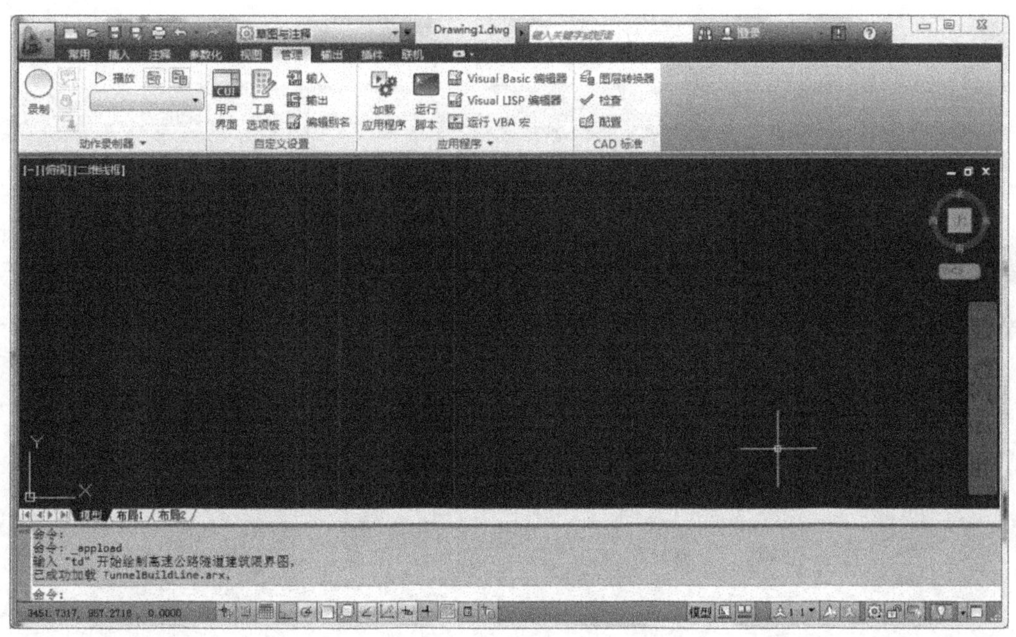

图 15-19 应用程序加载成功

然后，在如图 15-20 所示的界面中选择输入高速公路的设计时速，再单击“确定”按钮。

然后系统进入如图 15-21 所示的界面，提示用户点取绘图基点。

程序以用户所输入的点为基点，绘制出隧道建筑限界图，如图 15-22 所示。

图 15-23 是程序自动绘制的隧道建筑限界图的局部效果。

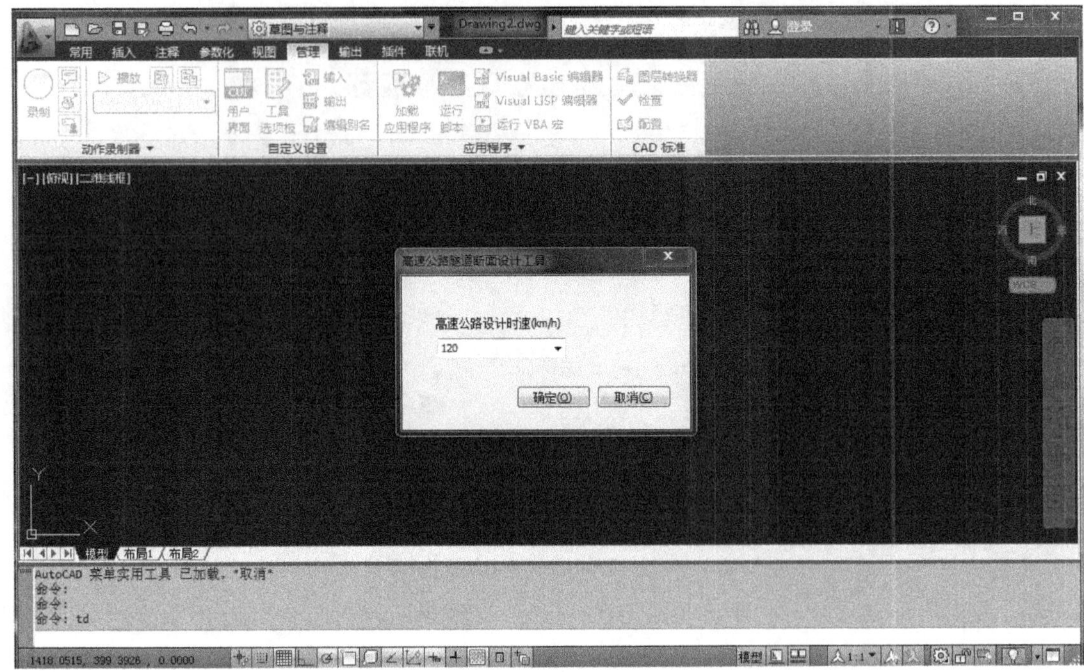

图 15-20　选择输入设计时速

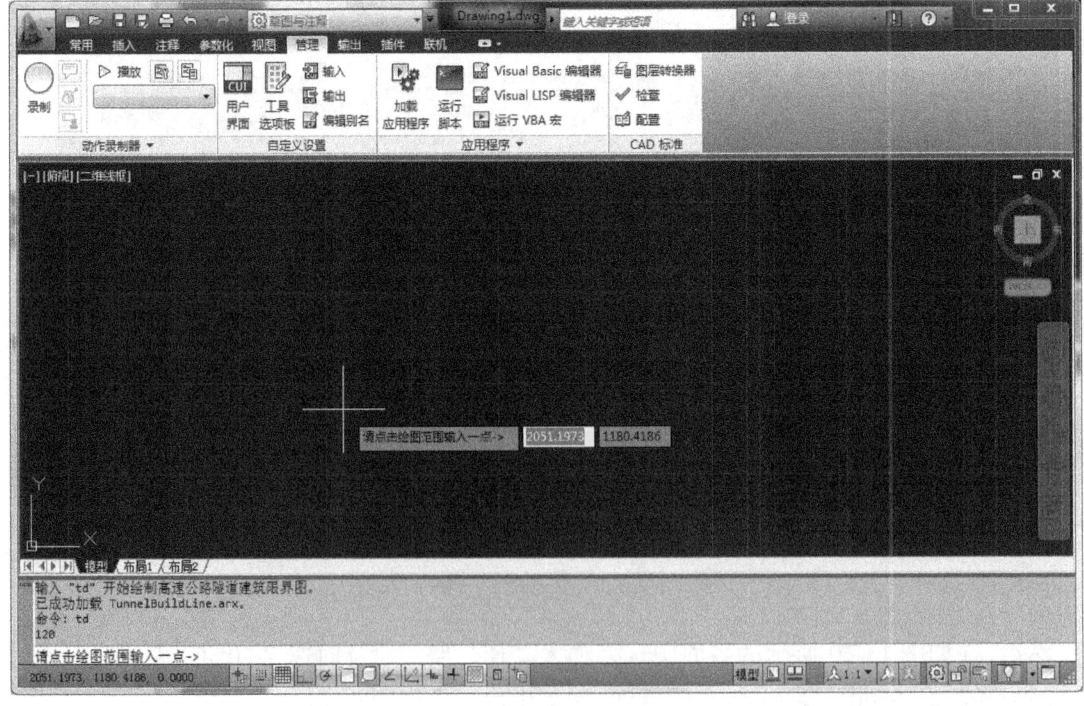

图 15-21　点取绘图基点

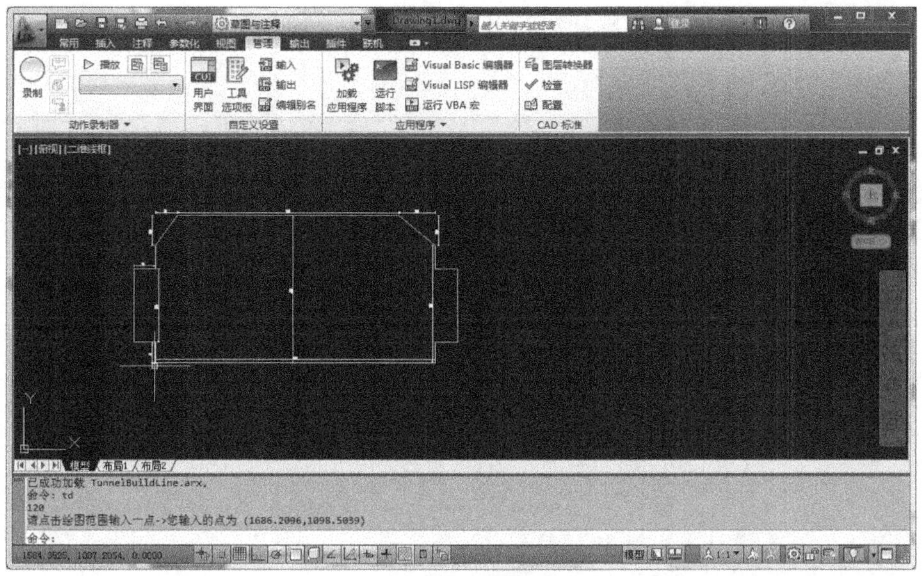

图 15-22　隧道建筑限界图绘制结果

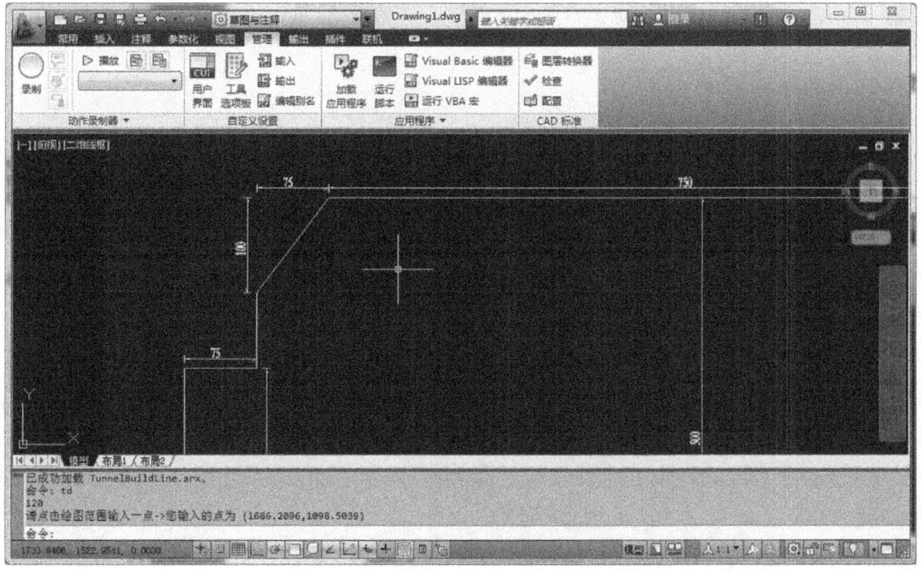

图 15-23　隧道建筑限界图的局部效果

【复习思考题】

1. 编制不同等级的隧道建筑限界程序。

2. 基于 ObjectARX 编制隧道内轮廓线程序。

附　录

一、隧道初步设计要求

(1)隧道表

列出隧道名称、起讫桩号、长度、净空、洞内路线线形(纵坡及坡长)、平曲线半径及平曲线长度、工程地质说明、围岩级别及衬砌长度(含明洞)、洞门形式(进口、出口)、照明、通风方式等。高速公路、一级公路按左线、右线分列。

(2)隧道工程数量表

列出洞身工程(开挖、初期支护、二次衬砌)、洞口工程(洞门、明洞、截水沟等)、防排水工程(洞身防水、洞身排水、路面排水)、横洞、预留洞室、路面、通风、照明、消防、供配电等的工程、材料数量。高速公路、一级公路按左、右线分列。

(3)隧道主体工程设计图

①隧道(地质)平面图。示出地形、地物、导线点、坐标网格、路线线形及交点要素,地层的岩性、界线、地质构造及其产状等,绘出隧道洞口、洞身、斜井、竖井、避车洞,标出钻孔,坑探、槽探和物探测线等位置及编号。高速公路、一级公路还应示出人行横洞、车行横洞、紧急停车带的位置和联络道等。比例尺用 1:1000～1:2000。

②隧道(地质)纵断面图。示出地面线,钻孔柱状图式,坑探、槽探和物探测线位置,地层和构造带的岩性、产状及界面线,绘出隧道进口位置及桩号、洞身、斜井、竖井、避车洞及消防等

设施预留洞等,图的下部各栏示出工程地质;文地质、坡度及坡长、地面高程、设计高程、里程桩号、围岩级别、衬砌形式及长度。高速公路、一级公路还应示出人行横洞、车行横洞等。水平比例尺用1:1000~1:2000,垂直比例尺用1:500~1:2000。

③隧道(包括横洞、斜井、竖井、紧急停车带)建筑限界及内轮廓方案图。按不同类型分别绘制。比例尺用1:100~1:200。

④隧道进、出口方案图。按不同类型绘出洞门立面、纵断面图、平面方案图和洞口连接方式、联络道方案。比例尺用1:100~1:200。

⑤隧道衬砌断面图。示出明洞衬砌的断面、防水层、开挖与回填、电缆沟、路面结构、排水管(沟)等,复合式衬砌的断面、初期支护、防水层、二次衬砌、电缆沟、路面结构、排水管(沟)等。比例尺用1:100~1:200。列出各级围岩支护衬砌设计参数表。

⑥隧道超前支护方案图。比例尺用1:100~1:200。

⑦特殊地质隧道支护衬砌结构方案图。比例尺用1:100~1:200。

⑧隧道特殊结构支护衬砌结构方案图。比例尺用1:100~1:200。

⑨隧道施工方案图。比例尺用1:100~1:200。

⑩隧道各类辅助坑道平面、纵面及支护衬砌方案图。比例尺用1:100~1:200。

⑪隧道不良地质处治方案图。比例尺用1:100~1:200。

⑫隧道弃渣场地(包括施工便道)布置图。比例尺用1:1000~1:2000。

⑬隧道施工场地布置图。比例尺用1:200~1:500。

⑭隧道路面工程(洞内外过渡段)方案图。比例尺用1:100~1:200。

(4)隧道机电设施图

①隧道通风、照明及其控制方案图。

②通风和环境卫生检测设施方案图。

③照明设施及洞口灯光过渡方案图。

④供电及其保障设施方案图。

⑤消防及其保障设施方案图。

⑥紧急救援和疏导方案图。

二、某隧道施工图设计总说明

1. 设计依据、执行规范及审查意见执行情况

(1)设计原则

(2)主要依据标准规范

(3)技术标准

2. 工程概况

此处略

3. 工程地质条件

(1)工程水文地质

(2)隧址区地层岩性

(3)地质构造与地震

(4)隧道涌水量计算
(5)隧道工程地质评价主要结论

4. 主体工程

(1)断面设计
①主洞建筑限界和隧道内轮廓。
②紧急停车带内轮廓。
③车行横洞横断面方案设计。
④人行横洞横断面方案设计。
(2)洞门设计
(3)明洞结构
(4)暗洞结构
(5)隧道结构抗震设防措施

5. 防排水设计

(1)洞口及洞外排水
(2)洞身防水
(3)洞身排水
(4)洞内路面和内装饰
(5)检修道设计

6. 隧道附属设施设计

此处略。

7. 施工方案及工期

(1)施工方案
(2)特殊段施工
(3)施工排水
(4)施工通风
(5)施工工期

8. 特殊设计与施工

(1)隧道断层设计与施工
(2)隧道洞口加强段
(3)隧道洞口高边坡
(4)隧道洞身段上方乡村道路问题设计

9. 隧道应急预案

此处略。

10. 隧道监控量测

(1)地质超前预报
(2)隧道围岩变形量测
(3)围岩稳定性和支护效果分析

11. 弃渣方案

此处略。

12. 施工注意事项

此处略。

13. 环境保护

此处略。

14. 其他事项

此处略。

三、某隧道施工图设计文件目录(附表1)

××隧道施工图设计文件目录　　附表1

图表名称	图表编号	页数
隧道土建图纸		
说明		
隧道表		
××隧道主体工程数量表		
××隧道防排水工程数量表		
××隧道洞内路面工程数量表		
××隧道工程地质平面图		
××隧道左线地质纵断面图		
××隧道右线地质纵断面图		
隧道建筑限界与内轮廓设计图		
××隧道左线进口洞门设计图		
××隧道左线出口洞门设计图		
××隧道右线进口洞门设计图		
××隧道右线出口洞门设计图		
××隧道路面板块划分设计图		
××隧道排水平面布置设计图		
明洞结构设计图		
隧道明洞钢筋布置图		
Ⅴ级围岩洞口加强段衬砌结构设计图		
Ⅴ级围岩洞口加强段洞口管棚支护设计图		
Ⅴ级围岩洞口加强段主洞钢拱架设计图		
隧道Ⅴ级围岩加强段衬砌结构设计图		
隧道Ⅴ级围岩加强段管棚设计图		
隧道Ⅴ级围岩加强段钢拱架设计图		
隧道Ⅴ级围岩加强段钢筋设计图		
隧道Ⅴ级围岩衬砌结构设计图		
隧道Ⅴ级围岩管棚设计图		
隧道Ⅴ级围岩钢拱架设计图		

续上表

图 表 名 称	图 表 编 号	页 数
隧道Ⅳ级围岩软岩衬砌结构设计图		
隧道Ⅳ级围岩超前支护设计图		
Ⅳ级围岩初期支护 PS 格构架设计图(一)		
Ⅳ级围岩初期支护 PS 格构架设计图(二)		
Ⅳ级围岩硬岩段衬砌结构设计图		
隧道Ⅲ级围岩段衬砌结构设计图		
Ⅳ级围岩紧急停车带衬砌结构设计图		
紧急停车带Ⅳ级围岩管棚设计图		
紧急停车带Ⅳ级围岩钢拱架设计图		
紧急停车带Ⅳ级围岩二次衬砌钢筋设计图		
紧急停车带Ⅳ级围岩挡头墙设计图		
紧急停车带Ⅲ级围岩衬砌结构设计图		
紧急停车带Ⅲ级围岩挡头墙设计图		
车行横通道与主洞交叉设计图(一)		
车行横通道与主洞交叉设计图(二)		
Ⅳ级围岩车行横洞交叉处 A 型主洞加强衬砌设计图		
Ⅳ级围岩车行横洞交叉处 B 型主洞及横洞加强衬砌设计图(一)		
Ⅳ级围岩车行横洞交叉处 B 型主洞及横洞加强衬砌设计图(二)		
Ⅳ级围岩车行横洞交叉处加强衬砌钢架平面布置图		
Ⅳ级围岩车行横洞交叉处 A 型钢架设计图		
Ⅳ级围岩车行横洞交叉处 B 型钢架设计图		
Ⅳ级围岩车行横洞交叉处 C 型钢架设计图		
Ⅳ级围岩车行横洞交叉处加强衬砌钢筋平面布置图		
Ⅳ级围岩车行横洞交叉处 A 型主洞加强衬砌钢筋设计图(一)		
Ⅳ级围岩车行横洞交叉处 A 型主洞加强衬砌钢筋设计图(二)		
Ⅳ级围岩车行横洞交叉处 B 型主洞及横洞加强衬砌钢筋设计图(一)		
Ⅳ级围岩车行横洞交叉处 B 型主洞及横洞加强衬砌钢筋设计图(二)		
Ⅳ级围岩车行横通道门洞段衬砌设计图		
SC-Ⅳa 衬砌结构设计图		
Ⅲ级围岩车行横洞交叉处 A 型主洞加强衬砌设计图		
Ⅲ级围岩车行横洞交叉处 B 型主洞及横洞加强衬砌设计图(一)		
Ⅲ级围岩车行横洞交叉处 B 型主洞及横洞加强衬砌设计图(二)		
Ⅲ级围岩车行横洞交叉处加强衬砌钢筋平面布置图		
Ⅲ级围岩车行横洞交叉处 A 型主洞加强衬砌钢筋设计图(一)		
Ⅲ级围岩车行横洞交叉处 A 型主洞加强衬砌钢筋设计图(二)		
Ⅲ级围岩车行横洞交叉处 B 型主洞及横洞加强衬砌钢筋设计图(一)		
Ⅲ级围岩车行横洞交叉处 B 型主洞及横洞加强衬砌钢筋设计图(二)		
Ⅲ级围岩车行横通道门洞段衬砌设计图		
SC-Ⅲ衬砌结构设计图		
人行横通道与主洞交叉设计图		

续上表

图 表 名 称	图 表 编 号	页 数
SR-Ⅳa 衬砌结构设计图		
Ⅳ级围岩人行横通道门洞段衬砌设计图(一)		
Ⅳ级围岩人行横通道门洞段衬砌设计图(二)		
SR-Ⅲa 衬砌结构设计图		
Ⅲ级围岩人行横通道门洞段衬砌设计图(一)		
Ⅲ级围岩人行横通道门洞段衬砌设计图(二)		
隧道明洞防排水结构设计图		
隧道暗洞防排水结构设计图		
隧道紧急停车带防排水结构设计图		
隧道洞内电缆槽、排水沟设计图(一)		
隧道洞内电缆槽、排水沟设计图(二)		
洞内综合排水设计图(一)		
洞内综合排水设计图(二)		
洞内综合排水设计图(三)		
洞内综合排水设计图(四)		
洞内综合排水设计图(五)		
洞内综合排水设计图(六)		
洞内综合排水设计图(七)		
人行、车行横洞综合排水平面布置示意图		
衬砌施工缝、变形缝止水带构造(一)		
衬砌施工缝、变形缝止水带构造(二)		
锚杆、钢筋网细部构造图		
隧道施工监控量测设计图(一)		
隧道施工监控量测设计图(二)		
隧道紧急预案设计图		
施工程序设计图(一)		
施工程序设计图(二)		
施工程序设计图(三)		
隧道洞内路面构造图(一)		
隧道洞内路面构造图(二)		
隧道洞内路面构造图(三)		
隧道洞内路面构造图(四)		
隧道内装饰设计图		
隧道洞口联络道设计图		
××隧道施工组织计划及进度安排表		

四、隧道表(附表2)

隧　道　表

附表2

工程名称：　　　　　　　　　　第　　页 共　　页

序号	隧道名称	布置方式	起讫桩号	长度（m）	净空（宽×高）（cm）	洞内路线线形		工程地质概况	衬砌级别长度（m）					洞门形式		照明方式	通风方式
						坡度（%）/坡长（m）	平曲线		明洞	Ⅴ级	Ⅳ级	Ⅲ级	Ⅱ级	进口	出口		
1	××隧道	分离式															
2	××隧道	连拱															
3																	
4																	

编制：　　　　　　　　　　复核：　　　　　　　　　　审核：

五、隧道工程数量表(附表3)

××隧道主体工程数量表

附表3

工程名称：

第　页共　页

编号	材料		规格或型号	单位	洞门明洞(××座/××m)	Ⅴ级围岩段(××m)	Ⅳ级围岩段(××m)	Ⅲ级围岩段(××m)	Ⅱ级围岩段(××m)	人行横洞(××m)	车行横洞(××m)	紧急停车带(××m)	隧道暗洞主体合计
1	开挖	坚石		m^3									
2		次坚石		m^3									
3		软石		m^3									
4		硬土		m^3									
5	洞门及明洞	浆砌片石排水沟		m^3									
6		喷混凝土		m^3									
7		钢筋网		kg									
8		砂浆锚杆		kg									
9		黏土隔水层		m^3									
10		回填碎石土		m^3									
11		浆砌片石回填		m^3									
12		……		……									
13	超前支护	钢管		m									
14		超前锚杆		m									
15		水泥浆		m^3									
16		……		……									

续上表

工程名称：　　　　　　　　　　　　　　　　　　　　　　　　　　第　　页　共　　页

编号	材料		规格或型号	单位	洞门明洞（×座/××m）	Ⅴ级围岩段（××m）	Ⅳ级围岩段（××m）	Ⅲ级围岩段（××m）	Ⅱ级围岩段（××m）	人行横洞（××m）	车行横洞（××m）	紧急停车带（××m）	隧道暗洞主体合计
17	初期支护	喷混凝土		m^3									
18		中空注浆锚杆		m									
19		砂浆锚杆		kg									
20		砂浆锚杆垫板		kg									
21	初期支护	钢板		kg									
22		型钢		kg									
23		格栅钢筋		kg									
24		纵向连接钢筋		kg									
25		钢筋网		kg									
26		……		……									
27	二次衬砌	衬砌混凝土		m^3									
28		仰拱混凝土		m^3									
29		衬砌钢筋		kg									
30				kg									
31	仰拱回填			m^3									
32	内装饰	瓷砖		m^2									
33		喷涂		m^2									

编制：　　　　　　　　　　　　　　　　复核：　　　　　　　　　　　　　　　　审核：

六、隧道防排水工程数量表(附表4)

××隧道防排水工程数量表

附表4

工程名称：　　　　　　　　　　　　　　　　　　　　　第　页　共　页

编号	材料名称		规格或型号	单位	明洞(××m)	Ⅴ级围岩段(××m)	Ⅳ级围岩段(××m)	Ⅲ级围岩段(××m)	Ⅱ级围岩段(××m)	人行横洞(××m)	车行横洞(××m)	紧急停车带(××m)	合计
1	土工布			m^2									
2	防水板			m^2									
3	橡胶止水带			m									
4	横向引水管			m									
5	环向排水管			m									
6	纵向排水管			m									
7	碎石			m^3									
8	素混凝土			m^3									
9	排水沟电缆槽	沟、槽槽身混凝土		m^3									
10		沟、槽盖板混凝土		m^3									
11		沟槽钢筋		kg									
12				kg									
13	中心排水沟	钢筋混凝土		m^3									
14		混凝土基础		m^3									
15		碎石垫层		m^3									
16		Ⅰ级钢筋		kg									

续上表

工程名称：　　　　　　　　　　第　　页　共　　页

编号	材料名称		规格或型号	单位	明洞（××m）	Ⅴ级围岩段（××m）	Ⅳ级围岩段（××m）	Ⅲ级围岩段（××m）	Ⅱ级围岩段（××m）	人行横洞（××m）	车行横洞（××m）	紧急停车带（××m）	合计
17	纵向管检查井	挖方		m^3									
18		混凝土		m^3									
19		钢筋		kg									
20		钢盖板		kg									
21	中心沟检查井	混凝土		kg									
22		钢盖板		kg									
23		钢筋		kg									
24	沉砂井	角钢		kg									
25		扁钢		kg									
26		铸铁篦子		kg									
27	排水暗沟	混凝土		m^3									
28		钢筋		kg									
29	截水沟	开挖土石方		m^3									
30		浆砌片石		m^3									

编制：　　　　　　　　　　复核：　　　　　　　　　　审核：

七、隧道路面工程数量表(附表5)

××隧道路面工程数量表

附表5

工程名称：

第　页 共　页

隧道名称	起讫桩号	长度(m)	宽度(m)	中粒式沥青混凝土××cm厚($1000m^2$)	中粒式沥青混凝土××cm厚($1000m^2$)	水泥混凝土面层××cm厚($1000m^2$)	水泥混凝土30cm($1000m^2$)	××基层××cm($1000m^2$)	传力杆ϕ××(kg)	拉杆ϕ××(kg)	90°板角补强钢筋ϕ××(kg)	支架钢筋ϕ××(kg)	备注
××隧道	ZK×××+×××~ZK×××+×××												
	K×××+×××~K×××+×××												
	人行横洞												
	车行横洞												
	紧急停车带												
	合计												

编制：　　复核：　　审核：

参考文献

[1] 苏鸿根,刘海滨,杨飞强. 怎样开发 AutoCADR12[M]. 北京:清华大学出版社,1996.
[2] 郑益民. 公路工程基础教程[M]. 北京:人民交通出版社,2001.
[3] 马力. AutoCAD 权威技术支持[M]. 北京:清华大学出版社,2002.
[4] 张帆,郑立楷,王华杰. AutoCADVBA 开发精彩实例教程[M]. 北京:清华大学出版社,2004.
[5] 王钰. 用 VBA 开发 AutoCAD 2000 应用程序[M]. 北京:人民邮电出版社,1999.
[6] 叶见曙. 结构设计原理[M]. 北京:人民交通出版社,1997.
[7] 郑国权. 道路工程制图[M]. 北京:人民交通出版社,2002.
[8] 王毅才. 隧道工程(上册) [M]. 北京:人民交通出版社,2006.
[9] 吕康成,崔凌秋. 隧道防排水工程指南[M]. 北京:人民交通出版社,2004.
[10] 吕康成. 公路隧道运营管理[M]. 北京:人民交通出版社,2006.
[11] 李国豪 . 中国土木建筑百科词典 · 隧道与地下工程分卷[M]. 北京:中国建筑工业出版社,2008.
[12] 程陶佳,谈非. 中文 AutoCAD 2004 案例教程[M]. 北京:冶金工业出版社,2004.
[13] 张立明,何欢. AutoCAD 2004 道桥制图[M]. 北京:人民交通出版社,2005.
[14] 杨新政,张哲,于鹏. AutoCAD 2007 中文版入门与提高[M]. 北京:清华大学出版社,2007.

[15] 郑益民,赵永平. 桥梁工程 CAD[M]. 北京:清华大学出版社/北京交通大学出版社,2006.

[16] 张部生. 公路 CAD [M]. 北京:机械工业出版社,2010.

[17] 许金良,张雨化. 公路 CAD 技术[M]. 北京:人民交通出版社,2005.

[18] 张家宇,张辉. 公路工程 CAD 技术及应用[M]. 沈阳:东北大学出版社,2006.

[19] 赵忠杰. 公路隧道机电工程[M]. 北京:人民交通出版社,2007.

[20] 朱照宏,符锌砂,李方,等. 道路勘测设计软件开发与应用指南[M]. 北京:人民交通出版社,2003.

[21] 符锌砂. 公路计算机辅助设计[M]. 北京:人民交通出版社,1998.

[22] 宛延恺. 工程数据库系统[M]. 北京:清华大学出版社,1999.

[23] 吴洁明,袁山龙. 软件工程应用实践教程[M]. 北京:清华大学出版社,2003.

[24] 洪志全,卓必跃,侯晔,等. 数据库原理及应用[M]. 北京:电子工业出版社,2004.

[25] 中华人民共和国行业标准. JTG D70—2004 公路隧道设计规范[S]. 北京:人民交通出版社,2004.

[26] 中华人民共和国行业标准. JTG F60—2009 公路隧道施工技术规范 [S]. 北京:人民交通出版社,2009.

[27] 中华人民共和国行业标准. JTG/T F60—2009 公路隧道施工技术细则 [S]. 北京:人民交通出版社,2009.

[28] 中华人民共和国行业标准. JTJ 026. 1—1999 公路隧道通风照明设计规范[S]. 北京:人民交通出版社,1999.

[29] 中华人民共和国行业标准. JTG/T D71—2004 公路隧道交通工程设计规范[S]. 北京:人民交通出版社,2004.

[30] 罗仕庭. 基于 ObjectARX 的公路隧道参数化设计研究[D]. 成都:西南交通大学,2007.

[31] 温劲. 铁路山岭隧道纵断面 CAD 系统研究[D]. 武汉:华中科技大学,2008.

[32] 陈卫军. 一般公路隧道 CAD 系统及地质纵断面部分研究与开发[D]. 成都:西南交通大学,2000.

[33] 王良. CAD 在一般隧道工程设计中的应用[J]. 铁道标准设计,1992(10):54-55.

[34] 孙河川,陈启明. 公路隧道计算机辅助设计 CAD 系统[J]. 公路交通科技,1998 ,15(2):9-11.

[35] 陈卫军,高波. 我国隧道 CAD 技术回顾与展望[J]. 现代隧道技术,2001,38(4):1-5.

[36] 陈卫军,宁佐丽,高波. 隧道 CAD 参数化绘图研究与实践[J]. 公路交通科技,2002,19(1):55-58.